省级精品资源共享课

校级在

21世纪高等院校 新系

Human Resource Management

绩效管理

Performance Management

（第五版）

李文静 王晓莉 编著

东北财经大学出版社
Dongbei University of Finance & Economics Press
大 连

图书在版编目（CIP）数据

绩效管理 / 李文静，王晓莉编著．—5版．—大连：东北财经大学出版社，2022.4（2024.5重印）
（21世纪高等院校人力资源管理专业教材新系）
ISBN 978-7-5654-4474-6

Ⅰ．绩…　Ⅱ．①李…②王…　Ⅲ．企业绩效-企业管理-高等学校-教材　Ⅳ．F272.5

中国版本图书馆CIP数据核字（2022）第034567号

东北财经大学出版社出版
（大连市黑石礁尖山街217号　邮政编码　116025）
网　　址：http://www.dufep.cn
读者信箱：dufep@dufe.edu.cn
大连日升彩色印刷有限公司印刷　东北财经大学出版社发行

幅面尺寸：170mm×240mm　　字数：481千字　　印张：23.25
2022年4月第5版　　2024年5月第2次印刷

责任编辑：李　彬　王　斌　　责任校对：孙　平
封面设计：张智波　　版式设计：原　皓

定价：48.00元

教学支持　售后服务　联系电话：（0411）84710309

如有印装质量问题，请联系营销部：（0411）84710711

新世纪人力资源管理的思考（代序）

跨入新世纪，经济全球化、技术进步和消费者地位的提升等因素使得企业的外部经营环境变化越来越快。很多企业管理的研究者与实践者都有一个共识：不确定性是企业所面临的新竞争环境的主要特征。以不确定性为特征的竞争环境向企业提出了新的挑战，企业如何应对这一挑战呢？企业管理的研究者和实践者不约而同地将目光投向了人力资源。例如，核心能力理论认为，企业在本质上是一个能力体系，能力是能够为人们共同感受到的智力资本，它包括人力资本、结构资本和顾客资本。组织变革理论认为，有效的沟通是一种重要的组织资源，组织内群体之间、个体之间以及群体与个体之间能否有效地整合和分享有价值的信息与知识是衡量组织有效性的标准，从而将研究的焦点指向了组织内的人。而以资源为基础的企业理论则认为，传统的竞争优势来源（如技术、财务资源的获得）已不再能以稀缺的、不可模仿的和不可替代的方式为企业创造价值。因为人力资源的价值创造过程具有路径依赖和因果关系模糊的特征，其细微之处竞争对手难以模仿，所以，企业的人力资源将是持久竞争优势的重要来源，有效地管理人力资本，而不是物质资本，将是企业绩效的最终决定因素等。尽管不同的理论对“什么是人力资源”有着不同的解释，其殊途同归的根本原因却在于“人是企业能对自身进行变革以适应环境变化的唯一动力”。在企业系统中，人具有其他要素所没有的特性——自我变革与自我发展的能力，即也只有人，才能够对企业的构成要素以及要素之间的关系进行调整。可见，当企业与环境间的平衡被打破时，必须借助于人的力量，才能重新达成企业与环境间的适配。因此，面对不确定性的竞争环境，企业管理的研究者和实践者都只能从人这个企业自身变革的唯一动力源上，来试图找出有效的对策。从这一认识出发，可以毫无疑问地断言，人力资源成为企业管理研究与实践的热点和核心是一种历史的必然。

然而，“人力资源”并不等同于“人力资源管理”，正如一位首席执行官在回答记者提问时所说：“如果你是指小写的hr（指人力资源），那么我认为其是企业成功的关键；如果你是指大写的HR（指人力资源部或人力资源管理实践），那我就并不这么认为了。”这表明人力资源管理在实践中并没有受到重视。为什么人力资源管理并没有在实践中发挥应有的作用呢？我们知道，人力资源管理在本质上是开发人力资源的工具。企业管理者们可以运用人力资源管理实践，如人力资源规划、招聘与挑选、培训与开发、绩效管理与评估、薪酬制度管理等，来吸引、确认和保留高质量的人力资源。企业在获得高质量的人力资源之后，人力资源管理的下一个目标是鼓励人们表现出支持企业利益的行为。因为人力资源对企业持续竞争优势来说只是一个必要条件，而不是一个充分条件。人力资源潜力的实现，在一定程度上是由于人们通过表现出特定的行为而允许企业从中获益。因此，人力资源管理是人力资源和企业绩效关系的中间变量。人力资源仅仅在与正确的人力资源管理实践——通过诱发员工行为产生优势的实践——相结合时，才是有效的，即拥有正确的人力资源管理是人力资源效率最大化的必要条件。这种中间变量角色在一定程度上也解释了为什么许多企业强调人力资源的重要性，而只有极少的企业能够开发出作为竞争优势之源的人力资源。

现实生活中人力资源管理没有能够发挥出应有的作用通常在于人们对于人力资源管理角色的错误定位。人们依然按照传统人事管理的观念将企业人力资源管理看成“成本中心”，而在新经济条件下企业人力资源管理应该成为企业的“利润中心”。要实现人力资源管理从成本中心向利润中心的转变，企业对人力资源管理的定位应该实现如下的转变：

首先，人力资源管理部门必须转变其思想观念，从注重“人力资源管理做什么”转变为关心“人力资源管理的产出是什么”，从解决“企业经营运作过程中的人的问题”转变为解决“与人有关的企业经营运作问题”。

其次，人力资源管理者必须从传统的职能专家向战略伙伴、员工支持者转变。其中，战略伙伴角色主要集中于把人力资源的战略和行为与经营战略结合起来。在这一角色中，人力资源管理以战略伙伴的面目出现，通过提高组织实施战略的能力来帮助保证经营战略的成功。员工的支持者角色意味着人力资源管理需要帮助维持员工和企业之间的心理契约，把精力投入到员工日常关心的问题和需求上，积极地倾听、积极地反应，并向员工提供为满足他们不断变化的要求所需的资源，创造一个学习的氛围和环境，让企业员工置身于其中，激发出一种自然的学习动力和工作成就感。

最后，人力资源管理必须掌握新的技能：掌握业务、掌握人力资源、个人信誉和掌握变革。掌握业务要求人力资源管理成为企业核心经营管理的一部分，了解并参与基本的业务活动，具备强烈的战略业务导向。掌握人力资源是指人力资源管理要确保基本的管理和实践相互协调，并担当起行政职能。个人信誉是指人力资源管理者应具备良好的人际影响能力、问题解决能力和创新能力。掌握变革要求人力资源管理者应懂得如何领导企业变革与重组。很显然这四种新技能是与人力资源管理的新角色一一对应的。

人力资源管理任重而道远。相对于肩上的千斤重担，这门年轻的学科显得十分稚嫩，迫切地需要企业管理研究者和实践者们辛勤地培育。东北财经大学出版社的这套丛书从不同的层面、不同的视角对人力资源管理领域内的不同问题做了全面、系统和深入的探讨，对推动人力资源管理的理论发展，提高人力资源管理的实践水平，无疑是雪中送炭。这套丛书与20世纪90年代以来陆续引进和出版的人力资源管理教材不同，其具有两个显著的特征：一是先进性，这套丛书紧跟时代步伐，汇集了人力资源管理的最新观点、内容、原理和方法；二是适用性，这套丛书以培养能力为目标，吸收了国外教材的众多优点，特别适合于企业管理专业和人力资源管理专业的本科生、硕士研究生、教师以及人力资源经理们使用。总之，这套丛书是国内不可多得的优秀人力资源管理教材。十分感谢东北财经大学出版社给我这套丛书先睹为快的机会，读书偶感，权且为这套丛书的出版作贺。

赵曙明

于南京大学

第五版前言

作为企业人力资源管理与开发过程的核心要素，绩效管理与人力资源管理和开发的每一个环节都有着密切的联系，而有效的绩效管理更是提高企业人力资源质量和推进企业战略目标实现的重要手段。因此，绩效管理问题多年来一直受到理论界和实务界的共同关注。

谈到绩效管理，人们首先想到的是绩效评价，甚至将绩效管理等同于绩效评价。毫无疑问，作为绩效管理的一个环节，绩效评价发挥着至关重要的作用。但是，绩效管理是一种系统的、强调整体性和全局性、关注企业长期利益的管理理念，其主旨在于以组织战略为起点，通过持续的信息沟通形成组织目标所预期的利益和产出，并推动团队和个人向有利于实现组织战略目标的方向去努力。如果脱离绩效管理的完整过程，绩效评价的效用将大打折扣。因此，有必要以界定绩效管理的基本概念为起点，对绩效管理的基础理论及与其相关的各方面问题进行系统的梳理和深入的讨论。

在近年来的组织管理实践中，绩效管理已经由人力资源管理的职能之一向战略性绩效管理的角色转变，绩效棱柱、OKR等新型绩效管理方法也在各种类型的组织中推广应用。而在理论研究领域，研究的重点亦由绩效工具与方法向战略性绩效管理与绩效开发模型演进，数字化时代的人工智能与大数据技术也引发传统经典绩效管理流程与工具迭代升级。为了让广大读者进一步了解绩效管理领域最新的研究成果和实践中的热点问题，我们对本书的第四版进行了一定程度的修订，补充、替换了部分案例材料和阅读材料。修订后的版本旨在通过系统地展现绩效管理的相关内容，使读者了解绩效管理的基础理论、基本流程以及企业在绩效管理过程中对个体、团队和组织层面的绩效水平进行评价的常用方法和技术，特别凸显了我国企业在绩效管理的前沿实践。全书分为三个部分共13章（其中，第一、二部分的执笔人为王晓莉，第三部分的执笔人为李文静）：

第一部分，绩效管理基本理论。该部分具体包括第1章和第2章的内容，主要介绍有关绩效和绩效管理的基本概念及基础理论。

第二部分，绩效管理流程。该部分具体包括第3~8章的内容，主要阐述包括绩效计划、绩效实施、绩效评价、绩效反馈和绩效改进在内的绩效管理的基本流程。

第三部分，绩效评价方法。该部分具体包括第9~13章的内容，详细介绍个体绩效评价方法和团队及组织层面的绩效评价方法。

本书除了作为工商管理专业本科、硕士层面学生的学习、参考用书之外，也是辽宁省精品资源共享课程及东北财经大学在线开放课程（慕课）的配套教材。

在本书的编写和修订过程中，我们参考和引用了大量文献，但由于不具备广泛且深入地查询馆藏资料的条件，以及电子数据资源的覆盖范围有限，可能在“脚注”“资料来源”“主要参考文献”中没有列全资料来源，或者所列的不是最早来源的作者的作品，请相关作者谅解；若相关作者与我们联系，我们愿意为引用您的作品提供相应的报酬。在此，向所有的相关作者表示衷心的感谢。

在本书的编写和修订过程中，参考和引用了国内外学者大量的研究成果，并且得到了东北财经大学出版社编辑的鼎力相助，在此表示衷心的感谢。由于编者知识、经验的局限，书中难免有不足之处，敬请广大读者批评、指正。

编著者

2022年3月

目　录

第一部分　绩效管理基本理论

第1章　绩效 ……2
□ 学习目标 ……2
1.1　绩效概述 ……2
1.2　绩效指标及设计 ……5
1.3　绩效标准及衡量 ……11
1.4　绩效考核与评价 ……15
□ 个案分析 ……20
□ 本章小结 ……20
□ 关键概念 ……21
□ 课堂讨论题 ……21
□ 复习思考题 ……21
□ 自测题 ……21
□ 补充阅读材料 ……22
第2章　绩效管理 ……25
□ 学习目标 ……25
2.1　绩效管理及相关概念 ……25
2.2　绩效管理的作用及地位 ……29
2.3　绩效管理系统 ……31
□ 个案分析 ……37
□ 本章小结 ……38
□ 关键概念 ……38
□ 课堂讨论 ……38
□ 复习思考题 ……38
□ 自测题 ……39
□ 补充阅读材料 ……39

第二部分　绩效管理流程

第3章　绩效管理基本流程 ……47
□ 学习目标 ……47

3.1 绩效管理基础 ……47
3.2 绩效管理流程 ……52
3.3 绩效管理导入 ……55
□ 个案分析 ……61
□ 本章小结 ……62
□ 关键概念 ……62
□ 课堂讨论 ……63
□ 复习思考题 ……63
□ 自测题 ……63
□ 补充阅读材料 ……63
第4章 绩效管理流程之一：绩效计划 ……67
□ 学习目标 ……67
4.1 目标管理 ……67
4.2 绩效目标 ……71
4.3 绩效计划 ……75
□ 个案分析 ……82
□ 本章小结 ……83
□ 关键概念 ……84
□ 课堂讨论 ……84
□ 复习思考题 ……84
□ 自测题 ……84
□ 补充阅读材料 ……85
第5章 绩效管理流程之二：绩效实施 ……88
□ 学习目标 ……88
5.1 绩效沟通 ……88
5.2 绩效信息收集 ……94
5.3 绩效辅导 ……99
□ 个案分析 ……102
□ 本章小结 ……104
□ 关键概念 ……105
□ 课堂讨论 ……105
□ 复习思考题 ……105
□ 自测题 ……105
□ 补充阅读材料 ……106
第6章 绩效管理流程之三：绩效评价 ……108
□ 学习目标 ……108
6.1 绩效评价者 ……108

6.2　绩效评价方法及选择 ……115
6.3　绩效评价实施 ……120
□ 个案分析 ……126
□ 本章小结 ……128
□ 关键概念 ……129
□ 课堂讨论 ……129
□ 复习思考题 ……129
□ 自测题 ……129
□ 补充阅读材料 ……130
第7章　绩效管理流程之四：绩效反馈 ……132
□ 学习目标 ……132
7.1　绩效反馈 ……132
7.2　绩效面谈 ……138
□ 个案分析 ……147
□ 本章小结 ……148
□ 关键概念 ……148
□ 课堂讨论 ……148
□ 复习思考题 ……148
□ 自测题 ……149
□ 补充阅读材料 ……149
第8章　绩效管理流程之五：绩效改进 ……151
□ 学习目标 ……151
8.1　绩效改进 ……151
8.2　绩效评价结果应用 ……160
□ 个案分析 ……167
□ 本章小结 ……169
□ 关键概念 ……169
□ 课堂讨论 ……169
□ 复习思考题 ……169
□ 自测题 ……169
□ 补充阅读材料 ……170

第三部分　绩效评价方法

第9章　员工个体绩效评价方法 ……175
□ 学习目标 ……175
9.1　书面鉴定法 ……175
9.2　事实记录法 ……176

9.3　相对考核法 ……182
9.4　绝对考核法 ……184
9.5　360度绩效反馈体系 ……190
□ 个案分析 ……199
□ 本章小结 ……199
□ 关键概念 ……200
□ 课堂讨论 ……201
□ 复习思考题 ……201
□ 自测题 ……201
□ 补充阅读材料 ……202
第10章　团队绩效评价方法 ……208
□ 学习目标 ……208
10.1　团队与团队绩效 ……208
10.2　团队绩效考核的流程与方法 ……213
10.3　团队绩效考核方法的应用 ……228
□ 个案分析 ……238
□ 本章小结 ……240
□ 关键概念 ……240
□ 课堂讨论 ……240
□ 复习思考题 ……240
□ 自测题 ……241
□ 补充阅读材料 ……241
第11章　组织绩效评价方法之一：关键绩效指标 ……248
□ 学习目标 ……248
11.1　关键绩效指标概述 ……248
11.2　关键绩效指标体系的设计与实施 ……252
11.3　关键绩效指标的应用 ……261
□ 个案分析 ……279
□ 本章小结 ……282
□ 关键概念 ……283
□ 课堂讨论 ……283
□ 复习思考题 ……283
□ 自测题 ……283
□ 补充阅读材料 ……284
第12章　组织绩效评价方法之二：平衡计分卡 ……291
□ 学习目标 ……291
12.1　平衡计分卡概述 ……291

12.2 平衡计分卡的特点 ……297
12.3 平衡计分卡的实施流程 ……302
12.4 平衡计分卡的应用 ……307
□ 个案分析 ……313
□ 本章小结 ……314
□ 关键概念 ……315
□ 课堂讨论 ……315
□ 复习思考题 ……315
□ 自测题 ……315
□ 补充阅读材料 ……315
第13章 组织绩效评价方法之三：标杆管理 ……322
□ 学习目标 ……322
13.1 标杆管理概述 ……322
13.2 标杆管理的流程 ……331
13.3 标杆管理的应用 ……335
□ 个案分析 ……342
□ 本章小结 ……344
□ 关键概念 ……345
□ 课堂讨论 ……345
□ 复习思考题 ……345
□ 自测题 ……346
□ 补充阅读材料 ……346
主要参考文献 ……354
网络资源 ……358

第一部分

绩效管理基本理论

第1章/绩效

学习目标

人力资源作为组织的核心资源，其配置水平和使用效率决定着组织运营状况和发展潜力。因此，员工的“绩效”问题作为人力资源管理的核心问题之一，其价值已经得到了组织及其管理者的极大重视。本章从绩效的基本理论出发，对“绩效是什么”“绩效考核是什么”这些基本问题做出了回答。其主要内容包括：绩效的含义、特征及影响因素；绩效指标及其选择原则、常见类型；绩效标准及其衡量方法；绩效考核的含义、目的、类型与内容。

1.1 绩效概述

1.1.1 绩效的含义

绩效是什么？这一最简单的问题却最难回答。《牛津现代高级英汉双解词典》对“绩效”的原词“performance”的释义为“执行、履行、表现、成绩”。这样的解释显然含糊不清，企业更是难以据此进行实际操作。社会化生产初期，生产率是衡量绩效水平的唯一标准，但随着管理实践深度和广度的不断提高，人们对其内涵和外延的认识也发生了变化。管理大师彼得·F.德鲁克认为：“所有的组织都必须思考‘绩效’为何物，这在以前简单明了，现在却不复如是。”因此，要想测量和管理绩效，首先必须明确其概念的内涵和外延。

就像Bates和Holton（1995）指出的那样，“绩效是一个多维建构，观察和测量的角度不同，其结果也会不同”。目前对绩效的界定主要有三种观点：第一种观点认为绩效是结果；第二种观点认为绩效是行为；第三种观点认为绩效是知识、技能等通过工作能转化为物质贡献的个人素质。

1）绩效的“结果观”

Bernadin等（1995）认为，“绩效应该定义为工作的结果，因为这些工作结果与组织的战略目标、顾客满意度及所投资金的关系最为密切”。Kane（1996）指出，绩效是“一个人留下的东西，这种东西与目的相对独立存在”。从这些定义中不难看出，绩效的“结果观”认为，绩效是工作达到的结果，是一个人工作成绩的记录。一般用来表示绩效结果的相关概念有：职责（accountabilities）、目标（goals or targets）、结果（results）、生产量（outputs）、关键绩效指标（key performance index，KPI）、关键结果领域（key result areas）等。在实际应用中，将绩效以“结果/产出”的形式加以解释和衡量是最早出现也是最常见的方法，而对绩效结果的不同界定，也可以体现出不同类型或水平的工作要求。

但是，如果结果产生的过程我们无法控制和评定，那么由行为最终形成的结果还能可靠吗？如果工作结果受到个体行为之外的其他不可控因素的影响，那么依据产出结果评价员工的方法还是公正的吗？再者，过分关注结果不可避免地会导致对重要行为过程的忽视，从而使得管理者无法很好地对员工进行指导和帮助，员工的行为也会受到误导而出现短期化的倾向。正是如此，绩效作为“行为”的观点出现并流行了起来。

2）绩效的“行为观”

Murphy（1990）将绩效定义为“是与一个人工作的组织或组织单元的目标有关的一组行为”。Campbell（1993）指出，“绩效不是行动的后果或结果，它本身就是行动……绩效由个体控制之下的与组织目标相关的行为组成，无论这些行为是认知的、生理的、心智活动的还是人际的”。根据上述定义不难看出，绩效的“行为观”认为：绩效是行为，但并非所有的行为都是绩效；只有与组织目标相关的、与结果/产出相关的行为才算是绩效，而且这些行为应该是可以进行观察或衡量的。这种观点虽然很容易得到大家的理解和认可，但是在实际操作中如何界定和评价“行为”同样面临困境和质疑。特别值得思考的问题是，那些不与结果/产出相关的行为是什么呢？

为此，Borman与Motowidlo（1993）提出了绩效的二维模型，将绩效区分为任务绩效（task performance）与周边绩效（contextual performance），随之将个体的工作行为分为任务绩效行为与周边绩效行为。其中周边绩效行为指的是那些不与岗位职责、组织目标直接相关，促进组织气氛、社会关系和心理环境的行为。这类行为同样对组织有益，间接地促进了工作任务与组织目标的实现。这一模型的提出使得人们对个体行为有了更为全面的认识，同时也对绩效的含义有了更为深刻的理解。

3）绩效的“素质观”

随着知识经济的到来，从事脑力劳动的知识型员工成为员工队伍的主体，而他们的工作行为和工作结果与体力劳动者截然不同，因此对其绩效的衡量给组织的绩效管理带来了新的挑战，素质研究正是在这样的背景下出现的。1973年，哈佛大学教授McClelland在《美国心理学杂志》上发表论文“Testing for Competency Rather Than Intelligence”，论证了行为品质和特征较之潜能测试（如智商测试）能够更有效地决定人们工作绩效的高低，而这些直接影响工作业绩的个人条件和行为特征被称为素质（competency）。

目前，越来越多的企业将以素质为基础的员工特性纳入绩效的范围中，更加重视素质与高绩效之间的关系，同时素质模型也为管理者指导、帮助员工以及为员工筛选、培训提供了可参照的依据。更重要的是，绩效的“素质观”突破了传统绩效观念仅仅“追溯过去”“评估历史”的局限，将视角拓展至未来，从而更加符合知识型员工的特性以及绩效管理的真正目标——长远、持续的绩效提高。

综上所述，绩效的含义是非常广泛的，不同的时期、不同的发展阶段、不同的对象，绩效都有其不同的具体含义。不论是“结果观”“行为观”抑或“素质观”，都代表了学者们从不同角度对绩效的理解，同时也都难免有所偏颇。其实这些观点之间并不矛盾，而是相辅相成共同构成了一个全面的绩效观。为此，本书采取一种综合的办法来定义绩效，试图兼顾工作结果、行为和员工素质：绩效是员工依据其所具备的与工作相关的个人素质所做出的工作行为及工作结果，这些行为及结果对组织目标的实现具有积极或消极的作用。

1.1.2 绩效的特征

1）多因性

工作绩效的优劣不是由单一因素决定的，而是受制于主客观多种因素。它既受环境因素的影响，又受工作特征因素的影响；既受员工自身能力、个性因素的影响，也与组织的制度与机制有关，同时还受员工工作动机、价值观念的影响。

2）多维性

绩效既包括工作结果，同时也包括工作行为与能力。因此，需从多种维度、多个方面去评估绩效。如一位部门经理的工作绩效，不仅反映在他的经营指标上，还要考虑其对下属的监督、指导等管理指标的水平，整个部门的业绩指标和团队指标都应包含在内。

3）动态性

由于绩效只是一段时间内工作情况的反映，因此绩效水平不是一成不变的，而是随着客观条件和主观因素的变化而变化。切忌以主观僵化的观点看待绩效，考核体系的设计也应考虑到绩效水平及其内涵、外延的变化。

1.1.3 影响绩效的因素

绩效受制于多种主客观因素，为了更好地评价和提高绩效水平，了解并控制影响绩效的因素至关重要。一般来说，影响工作绩效的关键因素有五个：工作者、工作本身、工作方法、工作环境和组织管理。

1）工作者

工作者是承担工作的主体，其主观特性是影响绩效的关键因素之一。具体主要包括员工本人的工作态度、工作技能和能力、工作知识、工作动机和个性特点等。以往，研究人员主要侧重“人-岗”匹配，认为只有员工特性与工作要求匹配才会产生高绩效。现在，学者们进一步提出了“人-岗-组织”匹配的理念，强调个人特性、工作要求与组织特点的一致性是获取和保持高绩效的深层动因。

2）工作本身

工作本身主要包括工作目标、计划、资源要求、复杂程度、工作过程控制等。

如工作目标是否明确、工作计划是否可行、工作时间是否充分、工作过程是否容易控制和掌握等，都将影响到员工的绩效。

3）工作方法

工作方法主要包括工作手段、工具、流程、协调等。工作手段、工具的使用会直接影响工作的速度和质量，工作流程涉及工作步骤和工序，工作协调则涉及各工序之间、各工种之间的衔接及有序性。上述因素的合理性、科学性对工作绩效有直接影响。

4）工作环境

工作环境主要包括工作条件、文化氛围、人际关系等。工作条件涉及工作场所的物质条件和资源配备等；文化氛围涉及员工的精神风貌、团队精神、参与管理的水平等。工作环境虽然是外部条件，但同样影响员工的工作绩效。

5）组织管理

组织管理主要指企业组织的管理机制、政策和管理者水平。管理机制涉及计划、组织、领导、协调、激励、控制、反馈等方面，政策包括人员聘用、培训、考核和薪酬等。员工是组织中的成员，组织管理自然对其绩效有重要影响。

上述五种因素不同程度地影响员工绩效（如图1-1所示），正如“木桶效应”的基本原理，如果有一种因素起消极作用，就会降低员工绩效；反过来，提高员工绩效也应从这五个方面综合分析、系统改进。

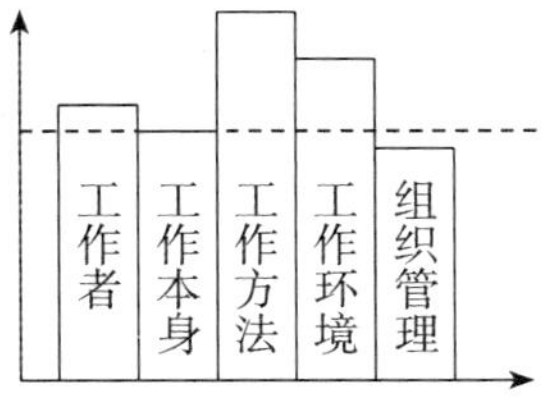

图1-1 影响绩效的主要因素

1.2 绩效指标及设计

1.2.1 绩效指标

“不能评估就无法管理”，因此，首先要对绩效进行衡量和评价，然后才能管理。绩效衡量的前提是绩效评价指标与标准的识别、认定，而对绩效的不同理解又使得指标设计和甄选时的目的、思路不尽相同。所谓绩效指标，指的是对绩效进行评价的维度，也就是说从哪些方面对工作绩效进行衡量或评估，即“评估什么”的问题。绩效指标的设计、选择与组合既要符合企业管理的要求，又要满足测量学的要求。一般来说，合理、有效的绩效指标体系设计应遵循以下原则：

1）战略相关性（strategy relevance）

战略相关性指的是绩效指标与组织战略的相关程度。绩效指标是员工行为的

“指挥棒”，企业要求什么，员工就会追求什么。如果企业追求质量，那么绩效考核中就要引入产品质量指标和控制产品质量的过程指标；如果企业追求顾客满意度，那么就要考核顾客满意指标以及影响顾客满意的过程指标。绩效指标与组织战略相一致，强调的是评价指标对组织所有员工的引导作用，从而使员工能够为组织目标的实现做出贡献。当组织战略发生转移时，绩效指标也应及时调整，体现出战略转移之后对员工的新要求。无论是绩效指标与组织战略不相关，还是绩效指标僵化刻板，都会导致组织对员工的要求与发展战略相脱节，从而影响绩效管理的有效性以及组织战略的实现。

2）可操作性（practicability）

组织所选择的绩效评价指标要有可操作性，能够被衡量。绩效评价指标是否可以被衡量，有两个评判标准：第一是可以用数量表示，即可量化；第二是可以用行为描述，即可行为化。两者只要符合其一，就是客观的，也是可以被衡量的。不能用数量表示也无法用行为描述的指标，就没有可操作性，应当被舍弃；否则，管理者对下属所做的评价就没有数量或行为事件作为客观依据，只能做主观臆测，其公正性和准确性就大打折扣。比如，有的岗位将“注意力集中”作为绩效评价指标之一，而注意力是内部心理状态，难以观察更无法验证，因此这个指标就不具有操作性。

3）信度（reliability）

信度即可靠性，指的是评价指标的稳定性或一致性程度。如果在不同的场合对每个被试的测查结果都是相同的，测验便具有较高的信度。一般来说，量化指标的信度较好，而行为指标的信度相对差一些。具体看来，信度的控制又可分为以下三种情况：

（1）再测信度：测量同一考核对象在不同时期的绩效稳定性

再测信度又称稳定性系数，是指测验结果跨时间的一致性，即在不同的时间点对绩效进行评价，评价结果应该相同或接近。举例来说，生产工人在工具、设备、技术等条件稳定的情况下，“产品数量”这个指标就相当稳定，在不同的时间点进行评价所得到的结果都非常接近。但实际上，在所有绩效指标中，类似“产品数量”这样的稳定指标只占一小部分，大部分指标的稳定性并不理想。其原因在于，影响绩效的因素复杂且经常变化，从而导致绩效水平随之波动。在这种情况下，应选择多个时间点进行评价，且时间点的选择要有代表性，尽量涵盖指标在所有时间的表现水平。

（2）评分者信度：多个考评者独立评估的结果一致性

评分者信度是指不同评分者之间在考核结果计分上的一致性。当（评价）结果由评分者主观评定时，评分者信度尤为重要。例如，在体操比赛中，裁判评分的一致性直接影响着运动员的名次，因此一般都要取消两极各一个分数后再求平均成绩。在心理测验中，对评分者信度的计算，通常是随机抽取若干份试卷，由至少两位受过训练的评分者按计分规则分别判分，然后计算它们的相关程度。几个评分者的评分越一致，评分者信度越高。如果让两个评分者对同一员工的绩效进行评估，两个评分者均了解评估对象的工作特点、工作表现，而且严格按照要求进行评分，评价结果一样或相近，则反映评分者信度较高。一般来说，数量化指标的一致性较好，而行为指标就相对差些。

（3）考评量表的内在信度：同一量表内各项目之间的一致性

内部一致性信度又称同质性信度，是指一个测验或分测验中各题目所测内容的一致性。比如，智力测验通常由许多不同的题目构成，内部一致性信度可以通过将测验题目区分为两部分，比较人们在两部分上的得分情况获得。如果测验题目之间具有很高的相关性，表示具有高内部一致性，或者说同质性信度很高。

4）效度（validity）

效度即有效性，指的是考核指标与考核目的之间的相关性。一项绩效指标总是为一定的考核目的而设计编制的，并具有一定的操作规则和使用范围，判断它的效度高低，首先要看它达到考核目的的程度，如果能正确地测量和评价出所要考核的绩效，那么它就是高效度的指标。绩效指标的效度有三种基本的评估方式：

（1）内容效度（content validity）

所谓内容效度，是指考核指标对绩效结果或行为范围取样的适宜性程度。例如，教师在讲课告一段落后要进行考试，而考题不可能包含讲过的所有内容，必须从中选出一个具有代表性的题目样本，编制成测验题目，然后根据考试分数推断学生对该范围内知识技能的掌握情况。如果测验题目不是该范围内的有代表性的样本，过难或者过易，那么由此做出的推论，其效度必然很差。要保证指标的内容效度，就要避免指标出现缺失或者污染。所谓指标缺失，是指绩效指标没有完全反映工作绩效的所有方面。所谓指标污染，是指指标要求考核与工作无关的方面。比如，某国有企业对销售员的绩效主要根据销售量或销售额进行评价，忽略了货款回收，导致应收账款大量积压，企业资金周转困难。同样是这家企业，领导喜欢组织文娱活动，把参与文娱活动次数作为考核员工的一项重要指标，而其实与工作绩效并无实际关系。该例子中的两种情况，前者属于绩效指标缺失，后者属于绩效指标污染。

（2）预测效度（prediction validity）

预测效度又称效标关联效度，是指一个考核指标对处于特定情景中的个体的行为进行预测的有效性，也就是对我们所感兴趣的行为能够预测到什么程度。在这里，被预测的行为是检验效度的标准，简称效标。举例来讲，如果一个人在选拔消防员的测验上得分很低，而他在防止火灾和灭火中表现得与真正的消防员一样好，那么，毫无疑问，这个测验不能用于消防员选拔，它的预测效度太低了。如果绩效评价的目的是预测员工做不同工作的预期绩效，那么指标就必须具有预测效度。也就是说，对员工在现有工作中的绩效评价结果与同一个人在下一个工作中的绩效评价结果具有相关性。

(3) 结构效度/构想效度 (construct validity)

构想 (construct) 是指心理学理论所涉及的抽象而属假设性质的概念或特质，如智力、焦虑、自我、外向、攻击性等。构想效度表示一项指标或测验是否达到了对某一理论概念或特质的测量。如果一个智力测验测得的结果与该测验所依据的智力理论或假设相符，那么，我们说该测验具有较高的构想效度。构想效度的确定通常需要综合评价各种不同的资料，一般采取两种途径：一是考察它与度量同类构想的测验是否相关；二是考察它是否与不应有关的东西无关。例如，羞怯测验的分数应与一个人出现在聚会上的次数、团体中的发言多少以及父母和朋友的评价有关，而与度量其他构想的测验分数，如空间知觉、推论能力等基本无关。

5) 可接受性 (acceptability)

绩效指标的选择应在保证其效用的前提下，力求简洁，便于管理者和员工接受，进而有利于操作和管理。有的组织把绩效指标设计得很复杂，看似科学、全面，其实目标模糊，极不实用。因此，考虑到绩效考核本身的效率和实施，应设法保持指标的简明性，抓住关键因素，限制指标数量，防止面面俱到。

实例 1-1　　绩效考核与劳动合同解除

深圳市物业管理协会与戴某签订有劳动合同。在工作期间，深圳市物业管理协会对戴某进行了数次员工互评式的季度、年度考核，戴某在考核中均不合格。为此，深圳市物业管理协会给戴某调整了工作岗位，但调整岗位后戴某的季度、年度绩效考核仍为不合格。深圳市物业管理协会认为戴某已不能胜任本职工作，于2012年12月26日向戴某送达了《解除劳动合同通知书》，并告知了戴某绩效考核结果，并于2012年12月31日解除与戴某签订的劳动合同。戴某认为深圳市物业管理协会违法解除劳动合同，于是将深圳市物业管理协会告上法庭，并要求支付赔偿金。

法院经审理认为，深圳市物业管理协会虽然提交了绩效考核管理办法、绩效考核汇总表等证据证明其对戴某进行了考核，且戴某考核不合格，但是戴某不确认这些证据。鉴于深圳市物业管理协会认定为考核不合格的依据为员工之间相互打分未达到规定的标准，深圳市物业管理协会并未提供其他具体的不合格的事实依据，也未能提供具体的事实依据证实其主张，应承担举证不能的法律后果。一审认定深圳市物业管理协会构成违法解除劳动合同，并向戴某支付违法解除劳动合同赔偿金。

资料来源　刘善仕，王雁飞. 人力资源管理 [M]. 北京：机械工业出版社，2016：127.

1.2.2　常用绩效指标类型

绩效是个多维概念，因此绩效指标也可根据不同的维度视角分为不同类型。常用的绩效指标类型有结果导向型指标和行为导向型指标，简称结果指标和行为指标。

1) 结果指标

尽管组织可以使用多种指标对绩效进行衡量，但衡量工作产出结果的指标不外乎以下四类：质量、数量、成本和时间。表1-1列举了一些常用的具体指标。

表1-1　**常用具体指标举例**

指标类型	常用具体指标名称
质量指标	合格率、次品率、返工率、返修率、出错率、准确率、顾客投诉次数、顾客保留数量、顾客引荐数量等
数量指标	产量、销售量、价格、利润、市场占有率、接待顾客数量等
成本指标	总成本、单件产品成本、人工成本、采购成本、经营成本、招聘成本等
时间指标	生产周期、交货时间、付款时间、研发周期、排除故障时间等

2）行为指标

工作结果是工作绩效，但两者并不等同。在评价绩效时，行为和能力指标不能被忽视，而且日益受到关注。早在科学管理时代，泰勒就采用动作研究的方法通过规范体力劳动者的工作行为达到提高劳动效率的目的。今时今日，不光是生产和业务岗位人员的行为直接影响其工作结果的实现，管理人员的行为同样与组织绩效紧密相关，而且其工作结果模糊、难以计量，因此其行为界定更为重要。G.Yukl在对管理活动进行具体界定的基础上，提出了管理岗位的特定行为要求（见表1-2）。

表1-2　**管理岗位的特定行为**

职能活动	简要说明
计划和组织	决定长期目标和战略，按优先顺序分配资源；决定如何配置人员以有效完成任务；决定怎样促进合作，提高产量和所属部门的效率
解决问题	明确与工作相关的问题，及时、系统地分析问题并找出办法解决问题，特别是采取果断措施解决重要问题和危机
明确角色和目标	分配任务，对如何完成任务进行指导，有效沟通，清楚了解工作职责、任务目标、完成期限和预期绩效
提供信息	向有关方面发布关于决策、计划和活动的信息，并向其提供书面资料和文件，对技术信息的要求做出回应
监督	收集关于工作活动和影响工作的外部环境信息，检查工作的质量和进度，评估个人和组织部门的绩效，进行趋势分析，预测外部事件
激励	运用感情和逻辑的影响技巧调动员工的积极性，对任务目标做出承诺，遵从合作、协助、支持的要求，树立行为榜样
协商	做出改变前要与相关人员进行商讨，鼓励提出改进的建议、鼓励参与决策，在决策中采用他人的思想和建议
授权	允许下属在开展工作、处理问题和做出重要决策时分担一定的责任，并拥有相当的权力

续表

职能活动	简要说明
支持	要以友好的方式行事，做事考虑周到，耐心并乐于助人，当有人不安或焦虑时表现出同情和支持，善于倾听别人的抱怨，关心他人利益
开发和指导	提供指导和有帮助的职业建议，帮助个人获取技能，取得专业进步和实现职业发展
管理冲突和团队建设	建设性地解决冲突，鼓励合作和团队工作，认同工作部门
联络	非正式的社交，与拥有信息并能提供支持的人建立联系，通过定期沟通保持联系，包括拜访、打电话、通信及参加会议和社会活动
认可与赞赏	对有效绩效、重大成就和特殊贡献进行表扬和认可，对某人的贡献和特别努力表示欣赏
奖励	对有效绩效、显著成就和突出能力提供或建议给予奖励，如加薪、提升

组织在通过对员工的观察确定其工作行为的同时，还要对员工有效实施行为和实现结果所需的能力素质指标加以界定和衡量，以求更加准确地评价其绩效水平。表1-3是几个公司在组织层面使用的员工素质指标。

表1-3 **员工素质指标举例**

ICI涂料公司	可口可乐公司	移动通信公司
灵活、主动、影响力、关注质量、自我发展	沟通、工作知识、问题解决、决策、预算和财务管理、工作关系、领导力、计划、组织、执行	团队合作、专业技术知识、有效沟通、成就动机、主动、追求卓越、灵活、创新、效率

1.2.3 指标顺序与权重

由于环境因素对工作绩效有很大影响，因此在绩效评价中需要将结果与过程相结合，针对指标体系就是要将结果与行为过程指标按照一定比例实现动态平衡。比例的确定主要取决于绩效管理的目标、工作性质与要求。例如，针对一个生产岗位，工作结果可能占了考核指标内容的90%；而对一个服务性岗位，行为和能力指标可能占到整体的90%。对不同的绩效管理对象，绩效指标的重要性也不同，因此具体设计和确定考核指标体系时，需要同时确定每个指标的权重，或者标出优先顺序。结果指标和行为指标一般构成绩效评价的一级指标，而每个一级指标又由若干个子指标构成，我们称为二级指标。不同级别和不同内容的指标反映不同的评价侧重点和作用。让员工参与和了解指标体系的设计和内容，对于其合理安排自己的时间与精力、争取到更好的绩效水平十分必要。

确定指标权重的方法有定性方法和定量方法两类，常用的定性方法有专家意见法和德尔菲法（Delphi technique），定量方法主要是层次分析法（analytic hierarchy process）。前两种方法在管理决策中有普遍应用，因此不再赘述。层次分析法是20世纪70年代由美国宾夕法尼亚大学沃顿商学院的Thomas Saaty博士研究提出的一种在决策过程中确定指标优先秩序的定量方法。这种方法将决策者的经验判断加以量化，将绩效指标分解为多级指标体系，在同一层级上根据事先确定的相对重要性等级进行矩阵式的两两比较，然后计算每项指标的权重。关于层次分析法的具体使用，参见本章的“补充阅读材料”。

1.3　绩效标准及衡量

1.3.1　绩效标准

绩效指标强调的是从哪些方面对绩效进行评价，而绩效标准注重的是在各项指标上分别应该达到什么样的水平。指标解决的是评估什么的问题，而标准解决的是要求被评估者达到什么水平、完成多少数量以及达到什么程度的问题。简单地说，绩效标准是对绩效指标达成状态的描述。绩效指标与标准之间的对应关系见表1-4。

表1-4　　　　　　　　　　　　**绩效指标与标准样例**

工作产出	指标类型	具体指标	绩效标准
销售利润	数量	★年销售额 ★税前利润率	★年销售额在20万~25万元 ★税前利润率18%~22%
新产品设计	质量	上级评价： ★创新性 ★体现公司形象 客户的评价： ★性价比 ★产品偏好程度 ★独特性 ★耐用性	上级评价： ★至少有3种产品与竞争对手不同 ★使用高质量的材料、恰当的颜色和样式，以代表和提升公司的形象 客户的评价： ★产品的价值超过了它的价格 ★在不告知品牌的情况下对顾客进行测试，发现选择本公司产品的概率超过竞争产品 ★客户反映与他们见到过的同类产品不同 ★产品使用的时间足够长
	时限	★预定的时间表	★能在指定的期限内提供新产品样品
销售费用	成本	★实际费用与预算	★实际费用与预算相差5%以内

1.3.2　绩效标准的衡量

绩效标准的衡量一般采取量化和非量化两种方式。一般来说，绩效考核指标要尽量数量化或可操作化，对一些无法操作的行为指标，要找出关键特征行为以及等级评定，以实现量化处理。

1）描述性指标标准

描述性指标标准可以是针对某一特定要素的，也可以是针对整体职责的，一般采用五级程度划分：优秀、良好、中等、合格、不合格（见表1–5）。之后对每个等级赋予分值，分值之间可以是等距的，也可以是不等距的。相对来说，等距划分比较容易操作和理解。各个等级的区分应该采用不同的标准描述，否则只依赖管理者对等级程度的自我理解，评分就会过于主观而无法统一。

表1–5 **描述性指标标准示例**

考核指标	评价等级	等级描述	分值
沟通合作	优秀	很强的沟通愿望和良好的沟通方式，使合作成为主要的工作方式	10
	良好	善于沟通，力求合作，引人注意	8
	中等	沟通清楚、易于接受，表现出互相接受的合作倾向	6
	合格	交流、沟通方式混淆，缺乏中心议题，不易于合作	4
	不合格	缺乏沟通方式，不善于交流，难以表达自己的思想、方法	2

2）量化指标标准

量化指标是最能够精确描述状态的考核指标，目前被广泛使用在生产、营销、成本、质量等管理领域。量化指标标准的设计，需要考虑两个方面的问题：一是指标标准的基准点；二是等级间的差距。

（1）基准点的位置

基准点的位置实际上就是我们预期的业绩标准，它应当处于衡量尺度的中间（部分特殊指标除外，如一些人身伤亡、火灾等重大恶性事故的指标，期望值的基准点可能在最高等级，因为我们的期望是不发生），向上和向下均有运动的空间。基准点不等同于中点，一般在中点偏高的水平。例如，在百分制的考试中，60分是及格线即基准点，而不是中点的50分。

（2）指标标准等级差距

指标标准的等级差距有两种：一种是尺度本身的差距；另一种是每一尺度差所对应的绩效差距。但是，这两个差距是结合在一起描述绩效状态水平的。尺度差距实质上是标尺的差距，它可以是等距的，也可以是不等距的（如图1–2所示）。在常规上，我们习惯把标尺做成等距等差的，把绩效标准做成不等差的。一般来说，指标标准的上行差距越来越小，而指标标准的下行差距越来越大。这是因为，从绩效基准点提高绩效的难度越来越大，边际效益下降；而在基准点以下，人们努力的边际效益比较大。

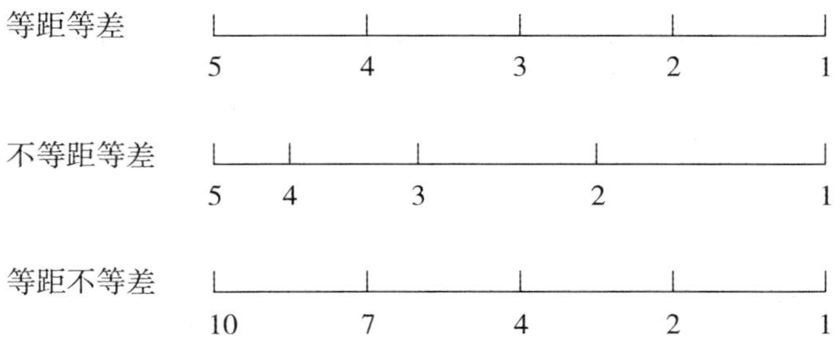

图1-2　指标标准的等级差距

在正常情况下，可以把指标标准的差距按100：130或100：140原则来划分。也就是说，指标每一等级的差距为前一等级标准的130%或140%。例如，若五级划分法“合格”等级的分值为50分，则使用100：140原则计算出的“中等”等级分值为70分(50×140%)，以此类推。不过100：140原则是一个相对高的标准，一般为高绩效组织选用，大多数企业使用100：130原则就可以了。采用这样的差距设定原则能够较好地解决考核结果分布趋中的情况，同时也可以有效地控制考核结果之间的差距。

3）基本标准与卓越标准

无论是描述性指标标准还是量化指标标准，为了区分绩效水平的高低，在每一个指标上都会设置基本标准和卓越标准。

（1）基本标准

基本标准就是合格标准，是对评估对象的基本期望，是每个评估对象经过努力都能够达到的水平。设置基本标准的目的是判断员工的工作是否能够满足基本要求。是否能够达到基本标准的绩效信息主要用于非激励性的报酬决策，如基本工资、基本的绩效工资等。

（2）卓越标准

卓越标准是指对评估对象没有做强制要求，但是通过努力一小部分人能够达到的绩效水平。卓越标准的描述没有限度，也不是人人都可以达到的。设置卓越标准的目的是识别角色榜样，提供努力的方向。是否能够达到卓越标准的绩效信息主要用来决定激励性的待遇，如额外的奖金、分红、职位晋升等。

表1-6列出了一些岗位的基本标准与卓越标准。当然，随着员工素质、技术和管理的进步，基本标准和卓越标准的水平也会随之调整，现在的卓越标准可能会成为将来的基本标准。

表1-6　**基本标准与卓越标准**

职位名称	基本标准	卓越标准
司机	按时、准确、安全地将乘客载至目的地 遵守交通规则 随时保持车辆良好的性能与卫生状况 不转载与目的地无关的乘客与货物	在几种可选择的路线中选择最佳路线 在紧急情况下能采取有效措施 在旅途中播放音乐等消除旅途寂寞 高乘客选择率

续表

职位名称	基本标准	卓越标准
打字员	速度不低于100字/分钟 版式、字体等符合要求 无文字及标点符号错误	提供美观、节省纸张的版面设置 主动纠正原文中的错别字
销售代表	正确介绍产品或服务 达成承诺的销售目标 回款及时 不收取礼品或礼金	对客户的偏好和个性等做详细记录 为市场部门提供有效的客户信息 维持长期稳定的客户群

1.3.3 绩效标准的设计原则

1）压力适中

绩效标准的压力设置要适中，不能太容易，也不能太苛刻。基本标准的水平要使所有能够胜任本职工作的员工有一定的压力，在这种压力下经过努力能够达到规定的基本标准。如果基本标准太高，多数人达不到，反而会导致员工压力过大、工作效率降低，甚至灰心丧气而离开岗位，而卓越标准只有非常优秀的员工才能达到。如果水平过低，则不具备激励效果；而水平过高，也会使员工自动放弃而失去激励的作用。

2）稳定性和变化性

绩效标准一旦确立并证明是适当的，就应该保持相对稳定，不能随意变化，否则会丧失其权威性。对一个新企业来说，确定绩效标准可以参考同行经验，采用标杆学习的方法。当然，绩效标准也不是一成不变的，会随着员工素质、技术和管理水平的提升而变化，但调整的幅度和时机要谨慎思考，以符合组织、工作和员工的实际要求。

实例 1-2　　试用期考核的疑惑

两个月前，高校毕业生小张与某互联网公司签约，进入试用期，担任设计工程师。小张非常珍惜这份工作，对于不明白的问题，他总是主动向有经验的同事请教；每天上班早来晚走，遇到设计任务紧急时，还经常加班到深夜。他相信，凭着自己的努力，一定能够在试用期后顺利转正。

终于，在试用期届满前一个星期，小张迎来了试用期考核。出乎意料的是，他的考核评分竟然没有达到公司的录用标准。随后，公司人力资源部向他发出了解除劳动合同的通知。这一纸通知如同一盆冷水，瞬间浇灭了小张的工作热情和自信。回顾自己入职以来的工作表现，他越发感觉成绩不合格这一说法难以置信。他决定向公司人力资源部门问个究竟。

针对小张的疑问，人力资源部门向其出具了试用期考核表。小张发现，这份考核表中设置了日常考勤、日常表现、试用期工作内容、主管评分等若干项目，但表格中除了在考核等级总评中有“不合格”这三个字评语外，诸如“日常考勤”“日常表现”等项均未具体说明。对于这样一个“莫须有”的考核结果，小张表示不服。他质问人力资源部工作人员，这份评价的依据是什么？工作人员竟无言以对。小张遂向当地劳动争议仲裁部门申请仲裁。经过仲裁部门审理，裁决该公司解除劳动合同违法，并予以撤销。

资料来源 曹蓉．试用期考核，你做对了么？［J］．人力资源开发与管理，2016（10）．

1.4 绩效考核与评价

在人力资源管理活动中，实施绩效评价可能是一项最棘手的任务。管理学者曾经对采用绩效考核制度的92家美国俄亥俄州的公司进行研究，结果表明：大约有65%的公司对其采用的考核制度有一定程度上的不满。显然，绝大多数管理者和员工认为绩效考核是组织管理制度中不可缺少的关键环节，但是考核制度几乎在所有企业中无一例外地受到质疑和挑战。因此，绩效及绩效考核问题已成为企业界和理论界共同关注的焦点，越来越多的企业希望通过绩效考核来更好评价自己和促进自身发展。

1.4.1 绩效考核的含义

绩效考核（performance appraisal），简称考核，又称绩效考评、绩效评价等。由于绩效具备多维性、多因性和动态性的特点，因此对绩效的考核也应是多角度、全方位和多层次的。从早期的观点看，关于绩效考核的含义有以下几种描述：

• 对组织中成员的贡献进行排序。

• 为客观判断员工的能力、工作状态和适应性，对员工的个性、资质、习惯和态度以及对组织的相对价值进行有组织的、客观的考评。它是考评程序、规范、方法的总和。

• 对员工现任职务的出色程度以及担任更高一级职务的潜力进行有组织的、定期的，并且是尽可能多的客观考评。

• 人事管理系统的组成部分，由考核者对被考核者的日常职务行为进行观察、记录，并在事实的基础上，按照一定的目的进行考评，达到培养、开发和利用组织成员能力的目的。

• 定期考评和考察个人或工作团队业绩的一种正式制度。

• 对员工的工作行为与工作结果全面、系统、科学地进行考察、分析、评估与传递的过程。

从过程的角度看，绩效考核是指考评主体对照工作目标或绩效标准，采用科学的考核方法，评定员工的工作任务完成情况、工作职责的履行程度和能力发展情况，并且将评定结果反馈给员工的过程①。绩效考核在本质上就是考核组织成员对

① 付亚和，许玉林．绩效管理［M］．上海：复旦大学出版社，2006．

组织的贡献，或者对组织成员的价值进行评价。它是管理者与员工之间以提高员工能力与绩效、实现组织战略为目的的一种管理沟通活动。

由于绩效考核本身不是目的，而是手段，因此其概念的外延和内涵应该随经营管理的需要而变化。从内涵上说，绩效考核包括人与事的评价两层含义：一是对人及其工作状态进行评价；二是对人的工作结果即人在组织中的相对价值或贡献程度进行评价。从外延上看，绩效考核就是有目的、有组织地对日常工作中的人进行观察、记录、分析和评价。它包括以下三层含义：一是从企业经营目标出发对员工工作进行考评，并使考核结果与其他人力资源管理职能相结合，推动企业经营目标的实现；二是作为人力资源管理系统的组成部分，运用一套系统和一贯的制度性规范、程序和方法进行考评；三是对组织成员在日常工作中所表现出来的能力、态度和业绩进行以事实为依据的评价。

1.4.2 绩效考核的目的

尽管绩效考核在最近70年才成为管理学家和组织心理学家研究的核心内容之一，但评估绩效的实践活动已经存在很久。在我国古代，评价官员政绩的制度自秦汉时期就建立了，到唐代已非常成熟完备。19世纪早期的欧洲，现代工业出现后不久，苏格兰的Robert Owens就在其棉纺厂设计和应用了绩效评价方法。他用不同颜色的木块标志不同程度的绩效，如果一个员工的绩效改变了，挂在其工作间的木块颜色也随之改变。美国联邦政府自1842年开始以法律的形式要求政府部门对工作人员进行每年一度的考核。而系统的组织政策与评估制度则创制于1911年泰勒的科学管理，动作研究、计件工资制等先进的管理制度无不与绩效的科学评价紧密相关。第二次世界大战之后，绩效考核的重点转向了组织的生产力和员工的有效性，目标管理应运而生。到了20世纪80年代，研究的注意力进一步转向了绩效形成的行为过程和影响绩效的组织内外部环境。

回顾绩效考核的应用及发展历程不难看出，绩效考核的目的已逐渐从单纯的评价员工以往的工作结果发展至以未来为导向、以员工能力开发为主要目的的人力资源管理。也就是说，绩效考核的目的既在于评价，更在于开发。评价的目的在于正确衡量员工的工作行为和结果，以便公正、适时地给予奖励；开发的目的在于提高员工素质，如更新员工知识结构与技能、激发创造力等，最终提高个人及组织绩效。而在企业的实际应用中，绩效考核的这两个目的能够完全实现的并不多见，能够发挥考核的评价机制已属稀有，而开发目的几乎普遍被忽略，甚至两种目的之间出现了冲突（如图1-3所示）。其中除了对考核的认识不足、考核体系设计不完善等原因外，也与考核者与被考核者对其在考核过程中的角色关系理解不当有关。在考核中，考核者与被考核者应该是伙伴关系，而不是相互对立的敌我双方。只有加强考核培训、完善考核体系、规范考核流程，才能使考核的评价和开发目的真正实现。

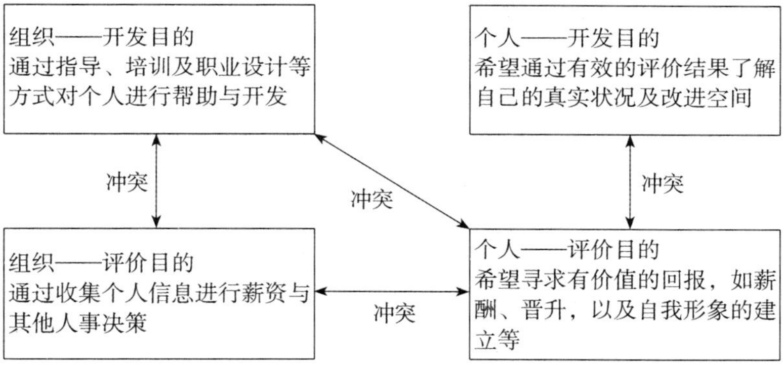

图1-3　绩效考核中的目的冲突

1.4.3　绩效考核的类型

绩效考核类别繁多，按考核时间可分为定期考核与不定期考核；按考核对象可分为一般员工考核、管理者考核与技术人员考核等；按考核目的可分为晋升考核、加薪考核、职称评定考核等；按考核主体可分为上级考核、自我考核、同级评议、下级对上级考核等。下面着重介绍依据考核内容和考核对象层次而形成的不同绩效考核类型。

1）按绩效考核内容划分

（1）面向工作结果的考核。以考评员工的工作效果为主，着眼于“干了什么”，重点在于产出和贡献，而不是行为。考核标准易制定、易操作，适合生产操作性岗位，不适合对事务性人员的考核。

（2）面向工作行为的考核。以考核员工的工作行为为主，着眼于“干什么”“如何去干”，重在工作过程而非工作结果。考核标准容易确定，操作性较强，适合那些绩效难以量化考评或需要以某种规范行为来完成工作任务的员工，如服务员、文秘人员、管理人员等。其难点在于开发出与工作相关的行为衡量标准。

（3）面向素质技能的考核。以考核员工在工作中表现出来的品质（素质技能）为主，着眼于“这个人怎么样”。由于在考评中使用诸如忠诚、可靠、主动、有创造性、有自信、有协作精神等定性指标，所以很难掌握，操作性较差。

正如前文所述，绩效是多维的，因此绩效考核也应是全方位、多角度的，所以完整的绩效考核体系在指标选择上应包含以上三种类型的考核内容，并根据不同的考核对象和考核目的设计指标次序与权重。

2）按绩效考核对象层次划分

（1）组织整体绩效。组织整体绩效把组织整体作为考核对象，强调集体性绩效，通常包括产量、利润、成本等财务内容，同时也包括客户满意度、员工发展、内部流程效率等非财务内容。

（2）部门（团队）绩效。部门（团队）绩效把组织中的正式职能部门或项目团队作为考核对象，是介于组织整体绩效与员工个体绩效的中间层次，也是整体绩效与个体绩效的结合，特别是随着跨职能团队在组织中的频繁出现，如何结合其特征实施有效考核已成为实践及理论界研究的热点。

（3）员工个体绩效。员工个体绩效把员工个人作为考核对象，正如前文所述，个体绩效包括其工作结果、行为和能力素质。个体绩效的衡量和评价是绩效管理关注的主要内容，是人力资源管理的职能任务，但组织整体绩效和部门绩效同样不容忽视。

在一个组织内，这三个绩效层次所包含的内容及其评估和管理方法都不尽相同，同时三者之间又紧密相关。员工个体绩效是根基，部门（团队）绩效和组织整体绩效都建立在其基础上；反之，部门（团队）绩效是员工个体绩效的整合和放大，而组织整体绩效又是部门（团队）绩效的整合和放大。三者的协调与整合才是绩效考核与管理的任务所在（如图1-4所示）。因此，本书在侧重探讨员工个人绩效的同时，也对组织整体绩效及部门（团队）绩效进行了论述和探讨。

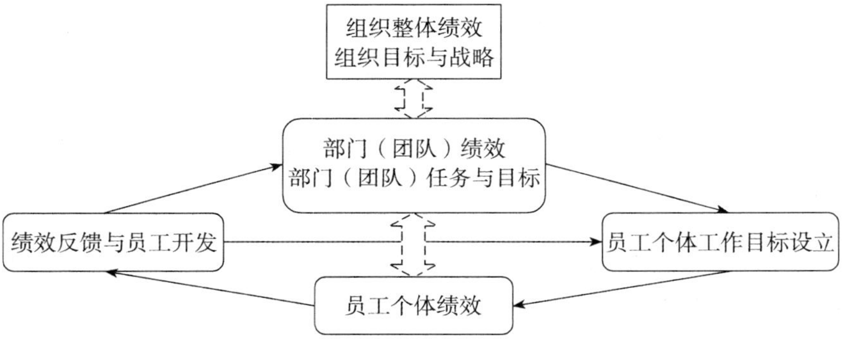

图1-4　组织、部门（团队）、员工绩效整合模式

1.4.4　绩效考核的内容

1）职务职能类考核内容

职务职能类考核内容如图1-5所示。

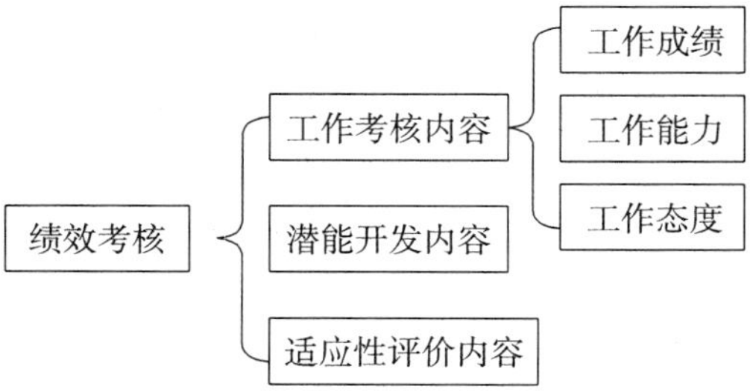

图1-5　职务职能类考核内容

（1）工作考核内容

①工作成绩。绩效考核的出发点是员工的工作岗位，是对员工承担工作的结果或履行职务的结果的评价。而评价、考核工作成绩的项目或指标可从工作数量、工

作质量、工作的速度、工作准确性等方面衡量。业绩考核针对的是工作的完成状态。

②工作能力。工作能力在本质上是指一个人顺利完成某项工作所必备的并影响工作效率稳定的个性特征，是指员工承担工作所必备的知识、经验与技能。能力考评，是指对员工在其岗位工作过程中显示和发挥出来的能力所做出的考评，包括员工的经验、阅历、职务知识、职务技能等。

③工作态度。工作态度是指员工在完成工作时所表现出来的心理倾向性，包括工作的认真度、责任度、努力程度等。由于这些因素较为抽象，通常只能通过主观性评价来考评。

（2）潜能开发内容

潜能相对于在工作中发挥出来的能力而言，是指没有在工作中发挥出来的能力。在企业中，人力资源部门除了要了解员工在现任职务上具有何种能力外，还要关注员工未来的发展空间。也就是说，员工是否具有担任高一级职务或其他类型职务的潜质。

（3）适应性评价内容

适应性是指员工所从事的工作与其天资禀赋、职业兴趣、个人志向等方面的符合程度。对员工适应性的评价通常涉及两方面内容：一是人与工作之间，即员工的能力、性格与其工作要求是否相称；二是人与人之间，即员工与合作共事者之间在个性特征方面的差异是否会影响其工作能力的发挥。

2）行政公务类考核内容

1994年，中共中央组织部、人事部颁布了《国家公务员考核暂行规定》，2006年1月1日，《中华人民共和国公务员法》开始施行。2007年1月，两部委在以上文件内容的基础上，吸收了近年来行之有效的公务员考核政策、措施，制定和颁布了《公务员考核规定（试行）》，对公务员考核的基本原则、内容和标准、程序、奖惩等做了详细的规定。其中，对公务员考核内容的规定是："德、能、勤、绩、廉，重点考核工作实绩"。具体来看："德"，是指思想政治素质及个人品德、职业道德、社会公德等方面的表现；"能"，是指履行职责的业务素质和能力；"勤"，是指责任心、工作态度、工作作风等方面的表现；"绩"，是指完成工作的数量、质量、效率和所产生的效益；"廉"，是指廉洁自律等方面的表现。这五项考核内容的本质与职务职能类考核的内容一样，虽然采用不同的表达方法，但关键都在于其所选择的指标项目与标准水平。

3）任务绩效与周边绩效

Borman和Motowidlo（1993）提出，工作绩效除了包括任务/作业绩效（task performance）外，还应该包括周边/关系绩效（contextual performance）。任务绩效是指任职者通过直接的生产活动、提供材料和服务对组织的技术核心所做的贡献，主要受经验、能力以及与工作有关的知识等因素的影响；周边绩效不是直接的生产和服务活动，而是构成组织的社会、心理背景行为，包括自愿行为、组织公民行为、亲组织行为、组织奉献精神以及与特定作业无关的绩效行为，如自愿承担额外的工作、帮助同事等。它能够促进组织内的沟通，对社会沟通起润滑作用，缓解紧张的情绪反应，促进作业绩效，从而提高整个组织的有效性。该理论（模型）的提出，将绩效考核的内容做了进一步的丰富和拓展，除了传统的任务绩效考核之外，还应对岗位的周边绩效加以衡量。

□ 个案分析

B公司的绩效考核出错了

最近，B公司的总经理很苦恼。前些天，公司人力资源部刚刚与其他业务部门共同完成了全公司一年一度的绩效考核工作。从考核结果看，部门和员工整体绩效水平都比较高，这与实际状况也符合。因为在过去的一年里，全公司各部门和员工都非常努力，其工作状态和工作热情有目共睹。对于这样的考核结果，应该说是皆大欢喜，总经理也应该感到欣慰才是。但是为什么却让总经理苦恼了？

原来，公司董事会在对全公司过去一年的经济目标完成情况进行考核时，发现企业的整体绩效状况居然欠佳，没有达到预期的目标，董事会很不满意。为此，董事长找总经理进行沟通，责令其查找原因所在。总经理十分尴尬，也十分困惑：各部门和员工都干得好好的，为什么企业整体绩效状况却不佳？问题到底出在哪里了？总经理连夜召开部门经理会议，共同分析和查找原因。

会上，大家七嘴八舌，还找出绩效考核表和年初各部门与员工签署的绩效目标责任书，进行了认真的解读。终于发现：原来员工的绩效目标与部门的绩效目标脱钩，而部门的绩效目标又与企业的绩效目标偏离！也许是当初签署目标责任书时过于草率或过于仓促，大家继而反思起年初沟通、签署绩效目标责任书的情境来……

资料来源　林新奇，蒋瑞. 绩效管理［M］. 北京：中国人民大学出版社，2020：16.

思考题：

1.结合案例，分析B公司绩效管理问题的症结在哪里。

2.结合本章知识，为B公司绩效管理问题提出改进建议。

□ 本章小结

目前对绩效的界定主要有结果观、行为观、素质观三种主要观点。本书采取一种综合的办法来定义绩效，认为绩效是员工依据其具备的与工作相关的个人素质所做出的工作行为及产生的工作结果，这些行为及结果对组织目标的实现具有积极或消极的作用。绩效具有多因性、多维性和动态性。一般来说，影响工作绩效的关键因素有五个：工作者、工作本身、工作方法、工作环境和组织管理。

绩效衡量的前提是绩效评价指标与标准的识别与认定，绩效指标强调的是从哪些方面对绩效进行评价，而绩效标准注重的是在各项指标上分别应该达到什么样的水平。一般来说，合理、有效的绩效指标体系设计应遵循战略相关性、可操作性、信度、效度、可接受性五项原则。常见的有结果指标和行为指标，同时需要确定每个指标的权重，或者标出优先顺序。而绩效标准的衡量一般采取量化和非量化/描述性两种方式，为了区分绩效水平的高低，在每一个指标上都应设置基本标准和卓越标准。

从过程的角度看，绩效考核是指考评主体对照工作目标或绩效标准，采用科学的考核方法，评定员工的工作任务完成情况、工作职责的履行程度和能力发展情况，并且将评定结果反馈给员工的过程。按照不同的分类标准，绩效考核可分为不同类型，其目的在于评价，更在于开发。不同岗位对考核制度的需求也不相同，职务职能类考核的内容包括工作考核、潜能开发考核和适应性评价，而行政公务类考核的内容则被归纳为“德、能、勤、绩、廉”。关于周边绩效的研究更是把绩效考核的内容做了进一步的拓展和丰富。

□ 关键概念

绩效　绩效指标　信度　效度　绩效标准　基本标准　卓越标准　绩效考核

□ 课堂讨论题

1.请讨论绩效结果观、行为观和素质观各自的特点和缺陷。

2.请为在校大学生的考核评价制度设计指标体系。应该选取哪些指标？如何评价？

3.如何理解“绩效考核就像汽车上的安全带，大家都认为有必要，但都不愿意使用它”？

□ 复习思考题

1.绩效的含义是什么？它受到哪些因素的影响？

2.合理、有效的绩效指标体系设计应遵循哪些原则？

3.绩效指标与绩效标准的关系是什么？

4.什么是基本标准与卓越标准？两者之间的关系如何？

5.绩效考核的含义及内容是什么？

□ 自测题

1.在体操比赛中，裁判评分的一致性直接影响着运动员的名次，因此一般都要取消两极各一个分数后再求平均成绩。这样做是为了增强评分结果的（　　）。

A.再测信度　　B.考评者内部信度

C.考评量表的结构信度　　D.内容效度

2.我们常说的“高分低能”，体现了考核中（　　）的缺乏。

A.信度　　B.战略一致性　　C.效度　　D.与实践相关性

3.一般考试中，60分为“及格”，而85分为“优秀”。那么，（　　）。

A.60分为考核指标的基准点

B.50分为考核成绩的中点，也是基准点

C.85分为卓越标准，是对部分人的要求

D.60分为基本标准，是对所有人的要求

4.着眼于“干了什么”的考核制度，是（　　）。

A.面向工作结果的考核　　　　B.面向素质技能的考核

C.面向工作行为的考核

5.某公司对销售人员的考核制度中有一条：“年销售额在20万～25万元”。其中，“年销售额”是（　　），“20万～25万元”是（　　）。

A.考核标准　　　　B.考核指标

□ 补充阅读材料

如何科学确定绩效评估指标的权重

一、目前绩效评估指标权重确定中存在的问题

绩效评估指标权重，即绩效评估指标在评价体系中的重要性或绩效评估指标在总分中所应占的比重，是每个绩效评估指标在整个指标体系中重要性的体现。建立有效的绩效评估指标的权重体系是绩效评估中较为关键的一步，是对员工进行公正评估的保证。常用的确定指标权重的方法有以下几种：

1.主观经验法。评价者凭自己以往的经验直接给指标加权，如日本劳动科研所的木林富士郎提出的权重分配模式。

2.主次指标排队分类法，也称A、B、C分类加权法。其具体操作分为排队和加权两步：排队是将指标由大到小或由重要到一般依次排列；加权是在排队的基础上，按照A、B、C三类指标赋权，如按照A、B、C的顺序直接赋予3、2、1的不同权数。

3.专家调查加权法。这种方法是要求所聘请的专家先独立地对评估指标加权，然后对每个评估指标的权数取平均值，作为权重系数。

4.德尔菲加权法。这种方法是给每位专家发放加权咨询表，然后针对所有专家对每个评估指标的权重系数进行统计处理。

上述几种方法比较简单，操作性较强，但主观性也较强，随意性大，精度不够，不能客观反映指标间的相对重要性，因而容易导致绩效评估失衡。

二、层次分析法在绩效评估指标权重确定中的应用

层次分析法是美国匹兹堡大学教授T. L. Saaty提出的一种定性与定量分析相结合的多目标决策分析方法。它改变了以往最优化技术只能处理定量分析问题的传统观念，而率先进入了长期滞留在定性分析水平上的许多科学研究领地，并提供了对非定量事件做定量分析的简便方法。

将层次分析法应用到绩效评估中来，最大的优点是能准确地确定绩效指标的权重，使绩效指标间的相对重要性得到合理体现，为制定公正、科学的绩效评估体系奠定了基础。

1.操作步骤。

第一，通过职务分析，在明确岗位绩效评估指标体系之间的相互依存及影响的基础上，建立一个由目标层（被评估的岗位）、准则层（绩效评估一级指标）、指标层（绩效评估二级指标）组成的递阶层次模型。

第二，通过比较下层元素对上层元素的相对重要性建立判断矩阵。按层次分析法的要求，判断矩阵是通过两两比较下层元素对上层元素的相对重要性，并把比较的结果用一个数值表示出来得到的。T. L. Saaty 提出了一个 1 ~ 9 的标度法，见表 1-7。

表 1-7　　T. L. Saaty 的 1 ~ 9 标度法

标度	1	3	5	7	9
定义	同样重要	稍微重要	比较重要	特别重要	极端重要

第三，层次单排序。计算各判断矩阵的最大特征值及其所对应的特征向量，得出层次单排序，获得指标层对目标层的重要性数据序列，从而获得最优决策。

先解出判断矩阵 A 的最大特征值 λ_{max}，再利用公式：

$A \cdot \omega = \lambda_{max} \cdot \omega$

解出 λ_{max} 所对应的特征向量 ω，ω 经过标准化后，即为同一层次中相应元素对上一层次中某个元素相对重要性的排序权值。

第四，一致性检验。由于问题复杂程度不尽相同，不可能要求所有判断都完全一致，但应该使判断有大体上的一致性。因此，需要对判断矩阵 A 进行一致性检验。首先计算 A 的一致性指标 C_I：

$C_I = (\lambda_{max} - n) \div (n - 1)$

上式中，n 为判断矩阵的阶数。当 A 具有完全一致性时，$C_I = 0$。$\lambda_{max} - n$ 越大，矩阵的一致性越差。要判断 A 是否具有满意的一致性，还需将 C_I 与平均随机一致性指数 R_I 进行比较。对于 1 ~ 9 阶判断矩阵，T. L. Saaty 给出了 R_I 值，见表 1-8。

表 1-8　　平均随机一致性指数 R_I

阶数 n	1	2	3	4	5	6	7	8	9
R_I	0	0	0.58	0.9	1.12	1.24	1.32	1.41	1.45

当 $C_R = C_I \div R_I < 0.1$ 时，就认为判断矩阵 A 具有满意的一致性，否则要对 A 重新调整，直到具有满意的一致性为止。

第五，求得岗位绩效评估指标权重。如果判断矩阵通过一致性检验，将层次单排序的结果转换，即可得到绩效评估指标的权重。

2.操作流程图。根据层次分析法的计算步骤来绘制相应的可操作性流程图（如图 1-6 所示），以利于判断矩阵相关计算的程序开发，从而使层次分析法在绩效评估的运用中更加条理化、规范化。

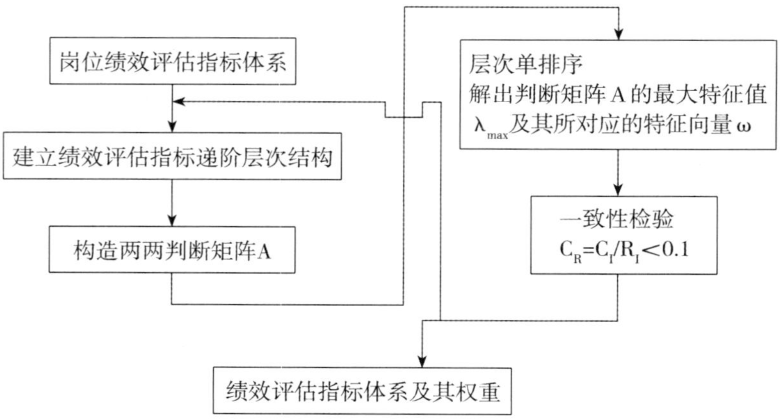

图1-6　基于层次分析法的绩效指标权重确定方法操作流程图

三、应用实例（略）

第2章/绩效管理

学习目标

与传统的绩效考核相比，绩效管理是一个完整的管理过程，也是一个封闭的管理系统。通过本章的学习，应该掌握绩效管理的基本含义与特征，明确绩效管理在组织管理活动和人力资源管理系统中的作用，了解绩效管理系统的构成以及系统设计的基本内容，为绩效管理的实施打好基础。

2.1 绩效管理及相关概念

随着经济全球化和知识经济时代的到来，世界各国企业都面临着越来越激烈的市场竞争。为了提升企业的适应能力和竞争能力，管理者和学者们都在探索提高生产力和改善组织绩效的有效途径，组织结构调整、组织裁员、组织扁平化、虚拟组织等组织变革方法接连出现。但是，这些变革措施的作用主要集中于成本的节约，对绩效水平的改进是局部化和短期化的，通过加强监督和评价实现的员工生产率的提高是被动的而不是主动的。在这一背景下，研究者们重新审视了绩效的内涵，并在总结传统绩效考核不足的基础上于20世纪70年代后期提出了“绩效管理”的概念。之后，随着人们对人力资源管理理论和实践研究的重视，绩效管理逐渐取代绩效考核成为一个被广泛认可的人力资源管理职能。

2.1.1 绩效管理的含义

现代管理学认为：管理活动是一个过程，由计划、组织、领导、协调、控制等基本内容构成。绩效管理（performance management）作为组织管理活动尤其是人力资源管理活动的重要组成部分，其本身也是一个过程，是管理者根据组织目标对被管理者的工作活动、工作技能和工作产出进行持续的沟通与评价，进而保证组织目标有效实现的管理方法与过程。组织通过对员工实施有效的绩效管理来提高员工绩效，最终实现组织绩效的提高。对于绩效管理的含义，可以从以下三个方面加以理解：

1）绩效管理是一个过程

绩效管理是一个包含若干环节的系统，它贯穿于管理者和员工工作的每一天，通过该系统在整个工作过程中的运行实现管理目的。绩效管理不仅强调绩效结果，而且重视达成绩效目标的行为和过程。绩效管理不仅仅是最后的评价，还强调通过控制绩效周期中的整个过程来达到绩效管理的最终目的。因此，绩效管理不只是目标管理，还是过程管理。

2）绩效管理注重持续的沟通

绩效管理特别强调通过沟通、辅导实现员工能力的提高，进而达到绩效改进的目的。绩效管理不是迫使员工工作的“大棒”，也不是引诱员工工作的“胡萝卜”，而是以人本思想为指导的组织与员工双赢的策略。各级管理者都要参与到绩效管理的过程中来，各种方式的沟通、辅导贯穿于整个绩效管理系统之中，管理者与员工通过这一平台相互理解、彼此促进。

3）绩效管理的最终目的在于绩效改进

绩效管理重在实现绩效改进，而不是绩效评价。在评价员工绩效的同时，绩效管理还是防止员工绩效不佳和提高其绩效水平的工具。绩效管理的各个环节都围绕着改进绩效这个目的。具体的任务目标只是绩效管理的落实，其根本目的则是通过绩效的持续改进实现组织战略目标和培育组织核心竞争力。

绩效管理中的“绩效”是全面的绩效，从层次构成上看包括员工绩效、团队绩效和组织绩效，从内容构成上看包括结果、行为和素质。绩效管理是现代人力资源管理的核心职能，正确认识和理解其含义是科学使用和实施的前提。

2.1.2 绩效管理与绩效考核

相对于绩效管理，绩效考核是企业实践领域中更为常见的一个概念。管理者和员工经常会把两者混淆和等同起来，或者是在实施的过程中将其割裂。正是由于这些错误的认识和做法大大影响了绩效考核和绩效管理的效果，使其成为“浪费时间”“流于形式”的管理活动。与传统的绩效考核相比，绩效管理是一个更加完整、科学的概念。绩效考核或绩效评估只是构成绩效管理流程中的环节之一。具体说来，两者的区别主要体现在表2-1所示的几个方面。

表2-1 绩效管理与绩效考核的区别

绩效管理	绩效考核
一个完整的管理过程	管理过程中的局部环节和手段
侧重于信息沟通与绩效提升	侧重于判断和评估
伴随管理活动的全过程	只出现在特定时期
具有前瞻性和过程性，注重事先的承诺和持续的沟通	具有阶段性和总结性，注重事后的评估

由此可见，绩效管理与绩效考核无论在基本含义、操作内容还是实施方式上都存在较大差异，划清两者的界限是保证其最终结果的前提。但同时，绩效管理与绩效考核又是相互依存、密切相关的。作为构成环节，绩效考核的成功与否不仅取决于考核评估，而且很大程度上取决于与其相关联的整个绩效管理过程；而成功的绩

效管理也需要有效的绩效考核作为依据和支撑。将绩效考核与绩效管理割裂开来、孤立地看待绩效考核这一环节，甚至将其放大作为绩效管理的全部，是管理者和员工在实践中常犯的错误。

2.1.3　战略性绩效管理

绩效管理的两个基本目的是管理和开发（见表2-2）。其管理目的主要是指绩效管理为组织的薪酬决策、晋升决策、人员配置决策等多项管理决策提供必要的信息，是提高组织管理水平的有效工具。其开发目的是指通过绩效管理可以发现和衡量员工的不足之处，进而进行有针对性的培训，通过提高员工的知识技能和素质促进其个人发展和组织目标的实现。现代企业已经将绩效管理的重心由“管理”转向“开发”，而新近的观点更是将绩效管理的“战略”目的凸显出来，提出了“战略性绩效管理”这一新概念。

表2-2　**绩效管理的两个基本目的**

管理目的	开发目的
衡量个人优缺点	确定法定员工培训需求并提供培训
工作效果好坏	确定企业员工培训需求并实施培训
记录个人决策	人力资源短期与长期规划
确定个人工作	确定企业长期发展需要
薪酬管理	建立评价员工的有效体系
确定晋升、调任或临时解雇	
帮助实现工作目标	
评价目标完成情况	

资料来源　付亚和，许玉林. 绩效管理［M］. 上海：复旦大学出版社，2006.

绩效及战略管理学者、平衡计分卡的创始人卡普兰（Robert S. Kaplan）曾经说过，“10个公司中，有9个不能执行它们的战略决策”。在一项关于战略计划执行的调查中，一半以上的公司表示它们无法在整个公司有效地细化和沟通战略计划；90%的公司承认，它们没有持续地贯彻战略计划；大部分被调查的公司认为，如果能够按照战略计划部署明确的行动将大大增加成功的机会。可以看出，战略制定之后的有效实施在一定程度上决定着企业的成败，如何贯彻和保证战略计划的实施成为企业关注的焦点。而绩效管理正是解决这些问题的有效手段：绩效管理通过绩效计划为企业战略目标的分解和战略实施确定了具体的行动方案；通过实施过程中的监督与控制确保企业合理地利用资源以实现既定目标；更重要的是，通过绩效评价与反馈暴露出潜藏于企业内部的各种问题，使企业管理层能够坐下来认真思考并找到解决问题的方法。因此，绩效管理是具备引导与控制企业战略实施功能的一项管理工具，而战略性绩效管理就是从企业战略出发设计和实施整个绩效管理系统，进而为战略的有效实施和目标达成提供保证的管理过程和方法。实施战略性绩效管理体系的组织，能够将员工的努力与组织的战略目标紧密地联系在一起，通过提高员工个人绩效来提高组织整体绩效，从而实现战略目标。

战略性绩效管理的提出是对现有绩效管理基本理论的拓展和提升，在吸收了该观点的内涵之后，一个有效的绩效管理系统应在管理目的与开发目的的基础上补充和强化其战略目的，实现绩效管理对组织战略的贡献。战略性绩效管理的特征体现为：

1）系统性

战略性绩效管理强调以系统论的观点看待绩效管理，系统性强调的是系统内各要素之间的协调与配合，追求系统整体功能的最优。一是明确目标系统，主要包括企业使命、愿景与核心价值观、公司战略、战略绩效指标的设计与分解等内容。明确目标系统主要是为下一步能够制定出对公司战略形成有效支撑的绩效管理系统，牵引公司的各项经营活动始终围绕着战略来展开，从而建立起战略型中心组织。二是建立绩效管理运作系统，落实责任机制。绩效管理运作系统主要包括绩效计划、绩效实施、绩效考核、绩效回报等四个环节，即企业依据战略绩效管理制度对上一个业绩循环周期进行定期评估，对管理层和各岗位责任人进行绩效考核，并根据考核的结果进行货币性薪酬与非货币性薪酬的奖励。

2）战略性

战略性绩效管理的核心是关注战略，而战略与现实之间可能是存在差距的，为了战略的实现，可能要舍弃某些收益，可能要改变既得利益结构，这些对于企业都是巨大的变革，在这个时候，决策层能否下定决心，是否愿意付出成本，是战略绩效管理能否成功的关键。战略性绩效管理活动的开展皆为一个目标——组织战略的实现，着眼于未来，关注影响组织长期发展的战略性因素，注重从HRM的角度构建组织核心竞争力。

3）协同性

纵向协同主要是指公司目标、部门目标、岗位目标要保持纵向一致，强调指标的纵向分解，即上下级之间的沟通与协同，纵向协同主要涉及组织架构梳理；横向协同主要是指跨部门的目标通过流程横向分解，强调指标的横向分解，即平行部门或者平行岗位之间的沟通与协同，横向协同主要涉及业务流程优化。

4）动态性

动态性对组织和管理者都提出了全新的要求，组织追求的不再是“最佳实践”，而是要求管理实践与组织内外部环境保持持续适应的动态过程，因此，需要不断增强战略性绩效管理的战略弹性，提高组织的学习创新能力：一方面，面对外部环境的改变时，能够积极地调整组织战略及绩效管理体系；另一方面，在组织内部进行战略匹配时，能够保持灵活的动态互动过程，从而确保组织能够有效应对不同的发展需求和多变的竞争环境。

2.2　绩效管理的作用及地位

绩效管理是任何一个组织所必需的管理工具，它在组织日常管理、战略实施、组织变革、文化建设等过程中都扮演着极其重要的角色，对管理者和员工的工作都有巨大的帮助，特别是在组织人力资源管理体系中占据核心地位和作用。

2.2.1　绩效管理的作用

1）绩效管理是提高组织绩效的有效手段

在日趋激烈的市场竞争中，企业要想取得和保持竞争优势，必须不断提高其整体效能和绩效。传统的绩效考核已经不适应新环境的要求，实践证明提高绩效的有效途径是进行科学的绩效管理。因为绩效管理是一种提高组织员工绩效和开发团队、个体潜能，使组织不断获得成功的管理思想和具有战略意义的、整合的管理方法，可以帮助组织实现其绩效的持续发展。绩效管理能够清楚及时地反映组织重要的经营管理活动，实现对绩效目标的监控，及时发现问题并加以纠正，进而提高实现绩效目标的效率和降低管理成本。

2）绩效管理有助于推进战略实施和组织变革

绩效管理是组织战略实施的执行工具，它将战略转化为具体的定性目标或定量目标，这些目标经过层层分解、层层确认，转化为各部门和每个员工的行动计划，使得整个组织的成员目标与战略目标保持一致。在组织变革的过程中，绩效管理的“指挥棒”作用能够让组织成员的行为、态度发生有效转变，引领他们向着组织期望的方向前进。

3）绩效管理有助于促进组织内的沟通与合作

绩效管理是一个各级管理者与员工互相沟通与合作才能完成的过程，而这本身也是绩效管理的重要作用之一。通过上级与下级之间的目标分解与确认，可以实现有效的授权；通过在日常工作中的监督与指导，上级可以向下级提供有效的辅导和反馈；通过对考核结果的沟通讨论，可以找出工作的优点与不足，有效确定改进方向和措施。这些都会对组织绩效的改善提供帮助。

4）绩效管理有助于员工个人发展

绩效管理可以使员工明确自己的工作任务和目标，在工作过程中能够获得一定的指导与帮助，也能了解取得了一定绩效之后会获得什么奖励。这样就会对员工的工作产生激励作用，促使其通过学习新知识、新技能等方法提高自己的工作能力，进而取得理想的绩效。从这一点看，绩效管理也可以作为一种促进员工发展的人力资本投资手段。

5）绩效管理有助于塑造高绩效的组织文化

优秀的组织文化会对组织绩效产生强大的推动作用，而且科学的绩效管理系统也有助于高绩效组织文化的塑造。参与绩效目标的设定可以对员工产生自我激励、自我约束作用，明确的绩效标准可以形成公正评价的氛围进而保证分配的公正性，公开透明的评价制度和过程有助于组织内沟通与合作的开展。上述这些都对组织形成公开、公平、公正的价值观，塑造透明、健康、鼓励良性竞争的组织文化具有重要意义。

实例 2-1　　微软的组织战略与绩效管理变革

2014 年，微软的第三任掌门人萨提亚·纳德拉上任之初就为微软确立了新的战略——“移动为先，云为先”。“云”战略要求开放、合作与成长。在纳德拉上任之前，微软的绩效管理不仅长久以来广受诟病，而且还与新战略的要求背道而驰。为了配合“云”战略的落地，微软的绩效管理也进行了大刀阔斧的改革，主要集中在三大方面：（1）强调通过团队合作来获得更大的成就；（2）帮助员工学习、成长，进而创造价值的沟通反馈；（3）奖励真正为业务创造了价值的行为。

为了促进合作，微软不光考核员工个人的贡献，也考核是否整合、利用了前人的工作成果以及是否为他人的成功做出了贡献。根据微软现任人力资源部绩效与发展组经理利兹·弗里德曼的介绍，如果员工凭借一己之力完成了所有工作，却从未在这个过程中有效地借力他人和助力他人，那么就代表错过了本可以产生更大价值的机会。这样的指导思想促进了微软员工通力合作的积极性，帮助人们更好地像团队一样工作。而这种合作的心态，也逐渐渗透到了微软的业务上，开创了一个崭新的局面：从封闭到开源。2018 年 11 月，微软以 8 510 亿美元的市值超过了苹果公司，成为全世界最有价值的公司。

资料来源　廖卉. 五大绩效举措，撬动员工积极性［J］. 哈佛商业评论：中文版，2019（8）.

2.2.2　绩效管理在人力资源管理体系中的地位

人力资源管理是企业获取竞争优势的有效工具，它由工作分析、招聘与甄选、培训与开发、绩效管理、薪酬福利、劳动关系、人力资源规划等职能任务构成。绩效管理在人力资源管理体系中占据着核心地位，并与其他模块相互衔接、彼此支撑。图 2-1 直观地展现了绩效管理的地位及其与其他模块的关系。

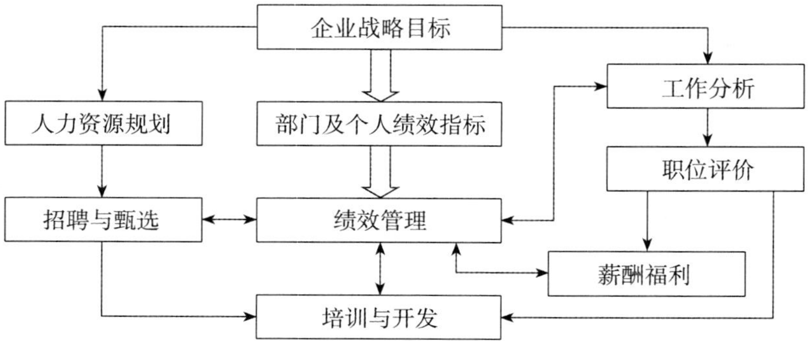

图 2-1　绩效管理在人力资源管理体系中的地位及其与其他模块的关系

1）与工作分析的关系

绩效管理的重要基础是工作分析。工作分析的目的就是要确定各个职位“应该做什么”及“由什么人来干”，即确定职位的工作职责以及它所提供的重要工作产出。工作分析的结果是确定绩效管理系统的依据，而绩效管理结果反过来也会对工作设计与分析产生影响。首先，绩效管理的考核内容必须与工作内容密切相关，也就是要做到“干什么考核什么”，以工作分析结果作为绩效管理的依据。同时，绩效管理结果也可能反映出工作设计与分析中的问题，是工作设计是否合理的一种验证手段。如一位公认的优秀员工在绩效管理中长期只能得到较差的结果，在分析原因时就要考虑是否工作设计和分析存在问题。

2）与招聘和甄选的关系

在对人员进行招聘和甄选的过程中，通常采用各种人才测评手段，如心理测验、面试及评价中心等。这些方法主要侧重于考察应聘人员的价值观、态度、性格、能力倾向或行为特征等基本素质，进而推断其在真实的工作岗位能够做出的工作行为及其结果。而绩效管理的记录与总结能够对高绩效与低绩效员工的能力、素质特征加以归纳，发现具有哪些特征的员工适合岗位和组织需要。这些真实的历史资料可以帮助企业实现有效的招聘与甄选。同时，绩效管理的结果也可能促使企业做出招聘的决定。当绩效不良的原因是员工在能力和态度上有所欠缺时，如考虑到培训成本或培训效果难以保证，企业就要制订相应的招聘计划；如绩效不良的原因在于工作量超负荷、人手不足，那么新员工招聘也就势在必行了。

3）与培训和开发的关系

员工培训与开发的目标、内容和对象都与绩效管理的结果紧密相关。在绩效考核结果确定之后，管理人员往往根据被评估者的绩效现状，结合组织目标和个人发展愿望，与被评估者共同制订改进计划和未来的发展计划，进而设计培训与开发方案，并帮助员工共同实施培训开发。与此同时，人力资源管理者还可以通过对比培训前后员工的绩效表现对培训开发的效果进行评价，不断对培训方案进行调整，进而提升培训效果。

4）与薪酬福利的关系

绩效管理应该与薪酬体系挂钩，这是现代企业人力资源管理系统的基本要求。按照薪酬体系设计的基本原理——3P模型，薪酬设计体系应当依据职位（position）价值、绩效（performance）和任职者（person）的胜任力。也就是说，绩效是决定薪酬的重要因素，尤其是对变动薪酬部分影响较大。只有将绩效管理的结果与回报相联系，员工对所得回报的公平性和合理性才能认可，才能使绩效管理真正发挥作用。

2.3 绩效管理系统

2.3.1 绩效管理体系框架

既然绩效管理具有突出的战略地位，在人力资源管理体系中处于核心位置，那么通过科学的设计保证绩效管理的有效性和可靠性就显得特别重要。与管理控制系统、人力资源管理控制系统一样，绩效管理也是一个完整的系统、一个封闭的循环，无论是管理流程本身还是体系设计过程都头尾衔接，从而保证了连续不断地控制、反馈与提升（如图 2-2 所示）。

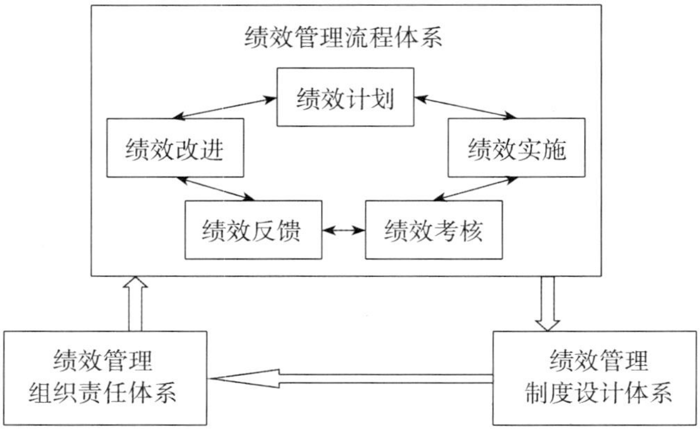

图 2-2　绩效管理体系框架

1）绩效管理流程体系

绩效管理流程又称为绩效管理程序、绩效管理循环。它由绩效计划、绩效实施、绩效考核、绩效反馈和绩效改进五个环节组成。从管理过程角度来看，绩效目标的确定和绩效计划的设计以及绩效计划的改进，属于前馈管理控制；绩效形成过程的督导和绩效改进指导属于过程管理控制；而绩效考核、绩效反馈与绩效改进计划制订属于反馈管理控制。其中，绩效改进计划的制订是前馈与反馈的连接点，而整个流程体系是一个封闭的管理循环。在下面的章节中将对该流程体系展开细致的分析与讲解。

2）绩效管理制度设计体系

绩效管理流程的落实需要统一而完备的制度保障，通过管理制度引导和约束管理者和员工的行为，使对员工的评价更加规范、合理，确保部门和组织目标的达成。绩效管理制度的设计简单而言就是要考虑谁（绩效管理主体），通过什么方式（绩效管理方法），在什么时间（绩效评价周期），对谁（评价对象），对什么内容（绩效目标与指标），用什么标准（绩效评价标准）进行管理。

3）绩效管理组织责任体系

明确了管理流程和管理制度后，接下来就要划分相关人员的责任及组织保障体系了。首先，绩效管理的实施需要得到高层领导的支持和参与，确定管理制度的推行方式、日程、责任落实等重大内容。其次，各个部门的直线经理、员工都要参与到绩效管理过程中来，尤其是直线经理们是绩效管理的责任主体，扮演着指导者、考评者、反馈者、激励者等多重角色，而员工则承担着目标设定、主动报告和自我评估的责任。再次，人力资源部承担政策制定、技术支持、督促实施、公平监督的职责，协助直线经理开展绩效管理工作，解决过程中的问题并对管理全过程进行跟踪、总结、汇报、改进。只有各个层级、各个部门、所有员工都参与到绩效管理过程和体系中来，才能保证其作用的发挥和目标的实现。

2.3.2 绩效管理制度设计

绩效管理制度作为绩效管理流程的制度保证，是组织规范管理流程、落实管理目的的重要手段。绩效管理制度设计的内容包括绩效评价主体、绩效评价对象、绩效评价周期、绩效目标、绩效管理方法和绩效评价指标与标准体系。其中，绩效评价指标与标准体系的设计已在第1章中阐述过，绩效目标与绩效管理方法将在后面的章节中专门讲解，本节只对绩效评价主体、对象和评价周期进行说明。

1）绩效评价主体

绩效评价主体指的是对被评价者做出评价的人。准确地选择评价主体可以有效使用考核工具，有助于减少绩效评价中出现的问题，使考核结果具有可信性。

（1）选择评价主体的一般原则

在设计绩效评价体系时，评价主体与评价内容相匹配是一个非常重要的原则。选择绩效评价主体的一般原则有以下三点：

① 绩效评价主体对评价对象及其所在职位应有所了解，所评价的内容必须是他可以掌握的情况。如果要求评价者对他不能观察到或感知到的情况做出评价，那么这种评价一定是不准确的，必将对整个绩效评价的准确性和公正性产生不良影响。

② 绩效评价主体对所评价职位的工作内容要有一定了解。绩效评价主体不但应该了解所评价的内容，而且对该职位的工作内容也应该有一定程度的了解。员工的任何职位行为都是以实现一定职责任务为目的的，如果评价者缺乏对该职位的全面了解，就可能会做出以偏概全的判断。

③ 绩效评价主体的选择应有助于实现一定的管理目的。以战略为核心的绩效管理通过设定评价指标来引导员工关注企业战略强调的某些方面、引导员工表现出企业期望的行为。在此过程中，员工的直接上级是绩效管理的实施者，他对组织绩效管理负有不可推卸的责任，因此员工的直接上级往往是最重要的评价主体。

（2）常见的绩效评价主体

传统的绩效管理方法强调员工完成上级布置的工作的重要性。在这种情况下，员工工作的目的很大程度上是获得上司的认同，因此，由上司作为绩效评价中最重要的评价主体向员工提供绩效反馈信息、评价员工工作情况就很有意义。但是，上司并不是唯一重要的人，也不是对员工进行评价的唯一主体。对管理者而言，下属也是非常重要的信息来源，他们能够对管理者在其实现管理职能中的绩效表现提出宝贵意见。第三种信息来源就是员工本人，他们对自己的绩效表现也会有一定的评价和看法。此外，员工也需要获得来自平级同事的绩效反馈信息，以便使他们成为更好的团队成员。以上四个绩效评价与反馈主体——上级、下属、自己和同事——

都是组织内部的成员。除此之外，组织外部还有一些群体能够向员工提供有价值的绩效信息，如客户、供应商。所以，可能的绩效评价主体是多种多样的（如图2-3所示），而且不同评价主体具有不同特点，其在绩效评价中承担不同的评价责任乃至管理责任。关于这一问题，在本书后文的“360度绩效反馈”部分会做详细讲解。

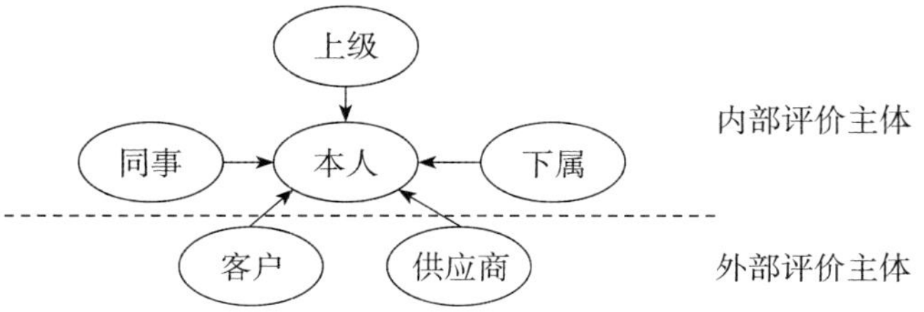

图2-3　绩效评价主体

2）绩效评价对象

绩效评价对象也就是被考核者，其范围应当包括组织内的所有人员，从最高层的管理者一直到最基层的普通员工。但是应该根据员工所处的职位层级不同、所承担的职责不同，确定不同的绩效管理重点，采用不同的绩效管理方法。

（1）高层员工

对高层员工的考核通常侧重于整个企业的财务结果产出或者其他类型最重要的产出。通常，实现盈利是企业最重要的目标，而该目标的实现不仅取决于产品的数量和质量，还与成本控制、费用降低、技术改进等多种因素相关。能够实现这种综合性职能的是高层管理者，而不是某个部门经理。对高层员工的考核采用EVA、BSC等综合性方法的较多。

（2）中层员工

对中层员工而言，他们做了什么和做出了什么同样重要，因此对其考核不仅注重产出，也关注其行为过程。此外，中层员工作为独立部门的负责人，承担着本部门的综合管理职责，对部门的成本控制、产品质量、客户满意等负有实际责任并产生实际影响。所以，中层员工考核内容的范围比较宽，目标管理、KPI等方法较为常用。

（3）基层员工

基层员工是具体工作任务的执行人员，需要关注的是他们的工作过程及表现，结果往往不由其自身控制。如果员工个人能够控制某个环节的结果，那么也应将结果纳入考核范围中。基层员工一般以行为、技能作为绩效管理的主要内容，考核方法也主要采用比较/排序法、因素法等非系统方法。

3）绩效评价周期

所谓绩效评价周期，就是指多长时间进行一次评价。实际上，绩效评价周期是一个比较容易被忽视的问题，很多人想当然地认为评价周期就应该是一个组织的会计核算周期。尽管这样做的确存在一定的合理性，但并不是所有人员都适合这一做法。绩效评价周期的设置要尽量合理，不应当过长，也不能过短，要针对企业的不同情况和不同考评职位采用不同的周期。如果周期过长，评价结果会带有严重的"近因效应"，也达不到员工绩效改善的目的；如果周期太短，一方面工作量大，另一方面许多工作的绩效无法体现。常见的评价周期有年度、半年度、季度、月度。一般来说，评价周期与评价指标、企业所在行业特征、职务职能类型、绩效管理实施程度等因素有关。

（1）评价指标与评价周期

在绩效评价中，针对不同的评价指标所设定的评价周期也不一样。对于工作数量、质量、效率及成本费用等短期化的定量指标，评价周期可以适当缩短，从而使员工及时调整自己的行为。而对行为、能力的评价需要较长的观察时间，其差异和最终结果才能显现，因此评价周期应适当放长，一般以半年或一年为宜。

（2）企业所在行业特征与评价周期

不同行业的生产周期不同，这会使企业以及员工的绩效随之呈周期性变化，因此评价周期必然受企业业务周期即行业特征的影响。生产和销售普通消费品的企业业务周期一般比较短，可以以月为单位进行评价；在业务周期非常短的企业中，可能需要每天对业绩进行检查；而有些企业的业务周期则较长，如生产大型设备、提供项目服务的企业，可能需突破年度限制以产品或项目周期作为评价周期。

（3）职务职能类型与评价周期

大多数管理人员可以采取半年或一年评价一次的做法，并且随着层级的提高，评价周期一般会逐渐延长。市场、销售、生产和服务人员一般都属于带有业务性质的人员，应当根据岗位特征尽量缩短评价周期，以月度为单位实施考核。研发人员的考核周期较为特殊，既要考虑到成本、效率，又要避免急功近利的短期行为。因此，对研发人员的考核应采取项目周期考核与定期检查相结合的方法，目的在于检查工作进度、找出问题及其改进方法，以提高研发工作的效率和增强其效果。而对行政职能人员的考核则以行为监督为主，做到月度或季度评价与平时抽查相结合。

（4）绩效管理实施程度与评价周期

绩效管理的实施是一个循序渐进的过程，为保证管理目的的有效实现，在不同实施阶段所采用的评价周期也不尽相同。刚开始实施绩效管理时评价周期不宜过长，因为如果周期过长，绩效管理系统的问题需要很长时间才能暴露出来，会影响系统的有效性和稳定性。此时，对员工进行短期评价可以及时检验评价指标的信度和效度并及时修正。随着绩效管理实施时间的推进，绩效管理系统日益完善，评价周期可以适当延长，一方面保持系统稳定，另一方面也可以降低系统本身的运行成本。

2.3.3 建立有效的绩效管理系统

绩效管理系统的设计除了指标、标准、方法等技术性难点之外，还需要制度设计和责任落实提供保证，同时还需要处理好与相关配套系统的关系，为绩效管理系统的有效运行提供基础。

1）绩效管理与人力资源管理

从严格意义上讲，企业的人力资源管理部门和其他职能部门一样，都是为业务部门提高运营效率而提供支持和服务的。绩效管理作为人力资源管理的核心职能之一，与人力资源管理部门密切相关，但绝不仅仅是人力资源管理部门的职责。绩效管理的功能超出了人力资源管理部门的职能范围，其真正的责任人应当是企业的各级管理人员。人力资源管理部门在绩效管理中的角色，是在具体操作中承担横向组织和协调等支持与服务工作。

2）绩效管理与激励体系

绩效管理系统必须获得激励体系的良好支持才能充分地发挥作用。但是绩效不应仅仅与工资和奖金等短期激励性薪酬挂钩，而应使激励的形式多样化，如股票期权、培训机会、晋升机会、工作授权、精神奖励等。同时，也要设计相应的惩罚或淘汰机制，体现内部竞争的效果，保持和发展企业的竞争力，使绩效管理系统真正地运作起来。

3）绩效管理制度化与管理者责任

管理者往往对绩效管理制度有一种很不现实的期望，即希望通过指标体系的设计将所有的工作过程和任务进行量化，以此减少管理人员在考核过程中的主观因素，达到考核的公正和公平。实际上，绩效管理的指标体系很难实现全部量化。例如，对于销售人员，尽管可以直接用销售额去衡量其业务能力，但是考虑到企业的长期战略目标，对销售人员开发新客户、与客户的沟通、服务态度及水平的定性评价也很重要。对于一些依靠知识、经验及技能从事创造性工作的员工，如研发人员，定性的评价可能比定量的考核更重要。因此，一个良好的绩效管理制度设计，一定要将定量与定性评价有机结合起来，而任何一项管理制度也都不能完全代替管理者的作用。管理者应当承担起而不是逃避绩效管理的责任，对员工的绩效做出客观公正的且定性与定量相结合的评价。

4）绩效管理系统与管理信息系统

系统的绩效管理体系对企业的管理信息系统有较强的依赖性。例如，按照平衡计分卡模型建立的指标体系，需要处理大量的财务、运作流程及市场数据并使信息在组织内快速流动，才能使绩效指标及时反映企业的经营状况，提高经营绩效反馈和调整的效率。因此，企业建立管理信息系统时应考虑绩效管理系统的需要，而绩效管理系统的设计与运作也要考虑到信息系统的承载和处理能力，两者相辅相成、互相促进，逐步得到完善和发展。

实例2-2　　绩效评价软件正流行

“员工评价者系统（Employee Appraiser）”是由位于美国加州圣马迪奥市的奥斯丁-海恩公司（Austin-Hayne）开发的绩效评价软件，软件中以菜单形式展示了十多种绩效评价维度，其中包括可靠性、主动性、沟通能力、决策能力、领导力、判断力、计划能力以及生产率等。在每个绩效评价维度中又包含若干种不同的绩效要素，同样也是以菜单的形式展示出来的。例如，在“沟通能力”这一绩效维度之下，又可以进一步细分为书面表达能力、口头表达能力、对反馈和批评意见的接受度等绩效要素。当软件使用者点击某个绩效要素时，会看到一个较为复杂的图尺度评价。不过，在“员工评价者系统”中，图尺度评价上标注的却不是常规数字，而是各种行为锚定事件。比如，对于口头表达能力这一绩效要素，使用者可以有6个不同等级的选择，从最好的“能够清晰地表达自己的观点”一直到最差的“表达缺乏结构性”，只需从中选择即可。“员工评价者系统”会自动生成一份关于员工绩效评价的文字报告。

哈罗根软件公司（Halogen Software）开发的电子化绩效评价系统是另一个例子。使用这一系统的员工在一年当中的任何时候都能登录这一系统，实时追踪自己在实现目标过程中取得的进展，而且自行录入一些重要成绩。希捷科技公司（Seagate Technology）则使用“企业套件”软件来管理其3.9万名员工的绩效。在第一个财务季度，员工就要进入系统，根据公司的目标为自己设定目标和开发计划。员工每个季度都要更新自己的计划，然后在年底进行自我评价，之后再由他们的直接上级主管人员加以审查。

资料来源　德斯勒．人力资源管理［M］．刘昕，译．12版．北京：中国人民大学出版社，2012：350.

□ 个案分析

李虹的困惑

某公司人力资源经理李虹在最近的一次绩效考核中，遇到了一个大难题。市场部的一名主管对自己的考核结果不满，向人力资源部投诉，认为同部门的个别同事对自己心怀怨言，因此在360度考评反馈时有报复行为，故意打低分，导致他的绩效考核结果与以往相比差别非常大。

“这一投诉让人力资源部处于非常尴尬的处境。”李虹说，“因为这名主管的确在过去两个月与部门的多位同事有过非常不愉快的争执，而且这次他的考核分数偏低也确实与同事给出的低分颇有关联。问题是，同事给出的低分是否与之前的冲突必然相关，作为人力资源经理却无从查证。”

360度考评反馈融合了来自上级、同事、下属和客户各个维度的信息，将员工的优势与发展需求融入绩效评估过程中，这种做法已经得到大量企业的认同。但不少人力资源经理在使用这个工具的过程中，类似李虹的困惑并不鲜见。“基于同事的反馈在绩效评估过程很容易产生偏差，”李虹说，“即使是一些中层管理者在填写360度考评反馈报告时也会非常犹豫，不愿意批评同事绩效的具体方面，影响到薪酬与晋升时尤其如此。他们并不愿意得罪同事。他们担心，消极的反馈会损害自己与这些同事的关系，特别是在曾经出现争吵的情况下。这经常使360度考评反馈陷入困境。”

资料来源　佚名．人力资源员工绩效考核案例［EB/OL］．［2021-10-15］．https：//wenku.baidu.com/view/f8591003f9c75fbfc77da26925c52cc58ad69062.html.

思考题：

1.结合360度考评的特点，分析李虹对360度考评反馈的困惑从何而来。

2.结合所学知识，剖析360度考评反馈的实施措施与注意事项。

□ 本章小结

绩效管理作为组织管理活动，尤其是人力资源管理活动的重要组成部分，其本身也是一个过程，是管理者根据组织目标对被管理者的工作活动、工作技能和工作产出进行持续的沟通与评价，进而保证组织目标有效实现的管理方法与过程。现代企业已经将绩效管理的重心由“管理”转向“开发”，而新近的观点更是将绩效管理的“战略”目的凸显出来，提出了“战略性绩效管理”这一新概念。

绩效管理是任何一个组织所必需的管理工具，它在组织日常管理、战略实施、组织变革、文化建设等过程中都扮演着极其重要的角色，对管理者和员工的工作都有巨大的帮助，特别是在组织人力资源管理体系中占据核心地位。

与管理控制系统、人力资源管理控制系统一样，绩效管理也是一个完整的系统、一个封闭的循环。无论是管理流程本身还是体系设计过程都头尾衔接，从而保证了连续不断地控制、反馈与提升，具体包括绩效管理流程体系、绩效管理制度设计体系和绩效管理组织责任体系。绩效管理制度设计的内容包括绩效评价主体、绩效评价对象、绩效评价周期、绩效目标、绩效管理方法和绩效评价指标与标准体系。

□ 关键概念

绩效管理　战略性绩效管理　绩效管理系统　绩效评价主体　绩效评价客体　绩效评价周期

□ 课堂讨论

1.如何理解绩效管理是一个过程？

2.如何理解“绩效管理是企业战略落地的载体”这句话？

3.有人说，绩效管理就是人力资源管理部的事儿。这样说对吗？如果不对，你觉得绩效管理的职责应如何划分？

□ 复习思考题

1.分析绩效考核与绩效管理的联系与区别。

2.试论述绩效管理在组织中的战略地位。

3.为什么说绩效管理是人力资源管理体系的核心职能？它与其他职能模块的关系如何？

4.简述绩效管理系统的构成。

5.绩效管理制度设计包含哪些内容？

□ 自测题

1.绩效管理的两个基本目的在于（　　）和（　　）。

2.对（　　）的考核通常侧重于整个企业的财务结果产出或者其他类型最重要的产出。

A.中层员工　　B.基层员工　　C.高层员工　　D.财务人员

3.下面对绩效评价周期说法正确的是（　　）。

A.绩效评价周期就是企业的会计核算周期

B.绩效评价周期越短越好

C.应该根据不同企业、不同职位采用不同的绩效评价周期

D.新的绩效管理制度刚采用时，评价周期应适当放长

4.绩效评价主体的选择应遵循的原则有（　　）。

A.对评价对象及其所在职位有所了解

B.能够收集到工作的相关信息

C.应有助于实现管理目标

D.不一定仅仅包括直接上级

□ 补充阅读材料

某房地产集团有限公司绩效考核管理制度

第一章　总则

第一条　为进一步规范绩效考核工作，明确考核内容与程序，特制定本制度。

第二条　绩效考核的基本原则为：公平、公正、公开。

第三条　本制度适用于集团公司以及集团全资、控股项目公司。集团参股项目公司参照执行。各专业公司根据行业及各自薪酬体制的特点应另行制定考核制度。

第四条　集团公司人力资源部为集团公司绩效考核的归口管理部门，项目公司综合管理部为项目公司绩效考核的归口管理部门。

第二章　考核形式与权限

第五条　绩效考核采用由上至下的层级考核制，并分为季度绩效考核和年度绩效考核。季度绩效考核成绩为季度绩效工资分配的主要依据，年度绩效考核成绩为年度绩效工资分配及奖励与淘汰的主要依据。

第六条　季度绩效考核权限：

1.各部门经理（负责人）负责对本部门的部门副经理及以下人员实施考评。

2.各分管副总经理负责对分管的部门经理（负责人）及总经理助理实施考评。

3.总经理负责对副总经理（在其他公司任职、不以本公司工作为主的除外）、总经理助理（有分管副总经理的除外）以及由总经理直接分管的人员实施考评。

4.总经理负责组织相关管理人员组成考评小组，对公司各部门实施考评。

5.集团派驻项目公司并由集团实行垂直管理的财务等人员，按其所在专业系统

规定的管理办法进行考核。

6.总经理负责审定特别贡献的加分奖励。

第七条　在两个及两个以上公司任职的，以其主要工作内容为依据，由其分管领导考核。

第八条　季度绩效考核成绩的确定：

1.各部门的季度考核成绩，以考评小组的考评为准。

2.部门经理（负责人）及以上人员的季度考核成绩，根据上述权限考评后，以总经理最终审定为准。

3.部门经理（负责人）以下人员的季度考核成绩，根据上述权限考评后，以分管领导的审定为准。

4.特别贡献的加分奖励以总经理审定为准。

第九条　年度绩效考核形式与权限等根据年度考评的有关规定执行。集团所属各单位总经理不实行季度考核，平时以绩效工资基数的50%按季核发，年底根据年度考核结果核发年度绩效工资。

第三章　考核依据与评分原则

第十条　季度绩效考核主要依据：

1.公司各部门的季度绩效考核主要依据为部门的季度工作计划完成情况，以及特别贡献和成绩等。季度计划的制订、审批及调整等按《季度工作计划及目标管理办法》执行。

2.部门经理（负责人）及以上人员的绩效考核依据，主要包括所分管部门的工作及自身所承担的工作完成情况（原则上占70%的权重）、对分管部门的组织管理（原则上占20%的权重）、协作与配合（原则上占10%的权重），以及特别贡献和成绩等。

3.部门副经理及以下人员的绩效考核依据，主要包括工作计划完成情况（原则上占70%的权重）、劳动纪律与工作表现（原则上占20%的权重）、团结协作（原则上占10%的权重），以及特别贡献和成绩。

4.特别贡献加分奖励的考核依据，原则上为本职工作以外的特别贡献和重大业绩。

第十一条　季度绩效考核评分要素：

1.“工作计划完成情况”的评分要素主要包括：工作完成的质量、进度和效果，并兼顾工作强度和数量。

2.“组织管理”的评分要素主要包括：团队建设与管理、部属培养、内部沟通合作等情况。

3.“协作与配合”的评分要素主要包括：与关联部门及人员配合和协作的积极性、主动性和协作效果，以及部门工作是否顾全大局等情况。

4.“劳动纪律与工作表现”的评分要素主要包括：遵守公司规章、工作积极性和主动性、工作态度和表现等情况。

5.“团结协作”的评分要素主要包括：与同事之间工作配合和协作的积极性、主动性和协作效果，以及个人工作是否顾全大局等情况。

6.“特别贡献加分奖励”主要作为特别加分的评定，其评分要素主要是特别贡献和成绩所产生的正面影响，以及为公司创造的社会、经济效益情况等。

第十二条 “工作计划完成情况”评分原则（满分70分）：

1.工作按质、按量、按时完成的，不扣分。

2.有下列情形之一的，扣该项工作总分的10%~20%：

（1）工作质量未达要求，但对后续、关联工作未造成不利影响的。

（2）工作进度有延迟，但对后续、关联工作未造成不利影响的。

（3）工作任务未全面完成，但对后续、关联工作未造成不利影响的。

3.有下列情形之一的，扣该项工作总分的30%~50%：

（1）工作质量（程度）未达要求，对后续、关联工作造成一定不利影响的。

（2）工作进度有延迟，且对后续、关联工作造成一定不利影响的。

（3）工作任务未全面完成，对后续、关联工作造成一定不利影响的。

（4）受其他因素影响，且未及时通报领导，对后续、关联工作造成一定不利影响的。

4.有下列情形之一的，扣该项工作总分的60%~80%：

（1）因工作质量较差，对后续、关联工作造成较大不利影响的。

（2）因工作进度延迟，对后续、关联工作造成较大不利影响的。

（3）因工作任务未全面完成，对后续、关联工作造成较大不利影响的。

（4）受其他因素影响，且未及时通报领导，对后续、关联工作造成较大不利影响的。

5.有下列情形之一的，扣该项工作总分的90%~100%：

（1）因工作质量、进度、数量差距很大，对后续、关联工作造成重大不利影响的。

（2）受其他因素影响，且未及时通报领导，对后续、关联工作造成重大不利影响的。

第十三条 “组织管理”评分原则（满分20分）：

1.团队建设与管理良好，部属培养效果明显，与关联部门及人员的协作和配合良好，整体工作成效显著的，不扣分。

2.有下列情形之一的，扣该项考核总分的10%~20%：

（1）有所欠缺，但无明显不良后果的。

（2）部属培养效果不佳，但无明显不良后果的。

（3）所属员工有个别无故不参加公司组织的活动和学习培训以及不遵守公司规章的现象，未及时进行督导的。

（4）内部沟通欠缺，员工协作不佳，有扯皮现象和明显矛盾，但未对工作产生明显影响的。

3.有下列情形之一的，扣该项考核总分的30%~50%：

（1）团队建设与管理有所欠缺，对整体工作效果造成一定不利影响的。

（2）组织领导有所欠缺，影响内部工作积极性的。

（3）对部属的管理有失公允，所属员工有公开顶撞、不服领导的。

（4）所属员工有多人次无故不参加公司组织的活动和学习培训，未进行督导，不注重部属培养的。

（5）内部沟通不佳，员工矛盾明显，常有扯皮现象，对工作造成一定不利影响的。

4.有下列情形之一的，扣该项考核总分的60%~80%：

（1）团队建设与管理不力，对整体工作效果造成较大不利影响的。

（2）组织领导不力，内部管理职责不明、程序不清，员工工作积极性和效率低下，工作品质不符合要求的。

（3）对部属管理有严重偏差，有偏袒或打击现象，员工反应强烈的。

（4）所属员工经常无故不参加公司组织的活动和学习培训，不遵守公司规章，经多次提醒改善不够明显的。

（5）基本无内部沟通，员工矛盾突出，对工作造成较大不利影响的。

5.有下列情形之一的，扣该项考核总分的90%~100%：

（1）不履行管理职责和权限，内部管理混乱，工作效率和品质低下，对整体工作造成严重影响的。

（2）员工屡屡违反公司纪律，放任自流，部属培养工作严重不足的。

（3）故意制造不团结局面，内部矛盾激化，公开争执并严重损害公司利益和形象，影响恶劣的。

第十四条　“协作与配合”评分原则（满分10分）：

1.与关联部门及人员沟通协调顺畅，对接口工作和交叉工作与关联部门及人员协作主动、密切、有效，不扣分。

2.有下列情形之一的，扣该项考核总分的10%~20%：

（1）与关联部门及人员沟通协调欠缺、协作不畅，但对后续、关联工作未造成不利影响的。

（2）对接口工作和交叉工作与关联部门配合欠缺，但对后续、关联工作未造成不利影响的。

（3）与工作关联人员协调不充分，配合有欠缺，但对后续、关联工作未造成不利影响的。

3.有下列情形之一的，扣该项考核总分的30%~50%：

（1）与关联部门及人员沟通协调不到位，对后续、关联工作造成一定不利影响的。

（2）对接口工作和交叉工作与关联部门配合不到位，对后续、关联工作造成一定不利影响的。

（3）与工作关联人员协调态度不好，影响团结的。

（4）工作协作失误不主动承担应负责任的。

4.有下列情形之一的，扣该项考核总分的60%～80%：

（1）与关联部门及人员沟通协调不畅造成工作明显遗漏或失误，对后续、关联工作造成较大不利影响的。

（2）对接口工作和交叉工作与关联部门不配合，对后续、关联工作造成较大不利影响的。

（3）与工作关联人员协调态度较差，造成较坏影响的。

（4）扯皮推脱，推卸应负责任的。

5.有下列情形之一的，扣该项考核总分的90%～100%：

（1）与关联部门及人员沟通协调不畅造成重大失误，对后续、关联工作造成重大不利影响的。

（2）对接口工作和交叉工作与关联部门不协调沟通，擅做主张，毫无协作和配合精神，对后续、关联工作造成重大不利影响的。

（3）与工作关联人员协调沟通时态度恶劣，在同事中造成极坏影响的。

（4）拒不承担责任并诬告、栽赃他人的。

第十五条　“劳动纪律与工作表现”评分原则（满分20分）：

1.遵守公司各项规章，不迟到、早退，季度累计事假3天及以下，工作积极努力，认真负责的，不扣分。

2.迟到或早退，每1次扣0.5分。

3.员工事假季度累计30天以下，部门负责人及以上人员事假季度累计15天以下的，以3天为限每超过1天扣1分，扣完20分为止。

4.上级检查发现工作环境、工作笔记、着装等其中之一不符合要求的，每2次扣1分。

5.上级检查发现上班时做与工作无关的事，每1次扣1分。

6.无故缺席公司组织的集体活动或培训学习的，每1次扣1分。

7.上班时不请假外出超过1小时的，每1次扣2分。

8.影响公司形象，遭客户投诉的，每1次扣3～5分。

9.旷工半天的，每1次扣5分；旷工1天的，扣10分；旷工2天以上（含2天），该项考核不得分。

10.工作表现和工作态度欠缺的，由考核人根据具体情况进行扣分，扣完20分为止。

11.部门经理（负责人）及以上管理人员，季度事假累计15天（含）以上的，在考核时不作扣分处理，由人力资源管理部门计算出其个人绩效工资额后，根据其缺勤天数，按比例扣除并由公司提留。

12.部门副经理及以下人员，季度事假累计30天（含）以上的，在考核时不作扣分处理，由人力资源管理部门计算出其个人绩效工资额后，根据其缺勤天数，按比例扣除并由公司提留。

13.员工病假在考核期内累计不超过7天的，考核时不予扣分；累计超过7天不满60天的，以7天为限每超过1天扣0.5分，扣完20分为止；超过60天的，按照第十九条的相关条款执行。

14.员工年休假、奖励性旅游视为到勤，考核评分时不予扣分。

第十六条 “团结协作”的评分原则（满分10分）：

1.与同事工作配合和协作积极主动，关系融洽，个人工作能顾全大局的，不扣分。

2.与同事协调沟通不主动、配合不佳或协调沟通时态度差引起关联方投诉的，每1次扣1～2分。

3.全局观念淡漠，与同事协调沟通态度不友好，影响团结的，每1次扣3～5分。

4.不顾全大局，无理顶撞领导或与同事发生争吵，影响团结的，每1次扣5～8分。

5.与领导、同事发生打架或造谣中伤他人，影响恶劣的，每1次扣8～10分，情况严重的扣罚可超出本项总分。

第十七条 对于已考核过的工作项或工作内容，若在以后的考核期内发现有重大失误，对后续、关联工作造成重大不利影响的，考核审定者可视情况进行追溯，并在最近一个考核期追加扣罚。

第十八条 “特别贡献加分奖励”的评分原则（满分5分）：

1.在本职工作以外，为公司创造较大经济效益或社会效益的，可奖励加分1～5分。

2.在本职工作以内，为公司创造重大经济效益或社会效益，并产生较大正面影响的，可奖励加分1～5分。

3.可行性建议被公司采纳，为公司创造重大经济效益或社会效益的，可奖励加分1～5分。

第十九条 员工年休假、奖励性旅游时间超过30天的，部门经理以下人员按所在部门人员的平均分计算，部门经理及以上人员按同职级人员平均分计算。在考核期内员工病假超过60天（含）的，部门经理以下人员按所在部门人员的平均分计算并按50%核发绩效工资，部门经理及以上人员按同职级人员平均分计算并按50%核发绩效工资。

第二十条 年度绩效考核主要依据包括：各季度的绩效考核成绩、日常工作表现和业绩、团队及个人的能力和素质等，具体按年度考评的有关规定执行。

第四章 考核程序

第二十一条 每年年初由人力资源管理部门统一发放绩效考核手册，由各单位、部门及员工本人负责按时填报并保管，在年度考评结束后，统一交由人力资源管理部门存档。

第二十二条　各单位、部门及各级人员应在每季度第一个月的10日前，填报上一季度的“工作考核表”和下一季度的“工作计划表”。

第二十三条　各单位、部门及各级人员在完成自评后，应及时向考核人报送绩效考核手册，其中：

1.部门副经理及以下人员应将绩效考核手册报送部门经理（负责人）审核评分。

2.部门经理（负责人）及以上人员应将绩效考核手册报送直接分管领导审核评分。

3.各单位、部门的负责人应将本单位、部门的绩效考核手册报送本单位、部门的直接分管领导审核评分。

第二十四条　各考核人在收到工作总结及绩效考核手册后，需及时与被考核人以及被考核单位、部门的负责人进行面谈沟通，肯定成绩、指出不足，并在每季度第一个月的25日前完成“考核评分”和考核评语。

第二十五条　各部门内部员工的考核，由部门经理（负责人）考核完成后自行收集汇总，并报送本部门的分管领导审定。

第二十六条　部门经理（负责人）及以上人员以及各单位、部门的绩效考核手册，应经考核人进行考核评分后交人力资源管理部门收集汇总，由人力资源管理部门向总经理及考评小组提交。

第二十七条　各部门内部员工的绩效考核经本部门分管领导审定后，由部门经理（负责人）负责编制“季度绩效考核成绩汇总表”，并报送人力资源管理部门用于计算季度绩效工资。部门经理（负责人）及以上人员以及各单位、部门的绩效考核经总经理审定后，由人力资源管理部门负责将考核成绩汇总，并用于计算季度绩效工资。

第二十八条　在每个季度的考核结束后，绩效考核手册应返还个人保管，单位、部门的绩效考核手册由该单位、部门的负责人负责保管。

第二十九条　年度绩效考核程序按照年度考评的有关规定执行。

第五章　附则

第三十条　本制度由集团公司人力资源管理部门负责解释与修订。

第三十一条　本制度自颁布之日起施行。

第二部分

绩效管理流程

第3章/绩效管理基本流程

学习目标

组织和工作的基本特征是绩效管理系统设计和实施的基础，而设计完备的绩效管理系统在实施之前必须经过充分的准备。通过本章的学习，应该了解组织特征和工作分析对绩效管理的作用，掌握绩效管理流程的基本步骤及相互关系，理解绩效管理系统的引入和推进步骤以及绩效管理导入培训的基本内容和流程。

3.1 绩效管理基础

员工的绩效是员工外显的工作行为与态度，这种行为表现是受很多因素影响的。绩效管理系统的设计和实施也受到多种因素的影响，除了系统本身的科学性、完备性之外，运行基础平台的搭建和匹配程度也对绩效管理系统的运行至关重要。而且，即便这些前提条件都具备了，也不一定保证必然成功。但如果没有这些前提条件，则意味着一点点成功的可能性都无从谈起。

3.1.1 组织基础

1）组织文化

绩效管理倡导管理人员与员工的持续开放性沟通、领导者与下属平等充分的交流。能够实现这种状态的一个前提就是建立一种开放沟通的组织文化。组织文化通常是指组织成员在长期的生活过程中形成的共同价值观和行为方式。简单地说，组织文化通常表现为人们已经习惯了的行为方式。而一套全新的绩效管理系统的引进往往意味着人们要采用不习惯的行为方式。因此，绩效管理系统常常受到组织中传统文化的抵制，而这种冲突也很有可能成为绩效管理系统实施效果不佳甚至失败的原因之一。

优秀的组织文化，将会对组织绩效产生强大的推动作用：良好的组织文化能够带动员工树立与组织一致的目标，并在个人奋斗的过程中与组织目标保持步调一致；能为员工营造出一种积极的工作氛围，形成共享的价值观念和管理体制，从而产生一个合适的鼓励积极创造的工作环境。因此，要成功实施绩效管理系统就必须致力于建设一种与其相融合的高绩效的组织文化。高绩效组织文化的特点包括[①]：

① 付亚和，许玉林. 绩效管理［M］. 上海：复旦大学出版社，2006.

奖惩分明，创造一个公平考核的环境，营造一种主动沟通的氛围；鼓励员工积极学习，为员工提供必要的学习、培训机会，使员工不断提高素质；营造一种良性竞争的工作氛围；使工作丰富化的文化；提倡多变、鼓励承担责任的文化；为高素质人才提供发展机会和有吸引力的工作环境的文化；通过满足客户需求来保障股东利益的文化。

实例3-1　　IBM绩效管理的“系统重启”

2015年，IBM开展了一场规模庞大的业务转型。公司的收入模式已被新技术颠覆，正转向人工智能和混合云服务。为增加创新数量、提高创新速度，公司开始迅速改变工作方法。而若想实现这一整套变革，就必须采取更敏捷的新工作模式，员工也要学习新技能。但是，原有的绩效管理系统早已过时，且得不到员工的信赖，成为前行之路上的障碍。公司首席人力资源官兼人力资源高级副总裁安娜·盖尔松意识到，IBM必须将这种绩效管理模式彻底颠覆、重新设计，然后才能充分调动员工参与业务转型。

公司采取了众包的方式来设计新的绩效管理系统，而不是将一套现成的内容自上而下强加给员工，因为这与公司“敏捷方法和设计思维”的转型战略不符。IBM着重依靠企业设计思维，先创建一个最小化可行产品（Minimum Viable Product，MVP），然后邀请员工来测试并提供反馈。2015年9月，MVP正式亮相，盖尔松在公司内部平台上发表博文介绍新系统。仅仅几个小时，就有75 000多名员工阅读了文章，其中18 000人在回复中提出详细建议。公司采用其独有的Watson文本分析技术梳理员工回复，在不到48小时后就发布了第二篇博文，一一列举员工喜欢和反对的因素。公司对新系统进行了多次迭代，并且回放员工的反馈，而员工也在不断地参与新系统设计流程。最终成果在2016年2月正式发布，名为Checkpoint。这一绩效管理系统充分融合了员工建议，更注重反馈而非评估。

资料来源　基隆，斯平德尔，陈媛熙. IBM转型背后的“系统重启”[J]. 商业评论，2019(8-9).

2）组织生命周期

绩效管理服务于组织战略推进，而组织战略又与组织生命周期有关。组织在不同的生命周期会制定不同的战略与实施路径，不同的战略往往影响绩效管理体系。处于创新与成长期的企业往往选择规模导向型战略，以追求规模扩张为主，市场占有率、销售增长等指标会占据重要地位；成熟期的企业会采用收益导向型战略，其绩效管理制度也趋于稳定，关注收益的财务指标成果是这一阶段的主要任务；当企业面临战略转型时，绩效管理系统也必然随之调整，绩效目标、实施制度等都应根据新的战略需要重新设置，同时为新战略的实施提供支持和保证。

实例3-2　　阿里巴巴的绩效管理

阿里巴巴的绩效管理有四个出发点：

一是东方智慧和西方管理相结合。支付宝有一句很经典的话叫“因为信任所以简单”，我们有很多所谓的管理都是很弱的。比如出差申请，一天不批，自动生效。东方智慧说得简单一点是阴阳，有的时候我们强悍，有的时候很温柔。在绩效考核等级分布上，我们也会做强制排序。

二是梦想使命与商业现实相结合。阿里巴巴的愿景是要天下没有难做的生意，解决社会问题，帮助一些中小企业发展。但这是理想，毕竟要有商业现实，有商业模式。一个公司能够生存下去，怎么把理想和商业现实放到一起，需要通过绩效管理去体现。

三是组织与无组织相结合。阿里巴巴的组织特点非常多样化，按理说B2B模式应该是非常紧密的一个公司，而在淘宝开会时，你根本不知道总裁是谁，因为大家都踊跃地去表达自己的观点，最后可能就是几个表达管理意见的“同学”就把事给定了。我们特别相信，这种从下而上的执行力和创新力的结合，是通过绩效管理去实现的。

四是坚信文化的力量。文化涉及我们为谁服务，我们多大程度上坚守这种信任，我们应该做什么，以及彼此应该怎么样一起来工作。在绩效管理中，要做的就是怎样让文化坚守能够实现。

资料来源　常扬. 绩效管理的土话［J］. 商界评论，2017（1）.

3）组织战略

卓越的绩效管理系统是应该与组织战略紧密联系的，然而在很多企业里，战略及战略目标并不清晰，两者的结合也就无从谈起了。所以，一个企业成功地进行绩效管理，前提之一是要有明确、可运行的战略目标。战略是从组织未来着眼，旨在为组织寻求和维持持久竞争优势而做出的有关全局的筹划和谋略，是组织为自己确定的长远发展目标和任务以及为实现这一目标和任务而制定的行动路线、方针政策和措施方法。正如乔伊尔·罗斯（Jowell Rose）和迈克尔·加米（Michael Jamie）所说：“没有战略的组织就好像没有舵的船，只会在原地打转。”

为了成功地进行绩效管理，组织不仅要有战略，而且还必须强调在战略制定和实施过程中的沟通和参与。事实上，很多组织的战略似乎只是与高层管理者有关的事情，人力资源管理者、基层员工常常因为不了解战略而感到困惑。这样的战略无法通过有效的绩效管理分解到每个员工身上，而只是停留在口头和纸面。绩效管理驱动员工正确地做事，战略目标驱动员工做正确的事，没有清晰、正确的战略会使绩效管理盲目，进而偏离正确的轨道。

4）组织设计与业务流程

实施绩效管理还需要在组织中建立较为清晰的组织结构和业务流程。组织结构和业务流程是战略得以有效实施的基础，组织中的每个业务单元都应该非常清楚自己在组织中的角色、在组织体系中所处的位置以及能够为组织做出怎样的贡献。同时，还要站在流程的角度考虑对自己工作产出的质量、数量要求，如何与前后环节有效衔接。因此，组织结构与业务流程是绩效目标分解、指标选择、标准确定以及制度设计的基础条件，其不同形态也决定了绩效管理的一些具体操作问题。如职能型组织结构中每个业务单元都有唯一的上级领导，这个上级领导就是绩效评价的主体；而矩阵式组织中每个成员要接受两个上级的领导，那么评价时自然要考虑两个上级的意见。对大型组织来说，总公司对下属单位的管理与控制模式对下属单位的战略规划与实施有极大影响，而这对下属单位的绩效管理系统也有非常重要的作用（见表3-1）。

表3-1　不同控制类型企业对下属单位的影响

项目	战略计划型	战略控制型	财务控制型
行业类型	高速成长、快速增长或竞争激烈	成熟产业，稳定的竞争环境	多种产业
总公司任务	高度介入业务单位的计划与决策，方向明确	业务单位制订计划，总公司检查、评估与监督	强调由业务单位制定所有决策
业务单位任务	经营计划要征得总公司和其他业务单位同意（符合战略目标）	有责任制定决策、计划和建议	独立经济体，有时相互合作，追求共同利益
组织结构	强大的中心功能部门、共享服务部门	权力下放，重点在于单个业务单位的表现，总公司成为战略控制者	总公司的工作重心是支持和财务控制，人数较少
绩效方法与绩效重点	一般采用比较详细的预算管理进行控制	一般采用平衡计分卡方法进行绩效管理	一般采用企业增加值（EVA）方法进行管理

资料来源　德瓦尔. 绩效管理魔力［M］. 王开虎，译. 上海：上海交通大学出版社，2002.

3.1.2　工作分析与职位评价

工作岗位的特点与具体要求是影响员工绩效表现的最直接因素，同时也对绩效管理的方式方法、指标标准等起着决定作用，特别是对某个具体岗位关键绩效指标的选择，往往是由其关键岗位职责决定的。因此，用于确定岗位工作职责、任职资格等的工作分析以及职位评价是绩效管理系统设计的前提和基础。

1）工作分析

工作分析是指运用系统性方法收集有关工作的各种信息，明确组织中各个职位的工作目标、职责和任务、权限、工作中与组织内外其他部门的关联关系、对任职者资格的基本要求等。工作分析的成果是工作/职位说明书，其内容包括职位说明和任职资格两大部分。它是人力资源管理的基础，与绩效管理有着密切的联系（如图3-1所示）。

从图3-1可以看出，根据工作分析产生的与工作相关的信息，一方面可以分析出任职者的主要任职资格，另一方面可以将工作目的、职责、任务等转化为关键绩效指标，进行绩效的评估与管理。而一个被选拔录用的人员工作了一段时间之后，其绩效表现又可以作为验证当初选拔结果有效性的依据，即如果一个人在选拔评估

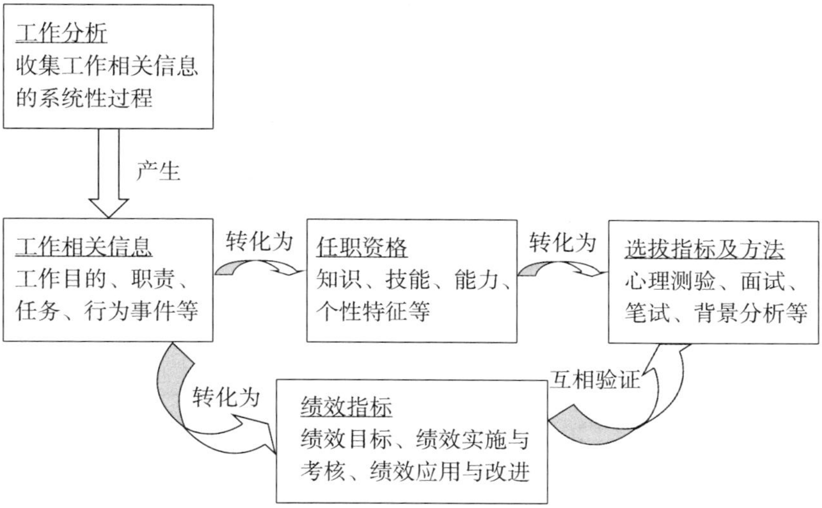

图3-1 工作分析与人力资源管理、绩效管理

时表现出能力和潜力，在实际工作中的绩效表现也确实很好，那么就说明选拔是有效的，反之则要对选拔的有效性产生怀疑。因此，工作分析的结果是绩效管理的基础材料，尤其是关于职位说明的信息特别重要，具体包括：

（1）工作职责和任务

工作职责和任务是指一个职位所承担的职责以及为实现这些职责所要求完成的任务。例如，招聘主管的工作是负责人员招聘，使用人部门能及时用到合适的人员。为了实现这样的职责，招聘主管所要完成的工作任务就是制订招聘计划、找到候选人的来源、对可能的候选人进行识别、向用人部门推荐合适的候选人、办理人员试用手续等。工作职责和任务是对任职者的绩效进行管理的基础和依据，对任职者绩效的评估主要就是根据他在这些工作职责和任务上所产生的结果进行的，将其实际完成的工作结果与目标要求相比较，就可以得出其绩效水平。

（2）各项职责和任务所占比重

各项职责和任务的重要程度不同，因此任职者投入其中的精力、时间和责任水平也不相同。例如，对营销主管的职位来说，制订促销活动计划的职责所占比重为30%，对营销人员进行培训的职责占25%，与分销商和客户进行联络的职责占40%，撰写报告所占比重为5%。那么，各项绩效指标所占权重比例就应参照职责和任务的比重设计制定。

（3）与组织内外其他部门和人员的关联关系

这主要是指该职位主要与组织内部哪些部门和个人发生关系，与组织外部哪些部门和个人发生联系。例如，一个外企招聘主管在公司外部需要同当地的外企服务公司、政府人事部门、人才中介机构等发生关系，而在组织内部则需要同各用人部门以及人力资源部门负责其他职能的同事发生联系。工作关联关系表明了任职者工作结果的输出方向，在对其进行工作绩效评估时，评估主体和评估内容都与之紧密相关。

2）职位评价

通过工作分析，我们基本了解了一个职位在各方面的要求和相关基本信息。职位评价就是在工作分析的基础上，对组织中不同工作的重要性（相对价值）进行评价与排序，并划分出职位等级的过程。职位评价的结果是明确组织内所有工作岗位的等级序列，这对于薪酬水平的确定、职位晋升与轮换以及绩效管理都是重要依据（如图3-2所示）。

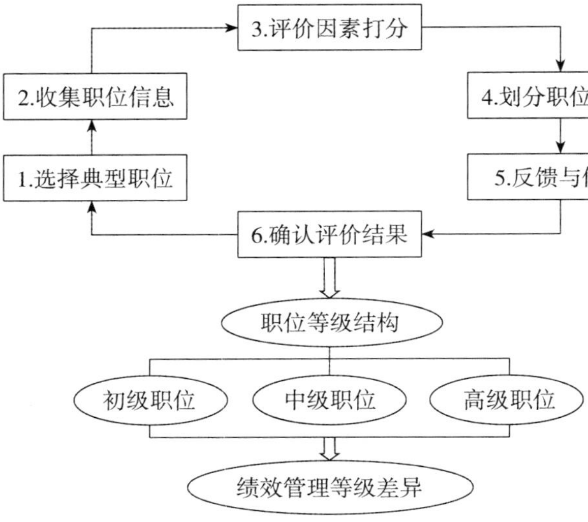

图3-2 职位评价流程与绩效管理的关系

3.2 绩效管理流程

绩效管理的基本流程包括以下几个步骤：绩效计划、绩效实施、绩效评价、绩效反馈与绩效改进（包括绩效改进与导入以及绩效结果在其他人力资源管理环节的应用）。这五个环节构成一个封闭的绩效管理循环，上下承接、紧密联系，只有各环节的有效整合才能保证绩效管理最终目的的实现（如图3-3所示）。

3.2.1 绩效管理基本流程步骤

1）绩效计划

绩效管理的第一个环节是绩效计划，它是绩效管理过程的起点。企业战略要付诸实施，必须先将其分解为具体的任务或目标，落实到各个岗位上，然后再对各个岗位进行相应的工作分析、人员资格条件分析以及职位说明。这些步骤完成之后，管理者就该与员工一起根据本岗位的工作目标和工作职责来讨论在绩效计划周期内员工应该做什么工作、做到什么程度、何时应做完以及员工权力大小和决策权限

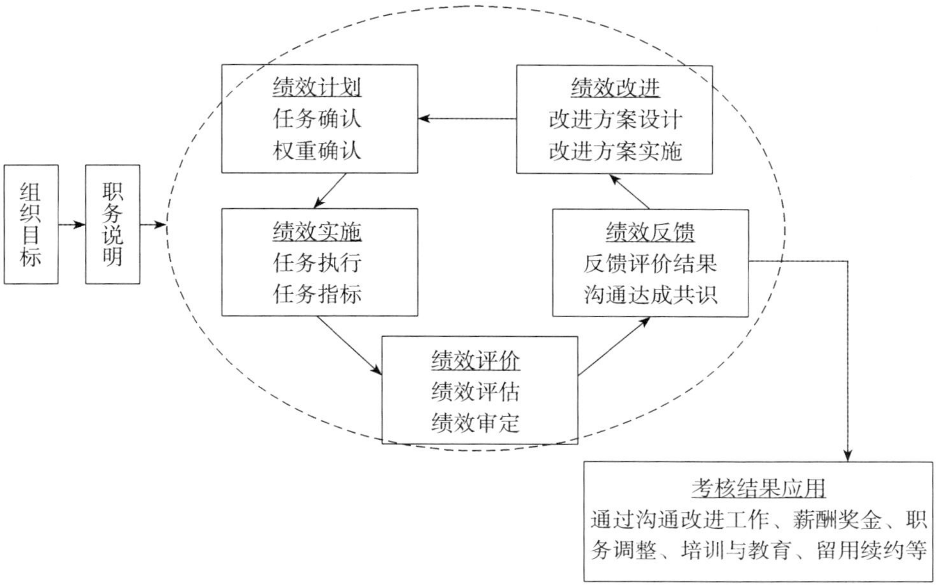

图3-3　绩效管理流程图

等。在这个阶段，管理者和员工的共同投入与参与是绩效管理的基础，如果是管理者单方面布置任务、员工单纯接受要求，就变成了传统的管理活动，失去了协作性的意义，绩效管理也就名不副实了。通常，绩效计划都是一年一制订，在年中可以修订。

2）绩效实施

制订了绩效计划之后，员工就应该按照计划开始工作。在工作的过程中，管理者要对员工的工作进行指导和监督，对发现的问题及时予以解决，并随时根据实际情况对绩效计划进行调整。绩效计划不是制订之后就一成不变的，随着工作的开展会不断调整。在整个绩效期间内，需要管理者进行持续的绩效沟通。这种沟通是一个双方追踪进展情况、找到影响绩效的障碍以及得到使双方成功所需信息的过程。持续的沟通能够保证管理者与员工共同努力，及时处理出现的问题，修订工作职责。

3）绩效评价

绩效评价是一个按事先确定的工作目标及其衡量标准，考察员工实际完成的绩效的过程。绩效评价可以根据具体情况和实际需要进行月度、季度、半年度和年度考核。考核期开始时签订的绩效合同或协议一般都规定了绩效目标和绩效衡量标准。绩效合同是进行评价的依据，一般包括工作目的的描述、员工认可的工作目标及其衡量标准等。在绩效实施过程中收集到的能够说明员工绩效表现的数据和事实，可以作为判断员工是否达到绩效指标要求的证据。

4）绩效反馈

绩效管理不是为员工打出一个绩效考核分数就结束了，管理人员还需要与员工进行一次甚至多次面对面的交谈，以达到反馈与沟通的目的。通过绩效反馈与面谈，使员工了解自己的绩效、上级对自己的期望，清楚自己有待改进的方面；与此同时，员工也可以提出自己在完成绩效目标中遇到的困难，请求上级的指导和理解。

5）绩效改进

绩效改进是绩效管理过程中的一个重要环节。传统绩效考核的目的是通过对员工的工作业绩进行评估，将评估结果作为确定员工薪酬、奖惩、晋升或降级的依据。而现代绩效管理的目的不限于此，员工能力的不断提高以及绩效的持续改进和发展才是其根本目的。所以，绩效改进工作的成功与否，是绩效管理是否取得效果的关键。

6）绩效结果应用

当绩效考核完成后，评估结果并不应该束之高阁，而是要与相应的其他人力资源管理环节相衔接。其结果主要用于以下几方面：

（1）招聘和甄选：根据对绩效考核结果的分析，可以确认采用何种评价指标和标准作为招聘和甄选员工的工具，以便提高绩效的预测效度，同时提高招聘的质量并降低招聘成本。

（2）薪酬及奖金的分配：员工薪酬中的变动薪酬部分是体现薪酬激励和约束的主要方式，员工绩效则是确定和发放变动薪酬的主要依据之一。一般来说，绩效评价结果越好，员工所得工资越多，这也是对员工努力付出的鼓励和肯定。

（3）职务调整：职务晋升、轮换、降职或解聘的决定，很大程度上是以绩效考核结果为依据的。一名经多次考核业绩始终不见改善的员工，如果确实是能力不足不能胜任，则管理者应考虑为其调整工作岗位；业绩优良且拥有一定发展潜力的员工，则可以通过晋升的方式更加充分地发挥其潜力并激励其继续努力。

（4）培训与开发：绩效考核的结果可以用于指导员工工作业绩和工作技能的提高，通过发现员工在完成工作过程中遇到的困难和工作技能上的差距，制订有针对性的员工培训和发展计划。发现员工缺乏的技能和知识后，企业应该有针对性地安排一些培训项目，及时弥补员工能力的不足。这样既满足了工作的需要，又可以实现员工自我提升的目标，对企业和员工都有利。

3.2.2 绩效管理基本流程步骤的整合

绩效管理是一个循环的动态系统，各个环节紧密联系、环环相扣，任何一环的脱节都将导致绩效管理的失败。所以在绩效管理过程中，应重视每个环节的工作，并将各个环节有效地整合在一起。

绩效计划是管理者与员工合作，对员工下一绩效周期应该履行的工作职责、各项任务的重要性等级和授权水平、绩效衡量、可获得的帮助、可能遇到的障碍及解决办法等一系列问题进行探讨并达成共识的过程。因此绩效计划在帮助员工找准路线、认清目标方面具有前瞻性，是整个绩效管理流程中最基本也是首要的步骤。

绩效实施过程的核心就是持续的绩效沟通，也就是管理者与员工共同工作以分享信息。这些信息包括工作进展情况、问题和困难、可能的解决措施以及管理者对员工的指导和帮助等。这种双向的交互式沟通必须贯穿于整个绩效管理过程，通过沟通让员工清楚考核制度的内容、目标的制定、工作中的问题、绩效与奖酬的关系等重要问题，同时聆听员工对绩效管理的期望和建议，从而确保绩效管理最终目标的实现。

绩效评价本身也是一个动态持续的过程，所以不能孤立地进行考核，而应将绩效考核放在绩效管理流程中考虑，重视考核前期与后期的相关工作。绩效计划和绩效实施过程中的沟通是绩效考核的基础，因为只要计划合理、执行认真并做好了沟通工作，考核结果就不会让考核双方大跌眼镜，最终产生分歧的可能性就会较小。而考核的最终结果也要通过与员工的沟通得到对方的认可，并提供工作改进的方案，再将结果应用到其他管理环节之中。

绩效诊断和改进作为一种有效的管理手段，其意义就在于为企业提供促进工作改进和业绩提高的信号。正确地进行绩效管理，关键不在于考核本身，而在于综合分析考核资料并将其作为绩效改进的切入点，而这正是绩效诊断和改进的内容。通过绩效诊断可以发现绩效低下或可以进一步提升的问题，然后找出原因。分析和解决的过程也是管理者与员工沟通的过程，双方齐心协力将绩效水平推上一个新的平台。

一个循环结束后，绩效管理活动又回到起点——再计划阶段。此时，绩效管理的一轮工作基本完成，应在本轮工作的基础上进行总结，制订下一轮的绩效计划，使企业的绩效管理活动在一个更高的平台上运行。这些环节的整合，使绩效管理流程成为一个完整的、封闭的循环，从而保证了绩效能够不断得以提升和改善。

3.3　绩效管理导入

3.3.1　绩效管理体系的推进

前面所讲的绩效管理流程是绩效管理的一个小型流程，即从绩效计划的制订、实施与沟通、绩效评估到绩效反馈、绩效改进和结果应用。绩效管理作为组织中一个重要的管理系统，还应该有一个大流程的问题。所谓绩效管理大流程，就是一个组织如何引入一套绩效管理体系或者如何改变现有的绩效管理体系，以及获取组织成员对这套绩效管理体系的认同并使其得到成功实施。为了实现绩效管理大流程的顺利引入和推进，组织要做好之前的准备、之中的协调和之后的控制。

1）前期准备

在新的绩效管理体系设计和推出之前，要做好以下准备工作：

（1）对原有绩效管理体系进行诊断

对原有绩效管理体系进行诊断，即诊断组织中原来有没有绩效管理，原来的绩效管理系统存在哪些问题。对大多数企业来说，原来可能都存在一定的绩效管理，尽管可能不完善、可能存在很多问题。在引入新的绩效管理系统之前，应该首先对原有的绩效管理工作进行诊断，看看哪些地方存在问题，问题的原因何在。这样，在设计和实施新的绩效管理系统时才能有的放矢。

（2）对组织管理基础的审视

要选择合适的绩效管理体系，还必须考虑原来的管理基础。也就是说，绩效管理不是空中楼阁，简单搬用一套成功企业的绩效管理系统效果未必理想。这里重点要考虑的是组织中的文化氛围是否支持或制约新的绩效管理体系、与绩效管理有关的其他管理系统是否完善、员工或管理者的态度、管理者是否具备实施绩效管理的技能等问题。

（3）获得对绩效管理系统的支持

作为对于高层管理者试图推行的管理系统，如何让组织上下的管理者和员工充分支持和投入是影响系统实施的关键因素。如果采用强制命令的手段可能也可以执行下去，但是执行效果往往不尽如人意，甚至适得其反。因此，必须通过深入、充分的沟通，让员工认识到该系统实施的必要性和对自身的益处，同时还要提供相关培训让其学会使用该系统。这样，才能为系统的成功提供保障。

2）推进过程

绩效管理系统设计完成后，其实施和推进也是一项系统工程，需要经过从试点到全面推行的循序渐进的过程，千万不可急于求成。

（1）试点

所谓试点，就是要先在某一个单元（如一个部门、一个小的下属单位）进行绩效管理系统的试设计和试运行。采用试点的方法可以有效降低实施新系统的风险，所取得的成功经验又有助于体系的全面高效推广。试点的选择应该具有代表性，是整个组织的一个缩微而不是一个局部。同时，绩效管理系统应该在试点真正地运行起来。首先需要对试点单位的主管和员工进行广泛的培训，使他们理解绩效管理体系的意义和实施方法，并进行实际操作。考核周期可以适当缩短，比如采用月度或季度周期，这样可以提高效率和降低成本。但至少要运行两个完整的考核周期，即两次完整的绩效管理流程，如两个月或两个季度，这样才能发现更多的问题。

通过这种试点的运行试验，体系推行和运作过程中可能出现的问题和难点就可以充分暴露出来，便于设计人员修订和推进人员在随后更大规模的推广中进行改进。在进行试点的过程中，设计人员要对出现的问题及时进行解决，对有关方面的问题进行修订，使绩效管理体系更加适合整个组织的需要。试点运行应该由专门的项目小组负责，要广泛听取各部门、各层级员工的意见，这既可以得到大家的认同，也可以使系统更加完善。

（2）全面推广

试点成功后，经过修订和完善的绩效管理系统就可以在更大范围推广下去。推广的过程中应该注意以下几点：

①逐步推进，分层实施

经过试运行的绩效管理系统在企业进行全面推广也仍然需要一个过程。为了逐步推进、减缓压力，可以采取分层实施办法的，按照先组织、后个人的次序进行，即先不针对个人而是进行组织绩效评价。再者，因为对事不对人，比较容易为员工所接受。当在组织层面推进比较成功后，再推进到员工层面。

②先推进工作目标，再推行价值观与行为表现

有的绩效管理系统不仅包括工作目标部分，还包括价值观与行为表现或者能力发展部分。在推行初期可先推进工作目标部分，因为其可衡量程度高，容易被员工接受；在一段时间后，绩效管理理念深入人心了，主管人员也较好地掌握了评价的技能，再推行价值观与行为表现或能力发展部分。

③进行绩效管理培训

全面推广绩效管理系统离不开充分的、自上而下的绩效管理培训。在培训中，要使员工清楚绩效管理的意义与必要性、责任主体、绩效目标的设置方法、绩效考评方法、绩效结果的应用等问题。这种培训覆盖参加绩效管理的所有员工，因为培训重点有所不同，有必要将主管人员和员工的培训分开进行。对主管还需要进行辅导、激励、倾听、提问、说服等技能的培训，如果缺乏这些必要的沟通技能，绩效管理就难以有效地开展下去。

④及时提供专业的技术支持与辅导

在实施过程中，专业部门提供现场的、及时的技术支持与辅导非常重要。管理人员对绩效管理的热情是短暂而有限的，当他们在目标设置、绩效分类，特别是界定那些难以衡量的工作等问题上遇到困难时，要保证他们有便捷的途径来寻求专业人员的帮助，这种求援需要得到迅速而有效的反馈，这样才能维系大家的热情。如果相应速度较慢，主管人员的热情会逐渐减弱，从而使推广工作的速度放慢。

⑤发挥员工参与的积极性

在实施绩效管理的各个阶段都需要发挥员工参与的积极性，让员工积极响应而不是回避考核问题。绩效管理的主体是各级主管和员工，他们在专业人员的指导下自行设计绩效目标，可以更加符合每个职位的特点，也有利于员工梳理自己的工作内容和目标，发挥员工在工作中的主动性和创造性；同时，通过沟通得到他们对绩效管理系统的认可和支持。

⑥逐步推行绩效结果的应用

绩效结果的应用是绩效管理的重要环节，但是在绩效管理系统推进的初期，由于系统本身还不完善，同时主管人员在绩效考评方面也缺乏成熟的技能，往往导致结果的不真实。一旦将绩效结果与薪酬等联系起来，绩效评估将变成一个非常敏感的问题，员工会非常关注绩效结果，如果评价结果欠公正就可能导致不良结果。所以，要把绩效结果与有关人力资源功能联系起来，必须保证系统的有效性，才能收到应有的效果。一般在绩效管理系统推行的第二年才开始原则性地挂钩，第三年才可以提出具体的挂钩方案。

⑦绩效管理体系的制度化和规范化

要使绩效管理体系制度化和规范化，形成正式的文件制度。在实施的每一年发现的新问题，都要及时提出解决方案并补充到制度中去。可以每年修订一次绩效管理操作手册，便于员工及时掌握有关变化。

总之，绩效管理系统的推进和逐步完善需要一定的时间，不可能所有的企业一下子都能够达到通用公司的水平。实践证明，在一个企业完整地实施绩效管理系统——绩效管理系统能够较好地与企业实际需要相适应，员工每到一个考核周期期末能够习惯性地进行自我评价——至少需要三年时间。

实例3-3　　H公司绩效管理的推进历程

H公司1999年开始推行绩效管理体系。公司建立了绩效管理委员会，委员会由总裁兼任主任，财务总监兼任副主任并负责日常工作，委员包括人力资源、财务、审计、质量控制、战略管理等部门的负责人。绩效管理委员会下设专门的业绩评价部，由资深的财务人员组成。

推行绩效管理体系的第一步是子公司绩效管理制度设计。业绩评价部在财务、战略、人力资源、质量控制等部门的协助下负责设计、提供关键绩效指标体系，各子公司根据自己的情况在关键绩效指标体系的基础上订立自己的努力目标，提交给公司绩效管理委员会批准。业绩评价部每季度收取一次自评报告并进行分析，将分析情况报绩效管理委员会，年中和年底各进行一次正式的评价。

人力资源部门则在2000年研发出了该公司的员工绩效管理手册，首先在职能部门和试点经营单位请外部培训公司进行全员培训，灌输绩效管理理念和讲解有关绩效管理程序，然后要求员工按照培训内容进行操作。2001年，人力资源部门在总结上年经验的基础上，修订了员工绩效管理手册，开始在全公司推行绩效管理，重点是总公司周边地区的子公司。一些态度积极的总经理不遗余力地推行这套体系，而一些观念不够创新的总经理则仍然观望。

2002年，公司注意到两套体系并存的问题，开始着手解决两套体系的合并。对下属企业总经理们的评价以业绩评价部的结果为准，但是采用与其他员工相同的形式。下属企业的经理们也照样在他们的公司内推行两套体系合一的绩效管理体系，他们组成自己的绩效评价小组对部门经理进行考评，而部门经理则直接对下属员工进行绩效管理。

2003年，公司着手解决剩余企业的绩效管理体系推进问题，同时把绩效结果与薪酬、晋升等紧密结合起来。总经理和员工们根据考核结果享有不同的奖金。

2004年，公司更加紧密地把资源配置与绩效目标结合在一起，在年初设定目标时要求提交资源配置需求——包括薪酬资源，这样促使下属企业的管理者不再与总部在绩效目标方面讨价还价——如果目标偏低，那么他们获得的资源也将是有限的。

资料来源　朴愚，顾卫俊．绩效管理体系的设计与实施［M］．北京：电子工业出版社，2006.

3.3.2 绩效管理导入培训

在绩效管理系统推进的过程中，对管理者和员工进行绩效管理导入培训是非常重要的一个内容。企业之所以花大成本实施绩效管理导入培训，其原因有以下两点：第一，增进员工和管理者对绩效管理的了解和理解，消除各种误解和抵触情绪。员工和管理者对绩效管理往往都会有一定的认识偏差，如果不消除这些偏差，将会给绩效管理的实施带来很大隐患。第二，帮助员工和管理者掌握绩效管理的操作技能，保证绩效管理的有效性。绩效管理有许多操作技能，诸如如何设定绩效指标和标准、如何评分、如何进行绩效沟通等，如果实施绩效管理的人员不能掌握这些技能，就很难保证他们正确地运用绩效管理这一管理工具，绩效管理的目的就无法达到。因此，作为绩效管理系统导入的关键环节之一，导入培训必须实施并且应该进行精心的计划。

绩效管理导入培训计划应该包括以下内容：培训原则、培训目标、培训对象、培训时机、培训课时、培训方式、培训内容、培训流程①。

1）培训原则

从形式上来说，一个好的、有效的绩效管理培训计划应该是标准化、系统化的。从实质上来讲，绩效管理的培训需要遵循四个原则，即从问题出发、提高实战能力、侧重观念和行为的改变、关注细节。也就是说，应该注重实效，避免流于形式。

2）培训目标

培训目标的确定是开展培训工作的起点，缺乏明确的培训目标，培训工作就缺乏针对性，难以取得理想的效果。因此，确定绩效管理培训的目标是绩效管理培训工作得以顺利开展的前提和基础。一般来说，绩效管理培训的目标首先在于使员工接纳绩效管理的基本理念，其次在于指导其掌握相关方法和操作技能。

3）培训对象

培训对象的确定，既要考虑实际的培训需求，又要考虑培训费用问题。所以，培训的关键点在于针对适当的培训对象进行有效的培训设计。绩效管理培训的对象，可能仅仅是企业的主管人员，也可能包括企业的所有员工，这需要根据企业的自身特点和实际需求做出恰当选择。一般来说，由于绩效管理系统涉及的员工范围较大，因此培训的深度和广度也较高。

4）培训时机

绩效管理的培训时机有三种选择：一是在绩效管理实施前进行培训，这个时期举办培训效果最佳，因为通过培训，管理者可以少走弯路，方向更加明确，并对未来可能出现的问题有所预测，可以避免不必要的损失；二是在绩效管理实施过程中进行培训，这类培训多以短期培训为主，可以解决当时出现的问题；三是在绩效管

---

① 付亚和，许玉林．绩效管理［M］．上海：复旦大学出版社，2006.

理完成一个周期循环之后进行培训，这类培训主要针对前期工作中出现的问题，目的在于指导管理者和员工学会处理和避免再次发生。不同培训时机的培训内容、对象各不相同，根据实际情况结合使用的效果当然最佳。

5）培训课时

企业可根据实际情况进行安排，既要考虑到绩效管理系统推进的时间安排，又要照顾到企业整体及各业务单位的工作安排，力求不干扰正常的生产经营，以降低成本和减少培训对象的抵触情绪。

6）培训方式

大部分企业都借助外部力量来推动绩效管理工作，有时是咨询机构提供全程服务，有时是借助外部力量进行培训和经验分享。为增强培训的有效性，组织一般会聘请专业的外部培训机构进行培训，正所谓“外来的和尚好念经”，相对而言，外部培训的效果要比内部培训师进行培训的效果好得多。当然，来自那些已经成功实施绩效管理的企业的专业人员也能得到管理者和员工的认同。培训方式包括课堂教学、分组讨论、案例分析、情景模拟等，企业可根据自身情况进行选择。

7）培训内容

一般来说，绩效管理培训的内容包括三个方面：

首先，在全体员工中渗透和阐释绩效管理理念。绩效管理系统的运行效果如何，除了跟系统本身有关外，更重要的还在于实施过程和执行的力度。许多管理者和员工认为绩效管理就是在月末、季末或年末针对过去的表现和业绩进行的管理，而实际上绩效管理对被管理者的能力提升和职业生涯规划会起到有效的推动作用，并进一步促进管理规范和改进组织绩效。这是实施绩效管理的真正目的所在，所以管理者和员工不应该把实施绩效管理系统当作一种负担，而应将其看作一种先进的管理方式。

因此，向全体员工渗透和阐释绩效管理理念，就是要引导管理者和员工认识到：绩效管理表面上关注的是绩效低下的问题，却旨在实现成功与进步；实施绩效管理唯一的目的是提供一条管理者与员工之间真诚合作的途径，帮助员工和企业改进绩效，并非为了单纯地监督和指责员工；绩效管理虽然需要投入大量的沟通时间，但它能防患于未然，最终给企业和个人带来长远效益。

其次，在实施绩效管理前对员工进行系统性教育。通过系统教育和培训，让员工明确：为什么推行绩效管理制度，如何进行绩效管理，绩效管理采用的技术和方法是什么，绩效管理能帮助企业、部门和个人达到什么样的目标，能提出什么样的改进计划。只有当员工明确了这些问题后，才会对绩效管理系统的推行给予广泛的支持。

最后，对管理人员进行系统性的教育培训。通过教育培训，消除或澄清管理人员对绩效管理的错误及模糊认识：绩效管理不是为了制造员工之间的差距，而是为了实事求是地发现员工工作的长处和短处，从而扬长避短。通过教育培训，他们能够真正掌握绩效管理的操作方法和沟通技巧，让他们在企业绩效管理中发挥牵引作用，保证绩效管理的顺利进行。

8）培训流程

绩效管理培训不是千篇一律的，企业应该根据自身特点以及具体环境设计自己的培训流程。一般来说，个性化的培训流程设计应该包括七个步骤（如图3-4所示）。

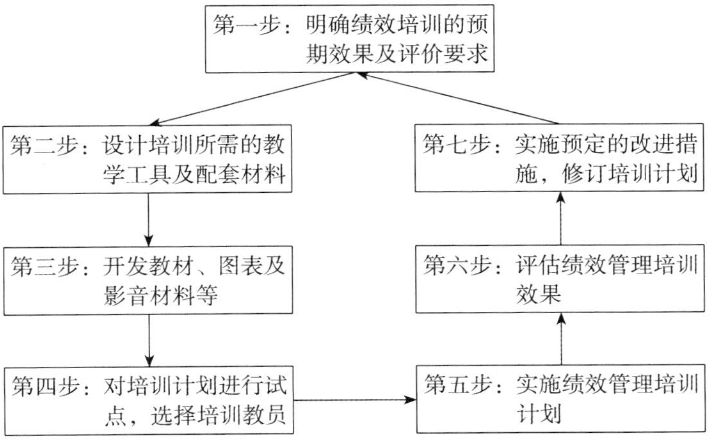

图3-4　绩效管理个性化的培训流程

资料来源　付亚和，许玉林. 绩效管理［M］. 上海：复旦大学出版社，2006.

企业要增强绩效管理培训的效果，就应当建立系统、规范的培训流程，科学设计培训计划，充分发挥培训工作对绩效管理系统推进的保障和支持作用，进而逐步提升绩效管理在企业管理活动中的地位，促使绩效管理目标顺利实现。

□ 个案分析

“令人失望”的新制度

W公司是一家外资公司，主要从事海外贸易。由于受国际竞争形势的影响，公司董事长为了提高员工的工作效率，决定在公司内部引入绩效管理来代替多年的单纯职级工资制度。

听到这个消息，全公司员工无不欢欣喜悦，尤其是对于那些基层员工来说更是“悦”不可言。当月公司的生产效率就有了比较明显的提高。因为按照以前的制度来讲，你在公司处在哪个层级直接决定你的薪资，基层员工处于公司中比较低的层级，自然薪资水平也是最低的。但若是实行绩效管理体制，薪资除了与职级挂钩之外，也与其工作绩效紧密相连。于是人力资源部门在董事长的授权下，开始紧锣密鼓地制定绩效管理制度。

经过人力资源部门全体成员6个月的艰苦奋战，绩效管理制度终于在众人的期盼中“千呼万唤始出来”。新制度规定：为了对员工进行有效激励、提高工作效率，公司将每半年实施一次绩效考评，普通员工与主管及以上人员分开进行评估。

考评成绩与奖金挂钩，绩效考评最优秀的普通员工可以获取其考评前6个月平均工资3倍的奖金，绩效考评最优秀的主管及以上人员可获得其平均工资2倍的奖金。

董事长由于迫切想知道新制度的实施效果，要求人力资源部门依据新制度对全公司员工过去6个月的工作绩效进行评估，并依据评估结果发放奖金。人力资源部门原本以为这肯定会受到员工的欢迎，毕竟可以发奖金。然而，事与愿违。随着新制度逐渐被员工认识，人力资源部门面临的压力也越来越大，首先是有相当一部分普通员工抵制对其进行绩效考评，接着出现新来销售人员（公司销售队伍一直都很不稳定）离职。主管层人员也有了不满情绪。

总之，由于实行新制度，公司可谓出现了“人声鼎沸、怨声载道”的局面。最后在董事长的亲自干预之下，不断与员工沟通和许诺才稳住了这壶“沸腾的开水”，责令人力资源部门停止实施新制度，大手笔地修改和完善它。可以说这次所谓的改革弄得人力资源部门不知所措。正如后来人力资源主管半开玩笑而无奈地说：“我们得罪谁了，没有功劳也有苦劳啊！”

资料来源　佚名. 最新高级人力资源师资格考试模拟试题4［EB/OL］.［2021-10-15］. https://wenku.baidu.com/view/7785861c2179168884868762caaedd3383c4b533.html.

思考题：

1.从绩效管理导入的流程角度看，该公司的工作存在哪些问题？

2.如果你是公司的人力资源主管，打算如何应对？

□ 本章小结

绩效管理系统的设计和实施会受到多种因素的影响，除了系统本身的科学性、完备性之外，运行基础平台的搭建和匹配程度也对绩效管理系统的运行至关重要。组织文化、组织生命周期、组织战略及组织设计和业务流程等特征，以及工作分析和职位评价所明确的工作特征，都是绩效管理系统的基础条件。

绩效管理的基本流程包括以下几个步骤：绩效计划、绩效实施、绩效评价、绩效反馈与绩效改进（包括绩效改进与导入以及绩效结果在其他人力资源管理环节的应用）。这五个环节构成一个封闭的绩效管理循环，上下承接、紧密联系，只有各环节的有效整合才能保证绩效管理最终目的的实现。

所谓绩效管理大流程，就是一个组织如何引入一套绩效管理体系或者如何改变现有的绩效管理体系，以及获取组织成员对这套绩效管理体系的认同并使其得到成功实施。为了实现绩效管理大流程的顺利引入和推进，组织要做好之前的准备、之中的协调和之后的控制。在绩效管理体系推进的过程中，对管理者和员工进行绩效导入培训是非常重要的一个内容，必须实施并且应该进行精心的计划。

□ 关键概念

组织文化　组织生命周期　组织战略　组织设计　工作分析　职位评价　绩效管理基本流程　绩效管理大流程

□ 课堂讨论

1.设计和实施绩效管理体系之前，都需要做哪些准备？

2.如何实现绩效管理流程内部各环节的有效整合？它与人力资源管理活动的其他职能如何衔接？与组织战略管理、组织设计等其他管理活动如何衔接？

3.结合自己的体会，分析学校对学生考核的制度是否符合完整、全面的要求，试给出改进措施。

□ 复习思考题

1.影响绩效管理系统的组织因素有哪些？如何影响？

2.为什么说工作分析是绩效管理的基础？

3.简述绩效管理的基本流程。

4.如何理解绩效管理是一个循环的动态系统？

5.论述绩效管理系统的推进过程。

□ 自测题

1.高绩效组织文化的特点是（　　）。

A.奖惩分明，创造一个公平考核的环境，营造一种主动沟通的氛围

B.营造一种良性竞争的工作氛围

C.提倡多变、鼓励承担责任的文化

D.鼓励员工积极学习，为员工提供必要的学习、培训机会

2.工作分析的成果是工作/职位说明书，其内容包括（　　）和（　　）两大部分。

3.绩效管理的基本流程包括以下几个步骤：（　　）、（　　）、（　　），以及（　　）、（　　）。

4.绩效管理的培训需要遵循的原则有（　　）。

A.从问题出发　　　　B.提高实战能力

C.侧重观念和行为的改变　　　　D.关注细节

5.绩效管理培训计划应该包括哪些内容？

□ 补充阅读材料

11万员工的字节跳动如何做绩效管理？

仅从2017年至2021年，字节跳动的员工数便从几千人迅速增长至11万人。可以预见的是，如果没有好的绩效评价体系，那么管理能力的规模化将成为十分棘手的问题。“你很难给十多个国家的同事培训，你也很难给几千甚至上万的管理者去讲怎么做绩效管理，我们当时就认为，公司的高速发展，必然要用一个高效的工具和系统来承载我们的绩效管理理念、方法与实践。”字节跳动员工表示。5年前，

为了应对这些问题，字节跳动开始在内部尝试创新的绩效管理工具，后来这就成为飞书绩效最初的模型。2021年，飞书绩效正式开启商业化，其应用外溢到更大范围，理想汽车、小米纷纷成为尝鲜者。在更多从业者看来，这个脱胎于管理十几万人实践的工具，带来的不仅是绩效管理的方式，更有“绩效”这个管理难题的有效解法。

环境变了　绩效管理的方式也要变

2021年6月，在接任字节跳动CEO后，梁汝波首次对外公开亮相。他在2021源码资本创业者年会上谈及一个有趣的话题：如何管理一家业务遍布全球200多个城市，拥有超10万名员工的大规模、业务多元且快速发展的公司。他给出的答案之一是工具。2016年，字节跳动的员工人数达到了4 000人，管理的压力增加，公司也希望更加科学地评价员工业绩、更有效地激励员工。

当年9月，飞书绩效的前身正式在字节上线。与所有的产品一样，飞书绩效的首个版本遭到了字节员工的集体吐槽。“这是给HR做的产品，而不是给员工做的产品”“过于专业视角，看不太懂”“产品设计复杂，需要操作很多次”，这样的反馈在群聊中不绝于耳。顶着初期的不佳反馈，飞书绩效的迭代仍在持续进行。“时代的要求变了，我们管理的方式也要相应做出变化。”飞书绩效的产品负责人表示。

在进入信息化时代后，中国公司开始雇用越来越多的知识型员工，迈入现代化管理。传统的绩效考核应该怎么改，大部分公司仍在沿袭一种唯指标论：既然企业的经营活动是围绕目标展开的，那么绩效就该考核目标的达成率。比如年初定的营收目标是100万元，年底完成80万元，完成率是80%，绩效得分就是80分。但到了当下，企业面临的外部环境也开始迅速变化，考核目标完成率的绩效模式开始显露弊端，其中尤为显著的问题是：企业越来越难以预测未来业务的变化方向，也越来越难以预设一个“正确”的目标，很容易出现绩效目标与实际业务脱钩、偏离等问题。

那仅仅靠设定一个目标，年底再去看看完成情况，这样的绩效管理科学吗？答案显然是否定的。为了应对这个问题，一种新的绩效管理办法开始被越来越多的现代公司采用：通过收集关于员工的全方位信息（如工作产出总结、目标完成情况、协作同事的评价等）对人才进行综合判断，更真实地反映出员工实际产出对组织的价值贡献。这成为了字节跳动在开发飞书绩效时的基本理念。考核一个员工，光有一个目标和基于目标的数字指标是不够的，如何完整地呈现一个员工的价值，管理者需要更多的信息。

更现代的绩效管理需要一个辅助驾驶系统

员工的评价信息收集够了，但要更科学地进行绩效管理，字节想的还有更多。

2017年，字节开始使用OKR。OKR鼓励员工挑战高目标，专注于业务增长和创新，如果绩效评估仅仅观测OKR的完成率，那结果一定是不会有员工挑战高目标。飞书绩效对此做出了大胆的改变：让绩效评价不完全参照KPI或OKR目标。

“如果绩效评价要考核目标，员工自然就不敢设置高目标，自然也不会鞭策自己去追求高产出了。”飞书绩效负责人表示。

因此，字节的绩效评估不看员工的OKR完成了多少，而是看员工的实际产出有多少。这里既包含一些量化数据，比如产品的DAU、营收额，也包含一些不太容易量化的产出，比如推动一个重要项目落地的各种付出，但一定不是简单的OKR完成率。“这一系列的考虑其实都是对管理者提出了更高的要求，因为他们面对的不是员工有没有完成指标，而是员工在工作中的一个综合表现。如果一个团队负责人要管几十个人，他/她怎么知道某个员工的综合表现？信息从哪来？这都是问题。他们需要辅助驾驶系统。”飞书绩效产品负责人说。

对此，字节的解法是进化一版“360反馈”。

360反馈，意思是你的上下左右，只要和你协作过的同事，都可以参与你的评估。360反馈最大的好处，就是收集了多方的信息反馈，尽可能真实还原一个人的绩效表现，而不是只凭借员工的“自卖自夸”，或者上级的印象。360反馈并不是市场的新鲜发明，飞书绩效基于自己的能力在传统的360系统上做出了众多变化。比如在很多公司，360反馈容易变成拉帮结派，员工只拉跟自己关系好的人对自己进行打分。但飞书绩效目前能基于后台数据，根据协作的紧密程度，智能推荐反馈人，用数据过滤了人的主观偏差。

为了保证绩效结果的公允，飞书绩效在360反馈的基础上，还增加了一项功能——“绩效校准”。心理学中有一个认知偏差叫“多看效应”，指的是：我们会对熟悉的人与事，产生过多的好感。引用到绩效评估当中，一些不成熟的管理者，可能就会把高绩效给自己更“熟悉”的员工，而不是基于员工们的业绩产出进行判断。因此，在上级评估完员工绩效后，飞书绩效又增加了一轮绩效校准，相当于是多上了一重保险。借助绩效工具中的报表和矩阵，管理者可以综合全方位数据进行校准、查看公司的整体绩效分布情况。如果将自己团队的绩效情况放在一个更大的背景板中，管理者便能判断团队的绩效分布是否合理。同时，管理者可查看不同分类下的绩效分布。比如，打开“司龄”分类，便可以查看老员工和新员工的绩效分布：老员工是否持续保持高绩效？新员工是否因为刚来，就被迫背了低绩效？

在历经这些带有字节跳动独特管理思考的迭代后，如今的飞书绩效已经是字节进行员工评价最关键的组成部分，即使从硅谷跳槽来的中层管理者们也表示，这是他们用过的最好的绩效系统。

字节的管理理念开始走出字节

许多管理者在离开字节以后，会时常询问：“飞书绩效什么时候能对外商业化？”今年5月，得到App开始使用飞书办公，与飞书一起进入得到的，便有飞书绩效。公开数据显示，成立四年，得到App用户数突破了3 870万，这与近年来知识经济大爆发不无关系。但增长背后，得到App也面临着员工数量增多，业务需要层层突破的困扰，尤其需要一款更有针对性的管理工具。

飞书绩效在一定程度上解决了得到人力部门的痛点，首先是将全部绩效管理工作进行线上化与数字化迁移。"以前用Excel，我们监测不到反馈情况；现在，系统就能显示，谁的绩效1V1沟通过了，对我们的管理工作有很大提升。"最终，这极大地释放了HR的人力效率。

过去每到年终考核时期，HR部门就尤其繁忙：要在Excel表格里，按职级、按序列，把每一位员工分门别类，给到各层Leader。各层Leader完成校准工作后，HRBP再收集起来，以此进行复杂的绩效校准工作。但飞书绩效可以把这一流程进行"产品化"，具体来说就是，在绩效校准上，校准权限可以自动分配给管理者，HR可以在其中灵活配置各种条件。简单来说，其各项功能都让绩效管理工作的流程更透明、信息更直观。

除了得到，作为造车新势力代表的理想汽车也在今年引入了飞书绩效。理想汽车从2020年就开始使用飞书，理想汽车相关负责人表示，飞书绩效也很好地秉持了飞书一体化体验的理念，在每个绩效启动季自动进行提醒，还直接调用OKR系统中的OKR及复盘内容，可以直接将相关工作总结迁移到绩效考评中。理想汽车采用的是承诺型OKR，在飞书绩效里员工们不需要写个人工作总结，管理者主要基于每个周期的OKR完成情况进行评价。也就是说，自评、360环评、上级评估，以上信息都会自动沉淀在飞书系统中，生成不同维度的校准报表和矩阵，再由相关管理者进行讨论、调整，达成绩效校准。在理想汽车相关负责人看来，这种模式使用越长，系统内沉淀的企业相关数据越丰富，也就越有利于管理者判断员工能力并进行相关辅助。

"按照飞书绩效的逻辑完整走一轮360环评后，能让人跳出日常工作去思考背后的本质。"一位飞书绩效的使用者如此评价道。对许多管理者而言，飞书绩效产品在一定程度上让他们体会到，重视管理，乃至采用更加高效科学的管理，可以为企业发展带来更多的助力。如何科学地评估员工的工作，产生一个公平的绩效评价，不论是字节跳动还是初创型企业，都是一个科学难题。工具，或许是一个不错的答案。

资料来源　36氪．11万员工的字节跳动如何做绩效管理？[EB/OL]．[2021-10-15]．https：//baijiahao.baidu.com/s？id=1720355782212307555.

第4章/绩效管理流程之一：绩效计划

学习目标

绩效计划是绩效管理流程的起点，而绩效目标的确定又是绩效计划的开始。通过本章的学习，应该了解目标管理的基本含义、过程和特点，掌握绩效目标的来源和确定框架，理解绩效计划的含义、特征、内容和实施步骤。

4.1 目标管理

目标管理（management by objectives，MBO）是1954年由美国著名管理学家彼得·德鲁克（Peter F. Drucker）在《管理的实践》（*The Practice of Management*）一书中提出的。德鲁克认为，古典管理学派偏重以工作为中心，忽视了人性的一面；行为科学又偏重以人为中心，忽视了同工作相结合。而目标管理则是综合了对工作的兴趣和人的价值，从工作中满足其社会需求，企业的目标也同时实现了，这样就把工作和人的需要两者统一起来。对目标管理理论做出重大贡献的乔治·欧迪伦（George Odiorne）曾经给目标管理下了这样一个定义："简言之，目标管理可以描述为如下过程：一个组织中的上级和下级一起制定共同的目标；同每一个人的应有成果相联系，规定他的主要职责范围；并用这些措施作为经营一个单位和评价其每一个成员贡献的指导。"

4.1.1 目标管理的含义

德鲁克认为，企业的目的和任务都必须转化为目标，而企业目标只有通过分解变成更小的目标后才能够实现。并不是有了工作才有目标，而是有了目标之后根据目标确定每个人的工作。但是在现实生活中，经常是组织有一个清晰的战略目标，但是对如何实现目标并不清楚，员工更不清楚他们的工作与组织的战略目标有何关系。员工经常是有努力的良好愿望，但是由于没有明确的目标，不知道努力的方向，往往无所适从，抑或是终日忙碌而不知所图。解决这种问题的答案在于将目标管理与自我控制结合起来，这也就是德鲁克在后来的论述中提出的主张。"目标管理与自我控制"最大的优点也就在于：以个人目标带来的自我控制力取代来自他人的支配式的管理控制方式，从而激发人的最大潜力把事情办好。

约翰·汉姆堡（John Humble）认为，目标管理是在管理者努力发展自己的前提下，积极追求整合组织的需要来阐明和完成组织利益的动力系统，是对管理风格的要求与鉴赏。

乔治·欧迪伦认为，目标管理是一种秩序，借上下层级间对目标的沟通了解，制定个人的工作目标及所负责任，使之能齐心协力地完成组织目标，并以预定的目标作为业务推行的指导原则和评审成果的客观标准。

德尔·麦康尼（Dale D. MeConkey）把目标管理看成一种业务管理计划和考核方法，这种计划和方法是每一位管理人员都按其应达成的目标与成果订立一年或一定期间内具体确实的工作内容与进度，期满时以原目标衡量实际的成果。

拉姆勒（Rummler）和布雷切（Brache）还提出，个人目标不但要与部门目标或职能目标一致，还要与流程目标一致。这里的流程目标一致既包括水平方向的一致，也包括垂直方向的一致。

通过上面的介绍不难看出，学者们对目标管理的具体理解各不相同，但基本内容还是一致的。所谓目标管理，是一种程序或过程，它能使组织中的上、下级进行协商，根据组织的使命确定一定时期内组织的总目标，由此决定上、下级的责任和分目标，并把这些目标作为组织经营、评估和奖励的标准。

4.1.2 目标管理的理论基础

1）Y理论

Y理论是道格拉斯·M.麦格雷戈（Douglas M. McGregor）于1957年11月发表在美国《管理评论》杂志上的文章《企业中人的方面》中提出的一种人性假设观点。对人的假设，决定了一个管理者将采用什么样的管理方式对待自己的员工。X理论和Y理论是两种比较极端的假设。主张X理论的管理者认为，工作对大多数人而言是没有乐趣的，大多数人都会逃避责任，因此管理行为应该是“严厉的”或“强制的”，管理者要采用严格的监督与控制方式。麦格雷戈的Y理论则认为，工作是一种像游戏和休息一样自然的事情，人在工作中可以负责任也愿意负责任，人的自我实现要求与组织的要求并不矛盾。在文章中，麦格雷戈把Y理论称为“个人目标与组织目标的结合”。在这一思想的指引下，管理者的重要任务就是创造一个使人得以发挥才能的工作氛围，并主要通过员工的内在激励实现工作目标，给予员工更多的自主权，让员工参与决策，实现自我控制，满足其自我实现的需要。

Y理论的基本思想正是目标管理的理论基础，目标管理正是一种以“员工”为中心、以“人性”为本位的管理方法，目标管理的本质就是以民主代替集权、以沟通代替命令，使组织成员充分而切实地参与决策，并采用自我控制、自我指导的方式把个人目标与组织目标有效结合起来。

2）管理过程理论

管理过程学派把管理看作在组织中通过别人或同别人一起完成工作的过程。管理过程学派的创始人——亨利·法约尔（Henry Fayol）认为，管理活动主要有五项职能：计划、组织、指挥、协调和控制。管理过程学派的研究对象是管理过程和职能。这个学派试图通过对管理过程和管理职能进行分析，从理性加以概括，把应用于管理实践的概念、原则、理论和方法结合到一起，以形成一个管理学科。他们认为，各个企业和组织以及组织中各个层次的管理环境都是不同的，但管理却是一种普遍而实际的过程，同组织的类型或组织中的层次无关。把这些经验加以概括，就成为管理的基本理论。有了管理理论，就可以通过对理论的研究、实验和传授，改进管理实践。法约尔当时就认为："在制订计划时，要考虑下级管理人员和一般工人的意见。"目标管理在综合了管理过程学派的理论之后，将目标管理综合和简化为一般过程，从而有利于其规范化和实际推行。

4.1.3 目标管理的过程

从目标管理的过程来看，大致可分为四个步骤：

第一步：建立目标体系。实行目标管理，首先要建立一套完整的目标体系。这一过程是通过目标的分解来实现的，通常是上级与下级共同制定目标，通过计划过程了解期望达到的结果，以及为达到这一结果应采取的方式、方法及所需资源；同时，还要明确时间框架，即当他们为该目标努力时的步骤设计，以合理安排时间。

第二步：明确责任。有时我们遇到这种情况，即在达到目标的过程中，所期望的结果和责任之间的关系往往被人忽视。实施目标管理重要的一点，就是要尽可能地做到每个目标和子目标都应是部门或某个人的明确责任，如果难以做到，则至少应该对每一协作的管理人员所要实现的计划目标所做的具体任务，做出明确的规定。

第三步：组织实施。在组织实施时，要特别注意把握好两点：一是高层领导的管理要多体现在指导、协助、提出问题，提供信息情报以及创造良好工作环境方面；二是高层领导要更多地把权力交给下级成员，充分依靠执行者的自我控制完成目标任务。

第四步：考评和反馈。对各级目标的完成情况，采取定期检查、考核的办法是比较有效的手段。检查的方法可以多样化，如采用自检、互检、责成专门的部门进行检查或评比、竞赛等形式。检查的依据就是事先确定的目标。对最终结果，应当根据目标进行评价，并将评价结果及时反馈。反馈对绩效有积极的影响。它可以使人们知道其努力水平是否足够或是还得加强，它能诱使人们在实现了原先的目标后进一步提高他们的目标，而且使人们了解他们的行动方式的效果。经过评价和反馈，使得目标管理进入下一轮循环过程。

4.1.4 对目标管理的评价

目标管理由于适应了当时的环境变化和企业管理实践的需要而迅速发展起来，并在企业管理中发挥了巨大的作用，作为一种颇有影响的理论推动着企业管理实践的发展。目标管理与传统的管理控制方法最大的不同在于：让下属参与目标的制定，上级和下属通过协商确定目标来激发下属的积极性和主动性。在传统的管理方式下，计划流程是单向的，一切目标均来自上级；而目标管理正好相反，目标制定的流程是自下而上，逐级向上传递的。理论上讲，较低层级的目标汇总起来就可以得到上级的目标，但实际上由于不同的管理阶层目标的不一致，导致这种自下而上的方法常常会导致组织绩效“两张皮”的现象。在最初推行目标管理的组织中，有些失败案例可以归因于此。在总结经验和实践的基础上，研究者和实践者们完善了目标管理，实行双向的目标制定方法，即根据组织的使命、战略确定一定时期内组织的总目标，在此基础上由下属提出自己的目标，然后通过协商确定上、下级的责任和分目标，并把这些目标作为组织经营、评估和奖励的标准。

MBO计划的典型步骤见表4-1。

表4-1　MBO计划的典型步骤

1.制定组织的整体目标和战略
2.对下属单位和部门分配主要的目标
3.下级部门管理人员与上级一起议定本部门的目标
4.部门的所有成员设定自己的具体目标
5.上级与下级共商实现目标的行动方案
6.组织实施行动方案
7.定期检查实现目标的进展情况，并向有关部门和个人反馈
8.基于绩效的奖励将促进目标的成功实现

1）目标管理的优点

完善后的目标管理作为与传统的管理理念不同的管理方式，它的优点可以概括为：

（1）重视人的因素。目标管理是一种参与性、民主性、自我控制性强的管理制度，也是一种把个人需求与组织目标结合起来的管理制度。在这一制度下，上级和下级的关系是平等、尊重、互相信任和支持的，下级在承诺目标和被授权之后需要自觉、自主和自治。

（2）建立目标链与目标体系。目标管理通过专门设计的过程，将组织的整体目标逐级分解，转换为各部门、各员工的分目标。在目标分解的过程中，权力和责任已经明确。这些目标方向一致、环环相扣、相互配合，形成协调统一的目标。只有每个人完成自己的分目标，组织的总目标才能完成。

（3）重视结果。目标管理以目标制定为起点，以目标完成情况的评价为终点。工作结果是评价目标完成情况的依据，也成为评价工作绩效的唯一依据。至于完成任务的具体过程和方式，上级并不做过多的干预。因此，在目标管理制度下监督的成分较少，而控制目标实现的能力却很强。

（4）员工绩效标准相对客观。由于工作目标是部门管理者与下属共同制定的，因此绩效标准相对客观。

2）目标管理的缺陷

与其他管理方法一样，目标管理并不完美，存在一些与生俱来的缺陷与潜在的问题。

（1）只重结果，不重过程。目标管理使员工的注意力集中在目标上，但并没有具体指出达到目标所需要的过程。对于一些员工，尤其是需要更多指导的新员工，应提供“行动步骤”，具体指出他们需要做什么，否则他们很难实现预期目标。

（2）目标管理倾向于注重短期目标，即能在目标周期内加以衡量的目标。这样便会导致员工可能会为了达到目标而不择手段，甚至为了实现短期目标而牺牲长期目标，给企业带来不利影响，损害企业的长远利益。

（3）绩效标准因员工不同而不同，因而采用目标管理的企业无法给员工提供一个相互比较的平台。例如，为一位“中等水平”的员工所设置的目标可能比那些“上等水平”员工所设置的目标挑战性小，这就使得两者在目标完成水平上无法直接比较，所以目标管理作为一种决策工具其公平性就受到了限制。

（4）目标难以制定。目标管理要求目标客观、量化、可衡量，但企业内部许多目标难以定量化，许多团队工作在技术上不可分解，组织内外部环境的不确定性也越来越大。这些因素都使得企业在目标设定时很难完全达到目标管理的要求。

（5）目标的协商确定可能会带来管理成本的增加。目标商定需要上下沟通统一思想，必然要耗费大量的时间，管理者和员工的相关工作量也会增加；目标确定后，由于每个人、每个部门都关心自身目标的完成，因此相互之间的协作可能减少、摩擦可能增加，也会带来管理成本的上升。

4.2　绩效目标

绩效计划是绩效管理流程的起点，而绩效目标的确定则是绩效计划的起点。所谓绩效目标的确定就是管理者和员工就绩效目标内容、应负职责和目标衡量标准进行讨论并达成共识的过程。绩效目标的确立框架包括三个关键要素，即绩效目标的来源、绩效目标的种类和绩效目标设置的原则，还有一个支撑要素，即管理者、员工与组织的参与（如图4-1所示）。

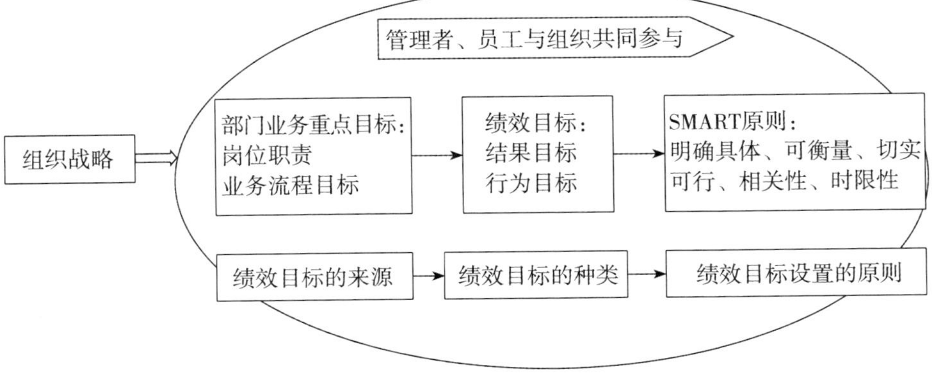

图4-1　绩效目标确立框架图

资料来源　张建国，徐伟. 绩效体系设计——战略导向设计方法［M］. 北京：北京工业大学出版社，2003.

4.2.1 绩效目标的来源

管理者在设定绩效目标时，一般应根据组织战略及上一级部门的目标并围绕本部门的职责、业务重点和流程要求制定本部门的工作目标，以保证本部门、本岗位的工作朝着组织要求的总体目标进展。因此，绩效目标大致有以下三个来源：

1）企业的战略目标或部门目标

部门的目标来源于组织战略目标，员工个人目标来源于部门目标的分解，充分体现出目标体系的相互支撑。只有这样，才能保证每个员工都按照企业要求的方向努力，整体战略目标才能真正得以落实。图4-2体现了从组织战略到员工个人绩效目标的分解过程。

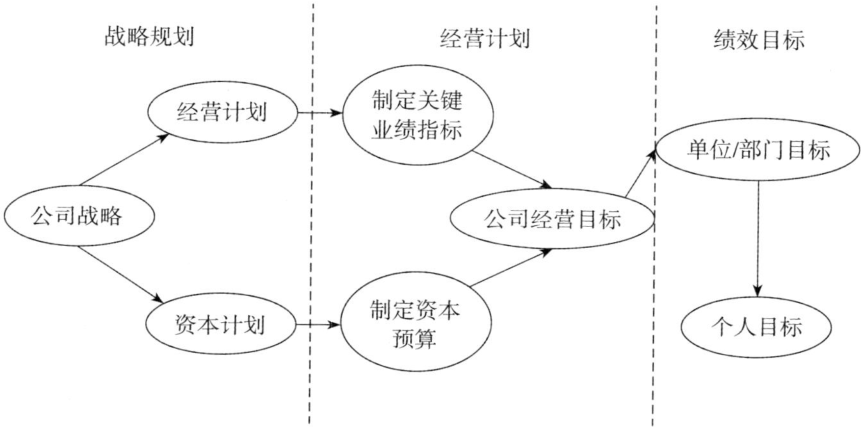

图4-2 从组织战略到员工个人绩效目标的分解过程

资料来源 朴愚，顾卫俊．绩效管理体系的设计与实施［M］．北京：电子工业出版社，2006.

2）岗位职责

岗位职责是描述一个岗位在组织中所扮演的角色，即此岗位对组织有什么样的贡献或产出。岗位职责在岗位/职位说明书中有详细的描述，内容相对比较稳定，除非岗位本身发生调整。而绩效目标是在一定条件下、一定时间内任职者应达到的工作结果和行为的描述，也就是说，绩效目标具有一定的时间性和阶段性。因此，岗位职责是确定绩效目标的依据，而绩效目标是对岗位职责的具体化（见表4-2）。

3）业务流程目标

组织的产出是通过业务流程实现的，而流程的目标和手段是由内部、外部客户的需求驱动的。因此在给部门或员工设置绩效目标时，一定要兼顾内、外部客户的需求，以保证业务流程的上下衔接以及组织整体绩效目标的实现。图4-3显示的就是某公司销售部“销售秘书”岗位的内、外部客户关系及职责。

表 4-2　　A 地区销售部经理的岗位职责、衡量标准与绩效目标

岗位职责	衡量标准	2022 年度绩效目标
1. 销售策略 制定销售策略，以不断提高市场占有率，达到公司的销售额和利润指标	市场占有率、销售额、利润	市场占有率提高 10%
2. 销售目标 制订销售计划、合理调动资源、严格控制价格、监督完成本地区销售任务，以保证北方地区销售任务的完成	地区销售总数	地区销售额完成 8 000 万元，挑战目标为 1 亿元
3. 渠道建设 制订各区核心渠道计划、了解渠道客户的要求、提高渠道复合化，以提高所属区域渠道的质量与数量	渠道的数量、质量	新开辟 3 家合作伙伴，每家年销售额在 30 万元以上
4. 利润 提高销售额、控制价格和销售费用，以实现利润目标	利润额、销售费用	销售费用降低 8%
5. 风险控制 定期检查各区库存、欠款、租赁情况并及时进行处理，以降低经营风险	准备金率	回款目标完成率为 80%

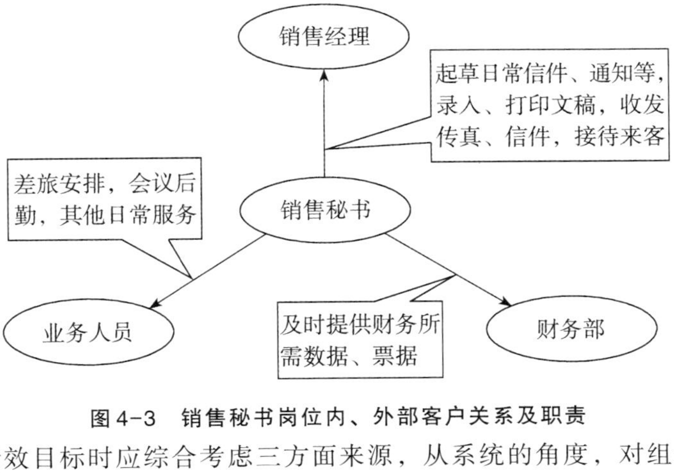

图 4-3　销售秘书岗位内、外部客户关系及职责

在设立绩效目标时应综合考虑三方面来源，从系统的角度，对组织目标、岗位目标和流程（客户）目标统筹思考，确保目标设置科学、合理。

4.2.2　绩效目标类别

在设定绩效目标时应当注意各类绩效指标之间的平衡。常见的绩效指标有以下类别：

1）管理绩效与经营绩效

管理绩效指的是企业的内部效率，通常是企业高层在推进企业管理改善、提高

内部运营效率方面的措施。为了推进这些措施，诸如资金集中管理、ERP使用情况等有必要列入绩效目标范围。经营绩效则是企业正常的经营目标，即外部业绩，基本用财务结果来衡量。一般而言，投资中心和利润中心更关注外部业绩，而成本中心侧重关注内部效率。

2）财务绩效与非财务绩效

财务绩效主要是从财务数据（定量）的角度对企业的绩效进行评价，一般以财务指标体系为绩效目标的主要部分，如销售收入及增长、利润及增长、投资及增长、现金流等。非财务绩效往往是取得财务绩效的动力和来源，一般包括客户关系、员工发展、业务创新、内部控制等指标。在绩效目标设定的过程中应当注意两者的平衡，使企业能够保持长期发展的竞争力。

3）短期绩效与长期绩效

短期绩效往往反映的是一种既定事实，主要以财务指标为主，体现企业目前的盈利能力。但短期盈利能力不代表企业未来的竞争力，未来竞争力往往体现在对未来的投入即长期绩效目标上，如新产品研发、新市场开发、业务转型、人才培养等。如果在绩效目标中忽视对长期目标的关注，会导致员工急功近利，损失企业的未来利益。

4）结果绩效与行为绩效

结果绩效往往指可以用数字或时间等量化衡量的结果产出，而行为绩效则指在实现结果产出过程中的行为是否遵守了公司相关价值观与规范方面的要求。很多跨国企业都在绩效目标中体现一定的行为和价值观要求，一方面对员工的行为加以引导，另一方面也可以避免员工为了实现结果目标不择手段。

4.2.3 绩效目标设置原则

管理者在制定员工绩效目标时，应遵循SMART原则。

1）明确具体（specific）

所谓明确具体，指的是绩效目标应该尽可能地明细化、具体化。因为每一名员工的情况各不相同，绩效目标应该明确、具体地体现出管理者对每一位员工的绩效要求。只有将这种要求尽可能表达得明确而具体，才能够更好地激发员工实现这一目标的愿望和努力，并能够引导员工全面实现管理者对他的绩效期望。比如：某客户经理的绩效目标为“三天内解决客户投诉”，而不是“尽快解决客户投诉”；人力资源部培训主管的绩效目标是“第一季度20%的时间用于培训新员工”，而不是“要利用淡季进行员工培训”等。

2）可衡量（measurable）

设定目标是为了能够根据计划来控制员工的行为，因此目标必须可以衡量才能够对员工的行为进行有效的反馈。所谓可以衡量，就是可以将员工实际的绩效表现与绩效目标相比较。也就是说，绩效目标应当提供一种可供比较的标准。比如客户经理的绩效指标为“24小时内答复投诉问题”，而不是“提高客户满意度”。绩效目标的可衡量性与绩效指标和标准的可衡量特性是密切相关的，这三者的可衡量性决定了绩效评价和反馈在绩效管理中的可能性。需要指出的是，可衡量性不一定要绝对量化，可观察的行为也是可衡量性的一种形式。

3）切实可行（achievable）

之所以要针对员工个人的实际情况制定绩效目标，就是要向员工提出一个切实可行的工作方向和目标，以激发和鼓励其工作热情和行为。实际上，所谓目标切实可行，不仅仅强调不应该制定过高的不切实际的目标，还强调应该根据员工的工作潜力制定出具有一定挑战性但是通过努力能够实现的目标。过高的目标使员工灰心丧气，过低的目标则无法使员工发挥应有的水平，也有碍于员工潜质的发掘和能力的提高。所谓切实可行，是在两者之间寻找平衡点，找到一个员工通过努力能够达到的可行的绩效水平。

4）相关性（relevant）

绩效目标不是凭空出现的，其来源与组织战略、部门业务重点、流程需求以及岗位职责紧密相关，其结果也是为了支撑和确保岗位、流程、部门及组织整体目标的实现。此外，绩效目标的设置还要考虑上一绩效周期的情况和未来绩效目标的要求，做到上下衔接、循序渐进。

5）时限性（time-based）

绩效目标应带有时限要求和资源限制，比如“在A时间内，投入不超过10 000元使S指标增长30%”，而不是“短期在合理投入的情况下使S指标增长30%”。这种时间和资源的限制其实是对目标实现方式的一种引导。当然，不论是时间还是资源的限制也都有一个程度的问题，应该根据管理者的要求和员工的工作能力及具体环境情况加以确定。

实例4-1　　佳能（中国）的目标管理

佳能（中国）公司同总公司一样实行目标管理制度，该制度用于进行公司绩效计划与员工组织贡献绩效评价。不同于其他在华日资企业，佳能（中国）公司的绩效管理时段是每年的1月1日到12月31日，目标是建立透明、公开的绩效体系。

佳能（中国）公司绩效考核目标的制定依据是自身的全球战略目标。公司每年均制定全球战略目标，之后是区域目标、分公司目标、部门目标、科室目标，最后是个人目标。员工的个人目标由上一级领导帮助设立或者参照科室目标自行设立，必须与公司战略相互关联。所有目标的制定都遵循SMART原则，同公司战略目标、部门战略目标相符，取得上下级双方共同认可，不能存有争议。

4.3　绩效计划

古人云：“凡事预则立，不预则废。”计划是对未来的预想及使其变为现实的有效方法的设计，是对未来进行预测并制订行动计划的过程。剧烈变化的外部环境和高效协同的内部组织对计划的要求不断提高，组织比以往任何时候都需要系统化的前瞻性思考，绩效管理也不例外。

4.3.1 绩效计划的含义和特征

绩效计划作为绩效管理系统封闭循环的第一个环节，是一个确定组织对员工的绩效期望并得到员工认可的过程。绩效计划必须清楚地说明期望员工达到的工作结果以及为达到该结果所期望员工表现出来的行为和技能。在这一过程中，人力资源管理部门承担监督和协调的责任，各职能部门管理人员和员工的参与则最为关键。也就是说，在新的绩效周期开始时，管理者和员工经过讨论就员工在新的绩效周期内将要做什么？为什么做？需要做到什么程度？何时应该做完？员工的权限和能够获取的帮助等问题进行识别、协商并达成目标协议。作为整个绩效管理流程的起点，绩效计划将个人目标、部门目标和组织目标结合起来，是员工全面参与管理、明确自己职责和任务的过程，是绩效管理一个至关重要的环节。

与传统的计划过程及管理活动的其他计划类型相比，绩效计划具有以下特点：

1）绩效计划是管理者与员工的双向沟通过程

传统的计划和目标确定过程通常是由最高管理者制定总目标，然后依据组织结构层层分解，是一个由上至下的单向制定过程。而绩效计划的制订则强调通过互动式的沟通，使管理者和员工对绩效目标的内容和实现途径达成共识，信息不仅自上而下传递，而且同时自下而上传递，是双向沟通的过程。也就是说，在这个过程中管理者和员工双方都负有责任，要在制定各级目标时保证每个成员的充分发言权，并鼓励下级员工积极参与上级目标的制定。组织目标从上至下层层分解，又从下至上层层承诺，进而保证各层次目标的相互支撑和最终实现。

2）绩效计划的制订是全员参与的过程

全员参与的绩效计划指的是组织内所有人都参与到绩效计划的制订过程当中，每个人都对绩效计划的最终达成做出贡献。这一过程中，直线经理、员工及人力资源管理者都是不可或缺的重要角色。

（1）直线经理

绩效计划过程要求掌握职位的详细信息和要求，而直线经理是最了解每个职位的工作职责和绩效周期内应该完成的各项工作的人，由他们与员工协商并且制订绩效周期的计划能够使整个计划更加符合现实情况，更有利于部门内部人员之间的合作。直线经理在整个过程中扮演着非常重要的角色，并且是整个计划的最终责任人。

（2）员工

员工参与是绩效计划得以有效实施的保证。目标设定（goal-setting）理论认为，员工参与制订计划有助于提高员工的工作绩效。社会心理学家认为，由于人们对自己亲自参与做出的选择投入程度更大，从而增加了目标的可执行性，有利于目标的实现。另外，由于绩效计划不仅仅要确定员工的绩效目标，更重要的是让员工了解如何才能更好地实现目标，并且了解组织的战略计划和自己能够获得的来自管理者和相关人员的帮助。因此，绩效计划的制订应该是员工全面参与的过程。

（3）人力资源管理者

在绩效计划阶段，人力资源管理者的主要责任是帮助相关人员制订绩效计划。人力资源管理者会提供政策框架、开发相关培训资料、指导直线管理者和员工进行绩效计划工作，并且解决员工与管理者之间的冲突，确保绩效计划工作围绕如何更好地实现组织的目标顺利进行。在许多组织中，人力资源管理者与高层管理者会共同设计一个符合各个部门情况的、有关绩效结果和绩效标准的框架，以指导直线经理与员工针对每个职位的情况制订具体的绩效计划。总的来说，人力资源管理者的职责就是向管理者（有时包括普通员工）提供必要的指导和帮助，以确保整个组织在绩效计划中确定的绩效目标和绩效标准具有相对的一致性，从而保证整个绩效管理系统的战略一致性。

4.3.2　绩效计划的内容

在绩效周期开始的时候，管理者和员工必须对员工的工作目标和标准签订契约，这个契约就是绩效计划。绩效计划包含两方面内容：做什么和如何做。所谓做什么，实际上就是员工个人的绩效目标；而如何做，就是实现目标的手段。通常，经过绩效计划之后，管理者和员工应该能够就以下问题达成共识：

（1）员工在本绩效周期的主要工作内容和职责是什么？

（2）应实现哪些工作目标？

（3）这些结果可以从哪些方面衡量，评判标准是什么？

（4）员工各项工作目标的权重如何？

（5）从何处获得关于员工工作结果的信息？

（6）员工在完成工作任务时拥有的决策权限如何？可以得到哪些资源？

（7）员工在本绩效周期应如何分阶段地实现各种目标，从而实现整个绩效周期的工作目标？

（8）员工在达到目标的过程中可能遇到哪些困难和障碍？如何应对？

（9）管理者和员工如何对工作的进展情况进行沟通？如何防止出现偏差？

（10）管理者会为员工提供哪些支持和帮助？如何与员工保持沟通？

（11）员工是否需要学习新技能以确保完成任务？

因为形成绩效计划的过程是一个双向沟通的过程，因此管理者和员工之间要保持沟通与互动。在这个过程中，管理者主要向员工解释和说明的是：

（1）组织的整体目标是什么？

（2）为了实现整体目标，我们部门的目标是什么？

（3）为了实现整体和部门目标，对员工的期望是什么？

（4）对员工的工作制定什么样的标准和期限？

（5）员工在工作过程中的权限与资源如何？

而员工应该向管理者说明的是：

（1）自己对工作目标及如何完成的认识；

（2）自己工作中的困惑与疑难问题；

（3）需要组织给予的支持与帮助。

4.3.3 绩效计划的步骤

1）准备阶段

绩效计划的制订需要管理者与员工的双向沟通，而在沟通之前需要做好一些必要的准备，否则就难以取得理想的效果。准备的内容主要是与绩效计划制订相关的信息和拟采用的沟通方式，具体包括：

（1）信息准备

①关于组织的信息

为了使员工的绩效计划能够与组织目标结合在一起，在制订绩效计划之前，管理者与员工都需要重新回顾组织目标，包括组织战略和年度经营计划。只有对组织目标和实现目标的路径有了清晰的认识之后，员工才可能调节自己的方向和行动以适应组织要求。如果绩效计划所设定的目标方向与组织战略背道而驰，则不仅无益于组织发展，还会给组织带来严重的负面影响。

②关于部门/团队的信息

部门/团队的目标是根据组织的整体目标分解而来的，它与每个部门/团队的具体职能和任务紧密联系，进而与员工个人的绩效标准密切结合，甚至就是个人绩效任务的直接来源。作为部门/团队负责人的管理者要将本单位所承担的绩效任务和相关信息，如本单位的工作计划等，向其成员进行详细的说明，以便与员工就任务的分解和目标实现的问题达成共识。

③关于个人的信息

关于员工个人的信息包括两方面内容：一是所在职位的工作分析；二是上一个绩效周期的评估结果。从工作分析入手，可以使员工更好地了解自己所在的职位，并把职位与部门的目标和自己的目标联系在一起。职位的要求可能随着新的绩效周期工作环境和目标的改变而发生变化，因此在每个绩效周期开始前重新思考和定位职位的基本职责并传递给员工是非常重要的。同样，上一绩效周期的反馈也很重要，根据员工在上一绩效周期的表现给予相应的指导和帮助是改进和提高员工绩效水平的有效方法。

（2）沟通方式选择

决定采用何种方式进行绩效计划的沟通也是非常重要的问题，需要结合企业的文化氛围、员工特点以及所要达成的工作目标等因素进行选择。如果希望借绩效计划的机会向员工做一次动员，那么就可以选择召开员工大会；如果只是与某个团队或小组有关，那么仅召开团队会议就完全可以。如果是管理者与某位员工的单独交谈，那就要选择好谈话的时间、地点、程序及表达方式。有的管理者喜欢先向员工介绍公司未来的发展前景和计划，再讨论员工个人的工作目标；也有管理者喜欢请员工畅谈个人未来发展的想法，之后再引出组织的期望；或者也可以开门见山，直接与员工谈工作和任务。这些方式各有特点，管理者应根据情况加以选择。

2）沟通阶段

沟通阶段是整个绩效计划阶段的核心。在这个阶段，管理者与员工经过充分地交流，与员工就本次绩效期间的工作目标和计划达成共识。

（1）营造良好的沟通环境和气氛

首先，管理者和员工都应该确定一个专门的时间用于绩效计划的沟通。在这个时间段，双方都应该放下手头的工作专心致志地做这件事情。其次，在沟通的时候最好不要有其他人的干扰。很多情况下，沟通是在管理者的办公室中进行的，那么就应该格外注意尽量避免第三者的进入和电话的打扰。因为意外的打扰可能会使双方的思路中断，经常要重复“刚才说到哪了”之类的问题，严重影响沟通效果。另外，沟通的气氛要尽可能宽松，不要给人太大压力。选择办公室以外的场所如咖啡厅等作为沟通环境也是不错的选择，或者在开始之前聊一些轻松的话题等也会起到缓解气氛的作用。

（2）沟通原则

在沟通之前，员工和管理者都应该对几个问题达成共识。第一，双方在沟通中是一种相对平等的关系，是为了本部门的成功而共同出谋划策。第二，认识到员工是真正了解自己所从事工作的人，也是其所在领域的专家，因此在制定工作衡量标准时应该更多地发挥员工的主动性，更多地听取员工的意见。第三，管理者的主要职责在于如何使员工个人的工作目标与整个部门乃至组织的目标结合在一起，以及员工如何在组织内部与其他成员或其他业务部门进行协调配合。第四，管理者应该是与员工一起做决定，而不是代替员工做决定，不能将自己的意志强加于员工身上，而是要调动员工的积极性以确保目标的正确和计划的成功。

（3）沟通过程①

绩效计划是管理者与员工的双向沟通过程，下面将用一个案例对这一过程进行具体的阐述和分析。值得说明的是，沟通的过程并无一定之规，这里所举的只是最普通的一种过程。

背景介绍：亿耐特是一家网络电子商务公司，孙伟刚是网上购物部的经理，罗涛是网上购物部订单处理中心的负责人。网上购物部的主要业务是通过互联网进行日用消费品的销售，主要包括电器、书籍、电脑设备、日用品、化妆品、服装、玩具、箱包、文具等。订单处理中心的主要职责是直接从网上受理消费者的订货信息，并将信息发送给相应的商品部，由商品部负责为消费者发货，同时还需要对订货信息进行分类、存档。订单处理中心现在有5人。孙伟刚上周刚参加了公司制订今年经营计划的会议，接下来就要把网上购物部的经营计划分解到各

---

①　武欣．绩效管理实务手册［M］．2版，北京：机械工业出版社，2005.

个部门。本周他将要同每个下属面对面地进行一次交流，制订本年度的绩效计划。

①回顾有关的信息

在进行绩效沟通时，往往首先要回顾一下已经准备好的各种信息，包括组织的经营计划、部门的工作计划、员工的工作描述和上一个绩效期间的评估结果等。

孙伟刚：罗涛，你好！我想你也看过了我们公司今年的经营计划，我知道上一年度你们订单处理中心非常辛苦，为公司做出了很大的贡献。今天我们需要考虑一下如何进一步发展的问题。现在电子商务、网上购物的竞争也非常激烈，我想你们这里是直接接触客户的窗口，在如何进一步满足客户需求方面一定有不少的体会和想法。所以，对今年公司的发展你有什么建议？

罗涛：我想我们可能需要进一步提高订单处理的效率。因为网上购物的方式给消费者带来的便利应该首先体现在时间方面，不能让客户觉得从网上买一件东西还不如自己到商店里去买方便，如果是这样的话，那我们就没有市场了。

孙伟刚：是的，我非常赞同你的意见。上一年度我们网上订单的数量是平均每天800份，今年我们打算增加商品的品种，所以预计订单数量会达到每天2 000份。过去我们的用户在提交订单之后5~7天才可以得到商品，今年我们打算将这个时间减少到3天。因为交货速度是我们与对手竞争的一个关键。

②确定关键绩效指标

在组织总体目标的基础上，每个员工需要设定自己的工作目标。员工要针对自己的工作目标确定关键绩效指标作为绩效计划的核心内容，这些指标应该是具体的、可衡量的和可实现的，而且应该有时间限制。这些都是绩效沟通的重点内容。

孙伟刚：要实现这些目标，你们部门处理订单的效率是关键。关于提高效率，你是怎么考虑的？

罗涛：我觉得我们可以将总的时间做一下分解，看看哪几部分的时间是无法压缩的，然后再考虑将可以压缩的时间进行压缩。我觉得如果新的订单处理系统投入运行的话，处理单位订单的时间可以缩减到原来的1/3。

孙伟刚：其实我们在做出缩减到3天的决定之前就已经进行了测算，认为这一目标的实现是可能的。另外，从你们接到客户订单到将确认后的订单发送到商品部，这一环节的时间你觉得有多大的压缩空间？你看多长时间可行？

罗涛：我觉得3个小时比较合理。

孙伟刚：关于提供给商品部的信息方面，我也了解到了商品部的一些要求，你看看从你们的角度可不可以做到。

罗涛：我觉得如果新的订单处理系统投入使用，这些要求都没有问题。

孙伟刚：看来有必要与技术部进行一次沟通，抓紧完成新的订单处理系统。我想因为系统还需要调试，我建议你们和技术部、商品部一起开个会，确定一个行动的进程。

罗涛：好啊。那么谁来召集这个会议呢？

孙伟刚：这也正是我想要和你商量的。这一次由我先来召集，以后我希望你们这几个部门能够自己就存在的问题开会解决，必要时让我也听一听。这次会议后，我希望你将你部门自己的工作目标和衡量标准制定出来，然后我们再讨论一下，你看如何？

罗涛：好。

虽然这次沟通没有最终形成绩效目标和契约，但对基本的绩效指标和实现途径进行了确定。形成绩效计划可能不是一次沟通就能够完成的，可能需要几次不同形式的沟通。从上面的对话不难看出，管理者要注意给员工机会让他们自己去发现问题和明确目标，并且引导员工找到实现目标的途径。

订单处理中心、商品部、技术部很快召集了一次会议。在这次会议结束后，订单处理中心确定了具体的工作目标和衡量标准。

③讨论管理人员提供的帮助

在沟通过程中，管理者还需要了解员工在完成计划时可能遇到的困难和障碍，以便及时为其提供可能的支持和帮助。

孙伟刚：你看，根据这样的目标，你觉得完成它有什么困难吗？

罗涛：主要是几名订单处理人员对新的操作系统还不够熟悉，需要接受培训。最好能尽快安排一次培训。

孙伟刚：好。我会让技术部安排的。

④结束沟通

在将要结束绩效计划的沟通时，双方还将约定下一次沟通的时间安排。

罗涛：我会尽力完成工作目标的。

孙伟刚：好。我想一个月后我们来讨论一下进展情况，到时根据情况再做进一步调整。

3）制订阶段

在经过了周密的准备并且与员工进行了充分沟通之后，绩效计划就初步形成了。最后，管理者和员工要对双方协商达成的绩效计划签字确认，也就是签订绩效契约。所谓绩效契约，就是管理者和员工就员工工作的绩效目标和标准达成的一致性契约。在员工的绩效契约中，至少包括以下几方面内容：

（1）员工在本次绩效期间内所要达到的工作目标是什么？

（2）达成目标的具体结果如何？

（3）这些结果可以从哪些方面去衡量，评价的标准是什么？

（4）从何处可以获得员工工作结果的信息？

（5）员工各项工作目标的权重如何？

最后要说明的是，要保证计划的灵活性。也就是说，当情况变化时，必须调整或修改整个计划或其中的部分内容。

表4-3就是一个具体的绩效契约的例子。

表 4-3 **某公司绩效契约样表**

姓名：李明		职位：大客户部经理		直接主管：市场部总经理	
绩效期间	2021年8月1日—2022年1月31日				
绩效目标	产出结果	完成时限	衡量标准	评判来源	权重
完善《大客户管理规范》	修订后的《大客户管理规范》	2021年8月31日	大客户管理责任明确； 大客户管理流程清晰； 大客户的需要在管理规范中得到体现	上级主管	20%
调整部门内部的组织结构	新的团队组织结构	2021年9月15日	能够以小组的形式面对大客户； 团队成员的优势能够进行互补和发挥	上级主管 直接下属	10%
完成对大客户的销售目标	大客户数量 销售额 客户保持率	2022年1月31日	大客户数量达到30个； 销售额达到2.5亿元； 客户保持率不低于80%	销售记录	50%
建立大客户数据库	大客户数据库	2021年12月31日	大客户信息能够全面、准确、及时地反映在数据库中； 该数据库具有与公司现有管理信息系统的接口； 数据安全； 使用便捷； 具有深入的统计分析功能	上级主管	20%
签约人：		主管签字：		时间：	
备注：本绩效合约若在实施过程中出现变更，应填写绩效契约变更表或重新签订合约。最终的绩效评价以变更后的绩效合约为准。					

资料来源 武欣. 绩效管理实务手册［M］. 北京：机械工业出版社，2005.

□ 个案分析

阿里巴巴的绩效目标

绩效管理的第一步是目标设定，一个是定，一个是晒。“定”是要回归客户价值，因为阿里巴巴的绩效管理是从客户价值出发的。在制定绩效目标的时候，一定要回答这几个问题：

- 我们的公司或者团队到底是做什么的？
- 我为谁服务和要给别人解决什么样的问题？
- 别人能做为什么我们还要做？
- 我们现在要做的跟原来做的有什么不同？

一定要回答这四个问题。举个例子，我们有一个业务部门的负责人向马云汇报时，说能为商家创造价值，每个商家一天能卖掉50万元的货品。马云说："你这个还不错，但是还不行。如果说我给你一个KPI，到年底的时候，能让我马云都特别惊奇地说，哎哟，在这个平台上还能卖这种东西，我就觉得你做得好。"马云的要求是，别人做了，为什么你还要做，或者今天做跟昨天做有什么不同。他就是要求你放掉原来的追求，从只是追求销售额，变成怎么能让产品更丰富，卖的东西更丰富。

第二个是"晒"，上下左右，用各种方法去晒。目标要人人知道、人人理解、人人相信、人人支持。因为目标靠KPI的精细分解想达到的协同基本上是表面繁荣，真正的协同是让彼此之间理解、信任。

在目标设定中，我想强调的是聚焦。我们要思考如何通过目标设定，推动业务聚焦在关键业务实现场景和这场"仗"上，以及在打仗的过程中，怎么样去凝聚人心。在制定绩效定目标的时候，我经常在思考，这个目标究竟是不是聚焦的，究竟打赢了这场仗之后，能不能把员工的能力和士气再上一个台阶？

在定目标的过程中，我们的方法叫共同规划。要把大家看见的因素放在一起，大家共同看我们应该做什么事，应该定什么样的目标，我们叫"共同看见、共同规划、共同执行和共同复盘"，更强调的是参与。为了让组织活力能够充分地发挥，我们开发了像"三板斧""晒KPI"等组织发展的工具和方法。

资料来源 常扬. 绩效管理的土话［J］. 商界评论，2017（1）.

思考题：

1.阿里巴巴的绩效目标制定过程有何特点？

2.阿里巴巴的"晒"绩效目标，目的何在？

□ 本章小结

所谓目标管理，是一种程序或过程，它使组织中的上、下级一起协商，根据组织的使命确定一定时期内组织的总目标，由此决定上、下级的责任和分目标，并把这些目标作为组织经营、评估和奖励的标准。在Y理论和管理过程理论的基础上，目标管理由于适应环境变化和企业管理实践的需要而迅速发展起来，并在企业管理中发挥了巨大的作用，作为一种颇有影响的理论推动着企业管理实践的发展。

绩效计划是绩效管理流程的起点，而绩效目标的确定则是绩效计划的起点。所谓绩效目标的确定，就是管理者和员工就绩效目标内容、应付职责和目标衡量标准进行讨论并达成共识的过程。绩效目标的确立框架包括三个关键要素，即绩效目标的来源、绩效目标的种类和绩效目标设置的原则，还有一个支撑要素，即管理者、员工与组织的参与。

作为整个绩效管理流程的起点，绩效计划将个人目标、部门目标和组织目标结合起来，是员工全面参与管理、明确自己职责和任务的过程，是绩效管理一个至关重要的环节。绩效计划包含两方面内容：做什么和如何做。所谓做什么，实际上就是员工个人的绩效目标；而如何做，就是实现目标的手段。绩效计划的步骤包括准备阶段、沟通阶段和制订阶段。

□ 关键概念

目标　目标管理　绩效目标　绩效计划

□ 课堂讨论

1.某家纸品公司发现经常不能实现计划中的下限目标。这是因为，木材部为了达到自己的目标，给纸浆部以最高的价格提供质量不佳的木材；纸浆部寻找各种方式给纸巾部提供勉强可以接受的纸浆；纸巾部又找各种方式给包装部最低限度可以接受的纸品；包装部同样创造性地找到一些方法给销售部以劣质产品。总之，以上五个部门经理更注重自己部门的下限目标而不是整个公司的下限目标。试分析该现象产生的原因及解决措施。

2.H公司销售部张部长在管理方面一向都比较强势。年初，公司实施了绩效管理制度，也根据公司总体发展战略规划为销售部制定了本年的年度目标。张部长于是根据经验把销售目标细分到本部门的销售员身上，不仅包括个人年度目标，还包含个人季度目标。转眼到了第一季度末，张部长公布的季度考核成绩让很多员工怨声载道。尤其是新入职的销售员，他们经验不足，业务也不熟悉，季度业绩考核的成绩大都不太理想。员工们认为目标制定得不合理，自己根本不知道这些考核目标从何而来，也没有承诺一定要实现这些目标，而且也没有得到足够的资源和支持。员工们对考核结果很不服气，扬言要集体辞职。讨论上述情形之所以出现的原因所在及如何避免。

3.讨论人力资源管理部门、直线经理及员工在绩效计划过程中如何分工协作？

□ 复习思考题

1.简述目标管理的一般过程。

2.评价目标管理的优点及缺陷。

3.组织战略、岗位职责和业务流程是如何影响绩效目标确定的？

4.绩效目标设置的基本原则是什么？

5.与传统计划方式相比，绩效计划的制订有什么特点？

6.简述绩效计划制订的主要步骤及注意事项。

□ 自测题

1.目标管理的提出者是著名管理学者（　　）。

A.亨利·法约尔　　　　B.道格拉斯·M.麦格雷戈

C.彼得·德鲁克　　　　D.西奥多·舒尔茨

2.目标管理的理论基础包括（　　）和（　　）。

3.绩效目标的来源包括（　　）。

A.组织战略　　B.岗位职责　　C.部门目标　　D.业务流程目标

4.对于绩效计划制订参与者的职责，下列说法正确的是（　　）。

A.人力资源管理者承担主要责任

B.直线经理承担主要责任

C.员工只是计划的执行者，不是计划的制订者

D.人力资源管理者提供指导和必要的帮助

5.绩效计划包含两方面内容：（　　）和（　　）。

□ 补充阅读材料

华为：让个人绩效承诺落地

华为员工需要签署个人绩效承诺（Personal Business Commitment，PBC）。这有点像可口可乐公司的业绩分解，将清晰的目标分解到每名员工、每段时间、每位客户、每个产品上，并在实现过程中匹配了到位的资源、管理，让每个人的每项工作行为直指企业目标，甚至是战略目标的最终实现。

设置原则

1.以责任、结果和关键事件为行为导向，引导员工做正确的事

任正非曾说："考核的目的不是扣钱，而是让他正确做事，改善绩效。"要明确一点，即企业考核的目的是激励员工达成目标，不是为了实现领导的管理权。

2.确保个人目标和组织目标的一致性

任正非强调，不能为了改善局部，牺牲全流程。这点在华为推行科学管理、集体英雄主义，反对个人英雄主义中都有所表现。

3.客观公正

考核时，华为坚持以客观事实和数据为依据，所以华为不搞360度考核，也不搞德能勤绩等评价。

4.分层分类

华为每年从10月份开始到第二年2月份，会做战略解码形成目标和指标集，并在4月份前完成后，全员签署PBC。这样做确保了目标分解、任务设置，并形成书面承诺。这种书面承诺将责任放在每个人的肩上，加上高薪、股权及其他各类激励措施，激发员工的内驱力，实现业绩管理，从而劲往一处使，企业朝一个方向发展。

实施流程

1.目标设置（目标分解）

从华为的PBC任务书来看，如"赢的承诺""执行承诺""团队承诺""关键事件"都有不同的指标或计划，并且基本都配有相应的评价标准。这些标准与说明保证了每个员工签署PBC时，不是随意或违心签署。

2.绩效辅导

过程很重要，要动态管理过程，定期回顾重点工作的进度，这是必须要做的。绩效辅导是一种随时可以开展的双向过程，其本质是管理者协同员工，最大限度地挖掘下属的潜力，帮助其完成与公司一致的目标。并且，还要帮助员工成长。在移动互联时代，有便利的沟通工具，更有利于实现绩效提升与促进员工成长。

3.及时更新PBC

当环境发生变化、指标落后了，就要及时调整PBC的内容。这种调整不是随意的，要有依据，并由独立部门审核。

4.记录关键事件

关键事件指最具价值、成效的事件，将此记录下来：一是继续引起重视；二是记录好的经验，便于共同分享；三是利于改进今后的工作。

5.绩效评价

该环节分为个人自评、主管评价、集体评议。每个干部要层层述职，因此形成了“人人有目标，人人要考核，人人要汇报”的机制。

6.结果反馈

结果反馈时需要与员工面谈，将做得不好的员工纳入绩效改进计划中。只有到了结果反馈阶段，才实现了闭环管理。这一点，有不少企业没有做好，甚至一些国际一流企业，也存在改进空间。

7.考核申诉

申诉权是员工的基本权利。

如上七点体现了华为管理的科学性，也清晰展示了华为基于目标实现的绩效考核全流程与制度化管理过程。

PBC的主要内容

1.个人目标承诺

• 第一，个人业务目标承诺。做什么业务就有对应的目标承诺书，并有时间要求。例如，业绩目标就是工作计划完成率或具体数额；市场目标是客户覆盖率、市场份额等。

• 第二，个人重点关注的项目。比如，销售人员重点关注的就是交付项目，而工程师关注的就是个人负责的模块存在的严重问题等。

• 第三，年度组织建设与管理改进目标。如工程师对周边工作的满意度等。

2.人员管理目标承诺

该承诺适用于管理者。在华为，管理者要设定人员管理目标，包括人才引进、人才培养、接班人计划等。管理者需要实现决策层的意志，如果没有这些承诺，那么管理者也就没有了业绩压力和发展压力。

3.个人能力提升目标承诺

员工需列出个人成长的发展方向，可以通过工作或企业培育来实现。企业的成长和发展需要员工个人能力的提升来促进。企业战略的实现是企业资源与能力相匹配的结果，这就需要将员工的个人能力融合成组织能力。

考核等级

在华为，级别不同的员工，考核周期也不同。通常层级越高的领导，考核时间越长。为拉开层次，华为绩效评价的主要方式是打分，并在评分结果上设置如下五个等级：

1.杰出贡献者A

杰出贡献者是明显超越所在岗位的职责和绩效期望，并取得杰出成果的标杆性人物。华为会根据不同岗位层级的职责要求来定义和详细设置绩效目标，如果员工的评分数据和KPI指标都超出预期，那么该员工就是出类拔萃的“A”类人才。

2.优秀贡献者B+

相对于杰出贡献者，优秀贡献者B+是要达到并经常超出组织期望的员工。

3.扎实贡献者B

指能达到组织期望、完成任务目标的员工。B级以上的员工都是能达到期望的，B级以下的员工是达不到期望的。

4.较低贡献者C和D

C级和D级都指无法完成组织目标的员工。根据目标完成程度的不同，分出C级和D级。

原来试点时，这些考核与评价方式主要在跨部门团队、项目组中使用，经过采购部、管理工程部、中研部、中试部和试点PDT的反馈，试点结果符合预设要求，故全面推广。

考核结果的应用

华为推行PBC的目的是促进全员共同参与、团队合作，强调管理不是“考”出来的；主管与员工要共同参与而不是单向命令，要双向沟通而不是“一言堂”。考核结果对员工个人的收益、发展，起到了决定性作用。

1.决定薪酬

A、B+和B这三类员工都有调整工资的机会，甚至获得奖金。A级员工有配股机会；根据其他可评条件，决定B+级和B级员工是否配股及配股额度；C级和D级员工不仅没有配股机会，也不涨薪，收益、个人在公司的地位与其他级别的员工相比有很大不同。有了配股，意味着自己是“主人翁”。”

2.决定晋升资格

提拔干部时，绩效评价等级是重要参考标准。对A级员工来说，人岗匹配、职位晋升、个人成长机会都会优先。华为的惯例是两年升级，越往上走，级别越高。

总之，华为的PBC为中国的企业管理贡献了一套有效的实施体系，有利于提升每名员工的工作能力，培养优良团队。

资料来源　谭长春. 华为：让个人绩效承诺落地［J］. 企业管理，2020（3）.

第5章/绩效管理流程之二：绩效实施

学习目标

管理者和员工通过沟通共同制订了绩效计划，形成了绩效契约，但这并不意味着后面的计划执行过程就会完全顺利。持续的绩效沟通、科学的信息收集和必要的绩效辅导是绩效实施过程中管理者的重要职责。通过本章的学习，应该掌握绩效沟通的主要形式和注意事项，理解信息收集的目的并了解可使用的方法，明确绩效辅导的作用、内容及方式的选择。

5.1 绩效沟通

管理者和员工通过沟通共同制订了绩效计划，形成了绩效契约，但这并不意味着后面的计划执行过程就会完全顺利。无论是市场环境还是组织环境、工作内容等都会发生变化，这就使得绩效计划也有可能不合时宜甚至彻底过时。另外，管理者有必要了解工作的进展、对员工的工作状态加以监督并提供必要的帮助、指导，而员工也需要得到相应的反馈和辅助。为了解决以上问题，工作过程中的绩效沟通成为必要。持续的绩效沟通可以使一个绩效周期里的每一个人，包括管理者或是员工，随时获得有关改善工作的信息，并就出现的变化情况达成新的承诺。

5.1.1 绩效沟通的含义和目的

绩效沟通是指管理者与员工在共同工作的过程中分享各类与绩效有关的信息的过程。具体说来就是，管理者与员工一起讨论有关工作的进展情况、潜在障碍和问题、解决问题的可能措施以及如何向员工提供支持和帮助等信息的过程。其重要性在于在困难和问题发生之前识别和指出困难和问题的能力。沟通不良会使管理者与员工之间产生各种各样的摩擦，使绩效管理成为双方不断争执的话题。因此，绩效沟通是每一名管理者工作内容的重要组成部分，相应的沟通技巧也是其必须掌握的管理技能之一。

在绩效实施的过程中，管理者与员工进行持续沟通的目的主要在于以下三点：

1）通过持续的沟通对绩效计划进行调整

俗话说："计划不如变化快。"如今，竞争的需要迫使企业不断地调整自身以适应外部环境，生产和经营的模式、工作设计和任务内容越来越富有弹性和灵活。管理者和员工不得不面对随时会发生的变化，并及时对自己的工作方式和内容加以调整。在这种情况下，管理者和员工需要通过双方之间持续不断地沟通探讨和解决所面临的各种问题，例如：由于竞争对手产品的变化而不得不改变自身产品性能的要求，由于外部障碍的出现而不得不改变绩效标准、期限和工作目标权重等。因此，绩效沟通的目的之一就在于适应环境变化的需要，适时变更目标和工作任务的要求，从而保证工作计划和过程是动态的、弹性的和敏感的。

2）通过持续的沟通为员工提供信息

员工在执行绩效计划的过程中需要了解的信息主要有以下两类：

第一，关于如何解决工作中困难的信息。由于工作环境的变化加剧，员工的工作也变得越来越复杂，在制订绩效计划时很难清晰地预期到所有在绩效实施过程中所能遇到的困难和障碍。因此，员工在执行绩效计划的过程中可能会遇到各种各样的困难，需要得到相应的资源和帮助。通过绩效沟通，员工能够了解管理者是否知道自己在工作中遇到的各种问题，并从中获得有关如何解决的信息；工作发生变化时，员工能够了解自己应该如何应对，从而更好地完成自己的工作。

第二，关于自己工作的反馈信息。员工都希望在工作过程中不断地得到关于自己绩效的反馈信息，以便不断地改善自己的绩效和提高自己的能力。如果在半年或一年的绩效期间内，管理人员从未给过员工任何绩效信息的反馈，那么到绩效期末发布考核结果时员工就很有可能难以接受。因此，通过绩效沟通，员工可以了解自己的表现得到了什么样的评价以及为什么获得这样的评价，以便他们保持工作的积极性并更好地改进工作。

3）通过持续的沟通为管理者提供信息

对管理者而言，他们需要得到有关下属工作情况的各种信息，以帮助他们更好地协调下属的工作。当下属工作中出现各种问题的时候，管理者应及时掌握情况，以避免不必要的麻烦和浪费。另外，他们需要了解下属工作的进度，以便在必要的时候向上级汇报。此外，管理者还应该有意识地收集一些绩效评价和绩效反馈时需要的信息，这些信息将有助于管理者更好地履行他们在绩效评价中担负的职责。

5.1.2　绩效沟通的内容

通过上面的分析不难看出，绩效沟通目的就是保证在任何时候每个人都能够获得改善工作绩效所需要的各类信息。为了进行有效的绩效沟通，管理者与员工双方应首先确定沟通的具体内容。因此在沟通开始之前，管理者和员工都需要反思一下这样的问题（如图 5-1 所示）。

因此，绩效沟通的主要内容有：

（1）工作的进展如何？

（2）员工的工作状态如何？

（3）工作中哪些方面进展顺利？为什么？

（4）工作中哪些方面遇到了困难或障碍？为什么？

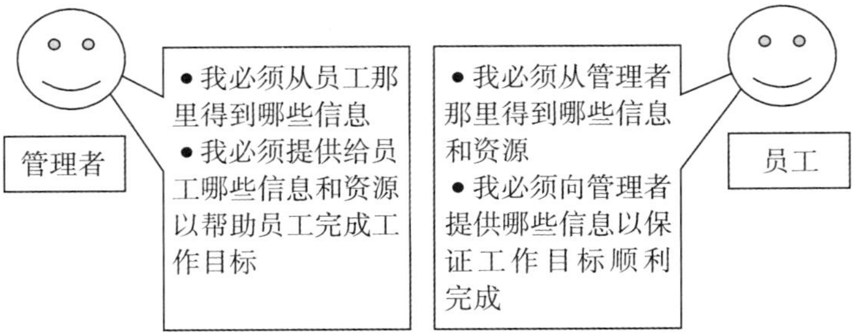

图5-1 管理者和员工需反思的问题

资料来源 武欣. 绩效管理实务手册［M］. 北京：机械工业出版社，2005.

（5）绩效目标和计划是否需要修正？如果需要，如何修正？

（6）员工需要哪些帮助和支持？

（7）管理者能够提供哪些资源和信息、采取哪些行动来支持员工？

5.1.3 绩效沟通的形式

沟通的形式多种多样，而每种形式都有各自的优势和缺点，都有其适合的情景，因此沟通方式的选择是影响沟通效果的重要因素之一。从类型上看，沟通形式可以分为正式沟通和非正式沟通两种，而这两种形式在绩效沟通活动中都有普遍应用。

1）正式沟通

正式沟通是指在正式的情景下进行的事先经过计划和安排的按照一定规则和制度进行的沟通形式。在绩效沟通中，常见的正式沟通方式主要有书面报告、正式面谈和会议。

（1）书面报告

书面报告是绩效管理中比较常用的一种正式沟通方式，主要是员工使用文字或图表等形式向管理者报告工作进展情况的沟通形式。书面报告可以是定期的，也可以是不定期的。定期书面报告主要有工作日志（见表5-1）、周报、月报（见表5-2）、季报（见表5-3）和年报。除此之外，管理者往往还会要求下属员工就某些问题准备不定期的专项书面报告，如员工在执行某个项目的过程中对发现的一些问题和解决方案提交的专门报告。

表5-1 **工作日志（样表）**

姓名：		职位：		
所属部门：		时间： 年 月 日		
序号	工作活动内容	开始时间	结束时间	所耗时间
1				
2				
3				

表 5-2　　　　　　　　　　　　　　**工作月报（样表）**

姓名：			职位：			
所属部门：			时间：　　年　　月			
序号	本月目标/计划	现状	困难与问题	解决建议	需要的支持	备注
1						
2						
3						

表 5-3　　　　　　　　　　　　　　**工作季报（样表）**

姓名：			职位：			
所属部门：			时间：　　年　　月—　　年　　月			
序号	工作任务描述	工作结果	衡量标准	完成时限	实际完成情况	备注
1						
2						
3						
4						
关键事件说明	事件 1：					
	事件 2：					
	事件 3：					

许多管理者通过书面报告这种沟通形式及时地跟踪了员工的工作开展状况，但也有一些管理者并未真正掌握这种方法的价值，而只是流于形式，既不能起到实质性作用又浪费了大量的人力和财力，得到了一大堆束之高阁的表格和文字。表 5-4 对书面报告的优点和缺陷进行了归纳。而弥补该方法的缺陷可以采取以下措施：第一，将书面报告与面谈、电话等口头沟通方式结合在一起，将单向的信息沟通转变成双向的信息沟通。例如，可以与月度的工作报告结合召开月度工作例会，就报告中反映的问题进行沟通；也可以结合员工的季度工作报告进行正式面谈，共同探讨工作中需要解决的问题。第二，简化书面报告中的文字工作，只保留必要的内容，避免烦琐、官僚的形式。第三，充分利用现代化的信息交流手段，如网络沟通平台，提高书面沟通的交流速度和问题的解决效率。

表5-4　**书面报告的优点和缺陷**

优点	缺陷
· 节约管理者的时间 · 解决了管理者和员工不在同一地点的问题 · 培养员工边工作边总结、系统思考的能力 · 培养员工的书面表达能力 · 可以在短时间内收集大量信息	· 信息从员工到管理者单向流动 · 较为烦琐，容易流于形式，引起员工厌烦 · 信息不能共享，不适合团队交流

资料来源　付亚和，许玉林．绩效管理［M］．上海：复旦大学出版社，2006.

（2）正式面谈

管理者与员工进行一对一的正式面谈是绩效沟通的另一种常见形式。这种形式使得管理者和员工可以进行较为深入的沟通，员工会感受到尊重和重视，而管理者也可以根据每个员工的处境和特点给予指导和帮助，因此有益于双方融洽关系的建立。但是该方式也有一定的缺陷，如沟通范围小、容易带有感情色彩等，见表5-5。因此，在绩效实施过程中的面谈应注意以下问题：第一，明确面谈的目的和重点，便于控制交流的进程和方向；第二，在分析具体工作任务和标准的同时，也要让员工进一步了解和明确组织的目标和要求；第三，鼓励员工多谈自己的想法和做法，以坦诚、开放的方式进行交流；第四，及时提醒和纠正员工的无效行为和想法，给予适当的帮助和支持；第五，记录重要信息，明确任务并约定下次面谈时间。

表5-5　**正式面谈的优点和缺陷**

优点	缺陷
· 沟通程度较深 · 可以对某些不便公开的事情进行沟通 · 员工感受到尊重和重视，气氛融洽 · 管理者可以提供因人制宜的指导和帮助	· 容易带有个人感情和偏见 · 沟通范围小，信息不能共享 · 时间耗费多，效率低

（3）会议

书面报告不能提供讨论和解决问题的手段，面谈只局限于两个人之间难以对公共问题达成一致意见，因此，有管理者参与的小组会议或团队会议就显出它的重要性。除了进行沟通外，管理者还可以借开会的时机向员工传递有关公司战略的信息、传播企业文化精神、鼓舞士气、促进协作等。当然，会议沟通也有其缺陷，因此在会议的组织和进行过程中要把握一些原则，扬长避短（见表5-6）。第一，注意会议的主题和频率，以讨论影响面广的共同问题为宜，针对不同员工、不同问题召开不同会议；第二，营造良好的会议氛围，避免开成批判会、一言堂、拌嘴会；第三，合理安排会议时间，防止拖沓冗长、影响工作；第四，会前精心组织、做好会议记录、落实工作任务，提高会议的实际效果。

表5-6　会议的优点和缺陷

优点	缺陷
·便于团队沟通 ·集思广益、群体决策 ·缩短信息传递的时间和环节	·耗费时间长、成本高 ·容易流于形式 ·有些问题难以在公开场合讨论 ·缺乏针对性，难以满足所有参会者的需求 ·对管理者的沟通技巧要求较高

2）非正式沟通

绩效沟通的形式除了正式沟通之外，还有大量的非正式沟通方式。对于员工来讲，无论任何形式的正式沟通都会让他们产生紧张的感觉，致使很多真实的想法无法表达出来。而非正式的沟通形式气氛轻松、形式活泼，更容易让员工发表自己的意见，实现充分的交流（见表5-7）。作为好的管理者除了要善于运用正式沟通方法之外，还应该充分利用各种各样的非正式沟通机会，及时、便捷地获取工作信息和员工真实想法。

表5-7　非正式沟通的优点和缺陷

优点	缺陷
·形式多样，时间、地点灵活 ·及时、便捷，解决问题效率高 ·提高员工满意度 ·增强员工与管理者的亲近感	·缺乏正式沟通的严肃性 ·容易滋生小道消息 ·并非适合所有类型的沟通目的和内容

常见的非正式沟通形式主要有以下类型：

（1）走动管理

走动管理是指管理者在员工工作期间不时到员工的座位周围走动，与员工进行交流，随时解决员工提出的问题。整天坐在自己办公室里与员工隔绝的上司往往不受员工欢迎，有的员工说："我就特别喜欢老板不时地走到我的座位旁，拍一下我的肩膀，对我问上一句：'怎么样？'。"管理人员对员工的问候和关心即使本身并不能解决工作中的难题，但足以使员工感到鼓舞和激励。不过，管理者在走动管理中要注意不要过多干涉员工的具体工作行为，避免对其指手画脚、品头论足，否则员工会感到被监视和不信任，反而容易引发心理压力和逆反情绪。

（2）开放式办公

开放式办公主要指的是管理人员的办公室随时向员工开放，只要没有客人在办公室或正在开会，员工随时可以进入办公室与主管人员讨论问题。这样做的好处是将员工置于比较主动的位置上，员工可以选择自己认为合适的时机与主管沟通，并且自己选择和主导沟通的内容。

（3）其他形式

管理者还可以利用各种各样的工作间歇与员工进行沟通，如共进午餐、咖啡时间等，也可以在上下班途中、联欢会、生日晚会等非正式的团队活动中进行。在这些场合下，管理者可以在比较轻松的氛围中了解员工的工作情况和遇到的需要帮助的问题，但一定要注意沟通技巧，不要因此破坏气氛，让员工扫兴。

实例 5-1　　绩效沟通 APP

最近几年，取消强制分布和强制考核的大企业已经越来越多。

德勤（Deloitte）开始废除其烦琐的考核机制，化繁为简，用定期测评的四个问题形成员工的“绩效快照”，用分享型的绩效系统促成频繁沟通，将绩效管理回归最本质的三大目标——“肯定、认清和有效激励员工的表现”。德勤让管理者花在评分上的时间转到提升员工业绩和职业发展上，将绩效管理的重点从一种事后评价改变为对员工的过程反馈与指导。德勤的新绩效系统要求每位组长每周至少与团队成员沟通一次，而保证沟通频率的最佳办法是，由团队成员发起沟通。

通用电器（GE）也开始放弃以往的每年与下属进行一次面谈、给员工的表现打分、淘汰排在最后10%的员工的评估方式。据商业新闻网站Quartz的报道，通用已经使用一款名叫PD@GE的应用软件进行工作反馈。员工会得到一份短期的工作目标清单，经理会经常与员工讨论工作进展情况，员工还可以随时通过该应用征求反馈意见。经理们被要求更多地扮演教练的角色，指导员工如何最好地完成自己的目标。

资料来源　叶琼亚．为什么埃森哲、德勤、GE等大型组织要重构绩效管理？[J]．人力资本管理，2015（10）．

5.2　绩效信息收集

所有的决策都需要信息，绩效管理也不例外。客观、公正的绩效评估一定不会是凭感觉进行的，而评估的依据就来自绩效实施的过程中。没有充足有效的信息，就无法掌握员工工作的进度和所遇到的问题；没有有据可查的信息，就无法对员工工作结果进行评价并提供反馈；没有准确必要的信息，就无法使整个绩效管理循环持续运行下去并实现预期的目标。

5.2.1　绩效信息收集的目的

管理者进行绩效信息收集的目的在于：

1）绩效信息是进行绩效考核与评价的事实依据

绩效评价结果的判定需要明确的事实依据作为支撑，尽管期初确定的工作目标或任务可以反映一些问题，但不足以证明员工完全按照规程、制度实施了操作。通过绩效实施过程中记录与收集的信息，就可以为员工的绩效考核与评价提供客观依据。

2）绩效信息是绩效诊断与改进的有力依据

绩效管理的目的是解决绩效问题、提高绩效水平，而问题的解决首先要明确问题是什么以及引发问题的原因。对绩效信息的收集可以帮助积累影响绩效的关键事件和数据，从而发现优秀绩效背后的原因和不良绩效背后的问题，对员工的绩效水平做出客观、公正的诊断，并且有的放矢地指出其不当之处和改进措施。

3）绩效信息是劳动争议解决的重要证据

保留翔实的员工绩效表现信息也是为了在劳动争议发生时有事实依据。一旦员工对绩效评估或人事决策等产生争议，就可以利用这些记录在案的事实依据作为仲裁或诉讼的证据来源，避免企业利益和形象受到损害，也可以保障当事员工的利益。

5.2.2　绩效信息的内容

信息的记录和收集需要耗费大量的时间、精力和金钱，因此并非所有的信息都需要记录和收集，也不是收集的信息越多越好。所收集的信息应该与工作绩效紧密相关，以该岗位的关键绩效指标或绩效目标/计划作为依据进行信息的收集是常用的方法。通常来说，应该收集的绩效信息内容主要包括：

（1）工作目标或任务完成情况的信息；

（2）证明工作绩效优秀或不良的事实证据；

（3）来自内、外部客户的积极和消极反馈信息；

（4）与员工进行绩效沟通的记录；

（5）员工因工作或其他行为受到表扬或批评的情况。

这些信息中，有一部分是员工工作结果的数据，还有相当一部分是员工工作行为的“关键事件”。所谓关键事件，是指员工工作中的一些典型行为，其中既包括证明绩效优异的事件，也有证明绩效存在问题的事件。对关键事件的记录要持续进行，建议采用员工绩效记录卡作为必要的辅助（见表5-8）。

表5-8　**员工绩效记录卡（样表）**

员工姓名：	职位：		所属部门：
满意事件		不满意事件	
时间	事件内容	时间	事件内容
2021/1/1	为完成AS系统升级，连续3个星期加班加点，毫无怨言	2021/4/1	没有按照安全操作规程操作
2021/2/10	尽管遇上机械故障，生产任务仍然能够按时完成		
2021/3/20	在职责范围之外，为公司重要客户授课，客户评价极高		
记录人：			

资料来源　张建国，徐伟．绩效体系设计——战略导向设计方法［M］．北京：北京工业大学出版社，2003.有改动。

5.2.3 绩效信息收集的渠道与方法

信息收集的渠道可以是企业中所有的员工。收集的信息包括员工自身的汇报和总结、同事的共事与观察、上级的检查和记录、下级的反映与评价，也包括客户的反馈和建议。如果企业中所有的员工都具备绩效信息的反馈意识，就能够给绩效管理带来极大的帮助与支持。各条渠道畅通、信息来源全面，便于做出更真实客观的绩效考核结果。

信息收集的方法包括观察法、工作记录法和他人反馈法等。

1）观察法

观察法是指管理人员直接观察员工在工作中的表现，并记录相关数据和信息的方法。例如，管理者看到员工粗鲁地与客户讲话，或者看到一个员工在完成了自己的任务后热情地帮助其他同事等。这些信息就是直接观察得到的。

2）工作记录法

员工的某些工作目标完成情况是通过其他部门的工作记录体现出来的。例如，财务数据中体现出来的销售额，客户记录表中记录下来的业务员与客户接触情况，质检部门记录下来的废品、不合格品件数等。这些都是相关部门日常工作记录中体现出来的绩效情况。

3）他人反馈法

员工的某些工作绩效不是管理者可以直接观察到的，也缺乏日常的工作记录，在这种情况下就可以采用他人反馈的信息。一般来说，当员工的工作是为他人提供服务或工作过程中与他人发生关系时，就可以从员工提供服务的对象或发生关系的对象那里得到有关的信息。例如，对于从事客户服务工作的员工，管理人员可以通过发放客户满意度调查表或与客户进行电话访谈或座谈会的方式获得员工的绩效信息；对于公司内部的行政后勤等服务性部门的人员，可以从接受其提供服务的其他部门人员那里了解信息。

信息收集方法的正确有效与否直接关系到信息质量的好坏，而每种方法都有一定的局限性，因此各种方法的综合运用是值得推荐的，当然也要考虑到收集的成本和效率。

实例5-2　　　　奥蒂斯电梯公司的绩效管理系统

位于康涅狄格州法明顿（Farmington，Connecticut）的奥蒂斯电梯公司（Otis Elevator）是世界上最大的升降梯、滚梯、移动步梯以及其他立体的和水平的行人交通系统的生产商、安装商和服务商。奥蒂斯公司的产品远销世界200多个国家，公司雇用了63 000多人。埃菲尔铁塔、悉尼歌剧院、多伦多电视塔的人员运送系统都有奥蒂斯安装的产品。

在奥蒂斯公司中负责全球工程业务的高层领导人，希望能够避免在传统的绩效管理系统中存在的一些问题。因为，原来的绩效管理系统尽管耗费了大量的纸张和时间，但是员工觉得并没有多大用处。此外，公司最近刚刚开始综合性地运用各种项目团队，因此希望能够对成功管理团队所必需的管理能力进行评价。这样，绩效评价体系就必须一方面应当能够准确评价管理者的团队领导能力和项目管理能力，另一方面能够让管理者对工程项目的经营结果达成情况负责。除了评价团队的领导能力和经营结果之外，奥蒂斯公司还希望能够对工程管理人员的领导技能进行评价。然而，由于工程管理人员还不太习惯接受领导技能方面的评价，因此，公司希望自己的绩效管理系统能够以一种有助于管理者学习和开发领导能力的方式来向他们提供反馈。

奥蒂斯公司决定建立起一套可以通过互联网和公司的局域网登录的评价系统。工程管理人员的直接下级、同事、客户以及他们的上级管理人员都将被吸收到这一评价过程中来。奥蒂斯公司目前正在使用的这个评价工具一共包括75个行为项目，它所要评价的是团队领导能力中7个方面的内容（沟通、变革领导、客户关系、人员开发、团队建设、流程/任务知识、创新和创造力）。员工可以通过一个非常简单和界面友好的网站来使用这个评价工具。员工在登录这个网站后，只要输入个人的身份证号码，就可以看到一个介绍这一评价工具及其使用方法的界面。员工可以在上面进行评价，然后审查，并且在正式提交自己的评价结果之前还可以对评价结果进行修改。评价是以匿名的形式进行的，评价一个人大约需要20分钟的时间。一旦对某位工程管理人员的所有评价都已完成，那么计算机会自动将所有的评价结果汇集起来，被评价者本人在三天之内就能够收到关于其个人评价情况的文件。在这些工程管理人员所收到的文件中，不仅包括他们实际的评价结果，而且包括他们个人的评价结果与一位“理想的”领导者之间所存在的差距。这份文件还总结了被评价者的同事、上级、下级以及客户分别是如何对他们进行评价的。现在，一方面完成绩效评价以及提供绩效反馈的时间缩短了，另一方面管理者得到了与他们个人在领导能力方面的长处和短处有关的更为具体的信息，并且，在进行下一次评价之前，管理者有了更多的时间来弥补他们的短处。

资料来源　佚名．绩效管理课件——绩效实施［EB/OL］．［2021-10-15］．https：//wenku.baidu.com/view/484f19b6df36a32d7375a417866fb84ae55cc3d9.html.

5.2.4　绩效信息收集的注意事项

1）要注意有目的地收集信息

收集信息之前，一定要明确为什么要收集这些信息。有些工作没有必要收集过多的过程信息，只需要关注最后结果就可以，那么就不必费尽心思收集过多的绩效信息。如果最后发现收集来的信息并没有太大价值而被置之不理，不但浪费收集过程中的人力、财力、物力，也会使管理者和员工对绩效管理工作产生厌烦。

2）要收集事实而不是判断

要收集的信息应该围绕绩效行为和结果的事实，而不是对事实的主观判断和推测。例如，“小王与客户打电话时声音越来越高，而且用了一些激烈的言辞”，这是一段对工作行为事实的描述；而“小王的情绪容易激动”，这就是对事实的主观判断。可靠的绩效信息是那些可以被观察或测量的客观行为和结果，行为背后的动机或情感则是信息记录和收集者的主观推测，由于带有较强的感情色彩和个人倾向，所以不能用作绩效信息。

3）要让员工参与收集信息

作为管理人员，不可能每天8小时地盯着员工观察，因此管理者看到的信息可能是不完全的或者是偶然性的。让员工参与到绩效信息的收集过程中，教会员工自己做工作记录是解决这一问题的好方法。另外，员工参与能够体现员工的主动性，以此为依据对员工进行评价也容易让员工接受。但是，员工在做工作记录或收集绩效信息时往往会出现选择性记录或收集的情况，报喜不报忧或是夸大成绩、强调困难，对问题和缺陷轻描淡写。所以，最好采用结构化的方式，明确员工所要收集和记录的信息内容和要求，将个人对信息的筛选降低到最小。

4）要采用科学、先进的方法收集信息

科学、先进的收集和记录方法可以大大提高信息收集的效率和质量。例如抽样方法，就是从一个员工全部的工作行为中抽取一部分工作行为做出记录。这些抽取出来的行为就叫作一个样本，通过代表性的样本客观公正地反映员工的绩效情况。常用的抽样方法有固定间隔抽样、随机抽样、分层抽样等。另外，绩效管理信息系统的应用也越来越广泛。该信息系统包括企业的ERP系统或者其他类似业务管理系统（比如财务部门的数据系统）中与员工绩效相关的所有数据，为绩效管理提供及时、准确、全面的信息，可以使员工和管理者随时掌握绩效进展的最新情况。

实例5-3　　员工状况即时调研

大部分公司都依赖于一年一次的员工敬业度与满意度调查来为公司“体检”，但是，走在绩效管理改革前列的组织已开始采用更轻量、更快捷的方式来对员工进行调研。即时调研就如同“把脉”一样，让公司能够快速地了解员工的看法与态度。

比如在亚马逊，员工每天打开公司电脑的时候，都需要首先回答一两道题目才能够登录（当然，基于对员工的尊重，这些问题都提供了“我不想回答”这个选项）。题目既包括对公司的评价，也包括对团队或者某职能部门提供的服务的评价，例如：“你的领导怎么样？”“你是否在最近的工作中使用HR服务？（如果选择了‘有’，则需要继续回答：你的体验如何？）”等。对于同一个项目组的组员，他们每天回答的题目是一样的，这就为项目组领导了解成员的状态以及调整管理措施提供了依据，从而助力他们更有效地管理团队的绩效。

微软也有类似的每日调研。每天全体员工的1%（约1 500名）会被抽中回答一个简短的、关于员工对公司战略和文化看法的问卷，宗旨是希望在战略转型中，让管理层及时把握员工的看法，进而更有效地管理公司整体的绩效。

5.3 绩效辅导

5.3.1 绩效辅导的作用

现代企业内部的专业分工日益明细、知识型员工的比重不断增加，作为管理者虽然很难成为各个领域专家，但是对员工的指导仍然是其工作的重要内容。事实上，要想成为一名合格的指导者，并不一定必须成为该领域的专家。管理者在绩效辅导过程中所扮演的是“教练”的角色，要知道，许多最出色的体育教练本人并不擅长该项目，而所谓顶级运动员也未必就能担当一名合格的教练。对员工进行指导，关注的基本问题是帮助员工学会发掘自己潜能，通过监控员工的工作过程，发现员工存在的问题，及时指导并培养其工作中所需要的技巧和能力。优秀的指导者应该在以下三个层次上发挥作用：

首先，与员工建立一对一的密切联系，帮助他们制定具有挑战性的目标和任务，给他们提供反馈，并在他们需要时提供支持。

其次，营造一种鼓励承担风险、勇于创新的氛围，使员工能够从过去的经验和教训中学习。包括让员工反思他们的经历并从中获得经验，从别人身上学习，不断进行自我挑战并寻找学习新知识的机会。

最后，积极为员工提供学习机会，把他们与能够帮助他们获得发展的人联系在一起。为他们提供新的挑战性工作，提供接触某些人或情景的机遇，进而为其目标实现和能力提升提供帮助和机会。

专栏 5-1　　管理中的皮格马利翁效应

皮格马利翁是古希腊的一名雕塑家，他雕塑了一名美丽的少女雕像，爱不释手，对其倾注了全部心血，结果少女居然真的活了。心理学家根据这个故事提出了“皮格马利翁效应”，指的是有时候人们的期望会使奇迹发生。

教育学家罗森塔尔曾经做过一个实验：在一个小学班级里进行了一次测验，然后把测验结果封存起来，只是告诉班主任其中某几名学生将来可能会有所作为。几年以后，果然那几名学生表现出众。再拿出当年的试卷，发现这几名同学与他人无异。原来罗森塔尔当初只是随机点了这几名学生，真正让他们发生改变的是班主任对他们的关注和期望。

心理学家班杜拉提出了“自我效能感”这一概念，也就是指一个人对自己有能力完成一项任务的信念。员工要完成一项工作，首先必须自己相信自己，而管理者的期望对员工自我效能感的提高有很大影响。如果管理者总是担心员工不能胜任，对其所犯错误横加指责，员工往往真的会将事情搞砸。而如果管理者能够对员工鼓励信任，对其所做称赞多一些、批评少一些，员工的表现也愈加让管理者满意。这就是管理中的“皮格马利翁效应”。

5.3.2 绩效辅导的时机选择

为了对员工进行有效的辅导，管理者必须掌握进行辅导的时机，确保及时、有效地对员工进行指导。一般来说，在以下时机对员工进行辅导会获得较好的效果：

第一，当员工需要征求意见时。例如，员工向管理者请教问题或者有了新想法想征求看法时，管理者可以在这个时候不失时机地对员工进行辅导。

第二，当员工希望解决某个问题时。例如，员工在工作中遇到障碍或者难以解决的问题希望得到帮助时，管理者可以传授给员工一些解决问题的技巧。

第三，当管理者发现可改进绩效的机会时。例如，管理者发现某项工作可以用另一种方式做得更快更好时，就可以指导员工采用这样的方法。

第四，当员工通过培训掌握了新技能时。如果管理者希望能够将新技能运用于工作中，就可以辅导他使用这种机能。

第五，当面临新的职业发展机会时。例如，管理者发现员工拥有可供开发的潜力，而企业现在恰好拥有新的项目或发展机会，就可以辅导员工争取机会。

第六，当员工工作业绩出现问题时。例如，员工工作绩效行为或结果不合标准而其自身尚未发觉，管理者就应及时给予提示和指导以纠正其不当行为或观念。

5.3.3 绩效辅导的方式

每个人都有一种天生的或是具有倾向性的指导风格，管理者需要了解自己的指导风格以及何时应用比较恰当，这样就能使管理者对员工的指导更加有效。

1）指导风格与类型

正如图5-2所示那样，一种典型的指导者风格是“教学型”指导者。这种指导者喜欢直接告诉员工应该如何去做。他们往往具有某一方面的专长，并希望通过向员工传授这些专长使其能够完成一项具体的工作。他们凭借自身的经验向员工传授完成工作所必需的技能和知识，这对于在一线工作的员工特别有帮助，因为这些员工在提供产品或服务时所依据的就是这些技能和知识。

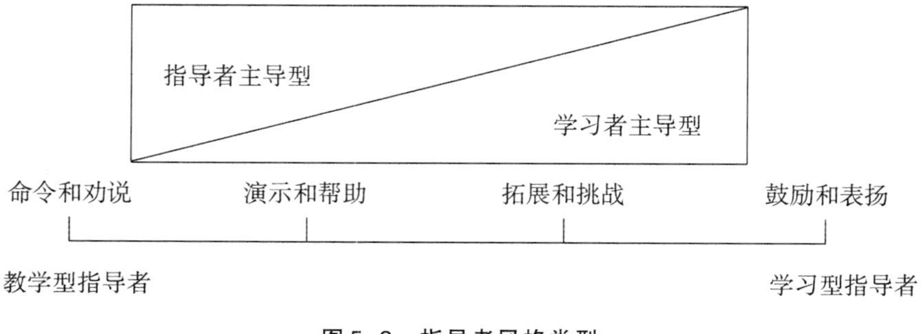

图5-2 指导者风格类型

资料来源 方振邦. 战略与战略性绩效管理［M］. 北京：经济科学出版社，2005.

而另一种典型的指导者风格是“学习型”指导者。这种风格的指导者更喜欢提问和倾听，而不是直接告诉员工如何去做。这种指导者提供的是他们广博的专业知识，而不是具体的技术经验。他们相信每个人都有能力，他们为员工提供各种迎接挑战和施展才华以及学习的机会。这种指导在一个问题存在多种解决方案——而不是只有唯一解决途径的时候非常有效。尤其对那些承担新责任、从事全新的或非常规项目的员工，这种指导对他们非常有帮助。

管理者个人的指导风格可能在这个连续的区间内，但为了取得满意的指导效果，必须采用权变的观点，根据具体情况采用不同的指导风格。

专栏 5-2　　你是哪种类型的管理者

加拿大心理学家贝恩提出了一个著名的理论，叫作交互作用分析理论。该理论认为每个人的自我结构中都有“父母自我”“成人自我”“儿童自我”。“父母自我”通常表现为权威和优越感，常常认为自己是有能力的，别人是不行的，表现为独断、主观、支配他人，或者对他人过分呵护，不给别人独立自主的权利。“成人自我”主要具有客观理智的特点，表现为冷静、谨慎、尊重别人、对他人的信任、认为自己和别人都是同样有能力的。“儿童自我”则表现为不成熟、无主见、服从和听任他人摆布、认为自己缺乏决策力而过分依赖他人。

应该说，“父母”“成人”“儿童”这三种成分在每个人的自我结构中所占的主导地位不同，而且在不同的情景下、面对不同的沟通对象，不同的自我结构会占优势。

基于这样的理论，有人将管理者分为“父母型”管理者和“成人型”管理者。

“父母型”管理者：

- 认为员工本质上是不喜欢工作的，不想负责任，缺少主动性和创造性；
- 认为员工只有依靠主管人员命令和指派才能工作，必须进行严格的控制和监督；
- 员工是靠金钱、利益和惩罚来驱动的；
- 过分关注员工的工作细节；
- 不给员工自己做决策的机会；
- 总是担心员工无法独立完成工作或者会把事情搞砸。

“成人型”管理者：

- 认为员工具有完成工作的主动性，愿意承担责任；
- 认为员工有能力和创造力去解决工作中的问题；
- 对员工进行授权；
- 能够听取员工的意见；
- 认为对员工表示尊重和认可能提高他们的积极性；
- 认为员工是值得信任的。

资料来源　武欣. 绩效管理实务手册［M］. 北京：机械工业出版社，2005.

2）绩效辅导程序及注意事项

进行辅导时，首先要对员工的工作方法、结果进行及时的评价。这种评价是非正式的，主要是通过描述具体的行为、数据来对照目标进行反馈，提出这些行为、数据可能的影响与后果，在此基础上进行辅导。对于高层员工而言，这种辅导更多的是提出建设性的建议；而对于基层的员工来说，更多的是管理者的亲自演示与传授。辅导的常见程序如图5-3所示：

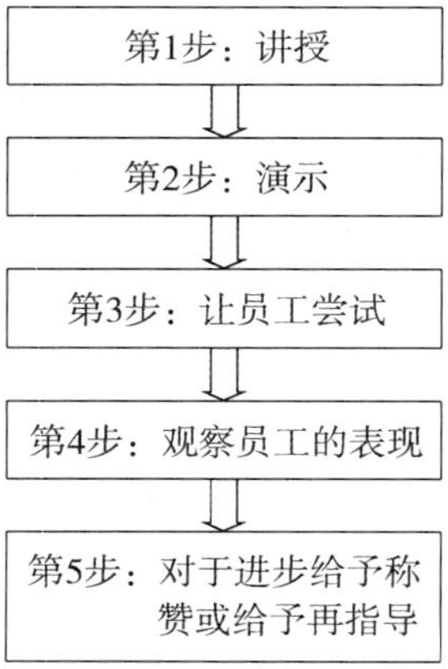

图5-3　绩效辅导的程序

辅导员工时应注意以下问题：

第一，对员工信任。

第二，对员工的辅导应该是经常性的，而不是出了问题才进行辅导。

第三，当员工绩效表现出色时也应辅导。一方面认可员工的表现，另一方面要鼓励员工以后做得更好，以更大的工作热忱回应管理者。

第四，将传授和启发相结合。管理者不应总是直接告诉员工该怎么做，还应该启发员工自己思考和探索解决问题的方法。

第五，给员工独立工作的机会。管理者应让员工大胆尝试，而且对一些过程中的错误表示宽容。

第六，注重提升员工的能力。辅导不应仅仅停留在解决一些具体的问题上，而是应该以提高员工的自身能力为目标。这样，员工以后若遇到类似问题或新问题，就有能力独立应对。

□ 个案分析

罗伯特·伊顿是个好教练吗？

罗伯特·伊顿（Robert Eaton）在1993—1998年间一直担任克莱斯勒汽车公司（Chrysler）的首席执行官，他的前任是从1978年起就执掌克莱斯勒公司的李·艾柯卡（Lee Iacocca）。1998—2000年，伊顿在当时新组建的戴姆勒-克莱斯勒公司（Daimler-Chrycler）担任联合首席执行官。戴姆勒-克莱斯勒公司共拥有36.21万名员工，2003年的总收入达到1 364亿欧元，公司的乘用车品牌包括Maybach、梅塞德斯-奔驰、克莱斯勒、Jeep、Dodge，以及Smart。商用汽车品牌则包括梅塞德斯-奔驰、Freightliner、Sterling、Western Star以及Setra。

从担任首席执行官的那天开始，伊顿就一直和下面的员工保持顺畅的沟通，一旦形成了对未来的规划，他就会立即与四位高层管理人员进行讨论，同时向他的搭档鲍勃·卢茨（Bob Lutz）征求意见，在做出事关克莱斯勒公司生死存亡的重大决策之前，他会跟公司里上上下下的人沟通，以避免草率地做出决定。伊顿和卢茨发现，公司现在雇用的员工都挺适合公司的，不需要再招聘新人的。唯一的问题在于，他们需要换一种方式，即采用一种更强调员工参与的方式来领导这批员工。

为了找到帮助组织取得成功的办法，伊顿几乎倾听了公司里所有人的意见，其中包括高层管理人员、供应商，还有流水线上的工人。伊顿还鼓励克莱斯勒公司的员工相互之间开展对话和交流。伊顿和卢茨之间紧密合作、坦诚沟通的做法（他们两个人的办公室分别位于一个大厅的两头，两个人上班的时候都不关门）所形成的氛围最终在整个公司里蔓延。伊顿和卢茨的走动式管理风格也向员工表明了他们对组织的承诺以及他们充分的敬业精神。此外，伊顿和卢茨会定期组织高层管理团队开会，让大家聚集在一起交换意见和从组织的各个方面获得的信息。

伊顿甚至改变了克莱斯勒公司的汽车设计方式，而这一点在李·艾柯卡执掌克莱斯勒时是被忽视的。伊顿的这一决定基于一项研究结果：克莱斯勒公司需要更加具有灵活性，而且公司的高层管理人员需要与产品设计团队保持一种持续的沟通。有一名员工对此这样评价："如果伊顿听到某人跟他说一件他不喜欢或不理解的事情，他也不会就把这个人一下子就'枪毙'掉。他知道并不是每一种想法都是对的，不过他自己也很疯狂……有时候他会跟我们说一件事情，然后我们告诉他，你这个想法太离谱了，但是他到最后可能也不会改变自己的主意，不过他会花时间把他思考问题的过程讲给你听。你知道，他的这种做法给我们带来了多大的信心吗？"这种与高层管理者之间开诚布公的交流被证明是极其成功的，就像一名设计师总结的那样："这是一个会及早发现人才并且给他支付报酬的系统，而这创造了一种对工作的激情和使命感。"

克莱斯勒公司还有一项被伊顿称为向员工授权的计划，也就是让所有员工，包括高层管理人员，都参加到新车型的设计过程中来。伊顿的解释是，这样做是为了向工厂中的所有员工表明，公司的高层管理人员是非常关注新车型开发的，同时这样也为管理人员提供了一个理解和解决在工厂一线存在的各种问题的机会。伊顿说："当我们的讨论结束时，这些家伙就已经明白了我们将要去哪里以及我们想怎样去那里。他们回去以后将会将计划付诸实施，全力以赴地实现这个目标。而这正是我们所要做的唯一的事情。"他总结说："很显然，在一个公司中必须有一个共同愿景，但是我们还试图教会员工如何在他们自己的领域做一位领导者，让他们知道公司要到哪里去，知道公司的决定会对他们的领域产生什么样的影响，让他们以世界一流水平作为产出的标杆，然后制订行动计划去追赶世界一流水平。我们还鼓励员工不仅追求我们在经营目标上订立的目标，然后要有更加宏伟的目标。这个更加宏伟的目标就是50%的增长率……如果我们要追求的是50%的增长率，就得做出一些超乎寻常的事情。你必须跳出框框。”

基于上面的描述，请运用下面的相关表格（见表5-9）评价一下伊顿的辅导技能。如果在他身上缺少某种特定的绩效辅导行为或职能，请给他提出建议。

表5-9 绩效辅导技能评价表

绩效辅导 主要职能	存在吗? 怎么做的?	评论/建议
提供建议		
给予指导		
提供支持		
赋予信心		
提升胜任能力		
制定开发目标		
有效沟通		
激励员工		
记录绩效		
提供反馈		
诊断绩效问题		
开发员工		

□ 本章小结

在绩效实施的过程中，管理者有必要了解工作的进展、对员工的工作状态加以监督并提供必要的帮助、指导，而员工也需要得到相应的反馈和辅助。绩效沟通是指管理者与员工在共同工作的过程中分享各类与绩效有关的信息的过程。持续的绩效沟通可以使一个绩效周期里的每一个人，包括管理者和员工，随时获得有关改善工作的信息，并就出现的变化情况达成新的承诺。管理者必须明确沟通的目的和内容，并且要正确选择沟通形式。

收集充足有效的信息是绩效评价和反馈的前提，所收集的信息应该与工作绩效紧密相关，以该岗位的关键绩效指标或绩效目标/计划作为依据进行信息的收集是常用的方法。信息收集的渠道可以是企业中所有的员工，常用的方法包括观察法、工作记录法和他人反馈法等。

绩效辅导就是管理者通过监控员工的工作过程，发现员工存在的问题，及时指导并培养其工作中所需要的技巧和能力。为了对员工进行有效的辅导，管理者必须掌握进行辅导的时机、方式和步骤，确保及时、有效地对员工进行指导。

□ 关键概念

沟通　绩效沟通　书面报告　正式面谈　会议　走动管理　开放式办公　信息收集　观察法　工作记录　绩效辅导　“教学型”指导者　“学习型”指导者

□ 课堂讨论

1.讨论沟通在绩效管理过程中的作用。

2.随着信息技术的发展，对员工实施长时间的持续监控成为可能。目前，已有大量的工人在计算机的监控下工作。支持者认为，新技术的广泛应用大大提高了生产力；批评者认为，计算机监控干扰了人们的正常工作和个人隐私。你如何看待这个问题？如何更好地将新技术应用在绩效管理过程中呢？

3.如何理解管理者在绩效辅导过程中扮演的“教练”角色？

□ 复习思考题

1.简述绩效沟通的目的。

2.简述使用书面报告进行绩效沟通的优点和缺陷。

3.在绩效信息收集的过程中应该注意哪些问题？

4.实施绩效辅导的时机有哪些？

5.分析“教学型”和“学习型”两种绩效指导者的基本类型的特点。

□ 自测题

1.关于绩效沟通，下列说法正确的是（　　）。

A.绩效沟通只在绩效计划制订时需要　　B.绩效沟通贯穿绩效管理的全过程

C.绩效沟通是员工获取信息的需要　　D.绩效沟通只对管理者有价值

2.从类型上看，沟通形式可以分为（　　）和（　　）两种。

3.正式面谈的缺点在于（　　）。

A.容易带有个人感情和偏见　　B.沟通范围小、信息不能共享

C.时间耗费长、效率低　　D.沟通程度较浅

4.非正式沟通的优点包括（　　）。

A.形式多样，时间、地点灵活　　B.及时、便捷，解决问题效率高

C.提高员工满意度　　D.增强员工与管理者的亲近感

5.应该收集的绩效信息内容主要包括（　　）。

A.工作目标或任务完成情况的信息

B.证明工作绩效优秀或不良的事实证据

C.员工对管理者的不满

D.来自内、外部客户的积极和消极反馈信息

6.信息收集的方法包括（　　）、（　　）和（　　）等。

7.绩效指导者的风格可分为（　　）和（　　）两种基本类型。

□ 补充阅读材料

绩效管理中的大数据与算法

伴随大数据技术和工具手段的成熟便捷，越来越多的数字化管理手段进入企业。最普通的场景是，使用OA系统（Office Automation，办公自动化系统）完成对员工考勤和工作量的全面监控。数据分析师甚至可以根据企业需求编写算法，接管了管理者的决策权乃至员工的主观能动性。

“这是泰勒制科学化管理的现代版诠释，把管理法则完全工程化，”互联网观察人士赵熠表示，“但也会衍生一系列社会问题。企业管理模式和机制的嬗变，成本多数要下沉到一线管理者及员工身上。”对企业来说，将管理流程通过算法实施，无疑更高效精准，也能够降低管理成本；但对于一线的普通员工而言，则别有一番风味——这张数据大网密不透风，令人无处可逃，原本的工作方式和节奏被改变。《财经》E法记者历时月余的调查显示，很多企业都在引入复杂的OA算法管理系统，直接与绩效挂钩。这套系统可谓无孔不入，画面识别工作状态、员工心率、呼吸、坐姿、疲劳度等所有数据尽揽无余，更让人无法接受的是，连员工去厕所的时间都被以秒计时并与绩效挂钩。

有网友在微博爆料称，杭州一家科技创业公司给员工发放一批可感应身体数据的高科技坐垫，并要求全员使用。谁知员工在使用中发现，该坐垫通过监测员工心率、呼吸、坐姿、疲劳度等数据，考察员工是否存在“上班摸鱼”现象，引发大量吐槽。《财经》E法此前曾采访过杭州一位开发过类似程序的科技公司销售主管。他表示，类似产品买家均为中小型企业，在提出要求时，企业就会明确提出要让监控数据即时上传到统一终端，方便监控员工工作情况。“不为了监控？那是扯淡呢，开发这种东西的唯一目的就是监控。”该主管坦言。

对部分大公司而言，同样有更精细管理员工的需求。为了验证这一点，《财经》E法借来了一张北京某国有大型电力集团的员工卡并进入该公司所在园区。一天内，记者用此卡刷大门门禁、乘坐电梯、工位打卡、食堂用餐、超市购物等。傍晚时，记者在该公司人力内部平台上查阅，发现平台记录了上述所有活动的准确时间和消费金额，而且所有数据均关联到员工个人OA系统中。该公司党群工作部员工刘飞直言，这些信息全部有用。“我们工作时间是8：30-17：00，午休12：00-13：30。若发现有工作时间去园区超市购物或刷门禁出门，都要作为‘可疑’信息备案，绩效考核也会将这些信息纳入。若一个月内类似现象超过五次，就会自动扣除一部分奖金。”

但多数员工对这一政策并不知情。“员工卡有此功能，我们之前不知道，但也不奇怪。”一位员工表示，“现在的科技，完全可以保证我们进入公司后没有隐私。”既然会扣钱，为什么员工会不知情呢？“因为扣的是年终奖的钱，”刘飞揭开谜底，“一般人谁会注意年终奖少个八十一百的？还以为是扣啥税呢。”他表示，这种办法已被当作控制成本的“秘诀”使用数年，每年均可为公司省下近百万元资金。刘飞表示，有类似操作的企业在行业内“并不少见”：“我们就是学的其他友商。据我所知，他们也是从一些上市民企学来的。”

上海一家科研民企员工王菲菲就遇到过类似的事。2020年8月她选择离职，没想到公司要求其赔付一笔数百元的误工费：“按照公司考核，工作时间段擅自离开园区算违反劳动纪律，数据要被录入信息库内。”王菲菲表示不解，人力部门当即从打印机上拉出一张单子，上面有她半年内工作时间刷门禁出门的记录，均为红色字体。

“在工作时间内刷卡，系统会自动生成红色警告记录。”人力解释。

“我只是去便利店买个饭团而已啊！”王菲菲感到委屈。人力则回应，白纸黑字的劳动纪律她入职前就已知晓，属明知故犯，扣钱“理所应当”。

部分公司更有“高招”。一位不愿透露姓名的知名上市房企一线业务经理表示，他所在的公司正在考虑与一家软件公司合作开发总部的室内地图，以更好管控内部员工的到岗率。

“招标书上写的是为更好设计办公室格局，但我们都明白，这个项目主要是人力部门提的。”这位业务经理介绍，一款优秀的室内地图软件可以靠精准的定位“完美”记录员工进入及离开该区域时间，统计停留时间。这样一来，“哪个员工要溜号，系统上看得一清二楚。”

企业类似行为是否损害员工隐私权？北京师范大学法学院教授刘德良表示：“企业基于工作场所对员工的管控行为虽然不人性化，但并不侵犯法律意义上的个人隐私。”但他同时强调，过于严格、缺乏人性化的管理，往往不利于企业员工积极性、创造性的发挥。

北京大学光华管理学院管理科学与信息系统系副教授邱凌云认为，算法的优势还集中体现在对数据搜集的分析上，因此是用来评估员工生产力的有力工具。但是，对算法的利用还需要注意一些基本原则。“不利用这些数据肯定是愚蠢的；但如何最有效地利用它们，则体现了管理能力。”邱凌云表示，“作为管理职能的一部分，管理者有权对员工的产出加以监督，但一定要采用一个既科学又容易为员工所接受的做法。”

资料来源　《财经》E法．我的领导不是人［EB/OL］．［2021-10-15］．https：//baijiahao.baidu.com/s？id=1688612297406789449&wfr=spider&for=pc.有改动。

第6章/绩效管理流程之三：绩效评价

学习目标

从绩效管理流程的角度看，绩效计划制定了工作期望和要求、绩效实施监控了工作过程并收集了绩效信息，这都为绩效结果的评价和考核奠定了基础，通过本章的学习，应该掌握如何选择评价者，了解各种评价工具的类型和特点，明确绩效评价的程序及常见问题。

6.1 绩效评价者

相信大多数企业即使没有经过前面介绍的几个阶段，也会进入到实施绩效考核这一环节中。一年一度或半年一次的绩效考核是大多数管理者和员工对于绩效管理工作的理解和认识。从绩效管理流程的角度看，绩效计划制定了工作期望和要求、绩效实施监控了工作过程并收集了绩效信息，这都为绩效结果的评价和考核奠定了基础，而在这一阶段，需要完成的主要工作包括确定、培训评价者，选择评价工具和实施评价。

6.1.1 绩效评价者选择

由于现代企业中的岗位设置和专业分工日益复杂，因此仅凭一个人的观察和评价很难对员工做出全面、准确地判断。能够接触员工工作、获得员工绩效信息的主体是多方面的，上级、下级、同事以及员工本人和外部客户都可以参与到评价过程中来。由于不同的评价主体具有不同的特点，在评价过程中承担不同的评价职责和管理责任，因此，选择不同的评价主体不仅是绩效管理的需要，也是组织整体协同和员工激励的需要。

1）上级评价

直线经理在绩效管理过程中自始至终都起着十分关键的作用。在大多数组织中，上级评价是最常用的评价方式。研究表明，目前有大约98%的组织将绩效评价视作员工直接上级的责任。这是由于员工的直接上级通常是最熟悉下属工作情况的人，而且也比较熟悉评价的内容。同时，对于直接上级而言，绩效评价作为绩效管理的一个重要环节，为他们提供了一种引导和监督员工行为的手段，从而帮助他们促进部门或团队工作的顺利开展。如果直接上级没有进行绩效评价的权力，将会削弱他们对于其下属的控制力。另外，绩效管理的开发目的，与员工的上级对其进行培训与技能开发的工作是一致的，员工的上级能够帮助人力资源管理部门更好地将绩效管理与培训制度相结合，从而充分发挥这两种人力资源管理制度的行为引导作用。总之，直接上级在观察和评价其下属人员的工作绩效方面占据着最为有利的位置，同时也承担了更多的管理责任。

但是，直接上级对员工工作的观察未必是全面和客观的，观察时间的限制以及个人的主观偏见有可能使其评价缺乏准确和公正性。因此，在员工的直接上级独立地对员工绩效进行评估后，一般还要由员工直接上级的上级对评估结果进行复核，这样会有助于减少肤浅的或有偏见的评估结果，因为间接上级往往比直接上级更能把握和平衡标准、做出客观的评判。

2）自我评价

提倡自我评价的理论基础是班杜拉（Albert Bandura）的“自我强化理论”，这一理论包括自我目标设定、对目标执行的自我监控、自我实施奖励以及惩罚。该理论认为，许多人都了解自己在工作中哪些做得好，哪些是需要改进的。如果给他们机会，他们就会客观地对自己的工作业绩进行评价，并采取必要的措施进行改进。另外，自我评价的实施能够提高员工对最终绩效评价结果的接受程度，提倡自我评价的员工会在自我工作技能开发等方面变得更加积极和主动。

但是，大多研究都表明，员工对他们自己的工作绩效所做出的评价一般总是比他们主管人员或同事所做出的评价等级要高。一项研究显示，当员工被要求对自己的工作绩效进行评价时，所有各种类型的员工中有40%的人将他们自己放到绩效最好的10%（“最好者之一”）之列；剩下的人要么是将自己放入前25%（“大大超出一般水平”）之列，要么是将自己放入前50%（“超出一般水平”）之列；通常情况下，只有不到1%或2%的人将自己列入低绩效等级范围之中。而那些总是将自己列入高绩效等级的员工在很多时候则往往是低于一般绩效水平的。

3）同级评价

同级评价是由被评估者的同级同事对其进行评价。这里的同级不仅包括被评价者所在团队或部门的成员，还包括其他部门的成员，这些人员一般与被评价者处于同一管理层级，并且与被评价者有经常的工作联系。研究表明，同级评价的信度和效度都很高，同时，同级评价还是工作绩效预测的有效因子。这是由于同级经常以一种与上级不同的眼光来看待他人的工作绩效，比如他们会更加注重相互之间在工作中的合作情况。另外，上级与员工接触的时间毕竟有限，员工总是会在上级面前把他最优秀的方面表现出来，而他的同事却总能看到他的真实表现，这则是同级评价最有价值之处。此外，使用同级作为评价主体来补充上级评价有助于形成关于个人绩效的一致性意见，并帮助人们消除偏见，促进被评价者更好地接受评价结果。实证研究表明，一名员工的同事对他的评价可以有效地预测出此人将来能否在管理方面获得成功。

尽管来自同事的评价信息极具价值，但这一评价主体也有其难以克服的局限。

当绩效评价结果与薪酬和晋升等激励机制结合的十分紧密时，同级之间的竞争关系会引发利益冲突，从而影响人际关系和工作氛围。另外，同级之间的个人关系也可能影响评价的可信程度，一些人对与其私交较差的同事进行评价时往往会不考虑其绩效而给予较低的评价，反之则给予高分。再有，同事之间还可存在“互相标榜”的问题，即所有同事串通起来相互为对方打高分，进而使评价结果失去意义。

4）下级评价

下级评价给管理者提供了一个了解员工对其管理方式和风格看法的机会，由于下属的视角独特，因此这种自下而上的反馈更多侧重于对管理者管理技能的评判，而不是对其实际工作业绩的评价。适合下级评价的管理技能包括领导能力、沟通能力、团队协调能力、组织能力等，而计划、预算、创新等能力由下级评价就不太适当。下级评价要采用匿名提交的方式，而且要保证足够的下级数量，以提高评价者的安全性和评价结果的公正性。

由于下级评价与传统的自上而下的管理方式相悖，因此该方法的使用要格外谨慎。下级从未做过管理者从事的工作，很有可能想当然地对其行为加以判断，因此对其评价结果要合理分析之后再做应用。另外，管理者也有可能担心由于某些必要的管理行为触动了员工的利益（如批评、惩罚）而在评价时遭到报复。当然，员工在评价时也会忧虑对上级做出诚实的评价会引来对自己的谴责和威胁。总之，下级评价在很大程度上还是一种管理突破，使用得当会对提高管理质量、培养组织氛围大有好处，因此越来越多的企业组织员工以不署名的方式参与对上级的评价，特别是对员工进行广泛问卷调查的方式非常普遍。

实例6-1　　联邦捷运公司的下属评价制度

联邦捷运公司的下属评价制度又称为调查反馈行动（search feedback action，SFA）。调查反馈行动包括以下步骤：首先，调查本身实际上是一个工作绩效评价的标准。在每年年初，公司给每一位雇员发放一份匿名的表格。这份表格中所设计的项目，都是用来收集那些隐藏在雇员工作环境中的关于他们主管人员的有用信息。此类项目如：可以告诉我的管理人员我是怎么想的；我的管理者告诉我（或她）都希望我做什么；我的管理者关注我的想法；我的管理者总是及时向我通告情况；在我的工作环境中，我们采取安全的工作方式；对我这种工作的报酬是公平的等等。从某一工作群体中收集上来的这些信息经过汇集之后交给管理人员。为确保雇员的姓名保密，较小一些的工作单位一般不单独得出一个结论，而是将他们的评价结果与类似的其他小工作群体的评价结果汇合起来，直到工作群体的人数达到20或25人时，才得出一个总的评价结果来。

第二个阶段是管理者与下属工作群体之间的反馈过程。这一阶段的目标是确认雇员关注哪些事项以及存在哪些特定问题，并在清查造成这些问题的原因基础上，制订解决这些问题的行动计划。比如，假如调查发现管理人员在“我感到可以自由地向我的管理人员谈出我的想法”这一项目上所得的分数较低，那么，就应当训练管理人员向其下属的雇员群体提出这样一种问题：“是什么东西困扰着你，使你不能畅所欲言?”“我做的哪些事情使你感到我对你的想法不感兴趣?”

反馈行动到此会很自然地导致第三道也是最后一道程序的实施，即制订行动计划。这一计划本身是一长串行动项目名单，当管理人员采取了这些行动项目之后，将有助于提高他们对雇员所关心的问题重视程度以及管理实践的改善。因此，对于管理人员来说，他们最终将得到一份分为四栏的行动计划工作单：(1) 什么是雇员所关注的问题?(2) 你对这些问题是如何进行分析的?(3) 这些问题产生的原因是什么?(4) 应当采取何种措施来解决这些问题?

5）客户评价

出于全面质量管理的考虑，越来越多的企业开始使用内部和外部客户作为员工评价的主体之一。外部客户中，常见的做法是选择消费者和供应商。例如在服务行业中，以顾客为评价主体对那些直接面对顾客的服务人员进行评价，可以更多地了解他们在实际工作中的表现。更为重要的是，由于客户满意度已经成为企业成功的关键因素，因此将客户作为评价主体来引导员工行为可以促进员工更好地为客户提供服务。

与外部客户相比，内部客户包括企业内部任何得到员工服务与支持的人。例如，直线经理得到了人力资源部门招聘和培训员工的服务支持，那么直线经理就可以成为对人力资源部门进行评价的内部客户。内部客户的确认和评价可以提高组织整体的协同配合，提高流程运作的质量和效率，进而提高企业的内部实力。

绩效本身具有多维性，而不同评价主体从不同角度观察和感受，自然对同一员工的工作绩效判断不同。各种评价主体并不是相互孤立、相互排斥的，而是应该根据岗位特点选择多个评价主体即多视角的方法，以保证考核结果的客观、公正。当然，这样做也必然会增加评价的时间和成本，因此要量力而行。上级与自我评价相结合的方法是最常用的评价体系，其操作流程如图6-1所示。

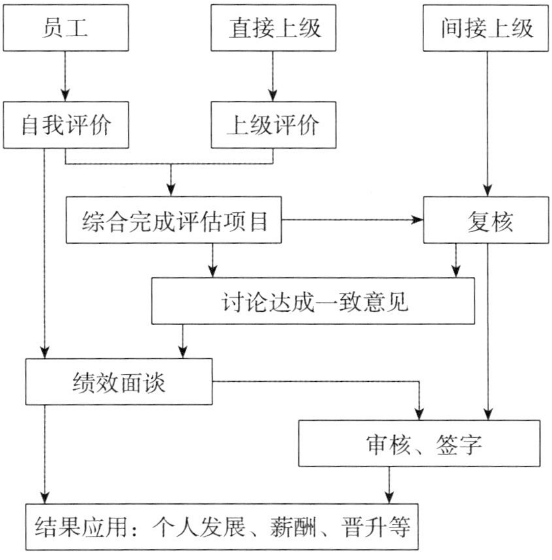

图6-1　上级与自我评价相结合的操作流程

6.1.2 绩效评价者常见误区

评价者主观原因造成的偏见、误差和错误对绩效评价结果的正确性有很大影响，明确常见的错误类型和原因是避免错误的前提。常见的评价者主观误区有以下类型：

1）晕轮效应

晕轮效应，又称光环效应。其表现为员工某一项绩效指标达成度高，特别是易量化的目标达成度高，一定程度上影响了员工在管理者心目中的印象，这种印象又会影响管理者对其他指标的评价，最终形成整体绩效目标评价过高的局面。反之，某一项主要的指标达成度低，也会影响其他绩效指标的评价。员工的背景——包括毕业学校、学历、家庭出身等，都有可能形成晕轮效应。

2）居中效应

许多刚参加绩效管理的主管人员都容易犯这种错误，他们担心扩大差距会造成员工之间的矛盾，或者因为自己缺乏对目标的判断能力，在考评过程中往往避开高分区间和低分区间，把大多数员工都定位在中间地带。这种做法会使绩效考核失去公平性，员工会很快对考核制度失去信心，从而使考核流于形式。

3）偏松偏紧倾向与尺度不同

有的管理者偏好严以待人，对下属要求较高，不愿意轻易给予较高的评价，在评分时偏好低分区；有的管理者偏好宽以待人，对下属侧重鼓励，评分时往往比较宽松，打分偏高。这两种偏好都不易区分优秀的员工和较差的员工，并且容易给员工造成错觉，以为自己特别优秀或是不能得到领导认可，不利于员工形成正确的自我认知。有时即使不存在显然的偏松或偏紧现象，不同的主管对于同样的绩效水平也会有不同的评价结果，因为其尺度不能保持完全一致。可以通过统一标准和反复强调、提醒来减少这种倾向。

4）个人偏见或刻板印象

评价者过去形成的对人的固有印象也会形成评价误差。比如有的管理者对老年职工有偏见，有的管理者对女性员工有偏见，这些偏见特别是在那些非量化的软性指标中常常影响评价结果。有的管理者在严格对照每项目标的完成情况认真打分并综合计算后，发现得分与自己对该员工的平时印象不一致，就会重新审视并调整自己的打分，这也是错误的做法。其原因也在于头脑中固有的刻板印象，不利于员工的积极改进。

5）对比误差

有的管理者喜欢脱离绩效指标和标准设定的范围，采用员工之间比较的方法进行评价，极易形成对比误差。这种比较不符合绩效管理的宗旨，也没有真正按照绩效管理的要求去做。对比误差会使那些处于整体绩效结果较差的团队中的员工得到优秀的考核成绩，其实并不是其本身的绩效水平高，而是由于其他人的绩效比他更差。反之，对比误差也可使那些处于整体绩效较高的团队中的员工受到不公正的待遇。尤其是从事不同工作的员工之间，更是无法比较。

6）相似性误差

相似性误差，又称像我效应、同类人误差，是指人们通常都会认为自己是合格的员工，因此对那些与自己拥有相似的工作风格，甚至相似的爱好、籍贯、信仰等的员工具有心理上的认同偏好，在评价过程中更加容易给予他们较高的评价。

7）近因效应

人们对最近发生的事情总是印象深刻，并且能够影响以前的印象。所以在考核前夕表现好的员工总是能够弥补他过去的疏忽，获得好的评价。通过持续、定期的绩效监控和记录可以部分克服这种问题。

8）从众因素

有的管理者特别重视员工以前的评价结果，担心自己与他人对员工的评价不一致引起不必要的麻烦。事实上，很多员工在更换上级后，其表现都会有很大的不同，这与具体的工作分工、管理者的领导风格等都有关系，这种变化是可能的、合理的。

9）其他因素

比如为了绩效管理以外的个人利益或者部门利益等目的，偏离绩效管理的目的和原则，扭曲评估过程和结果。比如为了把某个自己不喜欢的员工排除而故意给予其不合格的评价。比如因为某个员工是某位领导的亲属，为了照顾领导面子或博得领导欢心，给予其不合实际的评价等等。

上述误区的存在与绩效目标设定不明确、评价尺度不清晰等原因有关，也与管理者缺乏绩效评价技能、对绩效管理重视和理解不够有关系，所以，在改进绩效管理制度的同时，也要对管理者进行有效的培训，使之掌握正确的方法和技能，将绩效管理落到实处。

实例6-2　　　　德勤的“绩效快照”

众所周知，德勤是一家世界著名的咨询公司，全球共有6.5万名员工。这家公司的HR做了一个统计，想知道经理们每年花在绩效管理上的时间是多少，答案令人吃惊，他们全球的经理一共花了两百万个小时去做绩效管理。之后德勤又做了一个问卷调查，询问高管对于绩效管理的考核体系是否满意，结果58%的高管都不满意。之后，HR观察了4 492名中层管理者给员工的打分情况，通过以上方式发现有62%的偏差，员工的实际表现和中层经理打分的差异非常大。在拿到了这些数据之后，德勤的HR做了一个决定，要改变现在的绩效管理模式，他们和经理们相互沟通与咨询应该如何改变这种情况，最终大家希望设计一个灵活、实时和个性化的绩效管理体系来满足三个要求：

第一，目标明确：肯定员工绩效，通过不同奖金来激励员工。

第二，两大挑战：如何应对特殊评分者效应以及如何精简传统评估、项目打分、共识会议和最终评估流程。

第三，关键：提升员工业绩，能有效激励员工表现。

德勤给其新绩效管理起名为“绩效快照”，让项目经理在每个项目结束时，给自己即将对员工采取的行动打分，分为四个方面：

（1）薪酬：根据对此人的了解，如果我用自己的钱为他支付奖金，我会给予其最高的奖励吗？（衡量其表现以及对组织的价值选项，从1分的强烈不同意到5分的强烈同意。）

（2）团队：根据对此人的了解，我希望他能永远留在我的团队工作吗？（衡量与他人的合作能力，以同样的5分选项打分。）

（3）业绩：此人的表现使我们的团队有获得低绩效的风险吗？（判断可能有损客户或者团队的问题，选择是或否。）

（4）发展：此人如今已经符合晋升的条件了吗？（衡量潜力，选择是或否）

日常沟通要求每周绩效回顾（check in）：①每周主管与员工沟通一次；②建议由组员发起；③简单、快捷、吸引人；④沟通平台，探索和分享。

年终评估由以下几个部分构成：①日常绩效快照分数汇总；②团队其他同事表现；③工时；④销量；⑤员工优势自评。这五个维度供经理参考后给员工打分，这就是德勤年终的评估，通过年终的评估就能使这些数据作为绩效结果的运用。

资料来源　白金汉，古铎．重构绩效管理［J］．哈佛商业评论（中文版），2015（4）．

6.1.3　绩效评价者培训

1）培训内容

人力资源管理部门应根据现实中存在的种种问题，有针对性地对评价者进行培训，这对于培训结果的公正有着极其重要的作用。一般来说，评价者培训主要包括以下四个方面的内容：

（1）评价者误区培训。绩效评价结果出现误差最常见的原因就是评价者的主观错误。因此，评价培训中的一项重要内容就是通过培训告诉培训者在评价过程中可能会产生的评价误差都有哪些，以防止这些误差的发生。通过这种形式的评价者培训，评价者能够对种种评价误区有更深刻的认识，从而有效地避免此类问题的发生。

（2）绩效评价指标培训。绩效评价指标培训指的是通过培训评价者，让他们熟悉在评价过程中将使用的各个绩效指标，了解它们的真正含义。只有在评价者正确理解各个绩效指标的基础上，才能够将绩效评价体系所要传达的信息传达给员工。

（3）绩效标准培训。绩效标准培训指的是通过培训向评价者提供评价的比较标准或者是参考的框架。评价者如何理解绩效标准将在很大程度上影响他们对每个被评价者的评价结果。进行绩效标准培训是实现绩效管理中的程序公平的重要条件。

（4）绩效反馈培训。绩效反馈是评价者与被评价者之间的沟通过程，通过这一过程，评价者将绩效信息反馈给员工，从而帮助他们纠正自己的不足和发扬成绩。绩效反馈并不是一次简单的谈话，评价者应该通过这个沟通过程帮助员工更好地认识自身在工作中存在的问题。通过绩效反馈培训，管理者应该能够掌握绩效指导和绩效面谈中的各种技巧。

2）培训时机

（1）管理者刚刚到任的时候。新晋升的管理者刚刚就任新岗位时，必将面临新的管理工作带来的挑战，都希望能够接受相应培训以帮助自己更好地适应新的工作岗位，绩效评价培训应该是培训内容的组成部分之一。另外，企业也希望通过充分的培训尽快提高新任管理者的水平，避免不必要的摩擦和损失。面对定期进行的绩效评价工作，管理者应尽快学会如何正确评价下属员工的工作绩效以及如何有效改善其绩效表现。

（2）进行绩效考核和评价之前。绩效考核和评价的成败是整个绩效管理成败的关键一步。在进行绩效评价之前进行评价者培训能够起到事半功倍的效果。因为在日常工作中大家都在关注具体工作，对于当下尚未进行的绩效评价不会太重视，因此培训效果也会打折扣。但是这个时候进行培训较为仓促，只能有针对性地对当期评价中的重点问题和注意事项进行短时间的讲授。

（3）修改绩效管理制度之后。企业往往需要根据现实情况的变化对绩效管理制度进行修订，这种修订可能涉及评价指标、评价方法、评价工具等的变化。在这种情况下，进行评价者培训的必要性是显而易见的。为了使评价者能够彻底地理解修订的目的和修订的内容，此时的培训往往注重对修订部分的宣传和讲解，通过对比新旧内容使管理者对绩效管理制度有更加深入的理解和认识。

（4）进行日常管理技能培训时。绩效管理是管理者的工作内容之一，因此，包括绩效评价技能在内的绩效管理技能应该成为管理者技能培训中的一项重要内容。企业应该将其纳入管理者日常管理技能培训的内容中，让其成为管理者必须掌握的基本技能。

6.2　绩效评价方法及选择

6.2.1　绩效评价方法的主要类型

绩效评价方法的选择是绩效评价以及绩效管理的重点与难点，对于公正、客观的评价结果来说，评价方法的选择是一个技术层面的保障。人力资源管理专业人员和该领域的专家设计和创造了一系列的绩效评价方法，这些方法各具特点。客观地讲，没有一种方法堪称完美或能够满足实践中的各种要求，这些方法往往需要综合使用，以适应不同组织、不同岗位在不同发展阶段对绩效评价的不同需要，实现不同的绩效管理目的。因此，有必要了解各种绩效评价工具，熟识各种方法的优缺点，才能通过比较选择适当的工具。本节内容侧重于对各种绩效评价方法类型和基本情况的简要介绍，在本书的第三部分将对每种方法做详细讲解。

1）相对评价法、绝对评价法和描述法

绩效评价中运用的评价标准主要分为两类：一类是“绝对标准”；另一类是

“相对标准”。与此相对应，可以将绩效评价方法分为绝对评价法和相对评价法。还有一类比较特殊的方法即描述法（如图6-2所示）。

- 绩效评价方法
  - 绝对评价法
    - 量表法(与客观标准相比较)
    - 目标管理法(与目标相比较)
  - 相对评价法——比较法(员工之间相比较)
  - 描述法

图6-2　绩效评价法的类型

（1）相对评价法

所谓相对评价法，又称比较法，是一种比较简单常用的评价方法。这种方法并没有事先统一制定的评价标准，而是在部门或团队内对人员进行相互比较做出评价。由于比较法是最为方便的评价方法，评价结果也一目了然，作为各类管理决策的依据时也十分方便，因此得到了广泛应用。但是，采用相对评价法得出的评价结果无法在不同评价群体之间进行横向比较，而且难以找出充分的理由说明最终评价结果的合理性，因此往往很难让员工接受评价结果，也很难为奖励分配决策提供令人信服的依据。另外，相对评价法最致命的缺点在于无法找出绩效差距的原因，因而也就无法对员工进行有效的绩效辅导以促使其改进。常见的相对评价法主要有：排序法（包括直接排序法和交替排序法）、配对比较法和强制分配法。

（2）绝对评价法

绝对评价法是根据统一的标准尺度衡量相同职位的员工，即按照绝对标准评价他们的绩效。绝对评价法的标准是客观统一的，不以评价对象为转移，可以对每个员工进行单独评价，在不同员工之间进行横向比较。绝对评价法的评价结果也可以直接有效地运用于各种人力资源管理决策，同时为员工修正和改善自己的工作提供参考。但绝对评价法的设计要耗费大量的时间和精力，专业性较强，因此经常需要外部专家的协助；使用时也需要对评价者和被评价者实施系统培训，让其掌握评价技能，进而保证方法的实施效果。

根据绝对评价法使用的“绝对标准”的不同性质，又可以进一步分为两类：将员工的工作情况与客观工作标准相比较的量表法和将员工的工作情况与客观工作目标相比较的目标管理法。量表法具体包括图尺度量表法（graphic rating scale，GRS）、行为锚定量表法（behaviorally anchored rating scale，BARS）和行为观察量表法（behavioral observation scale，BOS）。目标管理法通常分为关键绩效指标法（key performance index，KPI）、平衡计分卡（balance scorecard，BSC）和标杆超越法（benchmarking）等。

（3）描述法

描述法又称事实记录法、叙述法、鉴定法等，顾名思义，就是指评价者用描述性文字对评价对象的能力、态度、业绩、优缺点、发展的可能性、需要加以指导的事项和关键行为等做出评价。该方法在设计和使用上比较容易，实用性和适用性强，但是没有统一标准，而且受到评价者文字表达水平的限制。因此这种方法通常作为其他方法的辅助，主要用于观察并记录评价和反馈需要的事实依据。根据所记录的事实内容不同，描述法可分为能力记录法、态度记录法、工作业绩记录法、指导记录法和关键事件法（critical incidents method）。

2）系统评价法和非系统评价法

（1）系统的考核方法

这类方法多与组织的战略目标、企业文化、经营目标、核心能力等相关，强调企业是一个整体，每一个部门和单位都作为组织系统中的有机细胞存在。目前使用较多的此类方法有：与企业年度经营计划相联系的目标管理法；以确保企业在行业中竞争优势的标杆超越法；以提高企业核心能力为目的的关键绩效指标法；以全面衡量企业经营能力的平衡计分卡方法等。

（2）非系统的考核方法

这类方法以某一个具体的工作或岗位为考核实施对象，具体包括：

① 衡量关键职务职责履行状态的考核方法。这类考核方法与每一个工作或职务的关键工作要素和关键职责领域的达成度相关，其中有相对方法、绝对方法，定性方法（描述法）、定量方法。

② 对绩效形成过程控制的考核方法。这类方法一般以对常规性工作任务进行控制为特征，尤其强调对程序的遵循和对工作过程中行为态度的特定要求。如流程控制法、行为特征控制等。

③ 对人员能力与素质状态的考核方法。这类方法用于考察人员任职资格和职业能力，特别适合那些职责领域不清晰、目标任务变化快、工作非程序化程度高的职业群。如心理测量法、公文处理法等。

除以上分类方法外，还可以依据考核对象划分绩效评价工具的类型，如员工绩效评价方法、团队绩效评价方法和组织绩效评价方法；依据评价内容的重点将绩效评估工具分为行为导向方法（如量表法）、结果导向方法（如目标管理法）和综合型方法。

6.2.2　绩效评价方法的选择

不同的绩效评价方法各有特点，不同的方法不仅决定了绩效评估所花费的时间和费用，也决定了绩效评估的侧重点。理想的绩效评价方法不仅要保证结果的客观准确，同时也要便于操作。绩效评价方法的选择首先取决于组织特点，然后取决于工作特征以及考核目的和对象、考核的成本与前提条件和管理者的能力与态度，尤其是前两个因素的影响至关重要。

1）组织特征

不同的组织管理文化特征，对评价方法的选择与实施有明显影响。组织的分工特征、技术特征、人员特征、组织文化特征不同，对绩效形成的影响也不一样，因此在选择考核方法时需要认真考虑（见表6-1）。

表 6-1　　**不同组织管理文化对考核的影响**

项目	文化类型与评估参与者			应该进行评估的方面	矛盾与冲突
	管理特征	典型代表	评估参与者		
职能型文化组织	强调通过组织职能对组织核心技术的依赖和运用	大型制造业、政府	职能型的管理者或管理型的管理者	1. 职能型的支持 2. 逻辑推理/分析思考能力 3. 员工明确工作任务的绩效 4. 带动其他绩效的能力 5. 培养条理性 6. 在职能范围内加强其他能力	1. 高度评价团队工作 2. 重视个人在综合性团队中的作用 3. 将注意力集中在有争议的机能上 4. 评估程序结构松散，内容空泛
程序型文化组织	强调以顾客为中心，并以此作为一项关键要求	依靠负责顾客不同需求的多功能团队	团队领导及团队内外人员，包括顾客	1. 相关的特殊能力 2. 个人与其他团队成员的合作情况 3. 技能、技巧 4. 工作成果 5. 灵活应变、创新能力	1. 坚守规章的能力 2. 独立工作的能力 3. 评估过程只关心投入，忽视员工的成果
效率型文化组织	强调对实力/技术和灵活经营方面的投资；以更快更好的方式占领市场	软件公司、组织内的生产/服务小组	小组领导、同事，技能全面的评价者	1. 为达到目标所付出的努力 2. 对其他人的影响 3. 主动性 4. 创造力 5. 旺盛的学习热情 6. 极强的适应性	1. 掌握实用技术 2. 精心设计但耗费时间的评价制度
网络型文化组织	强调顾客和灵活经营；目标明确、适应性强；人才使用灵活	咨询公司、电影公司	项目领导、同事、有兴趣的顾客	1. 开辟新思路、尝试新方法的能力 2. 树立自信心 3. 团队合作能力 4. 建立良好人际关系 5. 提高服务能力 6. 技能不断完善的程度	1. 仅仅只有一套针对个人的评价制度 2. 评价制度关注的不是技能和员工对团队的作用，而是其他无关紧要的问题

资料来源　付亚和，许玉林. 绩效管理［M］. 上海：复旦大学出版社，2006.

从表6-1中可以看出，不同的组织管理文化特征对绩效管理的各个方面产生着不同影响，并且组织管理文化特征还对其人力资源管理文化有决定性作用，从而对绩效管理方法的引入和实施有重大影响。根据人力资源管理文化对员工个人和工作绩效的关心不同，可将其分为四种类型（如图6-3所示）。而每种文化类型对绩效管理制度及评价方法的影响也不相同（见表6-2）。

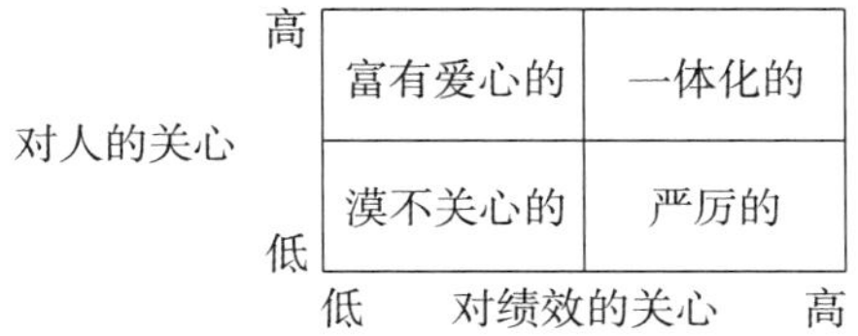

图6-3　人力资源管理文化类型

资料来源　付亚和，许玉林．绩效管理［M］．上海：复旦大学出版社，2006.

表6-2　**人力资源管理文化对绩效管理的影响**

人力资源管理文化类型	对绩效管理的影响
漠不关心的	1.既不关心员工个人，又不关心工作绩效 2.一般不会实施绩效管理，即使使用也是流于形式 3.如果没有其他文化配合，无法推行考核制度
严厉的	1.无视员工个人与家庭情况，向员工提出过高的绩效要求 2.在目标管理基础上实施强硬的绩效管理和评估制度 3.强调员工要像自己承诺的那样干出成绩 4.不顾目标和标准的变化，过分强调不切实际的目标 5.使员工对目标的制定和评价感到紧张和担忧
富有爱心的	1.通过明确的机制或制度高度体现对员工的关怀 2.具有充分的理由实施评估，目的主要在于员工发展 3.不会对员工提出过高的绩效标准 4.会给人以家长式的感觉 5.注意不让员工承担超负荷的工作
一体化的	1.同时关注员工及其绩效 2.重视组织根据市场和竞争环境而实施绩效管理 3.绩效管理对绩效目标、工作任务和员工发展都很重要 4.把员工的绩效评价融入日常管理之中

2）工作特征

选择评价方法时，需要考虑工作的独立性程度、程序化程度以及工作环境的变动程度。

（1）工作程序化程度

工作程序化程度指的是员工在工作过程中遵循某种程序化工作规范的程度。流水线上工人的工作就是工作程序化程度非常高的一个例子。对于这类工作来说，制定一个明确的工作规范往往较为容易。因此，程序化程度较高的工作适合于使用以工作标准为评价尺度的各种量表法；而程序化水平较低的工作则更多地考虑使用目标管理的方法或比较法、描述法。

（2）工作独立性程度

所谓的工作独立性，是指员工在工作中进行独立决策的权限大小。由于制定明确的工作标准和工作目标可能会影响员工的独立性程度，因此当工作的内容要求赋予工作者较强的独立性时，量表法和目标管理法等以客观评价尺度对员工绩效进行评价的方法就不再适用了。

（3）工作环境的变动程度

工作环境的变动程度对选择绩效评价方法的影响体现为：针对工作环境变化程度较大的工作，要制定明确的工作标准或绩效目标通常较为困难，因此，在这种情况下应选择采用较为灵活、弹性的方法，如比较法、描述法等。反之，当工作环境变动程度较低时，这类方法就比较适合了。

实例6-3　　适合的才是最好的

360度考核反馈、MBO、KPI、BSC、EVA、积分制……都是考核工具，一些企业在寻求更好的绩效考核办法的过程中，将考核制度搞得很复杂。曾有一家知名消费品企业，考核是“360度无死角”，每个外勤员工每天填五六张表，只要其中有一项没填就扣分；每名员工每天8小时工作期间，每个工作步骤都在企业的掌控下。结果，员工要么全部造假、要么离职，最终企业经营不下去，老板又不愿反思、调整思路，只是寻求被收购。还有一些企业，不但把自己内部考核做到事无巨细，连对经销商的考核规定也是洋洋洒洒近百项，动辄以返利、付款为要挟，经销商苦不堪言。其实，目标越清晰越好，考核制度越简明越好。检验“好的”考核制度的标准之一就是“好计算、看得懂”，能让员工清楚地知道付出与所对应的回报。

6.3 绩效评价实施

绩效评价是指在绩效周期结束时，由管理者和员工使用既定的、合理的评价方法与衡量技术，对员工的工作绩效进行评价的过程。这个过程实际上也是管理者与员工一起回顾和评价员工在完成绩效计划中的进展和表现，找出不足和进步的过程。

6.3.1　直线经理和人力资源管理者的作用

任何绩效管理系统无论设计得多么完备，如果不能正确地实施，就不会达到预期的效果。在绩效评价环节中，直线经理负有主要责任：他们必须填写评分，并向员工提供反馈。直线经理所做出评价结果的准确性和公平性对考核制度的实施和员工的接受有极其重要的影响。而人力资源管理部门在这个环节承担的任务主要是：为评价者提供培训和指导，对评价过程进行监督和控制以及对汇总上来的评价结果进行整理和核对。双方的密切配合，再加上高层管理者的支持，才能保证评价环节的顺利进行。

实例6-4　　　　　　　　　　公共汽车司机的绩效评估

MTA（metropolitan transit authority）是一家公共汽车公司，该公司早在5年前就与工会联合开发了绩效评估系统，该系统一直运行良好。每一个MTA的主管（高中学历）负责管理30个下属（全公司共有890名公共汽车司机，全部为高中或高中以下学历）。在这套考核系统下，几乎全部的考核结果都建立在一张违纪清单（如迟到报告、交通事故）的基础之上，每种行为都赋有分值，每季度评估一次。每季度开始，每个司机分配到100点，100点减去因处罚而扣掉的分值就是每季度的评估结果，每年的评价结果（一般作为红利、晋升和任务分配的依据）就是每季度评价点数的平均数。因为该系统简单易行，在5年的实际应用中，效果很好，所以主管和员工们都喜欢该系统。

2012年初，该公司人力资源部门设计了一套新的考核系统在公司中运行。新的评估系统要求主管每季度为30个下属写叙述性报告，但是MTA的主管没有时间也没有兴趣在每个季度为每个下属写记录报告，因此，他们拒绝使用新系统。为了更为鲜明地表达自己的观点，他们详细叙述了一个优秀司机的工作表现，然后将每个司机的名字加在上面，复印890份，之后将这高达两英尺的评价结果送交人力资源管理部门。原先的绩效评估系统并非完美无缺（例如，司机仅仅会因为绩效不好而扣分，而不会因为绩效好而得分），但却实施良好，尤其是得到管理人员、员工和工会的认同。

6.3.2　绩效评价过程

评价是对人或事物的价值做出判断的一种观念性的活动。任何评价活动都包括以下四个环节：第一，确立评价目标、选择评价对象；第二，建立评价的参照系统，确定评价主体、评价指标、评价标准和评价方法；第三，收集相关信息；第四，形成价值判断。

在进行绩效评价时，通常经过以下五个步骤，具体内容如图6-4所示。

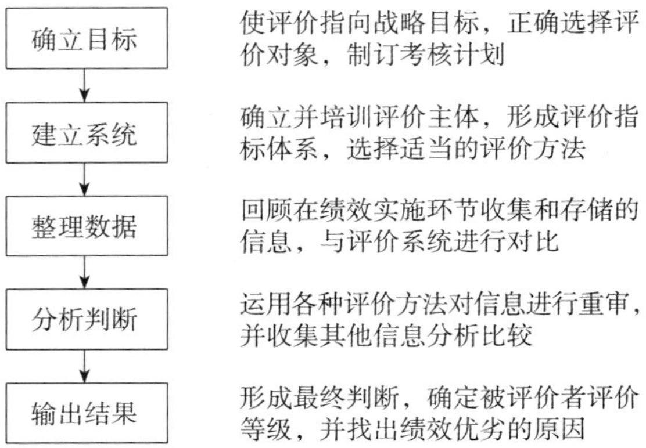

图6-4　绩效评价过程及步骤

6.3.3　绩效评价结果分布

1）绩效评价尺度

在衡量员工实现绩效目标的程度时，需要选择一种绩效评价尺度来表示实际完成情况与目标的比较。绩效评价尺度包括百分制、五分制（包括以ABCDE表示）、英文字母简写（如G代表good，E代表excellence）、文字表示（如优秀、良好、合格）、强制分布等。尺度的选择没有一定之规，可以根据企业的实际情况选择。有的企业员工人数较少、素质较高，可以采用五分制、英文字母简写（见表6-3）的办法；有的企业员工数量多，评价结果的横向比较频繁，则可以采用百分制（见表6-4）的方法，该方法区分度高、准确性好，还可以加权汇总计算总和得分。选定评价尺度后，需要对评价尺度的各个等级进行定义，说明各等级的含义和相应的绩效水平标准或绩效行为描述，以便于评价者打分和被评价者理解。

表6-3　**英文字母简写评价等级示例**

等级	等级说明
O：杰出（outstanding）	在所有方面的绩效都十分突出，明显比其他人优异
V：很好（very good）	绩效的大多数方面明显超出职位标准要求，工作绩效是高质量的并且在评价期间一直如此
G：好（good）	称职的和可信赖的工作绩效水平，达到工作绩效标准要求
I：需要改进（improvement needed）	在绩效的某一方面存在缺陷，需要进行改进
U：不令人满意（unsatisfactory）	绩效水平总的来说无法让人接受，必须立即改进 绩效评价处于这一等级的员工无法获得加薪的机会
N：不做评价（not rated）	在绩效等级表中没有可以利用的标准，或因时间太短而无法得出结论

表6-4　**百分制绩效评价尺度示例**

分数	分数说明
100	超过经营计划目标值25%；或所做的工作在同行业内遥遥领先
90~99	远超目标，完成的经营数据比计划值超出15%以上；或所做的工作在同类单位处于领军地位；或所做的工作与过去相比有质的改变
80~89	超过目标，完成经营数据比计划值超出5%以上；或所做的工作在同类单位中处于最前列；或所做工作与过去相比有显著改善
70~79	达到或基本达到目标，完成经营数据与计划值的差异在5%以内；或所做的工作基本达到职位说明书、绩效计划的要求。如正好符合绩效目标的要求，建议打75分，并以此为基数根据实际情况上下浮动
60~69	与目标有一定差距，完成经营数据比计划值降低5%以上；或所做工作在同类单位中处于落后地位；或所做工作与过去比有显著退步
0~59	与目标差距较大，完成经营数据比计划值降低15%以上；或所做的工作距离职位要求有较大差距；或所做的工作比过去有质的退步
不做评价	应时间太短或其他特殊原因而无法得出结论

2）绩效结果强制分布

在绩效评价的过程中，经常发生管理人员为了避免矛盾采取居中评价的现象。为了克服这种平均主义、大锅饭的不良现象，很多企业采取了绩效结果强制分布的要求。强制分布也称为强制正态分布，该方法是根据正态分布原理，即俗称的“中间大、两头小”的分布规律，预先确定评价等级以及各等级在总数中所占的百分比，然后按照被考核者绩效的优劣程度将其列入其中某一等级（如图6-5所示）。强制分布法适用于被考核人员较多的情况，操作起来比较简便。由于遵从正态分布规律，可以在一定程度上减少由于考核人的主观性所产生的误差。此外，该方法也有利于管理控制，尤其是在引入员工淘汰机制的企业中，具有强制激励和鞭策功能。

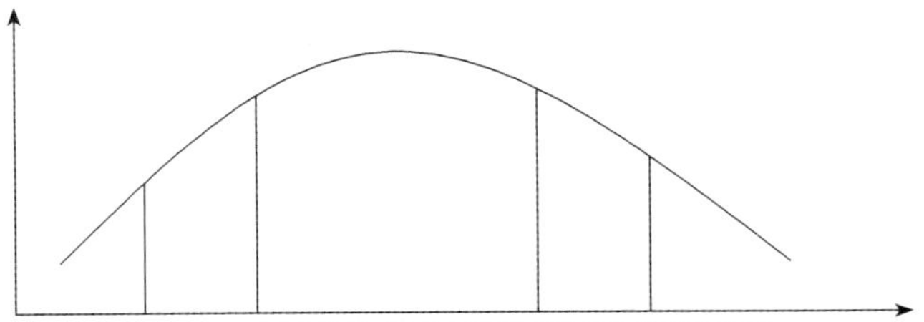

优秀	良好	中等	较差	最差
10%	20%	40%	20%	10%

图6-5　强制分布法示例

评价之后要对处于不同类别上的员工给予不同的人力资源政策，九宫格管理法是这方面的一种重要工具（如图6-6所示）。按照工作目标的完成情况和发展潜力两个维度，员工被排列在九宫格中，通过这样的分类对员工采取不同的措施——淘汰D类员工、辅导C类员工、激励B类员工，保留A类员工。

绩效表现 ↑ / 价值观与行为表现 →	一般	良好	优秀
远超目标	B类员工 改变价值观	B类员工 培训价值观	A类员工 重点保留、额外奖励 予以提升、发展领导力
较好表现	C类员工 危险	B类员工 指导价值观 提升工作能力	B类员工 提升工作能力
相对较差	D类员工 协议离职	C类员工 危险	C类员工 提升工作能力 绩效改进计划

图6-6　九宫格管理法

资料来源　朴愚，顾卫俊．绩效管理体系的设计与实施［M］．北京：电子工业出版社，2006.

实例6-5　“末位淘汰”的法律风险

2005年7月，王某进入杭州某公司工作，劳动合同约定王某从事销售工作，基本工资每月3 840元。该公司的《员工绩效管理办法》规定：员工绩效考核结果分别为S、A、C1、C2四个等级，分别代表优秀、良好、价值观不符、业绩待改进。2009年1月，王某所在的部门被裁撤，王某被转岗至华东区从事销售工作。由于2008年下半年、2009年上半年及2010年下半年王某的考核结果均为C2，公司认为，王某经转岗后仍不能胜任工作，故在支付了部分经济赔偿金的情况下与其解除了劳动合同。2011年7月，王某提起劳动仲裁。仲裁委做出裁决：该公司支付与王某违法解除劳动合同赔偿金余额36 596.28元。该公司认为自身不存在违法解除劳动合同的行为，故诉至法院。最后，杭州市滨江区人民法院判决，该公司一次性支付被告王某违法解除劳动合同的赔偿金余额36 596.28元。

上述判例是2013年11月8日最高人民法院发布的第5批指导性案例中的第18号指导案例。该事件的焦点是用人单位的《员工绩效管理办法》中涉及的“按比例认定不胜任”条款，而该条款属于“末位淘汰”的性质。由于我国的法律环境与国外不同，致使“末位淘汰”这一操作方式在国内存在法律风险。根据《中华人民共和国劳动合同法》及《中华人民共和国劳动合同法实施条例》的相关规定，劳动合同的解除与终止需要符合法定条件方可实施，而其中并无“末位淘汰”这一项。因此，该做法在中国目前的法律体系下是违法的。建议用人单位以“末位调岗”替代“末位淘汰”，并在《劳动合同》中事先对“调岗”的诸多情形加以约定，将员工连续数次绩效考核均处于“末位”这一情形置于其中。需要注意的是，调整后的岗位应当与员工原岗位具有相关性。

资料来源　柴文聪. 2013年十大员工关系案件点评［J］. 人力资源，2014（1-2）.

6.3.4　绩效考核失败的原因

尽管大多数管理者都承认绩效评价是一个应该受到普遍关注的人力资源管理问题，但是绩效评价往往由于容易招致众多的争议而被大多数管理者所放弃或躲避，从而导致绩效评价被认为是无关紧要或者只是人力资源部门的事情。在现实生活中，许多企业实施绩效评价都遭受了失败的命运。要想避免失败与不幸，首先要从失败的案例中寻找和总结经验教训，否则就无法进行科学的绩效评价并最终把绩效管理作为战略管理工具。导致企业绩效评价失败的原因主要有以下几种：

1）最高管理层不重视

绩效评价是一项需要动用企业各方面资源的工作，如果得不到最高管理层的支持，绩效评价必然会遭遇失败。最高管理层应该意识到自身在建立和执行绩效评价系统工作中的重要作用，给具体的执行部门以充分的支持；否则，绩效评价工作将成为制造文件垃圾的内耗。绩效评价只有受到高层管理者的重视，并给予充分的资源，使之制度化、系统化，建立和完善企业评价体系以及相应的操作管理程序，才能发挥它的战略工具作用。

2）绩效评价系统设计不科学

绩效评价系统本身是否科学，是绩效评价能否取得成功的关键因素。如果评价主体选择错误，评价标准设计不准确，评价方法与工具不科学，语言模糊，缺乏可操作性，必然导致绩效评价的失败。通常评价主体、评价标准、评价方法的确定和设计是一系列专业性的技术工作，需要专业人员甚至聘请专业的外部顾问进行设计。与此同时，在设计评价体系时还要考虑直线经理和员工的意见，这样才能使评价体系设计得更为完善，更加具有可操作性。

3）管理者或评价主体缺乏技能

管理者或评价主体缺乏信息、缺乏评价技能或不认真对待、不公正对待员工等评价主体错误或失误是绩效评价失败的最主要原因之一。尤其是评价者的态度和能力，是影响绩效评价成败的关键，因此对其的培训是绩效管理制度建设和推行中的重要工作。

4）缺乏公开的反馈机制

在许多企业中，绩效评价制度推行初期员工的热情很高，然而这种热情往往无法维持下去，一个可能的原因就是评价制度中缺少了反馈机制。缺乏反馈的绩效评价系统使得员工不能得到必要的信息，看不到评价的意义，从而就丧失了参与绩效评价的热情。

5）对评价结果不加运用

绩效薪酬是与绩效评价结果相挂钩的薪酬制度。通常认为，只有执行有一定激励力度的绩效薪酬制度，才能够激发员工和管理者的重视绩效评价工作。除此之外，绩效结果还应与培训、晋升等人力资源管理制度挂钩。根据期望理论，如果没有与努力和绩效相挂钩的奖励或惩罚，那么最终也不会产生激励作用，最终使员工对其丧失兴趣、使绩效评价流于形式。绩效考核不良循环图如图6-7所示：

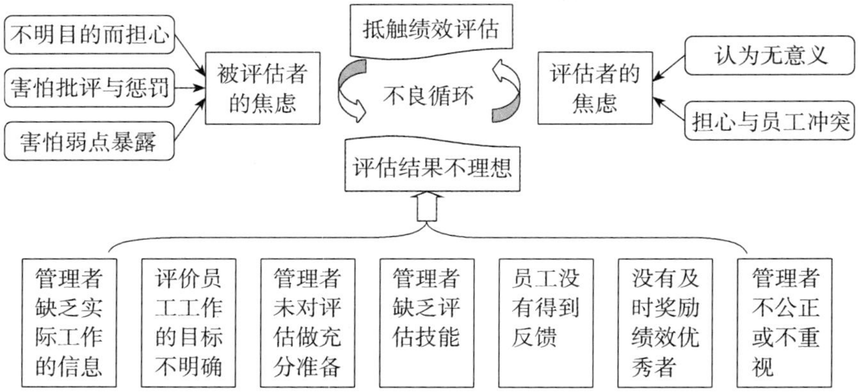

图6-7　绩效考核不良循环图

资料来源　付亚和，许玉林. 绩效管理［M］. 上海：复旦大学出版社，2006.

□ 个案分析

这个绩效考核太温情?

斯凯尔公司人力资源副总裁埃克达尔在去吃午饭的路上遇到首席财务官安妮塔，安妮塔敦促他抓紧启动公司的裁员计划。安妮塔说，公司经过两轮收购后，机构臃肿，部门设置重复，必须马上开始整合，减员增效。交谈中，安妮塔还亮出了尚方宝剑，说公司CEO哈尔跟她的想法一样，希望能在接下来的4个月内缩减2 000万美元的薪酬支出。

埃克达尔辩驳说，裁员不是个简单的数字问题，他们得确保每个岗位都安排上最合适的人。但安妮塔对此不以为然，说他们人力资源部门做事总是不慌不忙，“现在机构臃肿、冗员过多，我们没那么多时间等你慢慢为所有岗位都物色到不二人选”。埃克达尔听出她话里带刺，他不禁想到已离职的前任——米兰尼斯。六个月前，正是因为安妮塔嫌米兰尼斯做事优柔寡断，才怂恿CEO哈尔，逼迫米兰尼斯退了休。

埃克达尔与安妮塔话不投机，匆匆别过，就去城里老地方与米兰尼斯会面了。

吃饭的时候，他把与安妮塔的对话学了一遍给米兰尼斯。米兰尼斯叫他不要被安妮塔拿住，该坚持的就要坚持，因为这次裁员关系到斯凯尔的未来。

米兰尼斯让埃克达尔坚持的东西，其实就是他早先亲自设计的一套绩效评估系统，他当初设计这套系统的目的，是为了确保并购后的裁员能凭数据说话，做到客观公正。在此之前，在斯凯尔公司，大家的绩效评估成绩年年都是虚高“膨胀”，评估工作得到的一大堆数据根本没用，无法根据这些数据选拔人才。CEO哈尔起初很支持米兰尼斯建立新系统，孰料这个项目非常耗时，迟迟不能完结，最后米兰尼斯被指效率低下，“光荣”退休。

埃克达尔接任后，很快创建了一张简单的绩效评估表格，经理们只要在表格上的7个方面为每个员工打分就可以了，包括“任务完成结果”“树立内部信誉”等。分数等级从1分到5分：“显著低于他人”为1分，“稍低于他人”为2分，“显著强于他人”则为5分。另外，埃克达尔要求每个经理在评估时一定要高标准、严要求。

但是，评估结果出来后，他发现不仅没有人得2分或1分，就连3分都难得一见。电脑自动计算出的平均分是4.6分。埃克达尔很沮丧，他打电话给米兰尼斯寻求建议。米兰尼斯劝他让经理们重填表格，要他们敢于打出1分和2分。“埃克达尔，聪明点儿，”米兰尼斯说，“看看我的下场吧。如果你一项不落地全部再分析一遍，别人只会觉得你做事拖泥带水。你只要让经理们放心大胆地打出1分或2分就行了。你要让他们明白，给每个人每一方面都打4分或5分根本没意义。怎么可能都显著强于他人呢？逻辑上也说不通啊，又不是在做梦。培训几次，这个问题就能解决了，培训还不简单？”

埃克达尔简要地向安妮塔汇报了第一次评估结果。安妮塔有些自得，因为她一直认为评估员工绩效的最好方法是看其所在部门的损益情况，还说有时候裁员就得狠下心来，不能太瞻前顾后。埃克达尔提出想再让经理们做一遍评估，安妮塔持反对意见，她认为经理们还有很多正事要做，不该把时间和精力浪费在这种没意义的事情上。

“这就是正事。”埃克达尔说，“绩效评估很重要，其重要性不仅在于给裁员和晋升提供正确的依据，这我想你是知道的。合理有效的评估可以为公司提供培养人才所需的数据。员工们也需要知道他们在哪方面做得好，哪方面还有提升的空间。我进公司后，第一次绩效评估米兰尼斯给了我2分。这2分是针对我的工作灵活性的，说明我在接受建议、尝试新方法方面还有欠缺。我把这个2分视为对我的挑战。第二年，我就拿了4分。有效的评估对于管理来说至关重要。”

安妮塔怒目圆睁，她可不喜欢听人说教。“好，就算你强迫经理给员工打低分。这些低分又有什么意义呢？经理只会给他们不喜欢的员工打低分，其他的还不是随便打个分数了事。埃克达尔，有些时候，遇到非裁员不可的情况，那就只能硬起心肠来，设计一个程序，把所有名单过一遍。这样做虽然很痛苦，但可以快刀斩乱麻。”

但是，埃克达尔很坚持，他说他一定要从绩效评估中获取有价值的结果。他打算给经理们做个培训，再进行第二次评估。他打算迅速安排培训。他将现身在视频课程中，向经理们解释，他们必须给每位员工至少在一方面的绩效考核中打2分或是3分，并且他们所有直接下属的平均分数必须是3分。毕竟，他当年得的那个2分对他起了很大的促进作用。

第二次评估截止时间到了，埃克达尔打开电脑浏览结果，他越看越觉得不对劲儿——太多3分了，根本没办法区分优劣。安妮塔对这个结果虽没表现出幸灾乐祸，但是从她的语气中，埃克达尔还是嗅到了一丝“我早告诉过你吧”的味道。

接下来几天，人力资源部对数据进行了分析，发现全公司不是3分的寥寥无几。经理们往往给那些就要晋升的人打高分，给那些他们不太熟悉的人打低分。还有一名经理给一个人全部打了1分，调查后才知道，那位员工刚刚离世。

埃克达尔想知道，他是不是应该继续坚持自己的信念，让各位经理继续做绩效评估，直到做对为止。还是就此承认失败，管它有没有依据，大刀阔斧地开始裁员？

资料来源　霍尔，瓦什楚克．这个绩效考核太温情［J］．唐晓丽，译．商业评论，2011（9）．

思考题：

1.人力资源副总裁埃克达尔与首席财务官安妮塔对于绩效考评的观点为什么会有如此大的差异？请分析原因并说明你对绩效管理实施价值的观点。

2.绩效评价数据的问题产生的原因是什么？接下来应该如何继续？请说明你的观点。

□ 本章小结

由于现代企业中的岗位设置和专业分工日益复杂，因此仅凭一个人的观察和评价很难对员工做出全面、准确的判断。上级、下级、同事以及员工本人和外部客户都可以参与到评价过程中来。不同的评价主体具有不同的特点，在评价过程中承担不同的评价职责和管理责任。评价者主观原因造成的偏见、误差和错误对绩效评价结果的正确性有很大影响，在改进绩效管理制度的同时，也要对管理者进行有效的培训，使之掌握正确的方法和技能，将绩效管理落到实处。

绩效评价方法的选择是绩效评价以及绩效管理的重点与难点，人力资源管理专业人员和该领域的专家设计和创造了一系列的绩效评价方法，这些方法各具特点。具体包括相对评价法、绝对评价法和描述法，系统评价法和非系统评价法等类型。客观地讲，没有一种方法堪称完美或能够满足实践中的各种要求，这些方法往往需要综合使用，以适应不同组织、不同岗位在不同发展阶段对绩效评价的不同需要，实现不同的绩效管理目的。

绩效评价是指在绩效周期结束时，由管理者和员工使用既定的、合理的评价方法与衡量技术，对员工的工作绩效进行评价的过程。绩效评价尺度包括百分制、五分制、英文字母简写、文字表示、强制分布等。尺度的选择没有一定之规，可以根据企业的实际情况选择。在企业实践中，失败的绩效考核比比皆是，因此总结考核失败的原因并汲取其教训是有效实施绩效评价的措施之一。

□ 关键概念

绩效评价者　晕轮效应　居中效应　对比误差　相似性误差　近因效应　相对评价法绝对评价法　描述法　系统评价法　非系统评价法　绩效评价尺度　强制分布

□ 课堂讨论

1.举例说明绩效评价者常犯的评价误区，并提出避免的措施。
2.结合案例，讨论绩效评价方法选择时应该考虑的问题。
3.分析绩效评价结果的强制分布有何优点和缺陷，应如何使用。

□ 复习思考题

1.简述上级评价的优缺点。
2.论述上级与自我评价相结合的方法如何实施。
3.绩效评价者主观原因造成的评价误区有哪些?
4.简述工作特征如何影响绩效评价方法的选择。
5.论述导致企业绩效评价失败的原因。

□ 自测题

1.绩效评价者可以包括（　　）、（　　）、（　　）以及（　　）和（　　）。
2.关于下级评价，下列说法正确的是（　　）。
A.更多侧重于对管理者管理技能的评判
B.不适合对计划、预算、创新等能力的评价
C.要采用匿名提交的方式
D.要保证足够的下级数量
3.俗话说："一白遮百丑。"这句话代表的是主观误区中的（　　）。
A.居中效应　　B.晕轮效应　　C.近因效应　　D.对比误差
4.绩效考核结果的强制分布是为了消除主观误区中的（　　）。
A.居中效应　　B.晕轮效应　　C.近因效应　　D.对比误差
5.评价者培训的内容主要包括（　　）。
A.评价者误区培训　　B.绩效评价指标培训
C.绩效标准培训　　D.绩效反馈培训
6.目标管理法属于以下绩效评价工具中的（　　）。
A.绝对评价法　　B.相对评价法　　C.系统评价法　　D.非系统评价法

7.既关注员工又关注绩效的人力资源管理文化类型是（　　）。

A.富有爱心的　　B.严厉的　　C.漠不关心的　　D.一体化的

8.选择评价方法时，需要考虑工作的（　　）、（　　）以及工作环境的变动程度。

□ 补充阅读材料

自由的谷歌是如何考核员工的

在人们印象里，谷歌是一家富于创新、气氛自由、甚至“有些散漫”的互联网公司。然而，谷歌有着一套十分精密严谨、完全数值化、令人压力山大的内部目标考核制度——OKR，所有员工的考核评分对内公开，这种目标考核也成为各部门任务协作的一个手段。

OKR全称是“目标和关键成果”。在谷歌创办不到一年的1999年，一位名叫约翰·多尔（John Doerr）的投资人，把OKR制度引入了谷歌，这种英特尔发明的制度，在谷歌一直沿用至今。但其实不仅仅是谷歌，包括大量的互联网公司，甚至一些基金公司都曾经全部或部分采用这个考核系统。

OKR全称是 Objectives and Key Results，其主要的目的是更有效率地完成目标任务，并且依据项目进展来考核的一种方法。它的主要流程是这样的一个循环：

第一，明确项目目标。

第二，对关键性结果进行可量化的定义，并且明确达成目标的/未完成目标的措施。

第三，共同努力达成目标。

第四，根据项目进展进行评估。

谷歌的目标考核按照季度和年度进行，首先在每一个OKR中，所有员工必须设立目标，这个目标，由几个重要的可测量的指标体现，不能是空洞目标。比如在网站建设上，不能说“计划让网站更漂亮”，必须说让网站的“速度提高30%”，或是“用户交互程度提升15%”。虽然季度的OKR考核目标不会变化，但是年度考核目标却会随着业务的进展做出调整。

谷歌在公司层面设立了OKR目标，在团队、管理人、普通员工层面，均设立目标，这一目标系统，使得公司在正轨上运行。在每个季度，每个员工一般接受4到6个OKR考核，如果考核数量太多，则表明被解雇的可能性加大。

在每个季度末期，谷歌将会对OKR考核实施打分，分值从0到1.0。一般的分值为0.6、0.7，如果获得1.0分，则表明目标太简单，如果分值低于0.4，则员工需要反省哪里做错了。季度OKR评分只需要几分钟，因此员工不需要在这方面花费很多时间，可以把时间投入在完成项目目标上。

在谷歌，包括CEO在内，所有人的OKR评分全部公开。在员工资料库中，任何人都可以查看同事的打分，每个季度的OKR目标，分值都可以一览无余。这种考核评分公开，会让一些员工感觉到“压力山大”，但是这种信息公开，可以帮助各部门进行工作协作。

据克罗（谷歌员工）回忆，有一段时间，他负责YouTube的主页，其他部门希望能够通过YouTube推广自己的产品，比如放置一个视频。这时候，他们可以首先查看克罗的季度OKR，看看这个季度都要完成什么工作，这样可以提前“打招呼”，实现协作。据称，OKR评分并不是谷歌进行职务晋升的依据，但通过评分，每个员工都可以了解自己过去所完成的工作和项目。如果某位员工可能获提拔，人事部门可以很快捷地看到此人过去的成绩。

以下是对谷歌OKR细节的补充：

第一，目标要具有野心，并且有一定的难度（Objectives are ambitious，and should feel somewhat uncomfortable）。

第二，关键性结果要明确，并且能够以简单的数字进行量化（Key Results are measurable；they should be easy to grade with a number）。

第三，OKR的成绩及结果是公开的，这有益于公司内所有人彼此了解各自的工作状态，以及过往的工作业绩（OKRs are public；everyone in the company should be able to see what everyone else is working on and how they did in the past）。

第四，“最佳”OKR分数在0.6~0.7之间，如果某人拿到1分，那么OKR制定的目标显然是缺乏野心的。低分数的人也不会受到指责，而是应借此改进下一季度的OKR目标（The “sweet spot” for an OKR grade is 0.6~0.7；if someone consistently gets 1.0，their OKRs aren’t ambitious enough.Low grades shouldn’t be punished；see them as data to help refine the next quarter’s OKRs）。

资料来源　佚名. 成长于Google的OKR［EB/OL］.［2021-10-15］. https：//www.sohu.com/a/117213146_404355.

第7章/绩效管理流程之四：绩效反馈

学习目标

绩效反馈是绩效沟通的重要内容之一，而绩效面谈则是绩效反馈的主要内容和形式。通过本章的学习，应该能够了解绩效反馈的作用、原则和方式选择，明确绩效面谈的目的，掌握绩效面谈的准备事项、实施过程以及面谈的基本技巧。

7.1 绩效反馈

7.1.1 绩效反馈的含义及作用

所谓绩效反馈，就是使员工了解自身绩效水平的各种管理手段。绩效反馈是绩效沟通的主要形式，同时，绩效反馈最重要的实现手段就是管理者与员工之间的有效沟通。心理学家发现，反馈是使人产生优秀表现的最重要条件之一。如果没有及时的反馈，人们无从对自己的行为进行修正，从而无法逐步提高，甚至可能丧失继续努力的愿望。同样的道理，员工的绩效表现不佳的一个可能的原因就是没能够得到及时、具体的反馈。法国学者亨利·法约尔曾经做过这样一个实验：他挑选了20名技术水平相当的工人，每10人一组，把他们分成两组，然后在相同的条件下让他们同时进行生产。每隔一小时，他就会去检查一下工人们的生产情况。对第一组的工人只记录各自生产的产品数量，但不告诉工人们他们的工作进展速度。对第二组工人，不但记录数据，还告诉他们各自的工作进度：每一次考核完，法约尔就根据结果在生产速度最快的两个工人的机器上各插一面小红旗；速度居中的四个人，插小绿旗；而最后的四个人，则插小黄旗。实验表明，第二组工人的生产效率远远超过第一组。因此，有效的绩效反馈对绩效管理起着至关重要的作用。

首先，绩效反馈是考核公正的基础。由于绩效考核与员工的切身利益息息相关，考核结果的公正性就成为人们关心的焦点。而考核过程是考核者履行职责的能动行为，考核者不可避免地会掺杂自己的主观意识，导致这种公正性不能完全依靠制度的改善来实现。绩效反馈较好地解决了这个矛盾，它不仅让员工成为主动因素，更赋予其一定权力，使其不仅具有知情权，更具有了发言权；同时，通过程序化的绩效申诉，有效降低了考核过程中不公正因素所带来的负面效应，在考核双方找到了平衡点、结合点，对整个绩效管理体系的完善起到了积极作用。

其次，绩效反馈是绩效改进的保证。绩效考核结束后，当员工接到考核结果的通知单时，在很大程度上并不了解考核结果的来由，这就需要管理者就考核的全过程，特别是员工的绩效情况进行详细介绍，指出员工的优缺点，特别是对未来的绩效改进计划达成一致。

最后，绩效反馈是传递组织期望的手段。组织的愿景目标及未来期望是要通过管理者来传递给员工的，在绩效反馈时进行传递是一个合适的时机。在与员工讨论工作目标的过程中，就可以将组织愿景与期望贯穿其中，让员工感觉到组织期望不是一种无形的愿景，而是与自己紧密联系的，这样更有利于员工将其落实到具体的工作中。

绩效反馈在绩效管理中发挥着如此重要的作用，然而，在企业绩效管理实践过程中，绩效反馈却成了最薄弱、最容易被人忽视的一个环节，管理者和员工都倾向于回避这一过程。

实例7-1　　PIR的实时绩效反馈

家居装饰零售商Pier Imports（PIR）能让其所属百货商店的管理人员及销售人员得到实时的销售额信息以及相关的分析信息，这就可以让他们知道，他们当前的销售状况与前一天或前一个月相比处在何种水平。这种做法并没有出现一些批评人士所担心的那种血汗工厂气氛，相反，员工倾向于把这些代表销售状况的数字看成是一种挑战。正像PIR第33分店的地区经理戴夫·塞尔夫（Dave Self）所说的那样："你向员工提供的信息越多，他们以一种所有者的心态来看待商店绩效的感觉就越强烈。"

PIR的员工也同意上述观点。"他让我们感到兴奋。"一位经理助理艾里西亚·温切尔（Alicia Winchell）这样说道。在整个工作日当中，百货店里的职员们可以轮流使用在店面后面的一个房间里摆的一台计算机，这台计算机可以让他们得到在刚刚过去的最后一分钟里所完成的销售数据。他们不仅仅可以了解到有多少件商品被卖出去了，每件商品是以什么样的价格卖出去的，而且还可以了解到有多少人到商店来了，以及最后购买了商品的人所占的百分比是多少。他们还可以知道有多少商品是新上市的，有多少商品是由海外进口的，等等。这些数据可以帮助管理人员和销售人员为客户创造更好的价值，同时对走进商店的每一位客户都给予充分的关注。例如，一位名叫葆拉·汉金斯（Paula Hankins）的商店经理有一天甚至花了半个小时的时间来帮助一位室内设计师挑选一些小的饰物。这位设计师那一天本来并没有打算花250美元买东西，但是事后他称赞汉金斯说，他"做了一件很棒的工作，帮助我发现了我到底需要什么"。

PIR的管理人员对待销售数据的态度是很独特的。他们认为，这些数据只是一种信息工具，而不是一种惩罚工具。如果一个商店没有达到短期目标，那么"我们的上级也不会因此而责怪我们"，一位名叫金·史密斯（Kim Smith）的员工这样说道。显然，工作结果为该公司全面绩效管理提供了一条有价值的考察途径。

资料来源　诺伊．人力资源管理——赢得竞争优势［M］．刘昕，译．5版．北京：中国人民大学出版社，2005.

7.1.2 绩效反馈的原则

组织内存在岗位分工和专业化程度的差异，所以管理者和员工之间对于工作情况的了解和掌握往往不对称，为了缓解和消除这种情况，双方之间的反馈和沟通应该是经常的、及时的，并且遵循以下原则：

1）具体原则

绩效反馈要直接而具体，不能做泛泛的、抽象的一般性评价。对于管理者来说，不论是赞扬还是批评，都应该以具体客观的事实或结果为依据，使员工明白哪些地方做得好、哪些地方还存在差距。如果员工对反馈的内容有异议，要进行申辩或解释，也要以具体客观的事实为依据。只有双方交流的是具体而准确的事实，绩效反馈才是有效的。

2）互动原则

绩效反馈应该是一种双向的沟通。由于层级地位的差异，管理者往往在双方的沟通中占据主导地位，员工则更多地是被动地接受。为了获得员工的真实想法，管理人员应该鼓励员工多说话，充分表达自己的观点，不应打断或压制。对于员工的好建议，管理者应该给予肯定，并共同制定双方发展、改进的目标。

3）对事不对人原则

绩效反馈的过程中，双方需要讨论的是工作行为和工作绩效，也就是工作中的一些事实表现，而不是讨论员工的个性特点。员工的个性特点不能作为评估绩效的依据，比如个人气质的活泼或者沉静。性格特点本身没有优劣好坏之分，虽然关键性的影响绩效的性格特征需要被指出来，如有的员工个性中不爱与人沟通，但不应将它作为指责的焦点。

4）正面引导原则

绩效反馈中相当大的一部分内容是对员工过去的工作绩效进行回顾和总结，但这并不意味着反馈的目的在于过去的事实，而应是从过去的事实中总结出一些对未来发展有用的经验或教训。不管员工的考核成绩是好是坏，一定要多给员工一些鼓励，引导员工发现并勇于承认自己的过失并给予辅助和建议，将双方的目光聚焦于员工和企业未来的发展。

实例 7-2　　兴能公司的绩效评价系统

总部设在费城郊区的兴能公司是一家向大型企业提供激励性薪酬计划管理软件的公司。在兴能公司的文化中有一个重要的组成部分，这就是公开沟通和持续反馈——这种沟通和反馈不仅仅发生在员工和管理者之间，而且发生在客户和员工之间以及员工与员工之间。

当公司只有7名员工的时候，兴能公司的绩效评价过程并不是很正规。当时，这7名员工围着桌子坐成一圈，共同来讨论绩效问题。但是当兴能公司的员工人数已经超过260人的时候，这种非正式的绩效评价方法显然已经不是很现实了。为了保持积极的团队工作，兴能公司开发出了一套独特的员工评价系统。这套系统所具有的最重要的特征之一是，对员工的评价是每季度进行一次，而不是采取很典型的那种每年评价一次的做法。公司管理层认为，要想改变员工的行为，就必须提供更为频繁的反馈。在他们的绩效评价体系中，每个员工都会得到一张标有介于1~5分之间的一个计分卡，同时还附有书面的文字评价。为了激励员工提高他们的得分，这种绩效评价结果是与员工的薪酬挂钩的。评价结果可以决定员工40%的季度奖金，而这种季度奖金可以达到一位员工基本薪酬的5%~100%的水平。这套评价系统具有的另一个特点是，员工可以得到来自其上级主管、同事以及其他部门员工和管理人员所提供的反馈。除了员工的直接上级所提供的反馈外，其他人所提供的反馈都是匿名的。公司甚至鼓励员工向中层管理人员和高层管理人员提供反馈，客户也向为他们提供服务的兴能公司工作团队提供反馈。来自多种来源的反馈信息让员工知道，除了他们的直接上级之外，其他人对他们的绩效的看法是怎样的。当员工的上级主管人员看到自己的评价结果与其他人的评价基本一致的时候，这种反馈反过来又增强了管理者的自信。如果其他人员的评价与员工的直接上级不同，或者是指出了制约员工绩效水平的一些障碍，那么管理人员可能就会重新考虑自己的评价结果。

该公司的这种评价系统所面临的一个重大挑战是，要想使这套系统发挥作用，必须得到管理者和员工的认同。每一位员工除了要进行自我评价之外，还要能够为20位其他员工填写书面评价，并且制定个人的绩效目标。对于管理人员来说，这一系统可能要求他们在每个季度中至少拿出整整一周的时间。然而，尽管这个系统需要大量的时间、精力投入，但是它确实产生了很多的积极作用。由于这个系统为管理人员提供了足够多的机会来帮助自己的员工去改善绩效，因此，兴能公司在过去的8年里仅仅解雇过10名员工。员工也十分喜欢这个系统，因为它帮助员工把精力集中在对他们自己以及兴能公司的成功非常重要的那些事情上来。

资料来源　诺伊. 人力资源管理——赢得竞争优势［M］. 刘昕，译. 5版. 北京：中国人民大学出版社，2005.

7.1.3　绩效反馈的技巧

在绩效反馈中，管理者为反馈源，员工为反馈接受者，而整个绩效周期内的工作绩效和绩效评价结果就是反馈信息。一般根据绩效反馈信息的内容以及反馈源态度的不同，将绩效反馈分为三类：负面反馈、正面反馈和建设性反馈。其中，负面反馈和建设性反馈都是针对错误的行为进行的反馈，而正面反馈则是针对正确行为进行的反馈。

1）对错误行为的反馈

管理者针对员工的错误行为进行反馈的目的，是通过让员工了解自身存在的问题而纠正其错误。对错误行为的反馈就是人们通常说的批评。批评不一定非要是消极的，实际上批评也可以是积极的和具有建设性的。所谓建设性反馈就是针对员工的错误行为加以指出，并且提出改进的意见供对方参考，而不是横加指责和批评。

现在越来越多的管理者已经认识到对员工的错误行为进行建设性反馈的重要性，掌握相关的技能也是管理者的必需技能。心理学家发现，以下7个要素对建设性反馈很有意义：

（1）建设性反馈是战略性的。建设性反馈的战略性是指应当有计划地对错误的行为进行反馈。有时管理者和员工由于受到当时谈话气氛的影响而对自己的言行失去控制，这种在情绪失控下进行的反馈不但毫无意义，并且会产生负面影响。事前充分明确反馈的目的、组织好思路和情绪并选择恰当的语言，可以有效地避免这种情况发生。

（2）建设性反馈是维护对方自尊的。自尊是每个人在进行人际交往时都要试图保有的，管理者在绩效反馈时应当考虑到员工自尊。消极的批评容易伤害人、打击对方的自尊心，对人际关系具有破坏性。要做到这一点，最简单的方法就是在与对方进行反馈之前进行一下换位思考。

（3）建设性反馈应掌握时机。建设性反馈应发生在适当的环境中，充分考虑时间、地点以及周围环境，寻找最佳时机以保证员工能够接受反馈的意见。

（4）建设性反馈是以进步为导向的。绩效反馈应该着眼于未来，而不应该抓住过去的错误不放。强调错误的批评方式会使员工产生抵触心理，这将对绩效反馈的效果起消极作用。只有以进步为导向的批评，才能够真正达到绩效反馈的最终目的——提高员工的未来绩效。

（5）建设性反馈是互动式的。批评往往是单向传递信息，这种方式会由于管理者单方的操纵和控制而引起员工的反感和抵触，从而产生排斥心理。建设性反馈主张让员工参与到整个绩效反馈过程中，也就是所谓的互动式绩效反馈。管理者应当通过有效的引导让员工提出自己的看法和建议。

（6）建设性反馈是灵活的。灵活性要求管理者在反馈中应当根据不同的对象和不同情况采取不同的方式，并在反馈的过程中根据对方的反应进行方式上的调整。

（7）建设性反馈是对员工的指导。建设性反馈不仅仅是单纯的好、坏、对、错这类信息的传递，更应当为员工提供明确的、具体的建议，以表明自己帮助他们的愿望。管理者应该让员工感受到对他们的关注以及信心，并使员工相信自己能够得到来自管理者的充分帮助。这种信息的传递不仅有助于改善绩效，也有助于改善管理者与员工的关系，提高相互之间的信任感。

专栏7-1　　BEST模型

在对员工的错误行为进行反馈时，一般来说可以遵循这样的4个步骤：

B——behavior description（行为描述）

E——express consequence（表达后果）

S——solicit input（征求意见）

T——talk about positive outcome（着眼未来）

例如，一名员工在准备一份提交给客户的资料时搞错了里面的一个数据，主管人员发现后打算将这一情况对他进行反馈。这是一个针对错误行为的反馈，如何去做呢？主管人员可以这样表达：

“小王，你做的这份资料里有一个数据错了（向员工描述错误行为的事实）。”

“我们提交给客户的每一份文件都是客户了解我们的窗口，如果你是客户，你想想看，如果发现公司给你的资料有错误，你会对这家公司形成怎样的印象？所以说我们的每一个行为都会影响公司在客户心目中的形象（阐明这种行为的不良后果）。”

“你觉得这件事应该如何处理呢（征求员工的改进意见）？”

“对！如果我们每个人每时每刻都能这样去做，对我们的公司是非常重要的。（鼓励员工的改进措施对于公司的价值）。”

2）对正确行为的反馈

对正确行为的反馈与对错误行为的反馈同样重要，两者的最终目的都是提高员工绩效。对错误行为的反馈将注意力集中于减少不好的行为，而对正确行为的反馈是为了强化这种正确的行为。管理者往往容易忽视对正确行为的反馈，可能是由于他们对于所谓的“正确行为”理解不全面而无法确认，也可能是没能掌握好对正确行为进行反馈的方式。在实际工作中，对正确行为的反馈具体表现为管理者对员工的表扬和称赞。表扬是一种积极的鼓励、促进和引导，表扬员工不仅仅能够实现对员工优秀绩效的反馈，也是激发员工工作热情、提高员工积极性的重要手段，因此也是管理者应当掌握的重要沟通技巧。在具体做法上应当遵循如下原则：

（1）善于寄希望于表扬之中。当一个人因工作上的成绩受到表扬时，就会产生一种成就感、荣誉感和自豪感，这种积极的心理反应不仅会使其感到心情愉快，还能使其自信心大增。在这种状态下，如果对其提出带有希望性的要求与建议，不仅不会引发其反感，而且会使其真正从中感悟到上级的关心与爱护，这是员工最易接受上级期望的绝妙时机。因此，表扬不能满足于对成绩的肯定，而应注意趁热打铁，在表扬中提出有针对性的期望，给受表扬者以新的目标。如对工作中成绩一向突出、积极向上的员工进行表扬时，要不断提出新的期望目标，促使其更加发奋努力，更好地发挥自己的优势，再接再厉争取取得更大的成绩。

（2）善于授经验于表扬之中。管理者在表扬员工时，不应仅仅简单地说一句“干得不错”，而应善于借表扬将成功者的经验与方法传授给更多的员工，以实现以点带面与资源共享。优秀员工应该成为学习和模仿的榜样，其经验是难得的资源，作为管理者在对受表扬者进行表扬之前，就应进行深入细致的调查分析，归纳总结其成功的经验和有效的方法，不仅要让表扬对优秀员工本人实现激励，更要使大家能从受表扬者的经验与方法中有所得益。

（3）善于寓道理于表扬之中。既然是表扬，就应注意以事论理、以理服众。如需公开表扬，一定要在员工取得公认的成绩时再采取这种方式，以免让其他员工感到管理者偏心、不公正，从而产生逆反心理；在表扬中要尊重客观事实，尽可能多地引用受表扬者的有关实例与数据，用事实来化解某些人的消极逆反心理；不要就事论事，要善于抓住事情的精神实质，给人以启迪，但切忌任意拔高、故弄玄虚。

（4）善于融鞭策于表扬之中。成熟的管理者总是善于在表扬中一箭双雕，既鼓励了先进，又鞭策了落后。事实上，对先进的表扬，本身也就意味着对落后者的批评。由于这种批评是婉转的、间接的，是一种引导与鞭策，往往比直接的批评更有说服力，更有利于激发落后者的内在动力。因此，作为管理者在表扬先进的同时，要善于不点名地指出落后者存在的相关问题，启示他们在对比中看到差距，认识自我，明确努力的方向。

实例 7-3　　基于360度的反馈与开发体系

睿士管理顾问公司设计的Compass体系是一套360度反馈体系。该体系邀请相关评价者评价一位领导者在与各种胜任能力相联系的行为方面的表现，比如与“沟通能力”相关的行为。这种评价是匿名的。该系统还提供量身定制的反馈计划，针对个人或团队提供辅导和培训，从而帮助使用者对反馈信息进行恰当的解释。在评价之后，该体系会根据每个人的优势和不足，帮助他们制订开发计划。此外，公司还提供一套在线的领导力开发套餐，其中包括一项为期6个月的自学课程和一项为期12个月的跟进行动。

7.2　绩效面谈

7.2.1　绩效面谈的目的

面谈是一种极为有效的信息沟通方式，在企业管理过程中被广泛地运用，例如新员工的招聘或调迁者初任时的指导面谈，为解决员工问题而进行的个别谈话，为消除员工不满情绪的面谈以及员工离职时的面谈等。这些面谈方式，帮助企业建立起上下级沟通的有效通道。绩效面谈是管理者就上一绩效周期中员工的表现和绩效评价结果与员工进行的正式面谈，其目的主要有：

1）总结和交流员工的绩效表现

在一个绩效周期结束后，员工需要了解他在整个绩效周期中的表现，以及管理者和其他同事对自己的看法。根据这些反馈信息，员工可以总结经验和教训，在下一个绩效周期中不断改进并提高自己的绩效水平。此外，员工也需要就一些工作中的问题、想法与管理者进行交流，绩效反馈的过程其实也为双方提供了这样的一种交流机会。

2）对绩效评价结果达成共识

虽然绩效管理制度的设计力求客观、科学，但绩效评价中不可避免地包含了一些主观判断的因素。即使是客观的评价指标和标准，也存在对于采集客观数据的手段和评价工具是否认同的问题。更何况由于评价者和被评价者的不同地位和角色，双方对于绩效水平的看法必然存在差异，对评价结果的认同也必须经过一个沟通的过程。只有通过面谈得到双方认可的评价结果才会被员工接受，才能被应用到薪酬、晋升等其他人力资源管理职能中去，否则就会遭到员工的抵制。

3）制订绩效改进计划

在管理者和员工就绩效结果达成一致意见之后，双方就应该针对面谈中提出的各种绩效问题制订一个详细的绩效改进计划。不仅绩效不佳或者绩效平平的员工可能存在一些不足的地方，绩效优良的员工同样也有需要改进的地方。因此除了被告知评价结果之外，员工希望能够有人帮助自己找出问题和解决问题的方法，而且有时候绩效不良的原因并不在员工，可能是管理或是其他方面的问题，所以对于双方来说，共同寻找绩效问题原因和对策是非常有意义的。

4）明确下阶段绩效目标和计划

绩效计划制订的过程和绩效反馈面谈的过程是不可分割的。一个绩效周期的结束恰恰是下一个绩效周期的开始。有些时候，绩效反馈面谈和绩效计划面谈可以放在一起进行。绩效反馈所确认的评价结果和改进计划为下一个绩效周期的绩效目标和绩效计划提供了依据，也为员工有的放矢地实施绩效改进提供了具体的目标。

5）为员工的个人发展提供信息

员工的职业规划和个人发展是建立绩效管理体系的目的之一，因此在绩效反馈阶段管理者应当鼓励员工讨论和提出个人发展的需要，以便建立起有利于达成这些发展的目标和路径。双方共同探讨员工进一步发展所需要的技能、在哪些方面需要培训和学习，管理者应当在今后提供一定的资源和机会，为员工的发展提供支持。

7.2.2　绩效面谈的准备

为了充分实现绩效面谈的目的，管理者和员工作为面谈的参与者都应该做好准备，需要预先安排的事项包括：

1）选择合适的时间

绩效面谈往往在一个绩效周期结束时进行，而这段时间通常又是很多部门工作繁忙的时候，面谈的时间选择对于最终的反馈效果有很大影响，管理者应该根据工作安排确定一个双方都有空闲的时间。管理者应该选择一个双方都可以全身心投入到面谈过程中的时间，最好不要被其他事情打断或干扰，接近上、下班的时间和非工作时间应尽量避免。确定的时间应该是一个时间段，长短要适宜，过长会引起疲倦和厌烦；过短则可能因沟通不充分而达不到预期效果。管理者一定要在征得员工同意的情况下，再对绩效面谈的时间做出最终决定。这一方面体现了对员工的尊重，另一方面便于员工安排好手头的工作。

2）选择合适的地点

一般来说，在办公环境下，主要的面谈地点有管理者的办公室、会议室、接待室等，其中小型会议室、接待室是比较理想的选择，因为这些地方一般远离电话、传真，是不易被干扰的场所。当然，现实工作中由于条件所限，管理者的办公室成为最常见的选择。办公室给人以严肃、正式的感觉，但是容易受到电话、来访者的打扰，而且给人以明显的上下级感觉，容易给员工带来压力。当然，面谈地点也可以是工作场所之外的地方，比如咖啡厅、茶楼等，这种非正式沟通场所可以营造管理者与员工之间的亲密关系，进而使双方更加轻松、充分地表达自己的想法。同时，管理者还应注意安排好双方在面谈时的空间距离和位置，不同的距离和位置关系往往营造出不同的沟通氛围。

专栏7-2　　面谈中的座位安排

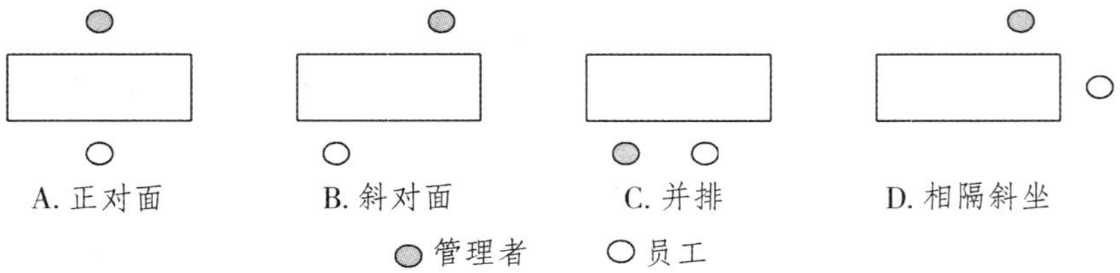

面谈双方的距离要适当，距离太远会影响信息传递效果，而距离过近又会使双方感到压抑。图B的距离偏远，可能使得双方缺乏亲密感；图C的距离偏近，空间距离也拉近了彼此的心理距离，但也有一部分人不能接受这种过于亲密的距离，这种气氛让其感到不自在，甚至是尴尬。

面谈双方的位置也要适宜，图A的面对面方式使得双方的目光直视，容易给员工带来心理压力，不宜选择；图C的角度则不利于观察对方的表情，也不利于非语言沟通方法，如手势、形体动作等的使用。

综合以上，可以发现图D所示的位置和距离是最佳选择。管理者和员工呈一定角度而坐，能够避免心理紧张，也有利于观察和接受对方所表示的信息，营造出理性、和缓的氛围。

3）收集整理信息资料

管理者和员工都要收集和整理日常积累的有关绩效的各种信息与事实。绩效面谈之前，管理者必须准备好面谈所需资料，主要包括绩效评价表格、员工日常工作情况的记录和总结、该绩效评价周期的绩效计划以及对员工的基本绩效评价结果（包括各评价主体对员工的评价，经过加权处理的各个绩效评价标准的评价结果）。在面谈过程中，员工往往会根据自己的实际情况陈述整个周期的工作情况，因此员工应充分收集整理一些能够表明自己绩效状况的事实依据；员工还可以通过这个机会就各种日常问题与管理者交换意见，因此员工也可以收集并汇总一些这方面的信息。

另外，管理者还需要掌握有关员工个性特点的信息，以便在面谈过程中帮助管理者建立与员工之间的信任感和认同感。同时还要对员工可能在面谈过程中表现出来的情绪和行为进行估计，尤其是要准备好一旦员工与管理者的意见不一致时如何解释和对待。

4）设计面谈过程

事先设计一套完整而合理的面谈过程，是成功实现绩效面谈的保证。在进行面谈前，人力资源部门可能会提供一个指导面谈的提纲，但是具体进行面谈的管理人员要在面谈提纲的基础上对面谈的内容和程序进行详细的计划，包括面谈的对象和目的、开场白的设计、过程步骤、预期时间和效果、可能出现的问题等。可以事先让员工填写“绩效面谈表”（见表7-1），为管理者提供帮助。

表7-1　　　　　　　　　　　　绩效面谈表（样表）

部门		职　位		姓名	
考核日期	年　　月　　日				
工作成功的方面					
工作中需要改善的地方					
是否需要接受一定的培训					
本人认为自己的工作在本部门和全公司中处于什么状况					
本人认为本部门工作最好、最差的是谁，全公司呢					
对考核有什么意见					
希望从公司得到怎样的帮助					
下一步工作目标和绩效改进方向					
面谈人签名		日　　期			
备　　注					

7.2.3　绩效面谈的过程

1）面谈开场白

绩效面谈的开场白有各种各样的形式，采取什么样的方式取决于具体的谈话对象和情境。管理者应在这一阶段简短地向面谈对象说明面谈目的和基本程序。有的情况下员工可能会比较紧张，这时管理者可以选择一些轻松的话题开始谈话，缓和对方的心情和气氛。如果员工对面谈的目的比较理解、情绪平和稳定，就不妨开门见山地进入主题。

2）员工自我评价

员工可以参照期初制订的绩效计划和绩效目标，简明扼要地回报考核周期内的工作情况。此时，管理者应该做到：注意倾听，不要轻易插话和随意打断；关注工作实绩，并留意其失误的实施；对于不清楚的地方，应适时询问、适当记录。当员工自我评估结束后，管理者可以进行小结。

3）确认绩效结果

接下来，管理者和员工双方应对照绩效计划和目标对员工的绩效行为和结果进行讨论。考虑到员工的接受能力，一般先谈员工表现好的地方，然后谈有待改进之处；先谈重要的问题，后谈次要的问题。这样逐项沟通，双方意见一致就继续往下进行；如果意见不一致，就进行讨论；如果实在无法达成一致，可以暂时搁置。在这一过程中，管理者要耐心听取员工对绩效结果的意见，让员工对有出入的信息或结论做必要的说明和解释。

4）分析诊断问题

由于绩效的特征使得最终影响绩效的原因是多方面的，因此管理者和员工应该共同分析，找到导致最终绩效差距的真正原因。一旦弄清楚绩效差距的原因，接下来就要寻求解决问题的办法以纠正错误。经过充分交换意见后，面谈双方在彼此要求和期望方面达成共识：管理者对员工的要求和希望，员工在今后工作中需要组织提供的必要条件和支持等。管理者要认真听取员工的建议，对其提出的合理要求和措施建议应该给予积极的肯定和支持。

5）面谈结束

当面谈目的达到或已经无法取得进展时，应该结束面谈，不要拖延。在绩效面谈结束之际，管理者应当对员工进行积极的鼓励，让其振奋精神、鼓足干劲，以积极、乐观的情绪开始下一阶段的工作。一般在面谈的结尾，谈过的事情或约定的事项都应该互相再予以确认，要留一些继续面谈的可能性和话题给双方，以便最终全面达成面谈目标。

员工离开后，管理者要将面谈记录整理归档，并且设计落实双方达成一致的绩效改进和员工发展计划。最后，对整个面谈过程进行评估，作为将来改进面谈质量的依据。

专栏7-3　　绩效面谈“10步走”

第1步：营造和谐气氛

第2步：说明面谈的目的、步骤和时间

第3步：根据预先设定的绩效指标讨论员工的工作完成情况

第4步：分析失败与成功的原因

第5步：讨论员工行为表现与组织价值观相符合的情况

第6步：讨论员工在工作能力上的强项和有待改进的方面

第7步：讨论员工的发展计划

第8步：为员工下一阶段的工作设定目标和绩效指标

第9步：讨论员工需要的资源与帮助

第10步：双方签字认可

7.2.4　绩效面谈的技巧

1）鼓励员工说话

面谈是一种双向沟通，但有些员工可能会因为紧张、害羞或者性格上的原因而不敢说话。因此，管理人员要运用各种方法鼓励员工发表自己的意见。当然，建立彼此之间的信任有助于打开僵局，但有时可能需要管理人员提出具体的问题，才能让员工说话，因而灵活地运用各种提问技巧引导员工发言不失为一种好方法。例如，可以多提一些开放性的问题，像“你认为怎样才能使条件变得更好?”，多用一些激励性的话语进行追问，“还有呢?”，绝对不能用如下的问题“这么简单的事情，你怎么就做不好呢?”。

2）认真地倾听

要想从面谈中获得有用的信息，就必须做一个好听众。当员工发表自己的意见和看法时，管理人员要认真地倾听，尽量不要打断。这种倾听不仅是保持沉默不说话，而是要真正地去听，去捕捉员工谈话中的关键信息。这种倾听也是一个动态的过程，管理人员要去发掘员工的想法和感受。当双方同时开口时，管理人员应该停下来让员工继续，这一点对于有的管理者而言较为困难，但是有助于保持整个面谈过程双向的信息交流，这等于告诉员工：“你要说的比我要说的重要。”

3）运用肢体语言

运用姿势、手势、表情等非语言手段也可以把自己想表达的心意传达给对方，这就是“肢体语言”。在面谈过程中，有时恰当地运用肢体语言可以收到比语言更好的效果。例如，倾听员工说话时，可以用点头表示赞同，可以使身体前倾或做一下笔记来表示对话题感兴趣，另外，注视说话人的眼睛也可以使对方感到自己的谈话受到重视。当然，管理人员在利用肢体语言传达自己心意的同时也要注意观察员工的表情、手势、动作等反应，以发现其中隐含的言外之意。

4）小道具的运用

在面谈中，适当地运用一些“小道具”作为媒介，将有助于制造谈话的气氛。例如，倒杯茶或递支烟给对方，替对方点火或让对方替你点火，可以产生双方亲近的感觉。尤其在谈话突然中断，陷于尴尬沉默的一刹那，运用类似的动作对双方都是一种援救，可以松一口气，使谈话再继续下去。

5）妥善处理员工的对抗情绪

防御性反应是人们在适应社会的过程中自然形成的，在面谈过程中，当员工被指责为表现差的时候，其第一反应往往是防御性的，因为承认自己的缺点对于任何人而言都比较困难。员工通常会为自己的行为找出各种各样的客观原因，甚至会变得异常恼怒并带有攻击性。此时，管理人员要明确员工这种防御行为的必然性，不要立刻批驳，待员工情绪较为平静时，再继续进行讨论。另外，管理人员还要明确一点，员工之所以会有这种反应是因为他预期自己会受到指责，因此，管理人员如果不是指责员工而是以一种建设性的态度来讨论员工的不足，这种对抗性的反应会相应地减弱一些。

7.2.5　绩效面谈实例评析

同样都是绩效面谈，但不同的做法，其结果却大相径庭。“有比较，才有鉴别”，下面就是一组对比鲜明的绩效面谈案例[①]。

① 钱路. 绩效反馈面谈，不容粗糙的艺术［J］. 人力资源，2007（3）.

失败篇：

（距离下班还有五分钟，客服经理王明正收拾整理一天的文件，准备下班后去幼儿园接孩子，吴总走了进来）

吴总：王明，你现在不忙吧？考核结果你也知道了，我想就这件事与你谈一谈。

王明：吴总，我下班后还有点事……

吴总：没关系，我今晚上也有个应酬，咱们抓点儿紧。

王明（无奈地）：那我就来。

（总经理办公室，办公桌上文件堆积如山。王明心神不宁地在吴总对面坐下）

吴总：王明，绩效考核结果你也看到了……

（电话铃响，吴总拿起了电话，"喂，谁？啊，李总呀，几点开始？好，一定……"）

吴总（通话用了五分钟。放下电话，笑容满面的脸重新变得严肃起来）：刚才我们谈到哪里了？

王明：谈到我的绩效考核结果。

吴总：喔，你上一年的工作嘛，总的来说还过得去，有些成绩还是可以肯定的。不过成绩只能说明过去，我就不多说了。我们今天主要来谈谈不足。王明，这可要引起你的充分重视呀，尽管你也完成了全年指标，但你在与同事共处、沟通和保持客源方面还有些欠缺，以后得改进呀。

王明：您说的"与同事共处、沟通和保持客源方面还有些欠缺"具体指什么？

（电话铃再次响起，吴总接起电话，"啊，李总呀，改成六点了？好好，没事，就这样。"吴总放下电话）

吴总：王明，员工应该为领导分忧，可你非但不如此，还给我添了不少麻烦！

王明：我今年的工作指标都已经完成了，可考核结果……

吴总：考核结果怎么了？王明，别看我们公司人多，谁平时工作怎样，为人处事如何，我心里可是明镜似的。

王明（委屈地）：我觉得您可能对我有些误会，是不是因为在上次销售报告会议上我的提议与李部长发生冲突，弄得很不愉快……

吴总：你不要乱琢磨。你看看陈刚，人家是怎么处理同事关系的。

王明（心想：怨不得他的各项考核结果都比我好）：吴总，陈刚是个老好人，自然人缘好；但我是个业务型的人，比较踏实肯干，喜欢独立承担责任，自然会得罪一些人……

吴总：好了，李总又该催我了，今天就这样吧。年轻人，要多学习，多悟！

王明（依然一头雾水）：……

吴总自顾陪客人吃饭去了，留下王明一个人愣在那里。

成功篇：

吴总：小王，这两天我想就你近来的绩效考核结果和你聊一聊，你什么时候比较方便？

王明：吴总，我星期一、星期二、星期三准备接待公司的一批重要客户，星期四以后事不多，您定吧。

吴总：我星期五也没有其他重要安排，那就星期五？九点怎样？

王明：没问题。

星期五之前，吴总认真准备了面谈可能用到的资料，他侧面向王明的同事了解了王明的个性，并对面谈中可能会遇到的情况做了思考。在这期间，王明也对自己一年的工作情况对照考核结果进行了反思，并草拟了一份工作总结和未来发展计划。

（星期五九点，公司小会议室，宽敞明亮，吴总顺手关上了房门，在会议桌头上坐下，王明侧坐在吴总右侧）

吴总：小王，今天我们打算用一个到一个半小时的时间对你在过去半年中的工作情况做一个回顾。在开始之前，我想还是先请你谈一谈你认为我们做绩效考核的目的是什么？

王明：我觉得绩效考核有利于对优秀的员工进行奖励，特别是在年底作为发放奖金的依据。不知我说的对不对，吴总？

吴总：你的理解与我们做绩效考核的真正目的有些偏差，这可能主要是由于我们给大家解释得不够清楚。事实上，我们实行绩效考核，最终是希望在绩效考核后，能通过绩效面谈，将员工的绩效表现——优点和差距反馈给员工，使员工了解在过去一年中工作上的得与失，以明确下一步改进的方向；也提供一个沟通的机会，使领导了解部属工作的实际情况或困难，以确定可以提供哪些帮助。

王明（不好意思地）：吴总，看来我理解得有些狭隘了。

吴总（宽容地笑笑）：我们现在不又取得一致了吗？我们现在逐项讨论一下。你先做一下自我评价，看看我们的看法是否一致。

王明：去年我的主要工作是领导客户服务团队为客户提供服务，但是效果不是很令人满意。我们制定了一系列的标准（双手把文件递给吴总），但满意客户的数量增幅仅为55%，距离我们80%的计划相去甚远。这一项我给自己“合格”。

吴总：事实上我觉得你们的这项举措是很值得鼓励的。虽然结果不是很理想，我想可能是由于你们没有征询客户建议的缘故，但想法和方向都没有问题。我们可以逐步完善，这项我给你“优良”。

王明：谢谢吴总鼓励，我们一定努力。

吴总：下一个。

王明：在为领导和相关人员提供数据方面，我觉得做得还是不错的。我们从未提供不正确的数据，别的部门想得到的数据我们都会送到。这一项我给自己“优秀”。

吴总：你们提供数据的准确性较高，这一点是值得肯定的。但我觉得还有一些有待改善的地方，比如，你们的信息有时滞后。我认为还达不到“优秀”的等级，可以给“优良”。你认为呢？……我想总的给你的评价应该是B+，你觉得呢？

王明：谢谢，我一定会更加努力的。

吴总：下面我们来讨论你今后需要继续保持和需要改进的地方，对此你有什么看法？

王明：我觉得我最大的优点是比较富有创造性，注重对下属的人性化管理，喜欢并用心培养新人。最大的缺点是不太注重向上级及时汇报工作，缺乏有效的沟通。我今后的发展方向是做一个优秀的客服经理，培养一个坚强有力的团队，为公司创造更好的业绩。

吴总：我觉得你还有一个长处，就是懂得如何有效授权，知人善任；但有待改进的是你在授权后缺乏有力和有效的控制。我相信，你是一个有领导潜力的年轻人，你今后一定会成为公司的中坚力量。

王明：好的，谢谢吴总。

两相对比，高下自明。下面重点来看一下整个绩效面谈中，容易被许多管理者忽略的一些细节。

1）面谈前，管理者和员工都必须有充分的事前准备

管理者的准备工作主要集中在两个方面：一是时间、地点的准备和安排；二是相关材料的分析和准备。

管理者应与员工事先商讨双方都能接受的时间，选择安静、轻松的小会客厅实施面谈。在进行绩效面谈的时候，管理者最好能够拒绝接听任何电话，停止接待来访的客人，以避免面谈受到不必要的干扰。

管理者应注意安排好双方面谈时的空间距离和位置，双方成一定夹角而坐，可以给员工一种平等、轻松的感觉。

管理者在设计面谈计划时，应该考虑以下问题：设计开场白；确定该次面谈所要达到的目的等。由于绩效反馈面谈针对的主要内容是上一阶段绩效评价的结果，这个过程必然是围绕着评价员工上一阶段工作情况展开的。所以，管理者需要收集整理面谈中需要的信息资料，包括员工的“职位说明书”“计划工作表”“绩效评估表”等。

此外，管理者应该让员工也做好面谈准备。绩效面谈是经理和员工两个人共同完成的工作，只有双方都做了充分的准备，才可能收到预期效果。

2）面谈时，管理者应灵活运用正面和负面反馈

正面的反馈是要让员工知道他的表现达到或超过了经理的期望，得到了经理的认可。要强化员工的正面表现，使之在以后的工作中不断发扬光大，继续为公司做出更多的贡献。

在表扬和激励员工时，要让员工真实地感受到你确实对他的表现很满意。你的表扬确实是真情流露，而不是套近乎、拉关系。只有这样，员工才会把你的表扬当成激励，在以后的工作中更加卖力。

而且，表扬一定要具体。要对员工所做的某件事有针对性地提出表扬，而不是笼统地说“你表现很好”就结束了。

对于负面的反馈，要注意以下几点：一是要具体描述员工存在的不足，对事不对人，描述而不作判断。不能因为员工的某一点不足，就做出员工“如何不好”之类的感性判断；要客观、准确、不指责地描述员工行为所带来的后果，员工自然就会意识到问题的所在。二是要以聆听的态度听取员工本人的看法，而不是一直喋喋不休地教导；与员工共同商定未来工作中如何加以改进，并形成书面材料。

管理者在不得不对下属进行较为严厉的批评时，可以考虑采用“汉堡法”：最上面一层面包如同表扬；中间夹着的馅料如同批评；最下面的一块面包最重要，即要用肯定和支持的话语结束。

首先应表扬特定的成就，给予真心的肯定。表现再不好的人也有值得表扬的优点，千万别说“你这个人不行”，而应给以真诚的赞美，这样有助于建立融洽的气氛。然后提出需要改进的特定的行为表现，指出不足和错误，提出让员工能够接受的改善要求。最后以肯定和支持的语气结束，和员工一起制订绩效改进计划，表达对员工未来发展的期望。

3）面谈结束前，管理者应制订员工改进辅导计划

面谈结束前，管理者勿忘以下工作：首先，要帮助员工制定培训规划，与员工一起做好全面的培训规划与设计，并做好培训效果的考核，保证培训达到预期效果；其次，要做好职业辅导，帮助下属员工进行职业生涯规划，把员工自身发展的需求变为不断提高绩效的动力。

□ 个案分析

纠结的小程

小程在一家私营公司做基层主管已经有3年了。这家公司在以前不是很重视绩效考评，但是依靠自己所拥有的资源，公司的发展很快。去年，公司从外部引进了一名人力资源总监，至此，公司的绩效考评制度才开始在公司中建立起来，公司中的大多数员工也开始知道了一些有关员工绩效管理的具体要求。在去年年终考评时，小程的上司要同他谈话，小程很是不安，虽然他自己对一年来的工作很满意，但是不知道他的上司对此怎么看。小程是一个比较“内向”的人，除了工作上的问题，他不是很经常地和他的上司交往。在谈话中，上司对小程的表现总体上来讲是肯定的，同时，指出了他在工作中需要改善的地方。小程也同意此看法，他知道自己有一些缺点。整个谈话过程是令人愉快的，离开上司办公室时小王感觉不错。但是，当小程拿到上司给他的年终考评书面报告时，小程感到非常震惊，并且难以置信，书面报告中写了他很多问题、缺点等负面的东西，而他的成绩、优点等只有一点点。小程觉得这样的结果好像有点“不可理喻”。小程从公司公布的“绩效考评规则”上知道，书面考评报告是要长期存档的，这对小程今后在公司的工作影响很

大。小程感到很是不安和苦恼。

资料来源 佚名．题目［EB/OL］．［2021-10-15］．https://easylearn.baidu.com/edu-page/tiangong/questiondetail?id=1722663241423315085&source=tikushiti&source_id=d3b7711ec381e53a580216fc700abb68a982adbb.

思考题：

1.绩效面谈在绩效管理中有什么样的作用？

2.人力资源部门应该围绕绩效面谈做哪些方面的工作？

3.经过绩效面谈后小程感到不安和苦恼，导致这样的结果其原因何在？怎样做才能克服这一问题的产生？

□ 本章小结

绩效反馈是绩效沟通的主要形式，同时，绩效反馈最重要的实现手段就是管理者与员工之间的有效沟通。绩效反馈内容应当具体，过程中应双向互动，同时要遵循对事不对人、正面引导的原则。管理者应该对员工的正确行为给予及时的正面反馈，对员工的错误行为给予积极的建设性反馈。

绩效面谈是管理者就上一绩效周期中员工的表现和绩效评价结果与员工进行的正式面谈。为保证绩效面谈的效果，管理者和员工都要在面谈之前做好准备，具体包括时间、地点、资料以及过程设计；在面谈过程中要全神贯注，积极配合；在面谈结束后要将面谈的内容和改进计划实施落实。管理者和员工都应该掌握一定的面谈技巧，以保证沟通的有效、顺畅，实现绩效管理的最终目的。

□ 关键概念

绩效反馈　负面反馈　正面反馈　建设性反馈　绩效面谈　面谈技巧

□ 课堂讨论

1.举例说明建设性反馈的特点和应用技巧。

2.陈述自己曾经经历过的一次面谈，评价其优点及不足。

3.讨论本章所列举的“成功”和“失败”的绩效面谈过程，分析其成功或失败的原因。

□ 复习思考题

1.简述绩效反馈应遵循的原则。

2.什么是建设性反馈？如何实施？

3.管理者应如何实施对员工的表扬？

4.管理者在绩效面谈之前应该做好哪些准备？

5.简述绩效面谈的过程。

□ 自测题

1.有效的绩效反馈对绩效管理起着至关重要的作用，具体包括（　　）。

A.绩效反馈是考核公正的基础　　B.绩效反馈是绩效改进的保证

C.绩效反馈是绩效沟通的主要形式　　D.绩效反馈是传递组织期望的手段

2.一般根据绩效反馈信息的内容以及反馈态度的不同，将绩效反馈分为三类：（　　）、（　　）和（　　）。

3.与负面反馈相比，建设性反馈应该是（　　）。

A.战略性的　　B.互动式的

C.维护对方自尊的　　D.以批评和指责为主的

4.对员工正确的行为，管理者应该（　　）。

A.及时表扬　　B.总结经验并推广

C.无需关注　　D.挑出毛病，防止其自满

5.绩效面谈的内容包括（　　）。

A.绩效改进计划　　B.绩效评价结果

C.员工的绩效表现　　D.下阶段绩效目标

6.为了充分实现绩效面谈的目的，管理者和员工需要预先安排的事项包括：选择合适的（　　）、（　　）以及收集整理信息资料、设计（　　）。

□ 补充阅读材料

欧贝特卡公司的绩效考核：直线经理唱主角

欧贝特卡公司是一家高科技企业，其绩效管理体系是一层一层推进的。在上一年的绩效考核过程中，形成每位员工下一年度需要达到的几个最重要的目标。"实际上每个员工的考核都是不一样的，"公司人力资源及行政总监张鹏说，"由于公司分工非常细，每个员工从事的工作和其他人都不一样，或者不同员工面对的都是不同的客户。如果用同样的条条框框去框每个人的话，实际上对于他们也不公平。所以，每个岗位的标准都不一样，相同岗位上的不同员工的考核标准也不一样。正因为考核标准因人而异，所以考评时没有人会说这条不适合我。"

在具体制定员工的每一条考核标准时，直线经理和其下属都是在沟通中协商进行的。直线经理会向员工询问："我现在给你定这些标准，你自己会有哪些评价？"公司吸取了过去的教训，以前是公司给员工硬性规定标准，员工会说："你是老板，我没法反驳你，但我知道这条我做不到。"最后导致工作懈怠。人力资源部也不能定标准，因为人力资源部对具体部门的工作并不了解，员工可能觉得定出来的目标不符合实际。"所以我就一直在想，人力资源部是否要主导绩效管理？"张鹏说，"思考的结果是，人力资源部只是定系统，最后的实施应该是由员工和他的直接上级来完成。因为员工对自己有了解，他的直线经理对该员工的业务、能力以及公司的大环境都有了解。"

直线经理在日常工作中都会记录下属的工作情况。曾经有一个技术岗位的员工找到张鹏说："我觉得我的能力不被我的领导看重，我有能力，但他不让我去做。"于是，张鹏找到该员工的直线经理，查看了直线经理对该员工工作情况的表单：一列是其任务，一列是其完成的状态，还有最后的结果。"我一看就明白了，员工可能是自恃过高。他对事情的推动都没有跟进，所有的事情都喜欢做，但是大多都无果而终。因此，直线经理认为不能把重要的任务交给他。"张鹏表示，直线经理量化考核的价值正体现在这里，"如果没有记录，员工来找我，我也无话可说。这样就避免了一些主观判断的偏差。"

欧贝特卡公司还给直线经理做了如何进行绩效面谈的培训。以所有的部门经理为试点，将他们作为考核对象，由高管和他们进行绩效面谈，同时有专门的人力资源管理顾问指导。在平均2个小时的面谈中，公司对直线经理的指导非常精心，甚至包括如何就坐：建议经理和下属面谈时不要对面而坐而是并肩落座。这种模拟演练让直线经理对参与面谈有了真正的换位思考，进而提升面谈技能。

资料来源　林新奇．绩效管理［M］．2版．北京：中国人民大学出版社，2016.

第8章/绩效管理流程之五：绩效改进

学习目标

绩效管理是人力资源管理职能系统的核心环节，而绩效评价结果能否有效利用，关系到整个绩效管理系统的成败。通过本章的学习，应该能够掌握员工个人及组织绩效诊断及改进的步骤和方法，了解绩效评价结果在薪酬、职位变动及员工发展等方面的应用。

8.1 绩效改进

绩效管理是人力资源管理职能系统的核心环节，而绩效评价结果能否有效利用，关系到整个绩效管理系统的成败。如果绩效评价结果没有得到相应的应用，在企业中就会出现绩效管理与人力资源管理其他环节脱钩的情况，产生绩效管理“空转”现象。在绩效管理实践中，绩效评价结果主要用于两个方面：一是通过分析绩效评价结果诊断员工存在的绩效问题，找到产生绩效问题的原因，制订绩效改进计划以提高员工的工作绩效；二是绩效评价结果是其他人力资源子系统的决策依据，如招聘、晋升、培训与开发、薪酬等。

8.1.1 绩效改进的指导思想

绩效改进是这样一个过程：首先，分析员工的绩效考核结果，找出员工绩效不佳的原因；然后，针对存在的问题制订合理的绩效改进方案，并确保其能够有效地实施。传统的绩效考核侧重于考核员工过去的工作绩效，而现代绩效管理则强调如何改进员工未来的绩效。要做好绩效改进工作，首先必须明确它的指导思想，绩效改进的指导思想主要体现在以下方面：

1）绩效改进是绩效管理系统不可或缺的部分

绩效改进是绩效考核的后续工作，所以绩效改进的出发点是对员工现实工作的考核，不能将绩效改进与绩效管理系统的其他部分割裂开来。由于绩效考核强调的是人与标准比，而非人与人比，因此绩效改进的需求应该是在与标准比较的基础上确定的（如图8-1所示）。绩效标准的确定应该是客观的，只有找到标准绩效与实际绩效之间的差距，才能明确绩效改进的需求。

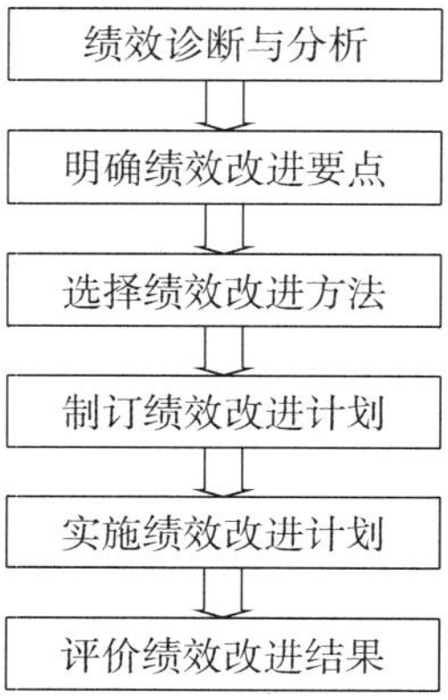

图 8-1　员工绩效改进流程步骤

2）绩效改进是管理者应该承担的职责

绩效改进必须自然地融入管理者的日常管理工作中，它不是管理者的附加工作，管理者也不应该视其为负担。帮助员工改进绩效、提升能力，与完成管理任务一样都是管理者义不容辞的责任。管理者不应该以“没有时间和精力”“绩效改进效果不明显”等各种理由来加以推托，应该勇于承担绩效改进的责任。

8.1.2　员工绩效改进流程

1）绩效诊断与分析

绩效诊断与分析是绩效改进过程的第一步，也是最基本的环节。在绩效面谈中，管理者和员工通过分析和讨论评价结果，找出关键绩效问题和产生绩效问题的原因，这是绩效诊断的关键任务。由于绩效具有多因性的特征，因此要快速有效地诊断绩效问题，必须对影响绩效的因素有所了解。也就是说，一个员工的绩效优劣并不是取决于单一因素，而是受制于来自主、客观方面的多种因素，并且在不同情境下各类因素的影响作用各不相同。例如，某企业引入一套新的设备，投入生产后，员工的工作绩效明显下降。经过各种调查研究和数据分析，企业发现并不是由于员工不熟悉设备致使绩效下降，而是由于员工害怕新设备提高生产率导致公司有意裁员而故意怠工。该企业通过各种沟通方法向员工解释了新设备投入使用的目的和必要性，员工排除了非正常裁员的可能性之后，员工的工作绩效才像预期的那样有所提高。由此可见，只有在充分研究各种可能的影响因素的前提下，才能够找到问题的真正所在，然后对症下药对其进行有效的管理。

根据学者们的研究，诊断绩效问题通常有以下两种思路：

（1）四因素法

四因素法是从知识、技能、态度和环境四个方面着手来分析绩效不佳的原因（如图 8-2 所示）。管理者可以通过与员工一起分析下面的问题，寻找影响绩效的关键因素。

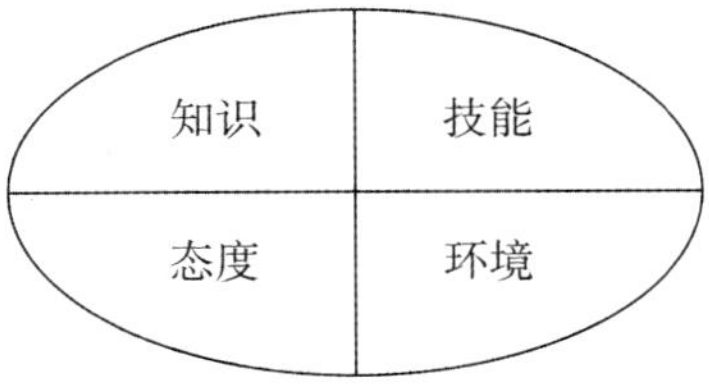

图8-2 影响绩效四因素法

知识：员工有做这方面工作的知识和经验吗？

技能：员工具备运用知识和经验的技能吗？

态度：员工有正确的态度和自信心吗？

环境：有不可控的外部障碍吗？

（2）三因素法

三因素法是指从员工、管理者和环境三方面来分析绩效问题（如图8-3所示）。

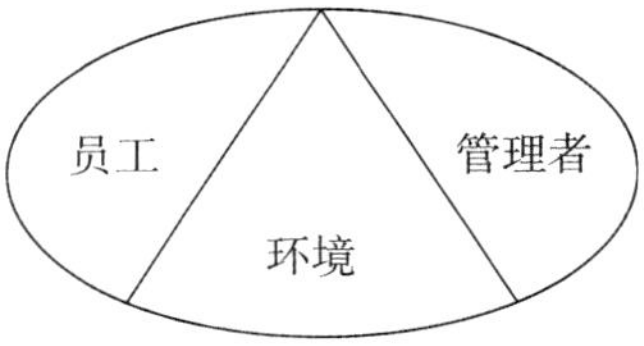

图8-3 影响绩效三因素法

在员工方面：员工所采取的行动本身不正确，工作过程中努力不够，或者因为知识、技能不足都可能导致绩效不良。而员工对组织、管理者的要求理解有误，或是目标不明确，缺乏激励，也可能是绩效不良的原因。

在管理者方面：通常对管理者的管理行为从两个方面加以分析：一是管理者做了不该做的事情，比如监督过严、施加不当压力等；二是管理者没有做该做的事情，比如没有明确工作要求、没有对员工给予及时反馈、不给员工提供指导以及教育和培训的机会等。

在环境方面：包括工作场所、团队气氛等因素，都可能对员工绩效产生影响，具体包括：工具或设备不良、原料短缺、不良工作条件（噪音、光线以及其他干扰等）、同事关系、工作方法等。

以上两种方法各有特点，前者主要是从完成工作任务的主体来考虑，通过分析员工是否具备承担此项工作的能力和态度来分析绩效问题的原因。这种方法容易造成管理缺位，即把员工绩效问题产生的原因归结为员工主观方面的问题，而忽视了管理者在产生绩效问题方面的责任，这样不利于找到绩效问题的真正原因，同时也不易于员工接受。后者从更宏观的角度去分析问题，较容易把握产生绩效问题的主要方面，认识到管理者在其中的责任以及客观外部环境的影响。要想更加透彻、全面地分析绩效问题，必须结合以上两种思路，在管理者和员工充分交流的情况下，对产生绩效不良的原因达成一致意见。表8-1可以作为管理者绩效诊断时的工具。

表8-1 **绩效诊断表**

影响绩效的维度		绩效不良的原因	备　　注
员工	知识		
	技能		
	态度		
管理者	辅导		
	其他		
环境	内部		
	外部		

资料来源　方振邦. 战略与战略性绩效管理［M］. 北京：经济科学出版社，2005.

2）明确绩效改进要点

通过绩效诊断环节，发现员工需要改进的地方可能很多，但最好能够选取一项重要并且容易进行的率先开始。如果多个问题同时着手，很可能由于压力过大而导致失败，这种情况下就存在挑选绩效改进要点的问题。选择绩效改进要点就是综合考虑每个拟定项目所需的时间、精力和成本因素，选择用时较短、精力花费较少以及成本较低的项目，同时要争取员工的接受。可以采用表8-2的方法，在现有的绩效改进要点中进行选择。

表8-2 **选择绩效改进要点的方法**

绩效	不易改变	容易改变
急需改变	将其列入长期改进计划	最先做
不急需改变	暂时不列入改进计划	第二选择

3）选择绩效改进方法

经过绩效诊断和分析环节，选择了绩效改进要点并对影响的因素有了比较清晰的认识后，就要考虑解决问题的途径和方法。员工本人可以采取的行动包括：向管理者或有经验的同事学习，观摩他人的做法，参加企业内外的有关培训，参加相关领域的研讨会，阅读相关的书籍，选择某一实际工作项目，在管理者指导下训练等。管理者可以采取的行动包括：参加企业内外关于绩效管理、人员管理等的培训，向企业内有经验的管理者学习，向人力资源管理专家咨询等。在环境方面，管理者可通过适当调整人员分工、加强交流来改善团队氛围，对工作设备和环境进行改善等。

4）制订绩效改进计划

绩效改进计划是关于改善现有绩效的进展计划。一般绩效改进计划的主要内容包括：

（1）员工基本情况、直接上级的基本情况以及该计划的制订时间和实施时间。

（2）根据上个绩效周期的绩效评价结果和绩效反馈情况，确定该员工在工作中需要改进的方面。

（3）明确需要改进和发展的原因，一般应附上上个评价周期该员工在相应评价指标上的得分情况和评价者对该问题的描述或解释。

（4）明确写出员工现有的绩效水平和经过绩效改进之后要达到的绩效目标，并在可能的情况下将目标明确地表示为员工在某个绩效评价指标上的评价得分。

（5）绩效改进措施。对存在的问题提出有针对性的改进措施，措施应当尽量具体，除了确定每个改进项目的内容和实现手段外，还需要确定每个改进项目的具体责任人和与其需要的时间，有时还可以说明需要的帮助和资源。

5）实施绩效改进计划

在制订了绩效改进计划之后，管理者还应该通过绩效监控和沟通实现对绩效改进计划实施过程的控制。这个控制的过程就是监督绩效改进计划是否能够按照预期的计划进行，并根据员工在绩效改进过程中的实际工作情况，及时修订和调整不合理的改进计划。管理者应该督促员工实现绩效改进计划的目标，并且主动与员工沟通，了解员工在改进过程中是否遇到了什么困难和障碍，需要管理者提供什么样的帮助。

6）评价绩效改进结果

绩效改进计划作为绩效计划的补充，同样需要评价和反馈。绩效改进计划开始于上一个绩效评价周期的结束，结束于下一个绩效周期的开始。绩效改进计划的完成情况反映在员工前后两次绩效评价中得到的评价结果中，如果员工在前后两次绩效评价中得到的分数有显著提高，那么就可以在一定程度上说明绩效改进计划取得了成效（绩效改进计划表见表8-3）。

表8-3 **绩效改进计划表（样表）**

<table>
<tr><td colspan="2">员工姓名：</td><td colspan="2">职位：</td><td>计划执行时间：</td></tr>
<tr><td colspan="2">上级主管：</td><td colspan="2">职位：</td><td>待改进绩效：</td></tr>
<tr><td>计划采取的措施</td><td>执行者</td><td>计划实施日期</td><td>实际实施日期</td><td>取得的成果</td></tr>
<tr><td></td><td></td><td></td><td></td><td></td></tr>
<tr><td></td><td></td><td></td><td></td><td></td></tr>
<tr><td></td><td></td><td></td><td></td><td></td></tr>
<tr><td></td><td></td><td></td><td></td><td></td></tr>
</table>

8.1.3 组织绩效改进流程

组织绩效是员工绩效的整体体现，组织绩效问题的改进与员工绩效问题的改进在思路上基本相同，但由于组织绩效问题影响面大、原因复杂，因此其改进措施的设计和实施也与员工个人绩效改进的流程有所区别，集中体现在绩效改进的实施主体、工具和实施方案几个方面（如图8-4所示）。

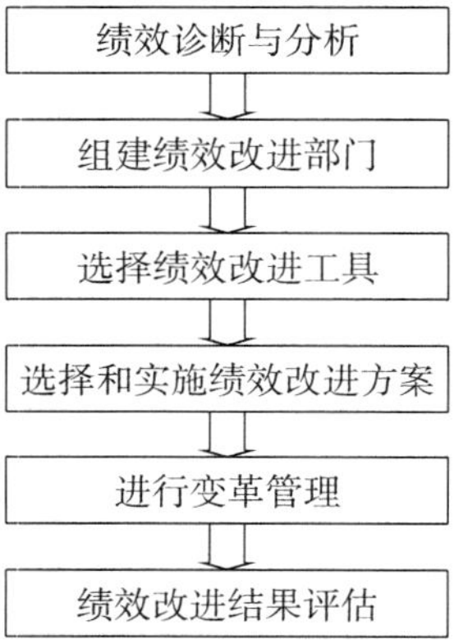

图8-4　组织绩效改进流程步骤

1）组织绩效改进部门

如果可以的话，企业应组建专门的绩效改进部门来具体负责组织的绩效改进工作，部门的人员结构、数量、组建方式由绩效改进的需求确定，如果绩效问题比较严重，对部门的人员数量、结构、运作方式要求会更高。绩效改进部门是在传统的培训部门的基础上发展过来的，从组织结构上看，传统的培训部门与绩效改进部门存在以下几个方面的区别（见表8-4）：

表8-4　**培训部门与绩效改进部门的区别**

项目	培训部门	绩效改进部门
部门使命	以开发员工技能、强化员工知识、拓宽员工视野来支持企业的战略和业务计划	提供咨询、培训、分析和评估服务来确保个人与组织绩效的不断改进以支持企业战略和业务计划
提供的服务	确定培训需求，设计并开发培训项目以及其他形式的学习体验，训练培训人员，实施培训项目并评价	构建绩效与胜任能力模型，确定绩效差异并分析原因，实施绩效改进计划，评估绩效改进效果，为业务部门提供绩效改进的咨询服务
部门人员职责及角色	讲师—辅导员；课程设计师；培训协调员；培训效果评估员	客户联系员；绩效分析员；绩效咨询顾问；绩效改进效果评估员

2）组织绩效改进工具

在对组织的绩效问题进行了诊断和分析，大致确定了绩效改进的方向和重点后，就要来选择一个具体的切实可行的方法了，只有选择了适合本企业的正确的方法，才能保证绩效改进的顺利实施。卓越绩效模式、六西格玛管理、ISO管理体系、标杆超越都是组织绩效改进的系统工具，具体选择哪一种或哪几种绩效改进方法，取决于企业的实际需要和环境的实际要求。

（1）卓越绩效模式

卓越绩效模式是20世纪80年代后期美国创建的一种世界级企业成功的管理模式，其核心是强化组织的顾客满意意识和创新活动，追求卓越的经营绩效。该模式源自美国波多里奇奖评审标准，以顾客为导向，追求卓越绩效管理理念。它不是目标，而是提供一种评价方法。卓越绩效模式得到了美国企业界和管理界的公认，该模式适用于企业、事业单位、医院和学校。世界各国许多企业和组织纷纷引入实施，其中施乐公司、通用公司、微软公司、摩托罗拉公司等世界级企业都是运用卓越绩效模式取得出色经营结果的典范。此绩效标准是在企业组织经营成果的顾客、产品或服务、财务、人力资源和组织的有效性这5个方面来建立绩效管理的框架，为企业的绩效改进从以上5个方面提供标准。2001年起，中国质协在研究借鉴卓越绩效模式的基础上，启动了全国质量管理奖评审，致力于在中国企业普及推广卓越绩效模式的先进理念和经营方法，为中国企业不断提高竞争力取得出色的经营绩效提供多方面的服务。

（2）六西格玛管理

西格玛“σ”是希腊字母，在统计学上用来表示数据的分散程度。在以缺陷率计量产品或服务的质量特性时用“σ”度量缺陷率，六西格玛质量表示质量特性的缺陷率仅为3.4ppm（ppm——百万分之一），即每百万件产品中的不良品数少于3.4个。六西格玛管理中强调“度量”的重要性，没有度量就没有管理。这里不仅要度量“产品”符合顾客要求的程度，还要度量服务乃至工作过程等。因此，六西格玛质量的含义已经不仅局限在产品特性，还包括企业的服务与工作质量。如果一个企业的核心业务过程能够达到六西格玛质量水平，那么意味着这个企业可以用最短的周期、最低的成本满足顾客要求。

六西格玛管理是一种全新的管理企业的方式，是获得和保持企业在经营上的成功并将其经营业绩最大化的综合管理体系和发展战略。它不是单纯的技术方法的引用，而是全新的管理模式。六西格玛管理具有以下特点：第一，比以往更广泛的业绩改进视角，强调从顾客的关键要求以及企业经营战略焦点出发，寻求业绩突破的机会，为顾客和企业创造更大的价值。第二，强调对绩效和过程的度量，通过度量，提出挑战性的目标和水平对比的平台。第三，提供了绩效改进方法。针对不同的目的与应用领域，这种专业化的改进过程包括：六西格玛产品/服务过程改进DMAIC流程，六西格玛设计DFSS流程等。第四，在实施上由“勇士（Champion）”“大黑带（MBB）”“黑带（BB）”“绿带（GB）”等经过培训、职责明确的人员作为组织保障。第五，通过确定和实施六西格玛项目完成过程改进项目，每一个项目的完成时间在3~6个月。第六，明确规定成功的标准及度量方法以及对项目完成人员的奖励。第七，组织文化的变革是其重要的组成部分。

（3）ISO管理体系

ISO质量认证体系是一个产品（服务）符合性模式，企业通过建立这样一个完整的、标准化的过程控制体系来对绩效进行管理，以实现绩效的不断改进。国际标准化组织（International Organization for Standardization，ISO）是一个全球性的非政府组织，是国际标准化领域中一个十分重要的组织。ISO成立于1946年，当时来自25个国家的代表在伦敦召开会议，决定成立一个新的国际组织，以促进国际合作和工业标准的统一。于是，ISO这一新组织于1947年2月23日正式成立，总部设在瑞士的日内瓦。

ISO的组织机构包括全体大会、主要官员、成员团体、通信成员、捐助成员、政策发展委员会、理事会、ISO中央秘书处、特别咨询组、技术管理局、标样委员会、技术咨询组、技术委员会等。ISO技术工作是高度分散的，分别由2 700多个技术委员会（TC）、分技术委员会（SC）和工作组（WG）承担。在这些委员会中，世界范围内的工业界代表、研究机构、政府权威、消费团体和国际组织都作为对等合作者共同讨论全球的标准化问题。建立ISO质量认证体系的基本原则包括以下几点：第一，以顾客为关注焦点。第二，强调领导作用。第三，全员参与。第四，强调过程、系统的方法。第五，持续改进。第六，给予事实的决策方法。第七，与供方的互利关系。

（4）标杆超越（benchmarking）

“标杆超越”法是由美国的施乐公司首创的，它通过与同行业的先进企业进行对比，对本企业的产品、服务、过程等关键的成功因素进行改进和变革，使之成为同行业最佳的系统性过程。通过对标杆的剖析和学习，企业要重新思考和设计经营模式，借鉴先进的模式和理念，再进行本土化改造，创造出适合自己的全新最佳经营模式，这实际上就是一个模仿和创新的过程。

成功的标杆管理必然需要获得整个管理层的支持，因为只有得到整个管理层的大力支持，才能调动企业的全部资源来全力实施标杆管理活动。而在整个管理层中，高层管理者的作用尤其不容忽视，因其对企业具有深远的影响，他们不仅可以为标杆管理提供充足的资金和进行充分的分权，而且还能通过各种方式影响员工对标杆管理的态度。同时，高层管理者还能以其在企业中的影响在实施标杆管理的过程中推动形成一种不断学习的企业文化。

3）组织绩效改进的实施

经过绩效分析、原因分析，选择了正确的绩效改进方案，并不意味着成功在即。国内外的企业变革实践证明，许多变革之所以失败并不是选择的方案不优，而是由于实施不力所致。实施绩效改进方案成功的关键是对变革过程的管理。改进意味着组织和个人的某些改变，因此在改变的过程中可能会遇到阻力。阻力或是来源于利益冲突，或是来源于旧的观念和行为习惯，或是来源于不安全感，等等。在设计绩效改进方案时就需要考虑到其执行过程中可能遇到的障碍、阻力，并预先设计好对策。一般而言，领导者的支持、充分的宣传和沟通、严密的步骤是保证绩效改进成功的重要因素。与此同时，企业管理尤其是人力资源管理的其他职能也为组织绩效改进计划的落实提供帮助和支持，其相互关系如图8-5所示：

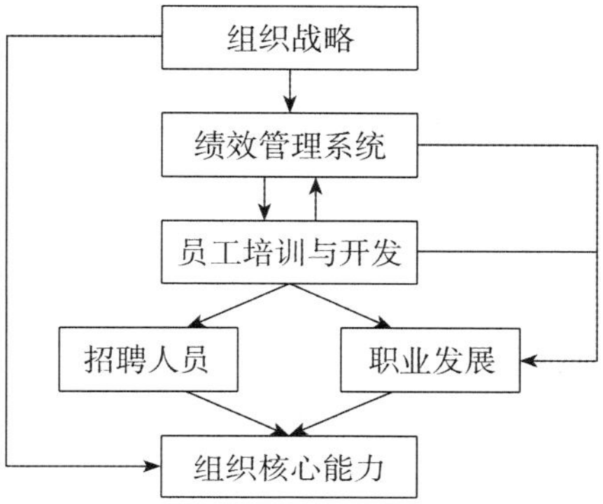

图8-5　组织绩效改进活动与组织战略

专栏8-1　　开发型组织

开发型组织，又称为发展型组织（Developing Organization），是一种超越传统组织以及学习型组织的组织类型。此类组织有一套系统的战略来进行员工的开发，促进员工成长，只有这样才能保持组织的竞争优势，提高组织的再造能力。开发型组织因为强调员工与组织的共同发展，因而在日益激烈的市场竞争中，逐渐显现出它的竞争优势。区别传统型组织与发展型组织，可根据以下两个指标进行划分：其一，对员工成长和发展的重视程度；其二，对组织再造能力和组织提高竞争能力的愿望的高低程度。而开发型组织正是在传统型组织的基础上，采取行动以促进和奖励个人和组织的长期成长和发展。

和传统型组织相比，发展型组织在以下方面存在着差异：

（1）倾向性：传统型组织倾向于培训，发展型组织则倾向于发展。

（2）组织战略重点：传统型组织战略重点是市场占有率，强调的是过去的行为对现在的影响及看重当下的绩效表现；发展型组织的战略重点是通过员工成长和保证将来的发展利润、提升未来的生产率和价格成本差来实现长期的经营目标。

（3）管理者的角色：在传统型组织中，管理者的角色是监工，是指令发布者；在发展型组织中，管理者的角色是绩效教练。

（4）人力资源角色：在传统型组织中，人力资源扮演的是人力资源事务专家的角色；在发展型组织中，人力资源是绩效咨询管理者和组织的发展变革代表。

（5）员工的角色：在传统型组织中，员工是作业者，是执行者；在发展型组织中，员工是发展能力的储备者和提高者。

要向开发型组织转变，首要的目标是为组织中的每一位员工个体带来变化。组织必须教导员工，让员工学会通过自身的反思和反省，获得必要的洞察力、敏感性及理解力，找出现状与目标的差距，从而产生必要的改进行动。这样，个体的变化就产生了。向开发型组织迈进的另一个重点是持续的成长和发展。持续的成长是一个永无止境的扩张过程，不断地吸收新的不同的事物，不断朝着未来的愿景进发，其结果是再造能力的增强和绩效水平的提高。个体员工在持续的成长与发展过程中，不断对自我进行更新，通过不断吸收和学习新的知识和技能，以增强自己的改进绩效能力的储备，在必要的时候可将其能力投入实际使用。持续的变化会促使员工不断地登上一个又一个新的台阶。最终，各个个体的持续改进导致整个组织的改变及整体绩效的提高。

8.2 绩效评价结果应用

8.2.1 绩效评价结果与薪酬

绩效评价的最初目的就是更好地评价员工对团队或组织的贡献，以便更好地在薪酬分配的过程中体现公平性原则。薪酬3P理论提出了3种薪酬支付方式：基于职位付薪、基于能力付薪以及基于绩效付薪。绩效薪酬（pay-related performance，PRP）属于第三种，是一种与绩效管理制度相联系的薪酬管理制度。一般而言，为了强调薪酬的公平性并发挥薪酬的激励作用，员工的薪酬中都会有一部分与绩效挂钩。如何有效地发挥薪酬的激励作用，寻求绩效管理与薪酬管理有机结合的方式是大多数企业所面临的一个难题。目前，企业常用的绩效薪酬制度有以下几种：

1）绩效工资与绩效调薪

绩效工资是在基本工资中与绩效有关的工资，这部分工资收入是以员工的当期绩效表现为依据计算并一次性发放的。绩效调薪是依据绩效结果对基本工资水平的调整，这一调整不但可以上调，也可以下调。绩效工资与绩效调薪都是与工资相联系的绩效薪酬制度，这两种制度在计算和实施方法上有许多类似之处，同时也存在本质区别。最主要的区别在于：绩效工资是根据每个评价周期的绩效评价结果进行的一次性加薪或减薪；而绩效调薪则是根据评价结果（通常是年度评价结果）累计式的对基本工资进行调整（在原基本工资水平的基础上加薪或减薪，从而形成下一周期或年度的基本工资水平）。

绩效工资与绩效调薪对工资增长的影响比较见表8-5。

绩效调薪是较为传统的绩效薪酬方式，这种方式的两个关键要点在于计算基数与系数的确定。基数的确定在每个企业的做法各不相同：有的企业根据岗位的级别确定一个最高奖励比例，以现有基本工资或年度薪酬总额和与职位相对应的最高绩效工资比例的乘积为计算基数；有的企业则根据现有基本工资所处的等级确定一个

表8-5　**绩效工资与绩效调薪对工资增长的影响比较**　金额单位：元

加薪幅度（%）	绩效工资	绩效调薪
2019年某员工A的基本工资额：3 000		
2019年年底加薪 加薪幅度：4%	获得加薪量：3 000×4%=120 支付总额：3 000+120=3 120	获得加薪量：3 000×4%=120 支付总额：3 000+120=3 120
2020年该员工的基本工资额	3 000	3 120
2020年年底加薪 加薪幅度：5%	获得加薪量：3 000×5%=150 支付总额：3 000+150=3 150	获得加薪量：3 120×5%=156 支付总额：3 120+156=3 276
2021年该员工的基本工资额	3 000	3 276
2021年年底加薪 加薪幅度：6%	获得加薪量：3 000×6%=180 支付总额：3 000+180=3 180	获得加薪量：3 276×6%=197 支付总额：3 276+197=3 473
2022年该员工的基本工资额	3 000	3 473
三次加薪后基本工资增加额	0	473

资料来源　林忠，金延平．人力资源管理［M］．大连：东北财经大学出版社，2006.

绩效工资的基数，甚至直接以原基本工资为计算基数，而计算系数则是根据绩效评价结果等级进行设计的，见表8-6：

表8-6　**员工绩效评价等级及绩效评价系数表**

绩效评价等级	优秀	良好	中等	合格	不合格
绩效评价系数	1.5	1.2	1	0.8	0.5

2）绩效奖金

绩效工资虽然体现了薪酬和绩效挂钩的直接联系，但是它的累加性往往会造成支付成本过高的问题，而基本工资的刚性特征也使得企业在实施这项方式时负担越来越重。一项对美国250家公司的调查表明，其中30%的公司正在考虑取消绩效工资，10%的公司则干脆已经不再使用绩效工资。而一次性的绩效奖金正在逐渐取代绩效工资。绩效奖金一般规定完成某项任务或达到某种绩效水平就可以发给员工工资一定比例或一定金额的奖金。比如，销售员每个季度的销售额达到计划的100%，给予基本工资10%的奖励；当销售额超过计划的10%，就可以得到基本工资20%的奖励。这种一次性奖励的绩效奖金由企业决定，并且一次性奖金不能加到基本工资内，每次需要员工重新通过争取获得这种奖励。

年度的绩效奖金常见形式为利润分享计划（profit sharing plan），它是迄今最古老的一种激励薪酬形式，在美国对其的使用可以追溯到19世纪末期。利润分享是根据利润或回报的某种衡量标准来确定工资的计划，这种衡量标准包括完全会计利润、经营利润、资产回报、投资回报、资本收益、销售收入、附加价值率或工资成本产出率及其他可能的回报。现金利润分享（cash profit sharing）是利润分享最简单的一种形式。通常将所实现利润按预定部分分给员工，将奖金与工作表现直接挂钩，即时支付、即时奖励。这在美国是一种传统形式，所分享的红利与公司的盈利能力联系起来，一般一年支付一次或两次，每年支付的金额大约相当于6个星期的工资。

3）长期激励计划

前面讲到的绩效奖金是个人短期的激励报酬，长期激励计划则关注员工长期的努力成果，即1年以上的绩效周期内的员工绩效，并对这个长期绩效进行考核和奖励。常见的长期激励计划主要有以下几种形式：

（1）员工持股计划

员工持股计划（employees stock ownership，ESOP）是让员工分享企业所有权和未来收益权的一种制度安排。作为一种绩效薪酬计划，为了使员工持股计划能够更好地起到激发员工积极性的作用，应该将员工的行为与相应的收入挂钩。这就是说，当员工做出突出贡献或者在一个规定的较长周期内一直是绩效优异者，就授予一定比例的股票。通过员工持股计划可以使员工觉得自己是企业的主人，能提高员工的责任意识，把员工的利益和企业的成败联系在一起。它的运作方式是：公司把一部分股票（或者是可以购买同量股票的现金）交给一个信托委员会（其作用就是为员工购买一定数量的企业股票），信托委员会把股票存入得到员工持股奖励的员工个人账户，在员工退休或不再工作时发放给他们。

（2）股票期权计划

所谓股票期权计划，就是企业给予高级管理者在一定期限内按照某个限定的价格购买一定数量企业股票的权利。企业给予管理者的，并不是现实的股票，也不是现金，而是一种权利。他们对企业价值有更多的了解且较一般员工更愿意承担风险，同时由于股票期权计划要有比较多的资金投入，高层管理者比一般员工更加能够承受。

企业的股票期权计划具有3个方面的基本特征：一是自愿性。股票期权只是一种权利，并不是义务。获得这种权利的企业高级经理人员，完全可以根据自己对多种情况的判断和分析，自愿地选择购买或不购买企业的股票。二是无偿性。股票期权作为一种权利是无偿地由企业赠予其核心人才的，不需要权利获得者任何财务支付。只是以后，与股票期权相联系，这些权利获得者可以现实地购买企业股票的时候，才需要相应的财务支付。三是后续性。股票期权计划作为长期薪酬管理的激励作用，不仅仅体现在一次性的计划实施过程中。其形式、内容、起止时间都可根据企业的人才激励与人才吸引的需要而做出变动。一次股票期权计划接近结束时，另一次又会适时地开始，连续不断的股票期权计划，产生了“金手铐”的效应，将企业核心人才留在企业里，并尽力发挥他们的作用。

（3）团队激励计划

团队正在成为人们关注的焦点，要保证团队的协调与合作，有必要制定团队的激励计划。团队激励计划要同时考虑团队成员个人绩效和团队整体绩效，以及个人在团队绩效中的贡献，常见形式为收益分享计划。收益分享计划是企业与员工分享由于企业或团队的改善（可以是生产销售方面的改进，也可以是顾客满意度的提高或者是成本的降低以及更良好的安全记录）而带来的财务收益。它与利润分享计划的区别在于它使用的衡量标准是营业或业绩标准，而不是衡量盈利能力的标准。具体来讲这些业绩标准包括成本、生产率、原料和库存利用、质量、时效性或反应灵敏性、安全性、环境的协调性、出勤率和客户满意程度。制订收益分享计划的目的是使所有雇员都能从建议体系所带来的生产效率的提高中得到货币性奖励，同时它还反映了强调雇员参与的管理理念。收益分享计划主要有3种方式，斯坎伦计划（Scanlon plan）、拉克计划（Rucker plan）和提高分享计划（improshare/improved productivity through sharing）。

绩效薪酬制度比较见表8-7。

表8-7　绩效薪酬制度比较

项目	绩效工资	绩效调薪	绩效奖金	收益分享计划	利润分享计划
支付形式	一次结清	累进式的调整	一次结清	奖金	奖金
支付频率	每季度或每年	每年	每个绩效周期或随时	每半年或1年	每半年或1年
需评价绩效	员工个人绩效	员工个人绩效	员工个人绩效	收益	利润
覆盖面	全体员工	全体员工	全体员工	全体员工	全体员工
收入与个人绩效	联系密切	联系密切	联系密切	联系较少	联系较少
收入与组织绩效	联系较少	联系较少	联系较少	联系密切	联系密切

8.2.2　绩效评价结果与职位变动

员工绩效评价的结果是人员调配、职位变动的重要依据。人员调配不仅包括纵向的升迁或降职，还包括横向的工作轮换。绩效评价的结果会说明某些员工无法胜任现有的工作岗位，这就需要查明原因并果断地进行职位调换，将其安置到其他能够胜任的岗位上去。同时，通过绩效评价也可以发现优秀的有发展潜力的员工，对于在潜力测评中表现出特殊管理才能的员工可以进行积极的培养和大胆的提拔。这种培养还包括人员在各个岗位之间的轮换，以培养其全面的才干并熟悉公司的整体运作，为以后在部门之间的交流与协调做好准备。但是，人员晋升的决策一定不能只根据员工在上一绩效周期的绩效水平，关键是依据其管理能力和发展潜力，否则就会出现“彼得原理”所说的误区。

专栏8-2　　彼得原理

彼得原理（Peter principle）是美国学者劳伦斯·彼得在对组织中人员晋升的相关现象研究后得出的一个结论，即在各种组织中，由于习惯于对在某个等级上称职的人员进行晋升提拔，因而员工总是趋向于晋升到其不称职的地位。彼得原理有时也被称为“向上爬”原理。这种现象在现实生活中无处不在：一名称职的教授被提升为大学校长后无法胜任；一个优秀的运动员被提升为主管体育的官员而无所作为。

对一个组织而言，一旦组织中的相当部分人员被推到了其不称职的级别，就会造成组织的人浮于事、效率低下，导致平庸者出人头地、发展停滞。因此，这就要求改变单纯的“根据贡献决定晋升”的企业员工晋升机制，不能因某个人在某一个岗位级别上干得很出色，就推断此人一定能够胜任更高一级的职务。要建立科学、合理的人员选聘机制，客观评价每一位职工的能力和水平，将职工安排到其可以胜任的岗位。不要把岗位晋升当成对职工的主要奖励方式，应建立更有效的奖励机制，更多地以加薪、休假等方式作为奖励手段。有时将一名职工晋升到一个其无法很好发挥才能的岗位，不仅不是对职工的奖励，反而使职工无法很好地发挥才能，也给企业带来损失。对个人而言，虽然我们每个人都期待着不停地升职，但不要将“往上爬”作为自己的唯一动力。与其在一个无法完全胜任的岗位勉强支撑、无所适从，还不如找一个自己能游刃有余的岗位好好发挥自己的专长。

图8-6是某公司的一个基于绩效和胜任力进行人才开发的矩阵。

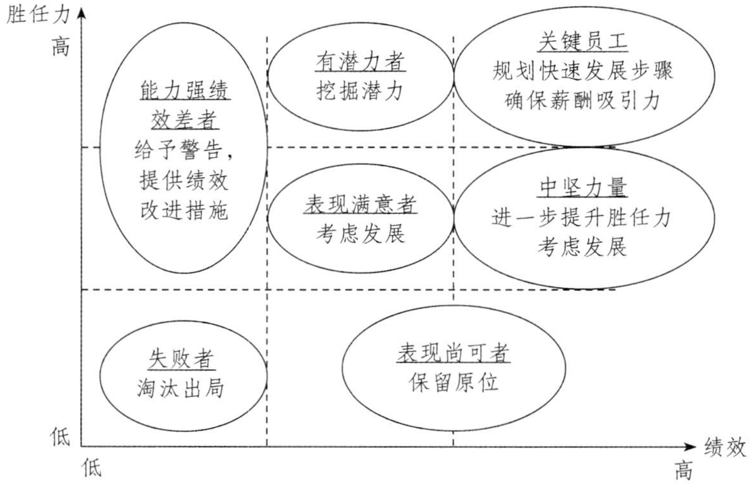

图8-6　人才开发矩阵

资料来源　武欣．绩效管理实务手册［M］．北京：机械工业出版社，2005.

8.2.3　绩效评价结果与员工发展

通过绩效评价结果可以发现员工培训和开发的需要，也就是将员工的实际评价结果与职位要求相比较，发现员工在某方面存在不足而导致不能完全胜任工作，并可以通过培训弥补时，就需要对员工进行培训。根据绩效评价结果进行的有针对性的培训，通俗地讲，就是“缺什么、补什么”。另外，企业也可能对未来的需要进行准备，当绩效评价结果显示员工不具备未来所需要的技能或知识时，对员工进行开发也是常见的选择。另外，绩效评价结果也可以作为培训的“效标”，即通过绩效评价结果衡量培训的效果。

1）个人发展计划

个人发展计划（individual development plan，IDP）是根据员工有待发展提高的方面所制订的一定时期内完成有关工作绩效和工作能力改进与提高的系统计划。该计划往往是在管理者的帮助下由员工自己来制订，并与管理者讨论达成一致意见的实施计划。管理者应承诺提供员工实现计划所需的各种资源和帮助。个人发展计划通常包括以下内容：

（1）有待发展的项目

通常是指在工作能力、方法、习惯等方面有待提高的地方。这些有待发展的项目可能是现在水平不足的项目，也可能是现在水平尚可但工作需要更高水平的项目。这些项目应该是通过努力可以改善和提高的项目，而且是最为迫切需要提高的项目，因为需要提高的项目可能有很多，但不可能在短期内完全得到改善，所以应该有所选择。

（2）发展这些项目的原因

选择某些项目列入个人发展计划中一定是有原因的，这种原因往往是由于这方面的水平比较低而工作又急需在这些方面表现出较高的水平。

（3）目前的水平和期望达到的水平

绩效的改进计划应该有明确的目标，因此在制订个人发展计划时要指出需要提高的项目目前表现的水平是怎样的，期望达到的水平又是怎样的。

（4）发展这些项目的方式

将某种待发展的项目从目前的水平提升到期望水平可能有多种方式，应该选择容易实施、效果明显的方式作为个人发展的具体的措施加以落实。

（5）设定达到目标的时间期限

预期在多长时间内能够将有待发展的项目提升到期望水平，指出评估的期限（见表8-8）。

2）个人发展计划实例[①]

王俊，东方医疗设备公司的销售代表，任职一年。这一年中，上级主管给他设定的销售业绩指标是20万元，其实际完成额为21.9万元，完成了目标。但是像他这样的销售代表平均的销售额为35万元，王俊距离这样的水平还有相当差距。而且，由于他以前不是在医疗设备行业工作，对一些专业知识还不够熟悉。分析一

① 武欣．绩效管理实务手册［M］．北京：机械工业出版社，2005.

表 8-8 绩效改进/个人能力开发计划表

部门	时间　　年　月　日	
被考核人	姓名：	职位：
直接上级	姓名：	职位：
绩效改进计划		
1.绩效问题描述（包含业绩、行为表现和能力目标，请用数量、质量、时间、成本/费用、顾客满意度等标准进行描述） 1） 2） 3）		
2.原因分析：		
3.绩效改进措施/计划：		
个人能力发展计划		
1.需发展技能（计划提高何种行为能力或技术能力） 1） 2） 3）		
2.技能发展活动描述（你将怎样提高，请列出达到每个项目所期望的水平需采取的行动）		
3.衡量标准（你如何知道该技能是否已经得到提高）		
4.计划完成时间		
讨论时间：　　考核人：　　被考核人： 期末签字：　　被考核人：　　考核人：　　HR专员： 备注：此表提供给考核人选用，帮助被考核人切实改进、提升工作绩效（绩效考核成绩90分以下的，必须填写此表）		

下，他目前存在的工作中有待改进的方面主要是销售技巧，主要体现在与客户沟通时如何倾听客户的需求；对于一些专业领域的知识还需进一步学习；再有，他的销售报告写得也令主管不十分满意，在这方面也需提高。同事们普遍评价他是一个善于与人合作的人，与同事的关系相处得很好，也乐于帮助别人。主管认为他还是比较愿意学习的，在这一年中进步很快。客户对他的工作态度反映较好，只是有时对客户需求的理解出现偏差。针对这些情况，王俊在主管人员的帮助下制订了下面的个人发展计划，见表8-9：

表 8-9　　个人发展计划

员工姓名：王俊		职位：销售代表			部门：业务一部
上级主管：刘利				制订计划时间：2022年3月5日	
有待发展项目	发展原因	目前水平	期望水平	发展措施及所需资源	时间期限
客户沟通技巧	与客户沟通是销售代表的主要工作，本人在这方面有较大欠缺	客户沟通评价分数2.5分	3.5分	参加“有效客户沟通技巧”培训；注意体会和收集客户反馈；与优秀销售人员一同会见客户，观察并学习他们的沟通技巧与经验	2022年12月
医疗设备专业知识	销售人员需要了解较多的产品知识，而本人以前对此接触较少	专业知识评估分数3分	4分	阅读有关书籍、资料；参加产品部举办的培训班；多向他人请教	2022年5月
撰写销售报告	销售人员需要以书面形式表达销售情况，与主管和同事交流信息	销售报告评估分数3分	4分	学习他人撰写的销售报告；主管人员给予较多指点	2022年8月

□ 个案分析

Netflix公司的绩效管理

Netflix是一家美国公司，提供互联网随选流媒体播放，定额制DVD、蓝光光碟在线出租业务。公司成立于1997年，总部位于加利福尼亚州洛斯盖图，1999年开始提供订阅服务，2013年已拥有超过3 000万用户。公司于2002年上市（NASDAQ：NFLX），2013年凭借三部原创自制剧集《纸牌屋》（House of Cards）、《发展受阻》（Arrested Development）和《铁杉树丛》（Hemlock Grove）荣获14项艾美奖提名，并最终成为第一家获得艾美奖的网络电视公司。

以下是Patty McCord（Patty McCord咨询公司创始人，曾任Netflix公司首席人才官）对Netflix绩效管理制度的介绍。

很多年前我们就取消了正式的评估制度。我们曾试用过这种制度，发觉它难免流于形式，且偶尔一次的考核结果也没有连贯性。在某些职能部门，比如销售部、工程部、产品研发部，员工业绩好坏一目了然（随着很多公司量化业绩的技术提高，员工的业绩表现越来越明晰），再制定一套官僚主义的繁文缛节毫无意义，业绩表现也无法因此提升。所以，我们的做法是要求经理与员工进行关于业绩表现的谈话，并把它们作为工作中不可缺少的一环。

以往公司进行业绩评估的目的之一是担心劳务纠纷。其逻辑是，如果想要开除某人，你就要提供白纸黑字的记录以证明该员工表现欠佳，所以很多公司都为业绩表现欠佳的员工提供所谓的“业绩提升计划”（Performance Improvement Plans，PIP）。而我个人十分讨厌PIP，我认为这一计划本身就是欺诈，这一项目从来就不是为了它声称的目的——提升业绩。

一位经理要求测试工程师玛利亚参加PIP。最初玛利亚是因流媒体服务需要而被招进公司的，主要承担查找漏洞的工作。她工作效率高、人有灵气也很勤奋。但是技术的更新速度太快，我们很快发现这个工作可以全自动化。为了研发世界级自动化测试工具，公司引入了新人，玛利亚的直接领导也发生了改变。玛利亚不喜欢也不擅长做自动化测试方面的工作，所以新领导要求玛利亚参加PIP。

我的回复是：“何必呢？我们都知道这出戏会怎么演下去。你先定下目标，然后，因为她根本就不具备这方面的能力而无法达标，所以你每周三都要放下手头的正经事，考虑如何阐明、记录她的不足；每周二晚上你都辗转反侧，因为你知道明天又要面对一次令人难堪的谈话。你以为她不是吗？几个星期后，她开始找人哭诉，这个过程要持续三个月，整个团队都会知道这件事，最后她还是会被炒掉。这个过程毫无意义，五年来她一直因出色地完成工作而受到奖励，但现在这份工作根本就不存在了，谈何‘业绩提升计划’。你来告诉我这对Netflix有什么好处？”

“我们不妨直说：技术发生了转变，公司发生了变化，玛利亚你的能力已经不符合公司的需要了。她并不会感到吃惊：作为在一线工作的员工，她难道感受不到周围的变化么？给她提供一份丰厚的离职补偿金，只要签署了离职协议，我们被起诉的概率就会很低（即使不能被完全避免）。”以我个人的经验，只要告知实情，人们能够应对变化。最终，玛利亚的情况证明了我的看法。

取消了“正式的”业绩评估之后，我们设立了“非正式的”360考评制度。我们提出尽可能简洁的问题：你觉得你的同事“应该做什么”“应该继续做什么”“不要做什么”。最开始我们使用匿名的软件系统进行评估，一段时间之后转而实名制，而且很多团队用面对面的方式进行360度考评。

很多HR同行都不相信Netflix此等量级的公司竟然没有年度评估。他们会说：“你们只是编个故事让我们不舒服吧？”我并没有。如果能够简单、诚恳、定期地以探讨的方式进行业绩评估，你将获得比5分制考评更好的效果。

资料来源　麦考德．Netflix颠覆传统HR［J］．李钊，译．哈佛商业评论（中文版），2014（1）．

思考题：

1.Netflix管理层对“业绩提升计划”看法如何？结合本章所学知识阐述你对PIP的观点。

2.Netflix管理层所说的“非正式”评估是如何实施的？结合案例材料分析该方法得以成功的前提条件与环境因素。

□ 本章小结

传统的绩效考核侧重于考核员工过去的工作绩效，而现代绩效管理则强调如何改进员工未来的绩效。绩效改进是这样一个过程：首先，分析员工的绩效考核结果，找出员工绩效不佳的原因；然后，针对存在的问题制订合理的绩效改进方案，并确保其能够有效地实施。员工绩效改进流程的主要步骤包括：绩效诊断与分析、明确绩效改进要点、选择绩效改进方法、制订绩效改进计划、实施绩效改进计划和评价绩效改进效果。组织绩效是员工绩效的整体体现，组织绩效问题的改进与员工绩效问题的改进在思路上基本相同，但由于组织绩效问题影响面大、原因复杂，因此其改进措施的设计和实施也与员工个人绩效改进的流程有所区别，集中体现在绩效改进的实施主体、工具和实施方案几个方面。

绩效评价结果的应用主要体现在薪酬、职位变动与员工发展3个方面。其中，评价结果与薪酬分配的紧密联系是企业和员工的关注焦点。常用的绩效薪酬制度有绩效工资、绩效调薪、绩效奖金和长期激励计划。

□ 关键概念

绩效改进　绩效诊断　卓越绩效模式　六西格玛管理　ISO管理体系　标杆超越　绩效薪酬　利润分享计划　员工持股计划　股票期权　收益分享计划　个人发展计划

□ 课堂讨论

1.讨论分析影响绩效改进的因素有哪些？

2.卓越绩效模式、六西格玛管理、ISO管理体系和标杆超越这4种组织绩效改进的系统工具，在西方国家已经取得了巨大成功，但在我国仍处于起步和摸索阶段。结合案例分析这几种绩效改进方法在我国企业的使用。

3.思考如何根据员工绩效评价结果设计针对其特征的绩效改进和能力发展计划。

□ 复习思考题

1.简述员工绩效改进流程。

2.举例说明员工绩效改进计划的内容。

3.简述组织绩效改进的4种方法。

4.举例说明绩效工资与绩效调薪的区别。

□ 自测题

1.对于绩效改进，下列说法正确的是（　　）。

A.绩效改进是针对绩效不良员工的步骤

B.绩效改进是绩效管理的重要步骤

C.绩效改进是管理者的分内之责

D.绩效改进是员工自己的任务

2.四因素法是从（　　）、（　　）、（　　）和（　　）4个方面着手来分析绩效不佳的原因。

3.三因素法是指从（　　）、（　　）和（　　）3个方面来分析绩效问题。

4.最优先选择的绩效改进要点是（　　）。

A.不易改变而急需改变的绩效问题　　B.不易改变且不急需改变的绩效问题

C.容易改变而不急需改变的绩效问题　　D.容易改变且急需改变的绩效问题

5.在以缺陷率计量产品或服务的质量特性时用"σ"度量缺陷率，六西格玛质量表示质量特性的缺陷率仅为（　　）ppm。

6.下列属于长期激励计划的是（　　）。

A.利润分享计划　B.股票期权计划　C.收益分享计划　D.员工持股计划

□ 补充阅读材料

通过绩效技术进行组织变革

一个跨国公司的总裁刚刚结束其周游世界的商业旅程回到公司总部。在此期间，有6家重要客户声称，在该公司改善其产品质量之前，不打算再与其做什么生意了。为了找出问题的根源，总裁召集公司各主要负责人开会，让每个人谈谈自己的看法，并提出解决之道。下面是不同的人提出的原因：

- 员工的工作态度问题：他们对质量重视不够。
- 部门之间缺少沟通。
- 供应商的工作太粗糙。
- 制造过程需要自动化。
- 设计部门对产品质量漠不关心。
- 公司缺少资深质量监督员。

"公说公有理，婆说婆有理"，总裁听了以后感到更加受挫，于是他转而寻求管理咨询顾问的意见。第一个顾问说，基本问题是战略，组织战略需要重新考虑。第二个顾问说，是工作流程太陈旧，需要更新和自动化。第三个顾问说，是员工投入的问题，如果管理上更具有参与性，员工参与程度提高，他们积极性会提高，质量便有望改善。

这就是无数个组织经常发生的事。总裁希望从下级那里获得帮助，但每个管理者都根据自己的角度或部门角度来谈公司的问题，就像是盲人摸象一样。而且，每个管理者都有一套可预测的、受经验和专业所束缚的思考和解决问题的方式。专业顾问们似乎容易从更为狭窄的专业角度分析问题。他们有一套已经设计好的方案（诸如结构设计、绩效评估、全面质量管理等等），只需要员工照着去做就是了。

以上做法都有一个缺陷，就是在分析各种绩效影响因素，以及这些因素中哪个没有像预期的那样发挥作用，需要采取何种有效措施等问题时，缺少一个整体的思路和框架。事实上，对组织绩效问题的诊断就像医生看病人一样，需要一个分析的结构或框架，用以说明症状、找出病因，然后确定一套综合治疗方案。这正是古代部落的诊病方式与现代医疗小组治疗方式的重大区别。现代医疗小组首先要搜集资料、进行测试或检验、找到原因，然后进行治疗。他们不但对症下药，而且还对病情的扩散和重犯进行预防。这一系列步骤的实施，需要一个先决条件，那就是对人类疾病症状的理解，即整体的思考框架。

那位总裁所需要的正是这样一个类似的思维框架，这也正是人类绩效技术所要提供的东西：对绩效问题的症状进行诊断、分析，找到真正的原因，然后采取措施，该措施不但改进现有的绩效状况，而且通过环境再设计，使绩效得以进一步提升。绩效专家综合地使用所有学科或经验中有关人类绩效的研究成果和价值的知识、方法，如心理学、工业设计、培训与发展、人类工效学、薪酬等。

人类绩效专家的观点

如果那位总裁寻求绩效专家的帮助，他们会从另外一种角度看待这一问题。图8-7所展示的正是这样一个框架：首先，人类绩效专家将组织看成是一个动态的适应性系统，通过各种输入，产生对顾客有价值的产品和服务。一个组织存在于更大的系统之中，其中包括与其争夺市场和资源的竞争对手、一般的经济形势、法律、政府政策以及文化。组织必须迅速对环境做出适应性反馈，尤其是市场（如销售、顾客抱怨、市场发展趋势等）、资源和公众情绪，否则就会有被淘汰出局的危险。

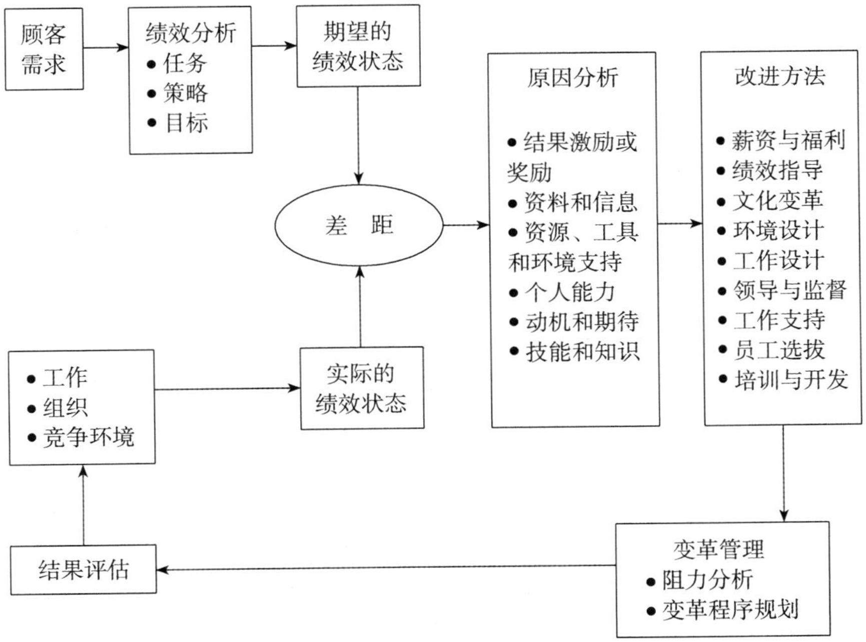

图8-7　人类绩效技术的绩效改进系统

人类绩效技术的实践方法

绩效专家已经有了一个洞察绩效问题的思维框架，那么怎样才能将其转变为行动并准确地诊断和执行方案？下面就是执行的步骤：

步骤一：问题/机会定义

这一步的目标是对顾客或组织希望达到的绩效进行识别并达成一致意见。它是开始点，也是结束点，因为干预的有效性评估最终必须以此为基础。在这里，问题是指实际绩效与理想绩效之间的差距；机会是指组织及其成员虽然达到了目前的绩效标准，但还有机会和可能使绩效得以进一步改善，从而赢得竞争优势。

再接着前面的例子，绩效专家帮助那位总裁解决质量问题的第一步就是鉴别总裁和顾客所期望的质量水平，并确定对此进行测量的方式和时间。

步骤二：分析

在这一步骤里，绩效专家运用绩效思维框架对具体问题进行诊断，寻找其原因，说明或确定治疗方案。一个完整的分析必须在3个水平上进行，最好是按照从宏观到微观的顺序进行。

组织水平。主要任务是确定为了获得所希望的绩效，在组织水平上应该采取什么变化，并且识别需要进一步检验的跨功能流程。在这一步里，通常需要画出组织图，用来描述各种职能和流程相互联系或作用的方式，以及他们对绩效影响的方式。另外还需要分析绩效资料，以确定绩效差距和定义关键性流程。

例如，当绩效专家检验前面那个公司的组织水平时发现，该公司没有将质量作为公司重要策略对待。结果，在组织结构和资源分配上都不利于质量的提高。而且，质量的测量、跟踪和管理过程也不连贯。也许在平时还对质量有所重视，但当销售任务变得紧急时，或市场变得供不应求时，质量问题就会被抛在一边了。显然，在组织水平上必须有所变革才能解决质量问题。

流程水平。主要任务是确定在流程水平上应该做出哪些变化，以改进绩效，并识别应该进一步检验的工作。具体做法是，决定关键的操作流程；确定哪一步没有正确地执行，导致该流程的低效能；确定新的操作行为。

在上面例子中，绩效专家与总裁一起工作，识别并按顺序分析3个对质量有重要影响的流程：首先是生产和装配流程与现有生产线不相配套。装配线是在公司只生产10种产品时设计的，而现在公司所生产和销售的产品已达上百种，却仍在同一条装配线上装配，所用工具和操作程序也存在同样的问题。其次，在产品设计流程上也存在很具代表性的问题，太强的职能目标影响了产品设计工作的效率和效益。产品设计工程师在设计产品时，没有太多考虑生产流程的需要。结果，虽然工程师在所要求的时间内和所确定的预算内完成了设计任务，达到其绩效目标，但装配线不能正确地将产品装配在一起，结果是将不合格的产品卖给顾客。再次，公司对销售额的预测很不准确，导致生产部门无所适从。最后，生产部门只好等订单，然后再行生产装配。结果由于每天都有不同种类的产品要装配，出错率增大。

工作/操作者水平。主要任务是确定哪些关键工作的哪些工作输出需要改进，以便关键流程能够有效地工作；确定为改进工作输出所需要的行动。具体方法是，确定理想工作输出与实际工作输出之间的差距，运用绩效分析框架确定绩效不足的原因和适当的、正确的行动。

在上例中，绩效专家在研究公司质量问题过程中发现：第一，装配操作说明书已经非常陈旧，很多补充和修正说明都是手写体，结果增加了操作上的混乱，加以每天装配的产品种类较多，导致错误率明显上升。第二，公司将市场放在第一位，而不是将质量放在第一位，对生产部门的首要要求是满足销售目标。第三，由于工具供应不足，装配工经常相互借用别人的工具。专家进一步了解到，几年来，所出现的许多质量问题都是由于说明书和工具引起的，而管理者却是“睁一只眼闭一只眼”。

步骤三：设计与发展

在上述分析的基础上，绩效专家已经进行了彻底的诊断，并确认了综合的、多水平上的改进内容。下一步就是对此进行系统的设计和发展，形成可操作的执行方案。具体包括从组织战略的修正到流程和工作再设计，构造新的测量系统、绩效管理和培训系统。另外，还需要设计一个流程用来评估干预的有效性。

在工作过程中，绩效专家并不一定要亲自做所有这些工作，他很可能带领一个由各方面专家组成的专家小组来完成一系列的设计工作。

步骤四：实施与维持

主要任务是实施干预方案，并使其顺利执行。这一步成功的关键是向组织成员介绍方案的实施所带来的成果；提前想好克服可能出现的障碍的应对策略；通过坦率沟通赢得公司领导人的支持

步骤五：评估

收集有关绩效的信息，评估干预方案是否产生了所希望的效果。如果事与愿违，立即分析原因所在，并对干预方案进行修正。评估程序随同解决方案一起设计。评估开始于方案实施之时，对绩效情况的追踪了解必须连续地贯穿于实施的整个过程中。

资料来源　张鼎昆. 通过绩效技术进行组织变革［EB/OL］.［2021-10-15］. http://www.gototsinghua.org.cn/wenku/xinchoujixiao/mba_89888.html.

第三部分

绩效评价方法

第9章/员工个体绩效评价方法

学习目标

通过本章的学习，了解员工个体绩效评价方法的类型，理解各种方法的基本原理、优缺点并掌握其应用条件。

9.1 书面鉴定法

9.1.1 自我报告法

自我报告法是利用书面的形式对自己的工作进行总结及考核的一种方法。此方法多适用于管理人员的自我考评，并且每次的考评人数不宜过多。自我报告法是通过员工自己对其一段时间内工作结果的总结，使被考核者主动地对自身的表现进行反省，并评价自己的绩效。

运用此方法进行考评时，通常要求被考评者填写一份自我鉴定表，对照岗位要求，回顾一定时期的工作状况并且列明对未来的打算，见表9-1。此外，还要求其列举出考核期间内的1~3件重大贡献事例以及1~3件失败事例，并且列明相应的原因。

表9-1 某企业员工自我鉴定表

姓　　名		学　　历		专　　业	
部　　门		进入本部门日期		现任岗位	
项　　目					
目前工作	1.本月（年）你所实际担任的工作 2.执行工作时，你曾遇到何种困难				
工作目标	本月（年）你的工作目标是什么				
目标实现	本月（年）你的目标实现程度				
原　　因	你的目标实现（或不能实现）的原因				
贡　　献	你认为本月（年）对公司较有贡献的工作有哪些？你做到何种程度				
工作构想	在所担任的工作中，你有何种构想？请具体说明				

9.1.2 短文法

短文法是指通过一则简短的书面鉴定来进行考评的方法。书面鉴定通常谈及被考评者的成绩和长处、不足和缺点、潜在能力、改进意见和培养方法等方面。这种方法也是较为传统的考评方法之一，并且在很长一段时间里为我国很多企业所使用。

短文法属于主观判断型的定性考评方法。它只从总体上进行考评，不考虑考评维度，也不设计具体的考评标准和量化指标。因此，这种方法操作起来灵活简便，考评者可以针对被考评者的特点进行考评，具有较强的针对性。但是，由于缺乏具体的考评标准，难以进行横向对比，并且考评人员的主观性所带来的偏差也比较大，因此，这种方法通常应与其他方法配合使用。

9.2 事实记录法

9.2.1 关键事件法

关键事件法是以记录直接影响工作绩效优劣的关键性行为为基础的考评方法。所谓关键事件，是指员工在工作过程中做出的对其所在部门或企业有重大影响的行为，此种影响包括积极影响和消极影响。使用关键事件法对员工进行考评，要求管理者将员工日常工作中非同寻常的好行为或非同寻常的坏行为认真记录下来，然后在一定的时期内，主管人员与下属见面会谈，根据所做的记录来讨论员工的工作绩效。此处的“关键事件”包括两个方面：一种是员工做得特别好的事件，一种是员工做得不好的事件。在预定的时间，通常是半年或一年之后，管理者基于所积累的纪录，与被考评者讨论相关事件，为绩效考评提供依据。运用关键事件法包含三个方面的重点：一是观察，二是书面记录员工所做的事情，三是有关工作成败的关键性的事实。

对关键事件的阐述通常遵循STAR原则：

（1）情景（Situation）：这件事情发生时的情境是怎样的。

（2）目标（Target）：他/她为什么要做这件事。

（3）行动（Action）：他/她当时采取什么行动。

（4）结果（Result）：他/她采取这个行动获得了什么结果。

关键事件法通常可以作为其他评价方法的很好的补充，因为它具有以下优点：首先，对关键事件的记录为考评者向被考评者解释绩效考评结果提供了一些确切的事实依据。其次，它可以确保在对员工进行考评时，所依据的是员工在整个考察周期内的工作表现，而不是员工在近期内的表现，也就是说可以减少近因效应所带来的考评偏差。最后，通过对关键事件的记录可以使管理人员获得一份关于员工通过何种途径消除不良绩效的实际记录。

关键事件法在实施时也存在一定的不足之处。最明显的一点是，管理人员可能漏记关键事件。在很多情况下，管理人员都是一开始忠实地记录每一个关键事件，到后来失去兴趣或因为工作繁忙等原因而来不及及时记录，等到考评期快结束时再去补充记录，这样，有可能会夸大近期效应的偏差，员工也可能会误认为管理人员编造事实来支持其观点。

实例 9-1　　关键事件记录法

美国通用汽车公司在1955年运用了“关键事件记录法”对员工的绩效进行考评。通用汽车公司首先成立了一个委员会，专门领导这项工作。

该委员会根据公司的实际情况，制定了以下的考评项目：“体质条件”“身体协调性”“算术运算能力”“了解和维护机械设备的情况”“生产效率”“与他人相处的能力”“协作性”“工作积极性”“理解力”等。然后，要求工厂的一线领班，根据下列要求，对各自部下的最近工作行为的关键事件进行描述：

- 事实发生前的背景
- 事实发生时的环境
- 行为的有效或无效事实
- 事实后果受员工个人控制的程度

例如，一位领班对其一名下属工作的“协作性”是这样记录的：有效行为是虽然今天不该约翰加班，但他还是主动留下加班到深夜，协助其他同事完成了一份计划书，使公司在第二天能顺利地与客户签订合同。无效行为是总经理今天来视察，约翰为了表现自己，当众指出了杰克和麦克的错误，致使同事之间关系紧张。

通用汽车公司采用了“关键事件记录法”后，出现了令人吃惊的结果：员工的有效行为越来越多，公司的效益也直线上升。正如委员会主任——人力资源部部长所称：“大多数员工并不愿意做错事，如果领班能不厌其烦地指出员工的不足之处，他们会设法纠正的……”

资料来源　谌新民，武志鸿．绩效考评方法［M］．广州：广东经济出版社，2002.

9.2.2　不良事故考核法

在对员工进行绩效考核时，我们通常会发现，对于某些例行的工作会存在这样一种现象：即使这些工作被很好地完成，也不会被列为重要的绩效考核指标，而一旦这些例行的工作出了差错，却又会给整个组织带来巨大的损失，对于这种情况就可以用不良事故法进行考评。运用不良事故考核法进行考核时，主要是通过预先设计的不良事故清单对员工行为进行考核以确定员工的绩效水平（见表9-2）。

9.2.3　行为锚定等级评定法

应用关键事件法对员工进行绩效考评的重要突破便是行为锚定等级评价法的发展和使用。这种方法能够反馈信息，而且所设计的方式也能够让上级主管更容易做出评估决策。行为锚定等级评价法的目的在于：通过等级评价表，将关于特别优良或特别劣等绩效的叙述加以等级性量化，从而将描述性关键事件法和量化等级评价法的优点结合起来。因此，可以说此方法是传统业绩评定表和关键事件法的结合。

表9-2　**某公司财务部不良事故管理办法**

一、目的：为规范公司会计行为，保证会计资料真实、完整，加强经营和财务管理，提高经济效益，特制定本办法

二、定义：会计核算与财务管理的不良事故，是指由于个人原因违反《中华人民共和国会计法》和国家统一制定的会计准则制度以及公司规定的会计行为而引起的后果。根据其影响面的大小分为A级（重大事故）和B级（一般事故）

三、不良事故的监督与预防：

1.公司员工对违反本办法和国家统一的会计制度规定的会计事项、会计行为，有权拒绝办理或予以解决

2.无权处理的应以书面形式向单位负责人或向上一级领导人报告，请求查明原因，做出处理

3.各级领导必须随时对公司的各项经济业务进行监督、控制和防范，对已发生的事故应及时提报并设法控制，予以解决

4.每位员工在提交工作报告中如实地反映问题，对造成事故的当事人要提出相应的处罚意见

5.公司总经理、各相关部门应按照《中华人民共和国公司法》《中华人民共和国会计法》及公司的有关规定进行定期检查

四、不良事故的查处程序及处罚规定：

1.举报或寻查知有不良事故→由人事部门记录并转相关部门查实→查实后填表上报（包含处罚意见）→由部门主管审核认定→转人事部门根据处罚规定进行绩效考评

2.季度内A级事故发生一次或B级事故发生三次以上，扣除当事人当季绩效奖金；若及时查办上报并采取了补救措施，则记录在册并在季度绩效考评时适当扣分；若没有及时上报造成事态严重的，则当季业务管理评分记为零分

五、不良事故的名称与判定：

1.伪造原始凭证、账簿、会计资料：不依法索取原始凭证或设置会计账簿，致使财务数据失真，不良事故为A级

2.随意变更会计处理方法：会计处理方法不确定，违反《中华人民共和国会计法》造成损失的，不良事故级别为A级

3.提供虚假的会计信息：向不同的会计资料使用者提供的财务会计报告不一致的，由于个人原因造成的不良事故级别为A级

4.隐匿会计资料：隐匿会计资料和上级文件精神，给公司造成不良影响的，不良事故为B级；造成经济损失的为A级

5.故意销毁会计资料：未按照规定保管会计资料致使会计资料毁损、丢失的，不良事故级别为A级

6.预算不准确：预算额与实际差异在30%以上不良事故级别为A级，在10%~30%不良事故级别为B级

7.指使强令他人行为：强迫指使他人意志和行为造成不良影响的，不良事故级别为B级；造成经济损失的不良事故级别为A级

续表

8.丢失（被盗）现金、支票和印鉴者：因故丢失或被盗现金、支票和印鉴者，造成影响或损失的，不良事故级别为A级
9.预测信息不准确：预测信息不准，导致决策失误的不良事故级别为A级
10.挪用公款：未按规定，挪作其他用途1万元以内为不良事故B级；1万元以上的为不良事故A级
11.职务侵占：未经他人允许超越工作范围或权限，给他人造成影响的不良事故级别为B级；给公司造成经济损失的不良事故为A级
12.泄露公司机密：泄露公司财务机密，给公司经营决策造成不良影响的，不良事故定义为A级
13.账务处理不及时：工作拖延给公司或他人造成影响的不良事故级别为B级；造成经济损失的为A级
14.不及时催收发票：催收发票不及时给公司造成经济损失，不良事故级别为A级
15.手续不全，付款造成损失：手续不完备，不符合《中华人民共和国会计法》及公司规定的付款程序，造成经济损失1 000元之内的不良事故级别为B级；1 000元以上经济损失的，不良事故级别为A级
16.违规操作：不按工作流程办事造成损失的，不符合公司规定程序工作的，不良事故级别为B级；造成经济损失的，不良事故级别为A级
17.贪污公款：私自截留公款并占为己有，不良事故级别为A级
18.私设“小金库”：隐匿收入或其他业务资金来源不入账，而进行私自存放的，不良事故级别为A级
19.成本、费用不实：不按规定处理，该摊销或提取记入当期损益的，没有按规定摊销或提取，致使经营成果不实的，不良事故级别为A级
20.财产不实、盘亏或盘盈巨大：不按《中华人民共和国会计法》及公司规定的核算方法进行核算，不及时记账、结账、对账，为公司造成损失的，不良级别为A级
21.渎职失职：不尽职尽责、滥用职权、玩忽职守、徇私舞弊、给公司带来严重影响或造成经济损失的，不良事故级别为A级
其他：不按公司规定和《中华人民共和国会计法》要求执行，给公司造成严重不良影响和重大损失的，按照《中华人民共和国会计法》规定，应适当给予经济处罚或行政处分

在行为锚定等级评定法中，不同的业绩水平会通过一张等级表进行反映，并且根据一名员工的特定工作行为被描述出来。例如，假设进行员工绩效考核所选择的一个考核要素是“吸收和解释政策的能力”，那么对于这个考核要素中最积极的考核结果可能是“可以期望该员工成为组织中其他新政策和政策变化的信息来源”；而针对这个考核要素最消极的考核结果可能是“即使对员工重复解释后，该员工也不可能学会什么新东西”。在最消极和最积极的层次之间可能存在几种层次。

实例9-2　　某经理单一指标的行为锚定等级表（见表9-3）

表9-3　　**某经理单一指标的行为锚定等级表**

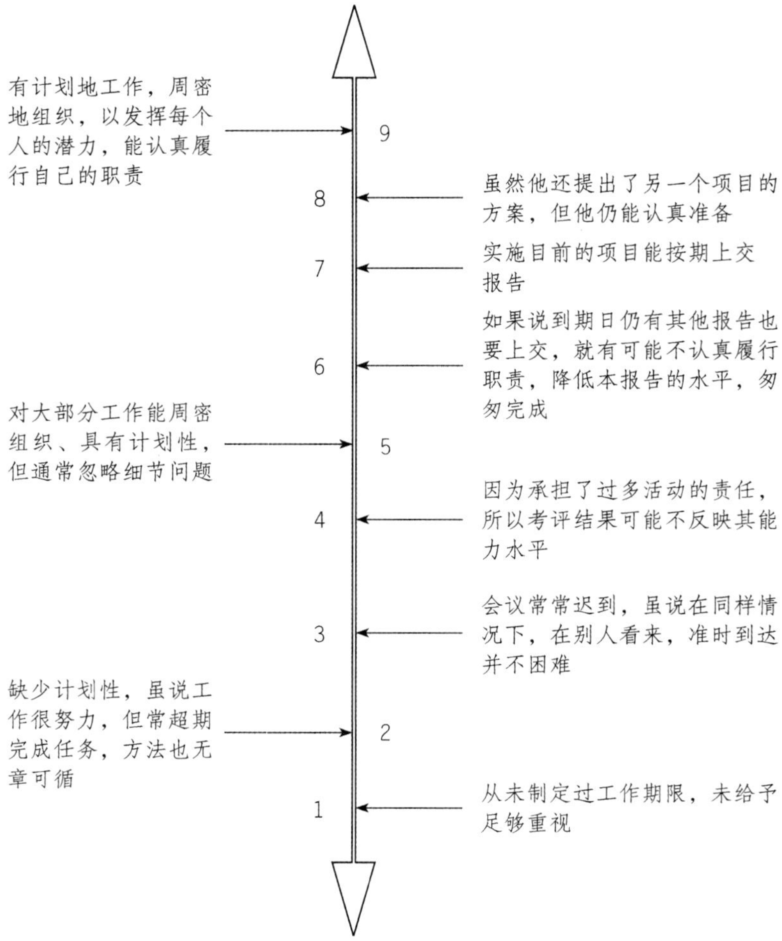

管理者指标：工作活动的组织能力

通常，设计锚定式考核量表时需要遵循如下步骤：

①用工作分析的关键事件技术来得出一系列有效和无效的工作行为。

②工作分析者将这些行为分类为个人行为大致能表现的工作维度或工作者特征，然后这些特征被分析者归类和加以定义。

③在不知道所分配的维度的情况下，列明与主题有关的专家们评论行为清单。换言之把每一维度的名称和定义告知这些人，要求他们将所有的行为按正确的维度加以分类，如果大部分专家（通常80%或更多）分配给同一行为的维度与工作分析者分配给它的维度相同，则该行为被保留下来。

④“保留”下来的行为由第二组与主题有关的专家加以评审。这些人依照一项工作绩效去评定每种行为的有效性。例如，如果使用一个7级量表，“7”将标志着该行为代表一个极其有效的绩效水平；“1”标志极其无效的绩效。

续表

⑤分析者们计算出被给予每一行为的有效性评分的标准偏差，如果该标准偏差反映评分有较大的可变性（专家们在该行为多么有效上意见不一），那么该行为就被舍弃，然后，为剩下的每一行为计算出评定的平均有效性。 ⑥建立最终的员工绩效考核体系。分析者为每个特征构建一个评定量表，量表中列出该特征的名称和定义。对行为的描述被放置在量表上的一个与它们的平均有效性评分相对应的位置上。

使用行为锚定等级评价法比使用其他的绩效评价方法要花费更多的时间，但是此方法具有以下几个突出的优点：行为锚定使员工知道他们被期望表现哪些类型的行为，从而为考评人员提供以行为为基础的反馈机会；因为此种方法的特点是需要有大量的员工参与，所以它可能会被部门主管和下属更快地接受；因为特定的行为可以被指出来，所以这种方法更便于在考核时进行讨论。其不足主要表现为：使用的行为是定位于作业而不是定位于结果；考评者有时在从量表中选择员工绩效水平的行为时会面临困难，等等。

9.2.4　行为观察量表法

行为观察量表法首先是强调收集关键事件来描述每项工作的有效行为、一般行为和无效行为。该方法并非是要先确定工作表现处于哪一水平上，而是确定员工某一行为出现的频率，然后通过给某种行为出现的频率赋值，从而计算出得分，之后将各项分数加总，得到一个综合考评结果。有时，对于特殊的工作表现还可以设定一个等级标准进行加总，然后乘以一个重要性加权系数，见表9-4。

表9-4　　电话销售代理商的行为观察量表

1.电话销售代理商能够了解顾客的需求，及时提供准确的信息，服务周到、热情。

几乎没有　　常常有

1　2　3　4　5

2.电话销售代理商能够提供一些与销售相配套的服务。

几乎没有　　常常有

1　2　3　4　5

3.电话销售代理商未能告知顾客服务项目的转变。

几乎没有　　常常有

1　2　3　4　5

4.不能借助于计算机存储系统来解答顾客的特殊问题。

几乎没有　　常常有

1　2　3　4　5

行为观察量表的优点体现在以下几个方面：

① 基于系统的工作分析。

② 关键行为和等级标准设定得一目了然。

③ 允许员工参与工作职责的确定，从而加强员工的认同感和理解力。

④ 由于特定的目标是与重要行为的一定得分相对应的，因此有利于信息反馈以改进员工的工作绩效。

但是，行为观察量表也存在如下不足：

① 与其他考核方法相比，该方法需要花费更多的时间和成本。

② 过分强调行为表现容易忽略某些真正的考评要素，特别是对管理工作和一些按章办事的工作而言，应该注重的往往是实际产出结果，而不是行为。

③ 该方法要求观察员工的工作表现，对管理者的时间投入和精力投入要求较高。

9.3 相对考核法

9.3.1 排序法

排序法是依据某一考评维度，如工作质量、工作态度或者依据员工的总体绩效，将被考评者从最好到最差依次进行排序。在实际操作中，可以进行简单排序也可以进行交替排序。简单排序是依据某一标准由最好到最差依次对被考评者进行排序；交替排序则是先将最好的和最差的列出，再挑出次好的和次差的，以此类推，直至排完（见表9-5）。

表9-5　　交替排序法的绩效评价等级

评价所依据的要素：	
说明： 针对评价所依据的要素，将所有员工的姓名都列出来。将绩效评价最高的员工的姓名列在第1格中；将绩效评价最低的员工的姓名列在第10格中，然后将次最好的员工姓名排列在第2格中，将次最差的员工姓名排列在第9格中。依次交替进行，直到所有的员工都被列出。	
评价等级最高的员工	
1.	6.
2.	7.
3.	8.
4.	9.
5.	10.
评价等级最低的员工	

排序考评法最大的优点是简便易行、省时省力。但其不足也正来源于此，首先，由于没有具体的考评指标，只是被考评者之间进行对比排序，所以，当两个人业绩相近时，很难确定其先后顺序。其次，由于主要依靠考评者的主观判断进行排序，而不同考评者又具有不同的倾向性，因此会造成排序中的偏向。再次，由于缺乏具体标准，使用这种方法无法将同一组织中不同部门的员工进行比较。最后，被考评者仅仅知道自己的排序情况，不能明确自身优点和不足之所在。

排序考评法通常适用于小型组织的员工考评，而且被考评对象最好是从事同一性质的工作。

9.3.2 配对比较法

配对比较法也称为两两比较法或对偶比较法，是较为细化和有效的一种排序方法。其具体做法是：将每一位被评价者按照所有评价要素，如工作质量、工作数量、工作态度等因素与所有其他员工一一进行比较，优者记为“+”或“1”，逊者记为“-”或“0”，然后计算每一个被考评者所得正负号的数量或具体得分，排出次序。例如，在表9-6的所列明比较中，员工乙的工作态度是最好的，而员工甲的创造性是最强的。

表9-6 使用配对比较法对员工工作绩效的评价

就“工作态度”这一评价要素所做的比较						就“创造性”这一评价要素所做的比较					
被评价者 比较对象	甲	乙	丙	丁	戊	被评价者 比较对象	甲	乙	丙	丁	戊
甲		+	+	-	-	甲		-	-	-	-
乙	-		-	-	-	乙	+		-	+	+
丙	-	+		+	-	丙	+	+		-	+
丁	+	+	-		+	丁	+	-	+		-
戊	+	+	+	-		戊	+	-	-	+	

配对比较法实质上是将全体被考评者看作一个有机整体，其准确度比简单的排序考评方法高得多。但是，该方法在操作时较为繁琐，因而其应用受到被考评者人数的限制。如果被考评者总数为n，按照一一对比的规则，每一考评要素的对比次数就是n（n-1）/2次。也就是说，如果考评10个人，则针对每一考评要素进行对比的次数就是45次，如果有6个具体的考评要素，则一次完整的考评活动就需要进行270次对比。

9.3.3 强制分布法

强制分布法也称为强制正态分布法，这种方法是基于如下假设：企业的所有部门都同样拥有优秀、一般、较差的员工。因此，在运用强制分布法进行绩效考评时，要求考评人员依据正态分布规律，即俗称“中间大、两头小”的分布规律，预先确定好评价等级以及各等级在总数中所占的百分比，然后按照被考评者绩效的优劣程度将其列入其中某一等级。例如，把最好的10%的员工放在最高等级中，次之的20%的员工放在第二个等级中，中等的40%的员工放在中间等级，再次之的20%放在倒数第二个等级中，余下的10%则放在最后一个等级中。当然，具体的比例也可以有所不同，但无论采用何种比例，其分布都要符合正态分布的规律，具体如图9-1所示并见表9-7。

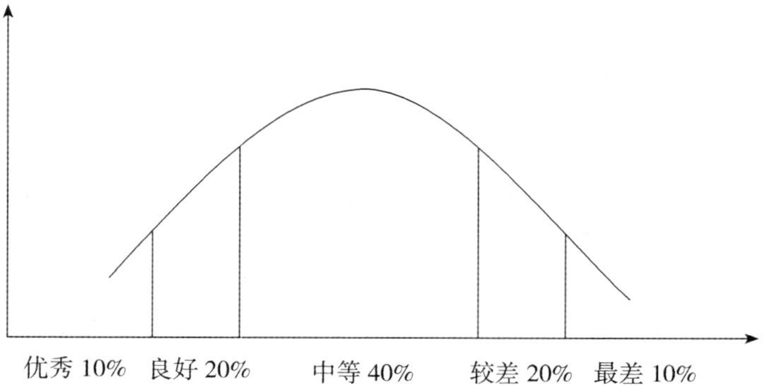

图9-1　正态分布图

表9-7　强制正态分布表

等级	优秀 10%	良好 20%	中等 40%	较差 20%	最差 10%
姓名	张×× ⋮	王×× ⋮	李×× ⋮	吴×× ⋮	赵×× ⋮

强制分布法适用于被考评人员数量较多的情况，操作起来也比较简便。由于遵从正态分布规律，可以在一定程度上减少由于考评人员的主观性所产生的偏差。此外，该方法也有利于管理控制，尤其是在引入员工淘汰机制的企业中，它能明确地筛选出被淘汰对象，由于员工担心因多次落入绩效最低区而遭淘汰，因而具有强制激励和鞭策功能。但是，由于该方法的核心是事先按正态分布规律确定各评价等级的比例，而在现实工作中，并非每一个部门的员工业绩情况都符合正态分布的规律。有可能存在这样的情况，即某一个部门的所有员工工作绩效都很好，这时，使用强制正态分布的方法进行绩效考评所得到的结果就难以令人信服。

9.4　绝对考核法

9.4.1　因素考核法

因素考核法，是将一定的分数分配给各项考评项目，使每一项目都有一个评价尺度，然后根据被考评者的实际情况和表现对各项目评分，最后得出总分，即被考评者的考核结果。这种方法便于使用电子计算机进行数据处理，大大提高了考评的效率和质量。

例如，某企业把考评因素定为以下四项：

① 出勤，占总分30%，分为上、中、下三个等级。出勤率100%为满分30分，病事假1天扣1分，旷工1天扣20分，迟到早退1次扣15分，旷工1天以上或缺勤30天以上者不得分。

② 能力，占总分20%，分上、中、下三等。技术高、能独立工作、完成任务好，评为上，低于这个水平的评为中或下。

③ 成绩，占30%，分为上、中、下三等。协调好、积极主动工作、完成任务好，评为上，稍差评为中，再差评为下。在工作中发生事故，造成损失，由企业有关部门做出处理者，1次扣10分，情节严重的不得分。如有1个月未完成任务，扣15分。

④ 思想作风、组织纪律，占20%，分上、中、下三等。工作服从分配、遵守规章制度、文明礼貌、团结互助，评为上，否则评为中或下。违反企业规章制度，经企业有关部门处理者，1次扣10分。

以上各项考评因素的上、中、下三个等级的比例分别控制在25%、60%、15%。考评表见表9-8。

表9-8　**某公司员工因素考核表**

部门	姓名			职务		考核总分
项目	分数			考核情况说明		
出勤	30	上	30			
		中	24			
		下	18			
能力	20	上	20			
		中	17			
		下	14			
成绩	30	上	30			
		中	25			
		下	17			
思想作风	20	上	20			
		中	17			
		下	15			
班（组）长意见						
部门意见						
考核小组意见						
公司意见						

使用因素评分法时应注意以下两个问题：第一，由于考评的目的不同，考评项目的赋分比重也应有所不同。如为了分配月度奖，绩效的分数应在总分中占较大比重；为了职务晋升，能力的分数应占较大比重。这样，既考核全面，又突出重点。第二，各考评项目对不同职务的重要度不同，因而要求其比重也有所不同。例如，对于指挥能力与技能，在考评经理（厂长）时，指挥能力的赋分比重应大一些，而技能的赋分比重则可小一些。对于一线员工，职能的赋分比重应该大一些，而指挥能力的赋分则可小一些，甚至为零。

9.4.2 评级量表法

评级量表法是最普遍采用的一种考评方法，此方法主要是借助事先设计的等级量表来对员工进行考评。使用评级量表进行绩效考评的具体做法是：根据考评的目的和需要来设计等级量表，表中列出有关的绩效考评项目，并说明每一项目的具体含义，然后将每一考评项目分成若干等级并给出每一等级相应的分数，由考评者对员工每一考评项目的表现做出评价和记分，最后计算出总分，得出考评结果，评级量表见表9-9和表9-10。

表9-9 评级量表法示例1

<table>
<tr><th>考核项目</th><th>考核要素</th><th>说　明</th><th colspan="5">评　定</th></tr>
<tr><td>基本能力</td><td>知识</td><td>是否充分具备现任职务所要求的基础理论知识和实际业务知识</td><td>A
10</td><td>B
8</td><td>C
6</td><td>D
4</td><td>E
2</td></tr>
<tr><td rowspan="4">业务能力</td><td>理解力</td><td>是否能充分理解上级指示，干净利落地完成本职工作任务，不需上级反复指示和指导</td><td>A
10</td><td>B
8</td><td>C
6</td><td>D
4</td><td>E
2</td></tr>
<tr><td>判断力</td><td>是否能充分理解上级指示，正确把握现状，随机应变，恰当处理</td><td>A
10</td><td>B
8</td><td>C
6</td><td>D
4</td><td>E
2</td></tr>
<tr><td>表达力</td><td>是否具有现任职务所要求的表达力（口头或文字），能否进行一般的联络说明工作</td><td>A
10</td><td>B
8</td><td>C
6</td><td>D
4</td><td>E
2</td></tr>
<tr><td>交涉力</td><td>在与企业内外的对手交涉时，是否具有使双方诚服、接受、同意或达成协商的表达交涉力</td><td>A
10</td><td>B
8</td><td>C
6</td><td>D
4</td><td>E
2</td></tr>
<tr><td rowspan="3">工作态度</td><td>纪律性</td><td>是否严格遵守工作纪律和规定，有无早退、缺勤等情况
对待上下级、同级和企业外部人士有礼貌，严格遵守工作汇报制，按时提出工作报告</td><td>A
10</td><td>B
8</td><td>C
6</td><td>D
4</td><td>E
2</td></tr>
<tr><td>协调性</td><td>在工作中，是否充分考虑到别人的处境，是否主动协助上级、同级和企业外人员</td><td>A
10</td><td>B
8</td><td>C
6</td><td>D
4</td><td>E
2</td></tr>
<tr><td>积极性
责任感</td><td>对分配的任务是否不讲条件、主动积极、尽量多做工作，主动进行改良、改进，向困难挑战</td><td>A
10</td><td>B
8</td><td>C
6</td><td>D
4</td><td>E
2</td></tr>
<tr><td colspan="2" rowspan="3">评定标准：
A——非常优秀，理想状态
B——优秀，满足要求
C——略有不足
D——不满足要求
E——非常差</td><td rowspan="3">分数换算：
A——65分以上
B——50~64分
C——50分以下</td><td>合计分</td><td colspan="4"></td></tr>
<tr><td>评　语</td><td colspan="4"></td></tr>
<tr><td>评定人签　字</td><td colspan="4"></td></tr>
</table>

表9-10　　　　　　　　　　评级量表法示例2

考评项目	第一次考评	第二次考评	第三次考评	事实依据
知识技能	30 24 18 12 6 s a b c d	30 24 18 12 6 s a b c d	30 24 18 12 6 s a b c d	
理解力	30 24 18 12 6 s a b c d	30 24 18 12 6 s a b c d	30 24 18 12 6 s a b c d	
判断力	30 24 18 12 6 s a b c d	30 24 18 12 6 s a b c d	30 24 18 12 6 s a b c d	
表达力	30 24 18 12 6 s a b c d	30 24 18 12 6 s a b c d	30 24 18 12 6 s a b c d	
纪律性	30 24 18 12 6 s a b c d	30 24 18 12 6 s a b c d	30 24 18 12 6 s a b c d	
协作性	30 24 18 12 6 s a b c d	30 24 18 12 6 s a b c d	30 24 18 12 6 s a b c d	
积极性	30 24 18 12 6 s a b c d	30 24 18 12 6 s a b c d	30 24 18 12 6 s a b c d	
各次考评得分				

<table>
<tr><td rowspan="2">评　语</td><td rowspan="2">s：极优
a：优
b：良
c：中
d：差</td><td>最终得分</td><td>（1次+2次+3次）/3</td><td rowspan="2">档次划分</td><td rowspan="2">s：200分以上
a：180~199分
b：126~179分
c：84~125分
d：42~83分</td></tr>
<tr><td>最终档次</td><td>s
a
b
c
d</td></tr>
</table>

9.4.3　图解式考评法

图解式考评法也称为图尺度评价法。该方法主要是运用评价尺度表，列举出绩效构成要素（如“质量”和“数量”）和具有一定跨度的工作绩效等级（从“难以令人满意”到“非常优秀”）。在运用该方法进行评价时，首先找出被评价者在每一项评价要素上与其实际绩效最为符合的分数，然后将其在所有项目上所得到的分值加总，即得出其最终的绩效评价结果。图解式考评表见表9-11。

表 9-11　**图解式考评表**

工作绩效评价表

员工姓名______　职位______　部门______

绩效评价原因　□年度例行评价　□晋升　□绩效不佳　□工资　□试用期结束　□其他

员工到现职时间______

最后一次评价时间______　正式评价时间______

说明：请根据员工所从事工作的现有要求仔细地对员工的工作绩效加以评价。请核查各代表员工绩效等级的小方框。如果绩效等级不合格，请以 N/A 字样说明。请按照尺度表中所标明的等级来核定员工的工作绩效分数，并将其填写在相应的用于填写分数的方框内。最终的工作绩效结果通过将所有的分数进行加总和平均而得出。

评价等级说明

O：杰出（outstanding）。在所有各方面的绩效都十分突出，并且明显地比其他人的绩效优异得多。

V：很好（very good）。工作绩效的大多数方面明显超出职位的要求。工作绩效是高质量的并且在考核期间一贯如此。

G：好（good）。是一种称职的和可信赖的工作绩效水平，达到了工作绩效标准的要求。

I：需要改进（improvement needed）。在绩效的某一方面存在缺陷，需要进行改进。

U：不令人满意（unsatisfactory）。工作绩效水平总的来说无法让人接受，必须立即加以改进。绩效评价等级在这一水平上的员工不能增加工资。

N：不做评价（not rated）。在绩效等级表中无可以利用的标准或因时间太短而无法得出结论。

一般性工作绩效评价要素	评价尺度	评价事实依据或评语
1.质量：所完成工作的精确度、彻底性和可接受性	O □　100~91 V □　90~81 G □　80~71 I □　70~61 U □　60以下	分数：________
2.生产率：在某一特定的时间段中所生产的产品数量和效率	O □　100~91 V □　90~81 G □　80~71 I □　70~61 U □　60以下	分数：________
3.工作知识：实践经验和技术能力以及在工作中所运用的信息	O □　100~91 V □　90~81 G □　80~71 I □　70~61 U □　60以下	分数：________

续表

一般性工作绩效评价要素	评价尺度	评价事实依据或评语
4.可信度：员工在完成任务和听从指挥方面的可信程度	O □　100~91 V □　90~81 G □　80~71 I □　70~61 U □　60以下	分数：＿＿＿＿＿ ＿＿＿＿＿＿＿ ＿＿＿＿＿＿＿
5.勤勉性：员工上下班的准时程度、遵守规定的工间休息/用餐时间的情况以及总体的出勤率	O □　100~91 V □　90~81 G □　80~71 I □　70~61 U □　60以下	分数：＿＿＿＿＿ ＿＿＿＿＿＿＿ ＿＿＿＿＿＿＿
6.独立性：完成工作时不需要监督或只需要很少的监督	O □　100~91 V □　90~81 G □　80~71 I □　70~61 U □　60以下	分数：＿＿＿＿＿ ＿＿＿＿＿＿＿ ＿＿＿＿＿＿＿

实例9-3

A公司是一家大型商场，公司包括管理人员与员工共有500多人。由于大家齐心努力，公司销售额不断上升。到了年底，A公司又开始了一年一度的绩效考评，因为每年年底的绩效考评是与奖金挂钩的，所以大家都非常重视。人力资源部将一些考评表发放到各个部门的经理，部门经理在规定的时间内填写表格，再交回人力资源部。

老张是营业部的经理，他拿到人力资源部送来的考评表格，却不知怎么办。表格主要包括对员工工作业绩和工作态度的评价。工作业绩那一栏分为五档，每一档只有简短的评语，如超额完成工作任务，基本完成工作任务等。由于年初种种原因，老张并没有将员工的业绩目标清楚地确定下来。因此对业绩考评时，无法判断谁超额完成任务，谁没有完成任务。工作态度就更难填写了，由于平时没有收集和记录员工的工作表现，到了年底，仅对近一两个月的事情有一点记忆。

由于人力资源部又催得紧，老张只好在这些考评表上勾勾圈圈，再加上一些轻描淡写的评语，交给人力资源部。想到这些绩效考评要与奖金挂钩，老张感到如此做有些不妥，他决定向人力资源部建议重新设计本部门营业人员的考评方法。老张在考虑：为营业人员设计考评方法应该注意哪些问题呢？

资料来源　佚名．绩效管理案例［EB/OL］．［2021-10-15］．https://wenku.baidu.com/view/02de5619e65c3b3567ec102de2bd960591c6d954.html.

思考题：为A公司营业人员设计考评方法应该注意哪些问题？

9.5 360度绩效反馈体系

9.5.1 360度绩效反馈的模式

360度绩效反馈，又被称为“360度考核法”“全方位全视角考核法”“360度反馈评价法”。其基本原理是：员工的工作是多方面的，工作业绩也是多维度的，不同个体对同一工作会得出不同评价。因此，通过上级主管、同事、下属、客户和供应商等信息渠道来收集绩效信息，进行多方面、全方位的考核，更能全方位、准确地评价员工的工作业绩。同时，员工通过这种全方位的信息渠道了解各方面的意见，从而更能清楚自己的优点和不足（如图9-2所示）。

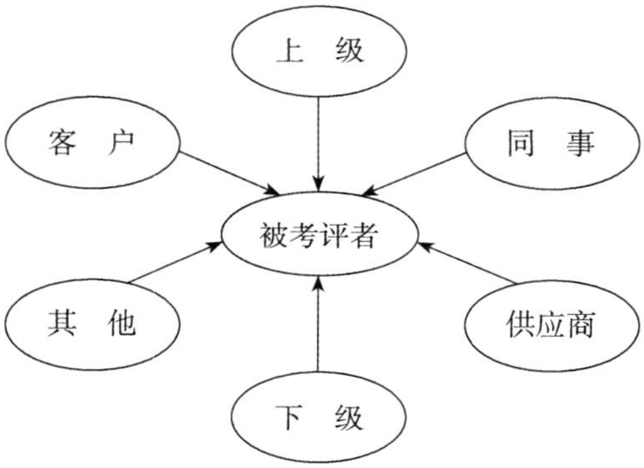

图9-2 360度绩效反馈模式

1）员工自评

通常，员工自评是指员工在正式的上级评价之前对自己的工作进行回顾，并对自己工作业绩、工作能力等方面做出初步的评价。员工自评有诸多好处：员工直接参加考评，加深了员工对考评的投入程度；自评一般是鼓励员工回顾自己在考评周期所做的工作，而不是使其被动地接受上级的评价，所以可以降低员工对考评的抗拒心理，另外，自评也可以鼓励员工考虑自己未来的发展计划。

但是，员工自评也存在着不足之处，大多数研究表明，员工对他们自己的工作绩效所做出的评价一般要比其主管人员或同事所做出的评价要高。比如，一项研究显示，当员工被要求对自己的工作业绩做出评价时，所有各类型员工中有40%的人将自己放到绩效最好的10%（“最好者之一”）之中；剩下的人要么是将自己放入前25%（“大大超出一般水平”）之列；要么是将自己放入前50%（“超出一般水平”）之列。通常情况下，只有不到1%或2%的人将自己列入低绩效等级范围之中，而那些将自己列入高绩效等级的员工，在很多情况下往往是低于一般绩效水平的。

因此，对员工自评的结果应该妥善运用。通常要使自评结果与上级、下级及其他方面的考评结果相结合，管理人员应该认识到，如果简单地将员工自评与上级考评分别进行，就很容易引起矛盾。考虑到员工自评的这种特性，将其作为员工培训和发展的依据比单纯作为评价和比较的依据可能会更加有效。

2）上级的评价

由员工的上级尤其是其直接主管人员对员工的工作绩效进行评价是大多数绩效考评制度的核心所在。通常，员工的主管人员能够处于最佳的位置来观察员工的工作业绩，因而能够对员工的各方面情况有较为充分的了解，从而可以较好地掌握评价的事实依据。

上级对员工的评价，多数情况是由员工的直接主管做出，但有的企业也通过绩效评价委员会来进行。绩效评价委员会通常是由员工的直接主管和2~3名其他方面的主管人员共同组成。例如，如果财务部门的某位员工常常与营销部经理和公关部经理一起工作，那么这两位经理就有可能一起参与对该员工的评价。这种由多个评价者同时对员工的绩效进行评价的方式有许多优点，它通过对多个考评者的考评结果进行综合来增加考评的客观性。

3）同事的评价

上级只能观察到员工工作表现的一部分，在很多情况下，员工的同事更能够全面地了解员工的日常工作情况，尤其是在主要依靠团队的企业中，团队成员之间的合作程度是工作成功的关键所在。因此，在做出评价的同事与被评价的员工之间很相似而且很熟悉的情况下，同事的评价可能具有较高的参考价值。有研究表明，在预测员工是否会被提升时，同事的评价具有较高的准确性，并且，对于员工晋升后的业绩，同事评价也具有较好的预测性。此外，如果同事参与评价工作，员工在工作中往往会注意与其他团队成员的合作与协调，而不是仅仅关心自己的业绩。

4）下级的评价

在对管理人员的绩效考评过程中，下级的评价过程往往可以使企业的高层管理者对企业的管理风格进行诊断，认识到企业中潜在的问题。如果这种由下属做出的评价的目的是对管理人员进行技能开发而不仅仅是对其进行实际的工作绩效考评，这种做法将更为有效。

5）客户或供应商的评价

客户的评价通常用来收集客户的意见和建议，尤其对于服务行业，如餐饮业、旅游业等，客户的意见对于员工绩效的改进和企业信誉的保持具有重要意义。供应商是企业的合作伙伴，对与供应商有直接接触的员工进行考评时，其意见也具有一定参考价值。很多企业通过雇用专门的调查公司或问卷调查等方式收集客户或供应商的意见，从而为员工工作态度、业务能力等方面的评价提供参考，据此制定相关的薪酬、奖惩决策。

9.5.2 360度绩效反馈体系的优缺点

1）360度绩效反馈体系的优点

360度绩效反馈体系的优点体现在以下几个方面：

（1）全方位、多角度的信息反馈

360度绩效反馈的信息来源于企业内外不同的层面，涉及被考核者的上级、同级、下属及客户等多层面。他们从不同的角度提供有关被考评者工作绩效的信息，因此，对被考评者的判断更为全面。这种多侧面的反馈评价可以减少个人偏见及评分误差，评价的结果更为准确。同时，员工对管理者的直接评价也促进了员工参与管理。

（2）增进沟通，促进发展

360度绩效反馈的实施可以促进来自不同渠道的信息在企业内部的交流，增进上下级之间、平级之间的信息沟通，有利于建立员工之间更为和谐的工作关系。同时，既能提高员工的参与度，又能帮助管理者发现并解决问题，提高企业的整体绩效。此外，在360度绩效反馈的考评结果反馈中，通常都包含对员工个人发展计划的建议和指导，这些建议一旦被员工所接受，就能促进其职业生涯的发展。

（3）有利于团队建设

360度绩效反馈是一个系统工程，它从各个方面对员工提供绩效信息，员工要想得到一个好的评价，必须和其上级、下级、内部客户以及外部客户建立和维护良好的关系，加强各方面的合作，并且，通过各部门之间的自评、互评，促进各部门间相互了解，化解矛盾，相互配合，可以加强部门间的沟通，有利于企业的团队建设。因此，有可能从人员的考核结果来增强企业的团队精神，提高其工作效率。

实例9-4　　360度岗位考核体系

由空降过来的原花旗副总裁董其奇发动，神州数码在其下属的金融公司全力推行了360度岗位考核体系。

公司成立了以项目总监、事业部总经理为核心的“考核委员会”，专门负责360度考核的相关事项。考核委员会最终确定了以金融公司价值观和核心理念为基础的9项考核内容：领导力、人才培养、关系、客户意识、交付、创造力、开放性、团队贡献和岗位技能。为让考核能够更加具体、可衡量，考核委员会又将每项内容细化分解为3小项。这样，360度岗位考核的9项27条标准正式形成。

制度刚刚建立的时候，董其奇不准员工有任何的讨论空间。在第一次考核中，上级的权重定为70%，同级和下级权重共占20%，其他合作方权重为10%。第二次考核对一些参数做了调整：上级权重从70%降至60%，考评细项从27个降至18个。

考核是残酷的。即使你再优秀，如果无法取得团队中同事的信任，无法融入这个团队，你也会被淘汰，而神州数码金融公司也不需要那种讲求个性但不能融入团队的员工。在经历过两次考核后，神州数码金融公司自主软件和服务的营业额翻了一番。

资料来源　邓波．360度考核：游走在肯定与质疑之间［N］．民营经济报，2006-05-08.

思考题：

1.该公司实施360度岗位考核体系的目的是什么？为什么能够成功？

2.360度绩效反馈体系有何不足？

2）360度绩效反馈体系的不足

（1）信息收集成本较高

360度绩效反馈涉及的信息渠道比较多，这样就很可能形成不同的评价甚至是完全相反的评价，而且信息量也较大。因而在有关考评数据和信息的收集过程中，需要耗费大量的时间、人力、财力和物力，且数据处理和信息处理的成本也比较高。同时，由于有大量信息需要汇总，这种方法可能会变成机械的文字印刷材料。

（2）对人员素质有较高要求

360度反馈评价体系在具体的实施过程中对员工参与的积极性要求较高，要求员工能积极参与企业的管理，规划自己的职业生涯，制订自身的发展计划。此外，由于该方法要参考与被考评者有工作关系的每一个方面的意见，因此，意见反馈者的评价公正与否将会直接影响到所提供信息的公正性与准确性。例如，上级可能会担心员工利用360度绩效反馈体系发泄对其的不满，而下属则担心如实反映情况可能会被上级报复，来自同事的信息也可能会由于彼此间利益关系的冲突而产生偏差。因此，360度绩效反馈体系最关键的是要建立考评者和被考评者相互之间的信任。

（3）结果有失真的可能

360度绩效评价反馈的主要目的，应该是服务于员工的发展，而不是对员工进行行政管理，如提升职位、工资确定或绩效考核等。实践证明，当该方法被用于不同的目的时，同一评价者对同一被评价者的评价会不一样；反过来，同样的被评价者对于同样的评价结果也会有不同的反应。当360度反馈评价的主要目的是服务于员工的发展时，评价者所做出的评价会更客观和公正，被评价者也更愿意接受评价的结果。当360度反馈评价的主要目的是进行行政管理并服务于员工的提升、工资确定等时，评价者就会考虑到个人利益得失，所做的评价相对来说难以客观公正；而被评价者也就会怀疑评价者评价的准确性和公正性，所以，因使用的目的不同，360度绩效评价反馈的后果也不同。

实例9-5　　李虹的烦恼

深圳某化工公司的人力资源经理李虹在最近的一次绩效考核中遇到了一个大难题：市场部的一名主管对自己的考核结果不满，向人力资源部投诉，认为同部门的个别同事对自己心怀不满，在360度反馈时，有报复行为，故意打低分，导致他的绩效考核结果与往日相比差别非常大。

“这一投诉让人力资源部处于非常尴尬的境地。”李虹说，“因为这名主管的确在过去两个月与部门的多位同事有过不愉快的争执，而且这次他的绩效偏低，也的确与同事给出的低分有关联。问题是，同事给出的低分是否与上一次的冲突必然相关，作为人力资源部却无法查证。”

资料来源　董小梅．360度考核的五个关键原则［J］．人才资源开发，2001（1）．

思考题：如何才能摆脱该公司人力资源部所面临的尴尬？

9.5.3　360度绩效反馈体系的应用

1）360度绩效反馈体系的应用原则

（1）正确认识360度绩效反馈体系的价值

360绩效反馈体系最主要的价值是开发团队和个人潜能，提高组织绩效，促进组织发展，而不仅仅是绩效评价，并且其最初也并不是专门为绩效评价而设计的，它更为强调这种绩效反馈过程所能够起到的开发作用，而不是传统的那种绩效评价作用，因此如果简单地将360度绩效反馈计划设计成评价性质的，而不考虑在将这种反馈过程融入绩效评价过程之中时需要具备的其他条件，尤其是忽视强化它的开发作用，那么这种计划本身固有的一些潜在收益就有可能会丧失。

（2）实施前要进行充分的沟通

充分的沟通对于360度绩效反馈来说是非常重要的。在实施之前，应加强宣传和沟通，使员工明确其意义所在，尤其要向员工阐明具体的实施目的，尽可能地减少实施过程中由于人为因素所造成的偏差。这样才有可能在企业内形成一致的理念，从而有助于360度绩效反馈的有效推行。此外，管理人员应该能够预测到一些可能具有威胁性的反馈信息，要想避免这种信息所造成的潜在的误会和对感情的伤害，也必须与员工就共同关心的话题进行清楚的沟通。

（3）重视反馈环节

反馈是绩效考核的最后一个环节，也是最重要的环节，因为绩效考评的目的在于改进员工的绩效。研究人类行为学的心理学家很久以前就发现，回馈是人类行为中持续产生优秀表现的重要条件之一 。若没有频繁、具体的回馈，表现常常都会变差。据估计，企业绩效不好的原因，有很大一部分是缺乏回馈，员工不知道自己做得如何，如果员工认为自己做得不错，就不会改变他们的做法。需要注意的是，这种反馈通常是一个双向的过程，即一方面是将考核结果及时反馈给员工，以帮助其提高能力水平；另一方面，在施行过程中应该就评价的准确性、公正性向评价者提供反馈，以帮助其提高评价技能。

（4）注意企业的匹配

企业文化对于360度绩效反馈的实施效果有很大影响。根据一些人力资源经理的经验，成功运用360度绩效反馈体系需要以信任与直率为基础，即使是将其应用于人员开发，在自由发展、相互信任的企业文化氛围中，其实施效果也会更好。而如果企业文化与360度绩效反馈的理念不匹配，就很难发挥其效用。所以，在选择360度绩效反馈计划之前，要充分考虑企业文化与其基本理念的匹配程度。

2）360度绩效反馈体系应用示例[①]

一名大型制造企业的总经理在参加一次高级经营管理人员开发研讨会的时候听说了360度绩效反馈计划的概念。他非常喜欢这个概念，在研讨会上他所听到的都是关于这种绩效反馈计划如何如何好的内容。回到公司以后，他极力说服公司中的其他高层管理人员，一定要在公司内部建立起这种360度绩效反馈计划，以取代公司当前正在使用的年度绩效评价制度。他说："360度绩效反馈是从那些与被评价对象在一起工作从而对他们的绩效最为了解的人那里获得信息来源的。"一位员工的上级监督人员对于下属的绩效信息掌握得是最全面的，因此他们在员工的绩效评价中应当处于主要地位。"我们还将运用360度绩效反馈计划来确定员工的绩效加薪水平。按照这种方式来进行操作，我们就能够确保我们的员工根据他们所获得的反馈来不断改善自己的绩效。"这位总经理要求公司的人力资源管理部门去寻找一家专门从事360度绩效反馈研究和咨询的公司来帮助公司建立这套系统。人力资源部找到了此类型公司后，成立了一个工作小组来对这家公司所提供的包括99项内容的360度绩效反馈系统进行修订，以使其适应本公司的实际情况。

在第一轮360度绩效反馈完成之后，几乎公司中的每一个人，包括总经理在内，都对这一过程所产生的结果感到失望。人们都抱怨说他们需要填写的内容太多了，反馈过程所花的时间也太长了。管理人员感觉到许多人所做的评价都过于偏高。一句话，这些绩效反馈信息实际上没什么大用处。这样，公司就面临着一个决策，到底是继续使用360度绩效反馈计划还是干脆放弃不用。这家公司应该做些什么呢？在这一过程一开始时应当做些什么呢？

最后，公司高层决定再次尝试使用这种绩效反馈方式并且在未来的一段时间内完成一些事情。首先，成立了一个360度绩效反馈计划项目小组，其组成人员是来自公司中不同领域以及不同管理层级中的各类人员代表。该项目小组的使命是设计、执行360度绩效反馈计划并且对这一过程进行评价，以使得这一过程能够被公司员工所接受，同时能够获得有益的结果。其次，该小组确定，360度绩效反馈过程应当能够产生以下三个方面的效果：第一，通过减少在评价者和被评价者之间不能直接讨论的问题来改善沟通状况；第二，提高评价者和被评价者之间的期望一致性；第三，改善被评价者的工作行为和绩效。

在专家的帮助下，这个项目小组开始着手探讨如何构筑360度绩效反馈过程才能帮助它达到预期的目的。最后，项目小组根据公司认为至关重要的价值观自行开发出了一个360度绩效反馈评价表，并且在评价表中设置了一个以书面叙述的方式提供反馈的部分。在全面铺开新的360度绩效反馈过程之前，项目小组首先进行了试点，以考察评价项目的适用性和合理性。此外，项目小组还尝试将这种反馈过程放到计算机网络上去进行。这样，不仅匿名评价的方式仍然保留了下来，甚至还省去了让公司外部的人来录入书面评价部分的这种麻烦事。不仅如此，项目小组还对

① 方振邦．运用360度绩效反馈计划改善绩效［J］．中国人力资源开发，2001（12）．

评价者、被评价者以及指导者就360度绩效反馈过程的各个不同方面进行了培训。

项目小组做了一个决策，即对360度绩效反馈过程的管理应当贯穿一年之中的每一天。项目小组希望360度绩效反馈能够为员工提供信息，从而帮助他们制定改善目标。被评价的员工需要与他们各自的指导者共同审查自己的360度绩效反馈结果，指导者还将安排被评价员工与对其做出评价的其他人进行会谈，就其所获得的评价结果进行讨论。这样，管理人员就能够与自己的下属来共同讨论他们对自己所做评价的结果，并且能够与自己的同级人员共同讨论他们对自己的评价。而这一切都是在正式安排好的会议时间来做的。人力资源管理部门在讨论的过程中负责进行会谈的安排，并且当管理人员需要与自己的评价者进行讨论的时候，人力资源部门也要提供相应的便利条件。

不仅如此，项目小组还根据专家的建议，将360度绩效反馈过程的主要目的定位为开发，但是要求被评价者必须承担相应的责任。也就是说，员工要利用绩效反馈信息来确立自己的绩效改善目标。在这一过程中，员工必须与自己的上级进行面谈并且分享信息。绩效改善目标确定之后，他们就需要对自己的目标达成情况负责了。如果员工没有达到既定的绩效改善目标，那么他可能会承担轻重不同的后果，从以书面通知的形式告知他没有达到既定的工作行为改善目标开始，在三年之内如果没有发生绩效改善就可能会受到降级处理。360度绩效反馈信息只有在明显需要采取强制行动或者对员工做出降级处理的时候才会被运用到绩效评价过程之中。

这家公司还与专家进行合作，制订了一个为期三年的对现行360度绩效反馈过程进行评价的研究计划。他们设计出了一系列的研究问题，并且将研究建议提交给了公司管理层。其中的一个研究课题是，那些接受过如何从自己的评价者那里获得更多的、持续性反馈的训练的人是否比那些没有接受过这方面训练的人实际上获得了更多的也更为积极的反馈。

最后，公司还成立了一个360度绩效反馈计划指导委员会，它的成员包括：一名董事会成员、三名分别来自公司高层、中层和基层的管理人员代表以及三名员工代表。该委员会负责对公司的360度绩效反馈计划提供全面的指导。

由于结合公司的战略目标，扎扎实实地改善公司绩效，这一工具为该企业后来的发展赢得了竞争优势。

专栏9-1　　360度绩效考评的错误运用

360度绩效考评方法最早是由Intel公司提出并加以实施的。近十几年来，随着“人本”管理思想成为西方管理学中的主导管理理念以及网络信息技术的推广，以360度绩效评估为核心的绩效管理体系风靡全球。2010年的一项调查显示，在《财富》杂志评选出的排在前1 000的企业中，有近90%已将360度绩效反馈系统的某些部分应用于职业发展与绩效考核中，这些企业包括IBM、摩托罗拉、诺基亚、福特、迪斯尼等知名企业。

目前，在我国一些大型企业尤其是高新技术企业也开始使用360度绩效评估系统，并且取得了一定的效果，例如神州数码、金蝶软件、李宁公司等。然而国内大部分企业应用360度绩效考评方法后收效甚微，有的甚至适得其反，带来一定的负面效果。

一项针对我国600多家企业进行的调查结果表明：只有1/3的企业认为通过运用360度绩效反馈系统获得了绩效的改善；另外1/3则认为绩效没有什么改善；剩下的1/3则认为这种新方法造成了一定的负面影响。也有学者指出，“360度绩效考评是美丽的陷阱，是真实的谎言”。可见，这种方法在国内实施的过程中存在一定的问题。

国内企业对360度绩效考评的误用主要体现在以下几个方面：

滥用：无视企业发展阶段

现在部分企业见到360度绩效考评在某些企业中取得了成功，便急于进行尝试。一些企业无视自身发展阶段，无论本企业处于哪个时期，都想使用360度绩效考评，从而导致绩效考评无法达到预期效果。

从企业生命周期层面来看，360度绩效考评有一个前提条件就是“三稳定”，即企业的战略相对稳定、组织架构相对稳定、人员相对稳定。处于初创期的企业，人员配备不够完善，上下级等工作关系并不十分明确，且企业规模较小，不适合使用360度绩效考评；处于成长期的企业，其最大的任务是拓展业务以谋求迅速发展，此时企业内外部情况变化很快，人员不稳定，无法实现基于长期绩效改进的360度绩效考评；而处于成熟期的企业，由于其战略目标、组织结构以及人员编排相对稳定，比较适合使用360度绩效考评。

误用：忽视企业规模

上文已经提及，小型的初创期和成长期企业不适合使用360度绩效考评，而成熟期的企业一般规模较大。比如一个员工上万名的大型企业，如果对每位员工都进行360度绩效考评，由于同时涉及上级、下级、同事和客户的多方评价，考核的工作量将十分巨大，同时也将耗费大量的精力和成本。另外，有些底层职位并不存在下级或客户，多方面的评价来源难以寻找，因此360绩效考评一般是用于企业的中高层人员。

从企业规模层面来看，由于被考核的多是公司的中高层，200人以下规模的企业中层并不多，如果采用360度绩效考评就显得有些奢侈，因为360度绩效考评需要大量的经验与时间。360度绩效考评一般适合那些500人以上的大公司。

泛用：不考虑职位特征

360度绩效考评在某方面取得的成功也吸引了大量的生产型和销售型企业加入进来，但从成本控制的角度来看，对于生产型和销售型的职位没有必要使用360度绩效考评。此类职位由于本身具有明确的考核指标，如产量、质量、销售量等，绩效结果易于量化，不需要采用360度绩效考评。而不考虑职位特征，将360度绩效考评用于所有职位，必然会增加企业成本，无异于画蛇添足。而行政或研发类职位，由于考核指标不清晰，难以量化，所以比较适合采用360度绩效考评。

强用：与企业文化不匹配

要成功实施360度绩效考评，必须有相适宜的企业文化，必须得到高层主管的支持。虽然360度绩效考评立意甚佳，但也并非所有的企业都适合导入。

首先，360度绩效考评的成功运用是建立在信任、坦诚、开放的基础上的。360度绩效考评发源于西方，西方文化与中国传统文化有着本质的不同。西方文化强调个人主义，重视自由、平等与开放。西方员工勇于自我否定，能直言不讳地批评别人，也善于听取来自各方面的意见。但在中国，儒家文化强调群体至上，崇尚中庸与稳定。中国员工通常不愿意变革；不愿意批评别人，也不能接受别人的批评；不太愿意袒露自己的真实想法。中国员工对360度绩效考评方式在心理上难以接受，使得其在中国企业的推行阻力较大。如果一个企业的文化是重视员工意见与参与，也重视员工的职业生涯发展，则导入此项制度后，可以获得来自不同角度的评价，帮助员工个人的成长。而一个内部沟通不多、环境封闭保守的企业实施360度绩效考评就很有可能得不到预期效果。

同时，在国内，许多企业只重视绩效评价而并不重视绩效沟通和反馈。有的企业在评价过后，即认为整个过程已经结束，将所有资料束之高阁；有的企业甚至非但不对员工进行反馈，反而极力将结果隐瞒。被考核者无从知道自己哪些方面需要改进，更谈不上绩效的提高。

另外，一个好的制度必须从上而下贯彻执行，也只有高层主管支持，向员工说明考评目的并进行培训，使企业从上到下都意识到推行360度绩效考评会给企业带来效益，会给个人带来工作能力与工作业绩的提高，考评行为才有意义。

错用：用于结果性评价

我国某些企业在实施360度绩效考评时存在对其结果运用的误区。这些企业将360度绩效考评等同于传统的绩效考核，他们把从360度绩效考评收集到的信息直接与员工的奖罚和晋升挂钩。实践证明，当360度绩效考评是为员工绩效的改善和职业发展服务，考评的效果比较理想。而将360度绩效考核收集到的信息与员工的奖惩或者晋升联系在一起，就容易造成考评结果失真。如出于部门利益和个人利益的考虑而利用考核泄私愤，并保护自己。尤其当企业实行末位淘汰或强制分布考核比例时，360度绩效考评更会强化这一趋势。

360度绩效考评并非企业包治百病的良药，企业应该根据自己的实际情况适当采用。企业可以根据自身特点对360度绩效考评加以改造，也可以转变企业文化以适应考评体系。企业可以从改造绩效考评标准入手，考评体系由人力资源管理专家、管理人员和员工共同参与制定；考评不采取打分形式，而是被考评人的上级、下级和相关同事在现场以座谈的方式当面进行评价；绩效考评前组建绩效考评小组，由高层管理人员亲自挂帅，以体现高层管理者的重视；营造自由、开放、平等、相互信任、重视沟通的企业文化。

资料来源 佚名. 360度绩效考评的误用［EB/OL］.［2021-10-15］. http://www.chinatpm.com/tpm/glpp_492_1217.html.

□ 个案分析

ABC公司中层管理人员的360绩效考评

ABC公司是一家在全国各级城市均有分公司的集团性国有企业，总部设在北京，且有多个职能部门。年关将近，ABC公司对中层管理人员（部门级负责人）进行绩效考评，考评方案的主要内容如下：

1.考评目的。根据考评结果，对公司管理人员进行奖惩、调整和聘免等。

2.考评内容。主要涉及德、能、勤、绩和廉五个方面，考评结果分优秀、称职、基本称职、不称职4个档次。

3.考评方法。从全公司范围内的上级、同级、下级三个角度进行匿名打分评价，具体的评价者及评价权重见表9-12。

表9-12　**评价者及评价权重**

项目	上级评价	同级评价		下级评价	
评价者	公司领导	其他部门负责人	区域公司、分公司负责人	本部门员工	其他部门员工
权重	40%	20%	15%	15%	10%

4.考评实施。人力资源部下发考评表，考评人员填写完考评表后，将其投入考评箱。

考评结束后，公司领导在面对考评结果时，却碰到了麻烦，因为有些员工反映这种考评很不公平，具体理由归纳为以下两点：

第一，打分评判的方式本身就具有很强的主观性，据此得出的统计结果只能主观反映被评判者的人际关系情形，不能全面、客观地反映工作能力、工作行为、工作绩效等方面。

第二，考评得分低的不一定是工作能力弱、工作业绩差的员工，因为公司机关的人际关系比较复杂，那些坚持原则的员工更容易得罪人，考评得分也可能比较低。考评得分比较高的不一定是工作能力强、工作业绩好的员工，做事圆滑、“和稀泥”型的员工或不做事的员工，考评得分也可能比较高。

资料来源　佚名. 360度考评法案例分析［EB/OL］.［2021-10-15］. https://wenku.baidu.com/view/475b52d581c4bb4cf7ec4afe04a1b0717ed5b38d.html.

思考题：

1.该公司对中层管理者的考评方案存在什么问题？

2.该公司是否应该继续使用这一方式对中层管理者进行考评？如果继续使用，应该如何改进？

□ 本章小结

对于员工个体绩效的考核，有多种方法可供选择。这些方法可分为书面鉴定法、事实记录法、相对考核法、绝对考核法以及全方位考核——360度绩效反馈等类别。

具体而言，书面鉴定法包括自我报告法和短文法。前者是利用书面形式对自己的工作进行总结及考核的一种方法。后者则指通过一则简短的书面鉴定来进行考评的方法。这两种方法通常与其他方法配合使用。

事实记录法主要包括关键事件法、不良事故考核法、行为锚定等级评定法和行为观察量表法。其中，关键事件法是以记录直接影响工作绩效优劣的关键性行为为基础的考评方法；不良事故考核法则是针对重要的例行工作，这些例行工作的差错会给整个组织带来巨大的损失；行为锚定等级评定法和行为观察量表法则是以员工行为为基础的评价方法。

相对考核法主要包括排序法、配对比较法和强制分布法。排序法是依据某一考评维度将被考评者从最好到最差依次进行排序；配对比较法也称为两两比较法或对偶比较法，是将每一位被评价者按照所有评价要素，与所有其他员工一一进行比较，然后排出次序的方法；强制分布法也称为强制正态分布法，是依据正态分布规律，预先确定好评价等级以及各等级在总数中所占的百分比，然后按照被考评者绩效的优劣程度将其列入某一等级的考评方法。

绝对考核法主要包括因素考核法、评级量表法和图解式考评法。其中，因素考核法是将一定的分数分配各考核项目，使每一项目都有一个评价尺度，然后根据被考核者的实际情况和表现对各项目评分，最后得出总分，即被考评者的考核结果；评级量表法是最普遍采用的一种考评方法，这种方法主要是借助事先设计的等级量表来对员工进行考评；图解式考评法也称为图尺度评价法，主要是运用评价尺度表，列举出绩效构成要素和具有一定跨度的工作绩效等级，然后找出被评价者在每一项评价要素上与其实际绩效最为符合的分数，再将其在所有项目上所得到的分值加总，得出其最终绩效评价结果的方法。

360度绩效反馈，又被称为“360度考核法”“全方位全视角考核法”“360度反馈评价法”。其基本原理是：员工的工作是多方面的，工作业绩也是多维度的，不同个体对同一工作会得出不同评价。因此，通过上级主管、同事、下属、客户和供应商等信息渠道来收集绩效信息，进行多方面、全方位地考核，更能全方位、准确地评价员工的工作业绩。同时，员工通过这种全方位的信息渠道了解各方面的意见，从而更能清楚自己的优点和不足。对于此方法的应用存在一定的争议。

以上各种方法均有其优缺点和适用条件，在具体运用中需要根据实际情况加以选择。

□ 关键概念

自我报告法　短文法　关键事件法　不良事故考核法　行为锚定等级评定法　行为观察量表法　排序法　配对比较法　强制正态分布法　因素考核法　评级量表法　图解式考评法　360度绩效反馈

□ 课堂讨论

1.选择考评员工个人绩效的方法时应注意什么？

2.360度绩效反馈应如何应用？

□ 复习思考题

1.自我报告法和短文法的定义，这两种方法的操作原理是什么？

2.关键事件法的特点是什么？

3.不良事故考核法适用于何种情况？

4.什么是行为锚定等级评定表法？行为锚定等级量表的设计步骤有哪些？

5.什么是行为观察量表法？它的优缺点体现在哪些方面？

6.什么是排序法？它适用于哪种情况？

7.配对比较法通常如何操作？

8.强制正态分布法的假设前提是什么？

9.什么是因素考核法？使用该方法时需要注意些什么？

10.评级量表法和图解式考评法的定义是什么？

11.什么是360度绩效反馈体系？它有何特点？

12.360度绩效反馈体系的优点和缺点体现在哪些方面？

13.360度绩效反馈体系的应用原则有哪些？

□ 自测题

1.（　　）是利用书面形式对自己的工作进行总结及考核的一种方法。

2.以记录直接影响工作绩效优劣的关键性行为为基础的考评方法称为（　　）。

3.书面鉴定法包括（　　）。

A.自我报告法　　B.关键事件法

C.不良事故考核法　　D.行为锚定等级评定法

E.短文法

4.关键事件包括（　　）关键事件和（　　）关键事件。

5.行为观察量表法首先是强调收集关键事件来描述每项工作的（　　）行为、（　　）行为和（　　）行为。

6.事实记录法主要包括（　　）。

A.关键事件法　　B.不良事故考核法

C.短文法　　D.行为锚定等级评定法

E.行为观察量表法

7.在排序法的实际应用中，可以进行（　　）排序，也可以进行（　　）排序。

8.相对考核法主要包括（　　）。

A.排序法　　B.因素考核法

C.配对比较法　　D.强制正态分布法

E.评级量表法

9.在运用强制分布法进行绩效考评时，要求考评人员依据（　　），即俗称（　　）的分布规律，预先确定好评价等级在总数中所占的百分比，然后按照被考评者绩效的优劣程度将其列入其中某一等级。

10.绝对考核法主要包括（　　）。

A.因素考核法　　B.排序法

C.评级量表法　　D.图解式考评法

E.配对比较法

□ 补充阅读材料

材料一　360度考核：美丽的陷阱

360度考核可能又是我国企业人力资源管理实践中一个真实的谎言。许多企业声称"该方法是从国外成功企业或世界500强那里引进的，是一种先进的和普遍使用的绩效考核方法，在中国企业使用后，效果明显"。有的学者居然将360度考核与目标管理法（MBO）、关键绩效目标法（KPI）、平衡计分卡（BSC）并列为四大考核方法，在其著作中大加推介。

企业与学者的宣传，使360度考核被罩上了一层神秘的光环，似乎360度考核是企业绩效考核的不二选择。其实，所谓的360度考核，在国外企业中并不多见，国内企业成功的案例更是凤毛麟角。我们又一次上当了，上了所谓成功经验的当。可以说，在绩效管理领域里，360度考核只是一个美丽的陷阱。

对国外考核实践的误读

在国外成功企业的绩效管理体系中，根本就没有360度考核的实践，更谈不上成功的经验。推介360度考核的文章，更多地是人云亦云的想象。如经常有人介绍微软的360度考核，实际上在微软并不存在360度考核，它的考核同样是自上而下、逐级进行的。有人讲，360度考核是绩效考核的一个未来趋势，但那么多管理领先的世界级企业还没有搞360度，又何谈趋势?

与国内的"360度考核"类似，国外企业采用"360度考核反馈"，虽然两者名称相近，但差异很大。360度考核被企业定义为是一种考核体制或考核方法，360度考核反馈则是考核反馈环节中的方法。这种考核反馈方法在国外企业是被广泛使用的，与绩效计划、绩效实施、绩效考核共同构成了绩效管理的循环。可以说，国外的考核模式不是360度，而是361度，即自上而下主管负责制的1度考核加上360度的考核反馈，而国内企业实行的360度考核，显然是一种对"360度考核反馈"的误读。

360度考核真的公正吗

360度考核能否比直线考核更客观公正？考核主体的多元化，在一定程度上能够提供更多的考核事实，进而有助于考核结果的客观公正。但另一方面，也可能造成负面影响，比如出于部门利益和个人利益的考虑，利用考核泄私愤、图报复。在没有优秀企业文化牵引的状况下，这种情况是很难避免的。当企业实行末位淘汰或强制考核比例分布时，360度考核更会强化这一负面影响。因为利用考核打击对手，是保护自己的最好办法。现实中，在许多企业，360度也确实成为制造矛盾的有效工具。其实，为保证考核结果的公正，360度考核不一定是唯一的选择。通过绩效目标沟通、员工绩效投诉、上级绩效考核监督、绩效指标的量化与细化、绩效考核结果的内部公开等措施，同样可以保证绩效考核结果的客观与公正。

考核是工具而非目的

任何绩效考核都是企业人力资源管理的工具，而不是人力资源管理的目的。实现绩效持续不断的提升，从而促进企业效益的提高才是绩效考核的真正目的所在。管理工具都是有代价的，当企业将大量的时间用于360度考核时，却忘记了再先进的绩效考核方法与工具也都是不会创造价值的，它们只会降低效率。试想如果拥有近万名员工的大型企业，要对每位员工由其上级、同级、下级、业务部门同事等同时对其进行360度综合评估，这样巨大的工作量是难以想象的，必然会占用过多的管理精力，降低工作效率。笔者曾直接询问过一个咨询公司，他们对员工实行过360度绩效考核，近百人的公司考核耗时一个月。问其“为什么要进行360度考核”，答曰“SARS期间无事可做，不能白发工资”。绩效是努力工作产生的，而不是从考核中得来的。正如著名管理大师戴明所言：“检查不能提高质量，质量在你检查之前就已经产生了。”

考核绩效还是能力

从领先企业的考核实践来看，真正意义上的360度考核只在很小的范围内使用，但并不用于员工的绩效考核。大多限制在对部门绩效的考核或员工任职资格考评，考核周期一般限定为一年，而对员工的绩效考核普遍采用的是自上而下且主管负责制的考核体制。从国内那些实施360度考核的企业来看，他们也不得不无奈地承认360度考核是“针对公司的储备干部或是准备提拔的员工，评估结果主要对员工的晋升产生影响”。

谁为考核负责

正确地考核评价下属是各级管理者义不容辞的责任，但360度考核容易使各级管理者逃避管理责任。下属干得如何，直接主管最清楚，如果主管不能对下属的绩效做出准确的评价，那就是主管的失职。把对自己下属的评价交给他人来做，是一种偷懒行为。员工的绩效目标来自上级，员工的绩效过程和绩效行为，是在上级的直接指导和监控下进行的，因而员工的绩效结果也应该由上级进行考核与评价。这无论从管理学原理上讲，还是从内在逻辑上讲，都是天经地义的。

在360度考核中，上下左右的相关人员都有评价考核他人的权力，而不承担对考核结果的责任，考核首先是一种管理者的责任，而权力是基于责任的。当这种责任失落以后，只剩下共同拥有而不承担责任的权力时，是非常可怕的。360度考核的结果，使得没有人对考核结果承担最终责任，必然滋生不负责任的考核评价，进而会演变成以攻击他人来保护自己的局面，这是其致命的问题所在。

“谁考核谁”，是一个绩效考核体制问题。无论从绩效管理的理论来看，还是从国内外成功企业的绩效考核实践来看，正确的绩效考核体制必须是：自上而下、主管负责制。绩效考核主体保持唯一，绩效考核信息保持多元。

流行的就是时髦的，但时髦的并不一定就是好的。管理有其内在规律，真理往往都是朴素的。因此，企业千万不要跟风，不要追求时髦和流行。理智的选择应该是：先把自上而下的直线考核做好、做踏实，再引入多角度考核收集更为准确的绩效信息。

资料来源　魏梦君．“360度考核”的误区［J］．中国石油企业，2013（4）．

材料二　　由一个360度绩效考核案例说开去

360度绩效考核，一直被认为是一种非常经典且实用的考核工具，但它在绩效考核过程中并不能单独进行使用，因为根据它的理念和操作流程来看，360度绩效考核更适用于绩效反馈这个环节。国际上有些大企业，比如像GE、微软和宝洁就把360度绩效考核应用在了绩效反馈这个非常重要的过程之中。那么国内使用360度绩效考核的情况又是怎么样的呢？我们可以通过下面一个案例来进行说明。

武汉某公司的人力资源经理李虹在最近的一次绩效考核中，遇到了一个大难题：市场部的一名主管对自己的考核结果不满，向人力资源部投诉，认为同部门的个别同事对自己心怀不满，在360度绩效考核反馈时，有报复行为，故意打低分，导致他的绩效考核结果与以往相比，差别非常大。“这一投诉让HR处于非常尴尬的困境。”李虹说，“因为这名主管的确在过去二个月与部门的多位同事有过非常不愉快的争执，而且这次他的绩效偏低，也的确与同事给出的低分颇有关联。问题是，同事给出的低分是否与上一次的冲突必然相关？作为HR却无法查证。”

李虹碰到的这个情况可以说普遍反映出了360度绩效考核在国内应用时经常碰到的尴尬状况。360度反馈融合了来自上司、同事、下属和客户等四个维度的信息，将员工的优势与发展需求融入绩效评估过程中，这种做法已经得到了大量企业的认同。但不少HR经理在执行这个工具的过程中，类似李虹的困惑也并不鲜见，“基于同事的反馈在绩效评估过程很容易出现偏差，这主要缘于在掌握一个同事的职业生存决定权时，大多数人都有着根深蒂固的矛盾心理。”李虹说，“即使一些中层经理人员，在填写360度反馈报告时也会非常犹豫，不愿意批评同事绩效的具体方面，特别是影响到薪酬与晋升时尤其如此：他们并不愿意开罪同事。他们担心，消极的反馈会损害自己与这些同事间的关系，特别是曾经出现争吵的更是如此。这经常使360度反馈陷入困境。”

美国通用（GE）前CEO杰克·韦尔奇曾指出：“与其他很多由同事来驱动的事情一样，这个360绩效反馈在GE执行一段时间后也存在被改变方向的趋势：GE的不少人开始说其他同事的好话，以便让他们都能够获得一个好的考核等级。另一方面，报复性的心理行为也可能使有条件的一方抓准机会破坏另一个同事的专业声望。最后，很多经理人员对360度考核心生畏惧，不管他是一个考核者还是被考核者。”那么，在绩效考核中使用360度反馈工具还合适吗？一些人对此持否定态度：认为360度考核反馈已经偏离了其本身的目标！但一些人则不同意这一观点：在没有更好的之前，360度考核是最合适的！尽管李虹在实际执行360度考核过程中总会碰到这样那样的问题，但被问到是否准备以其他工具替换时，她却断然否定了。的确，国内多数企业对于使用360度作为考核工具一直都非常热衷。毕竟，比起传统的仅仅依靠上司的评估方式，360度考核对员工的绩效有一个更为全面的了解。但我们不可能回避的是，企业在使用一段时间后，都会碰到以下难题：首先，类似上述案例中取得的被扭曲的反馈，耗费了在配合使用这一工具过程中投入其中的时间与金钱；其次，360度评估比起仅仅评估业绩而言，要宽泛得多，如此宽泛的考核会推动员工持续的学习与个人发展吗？最后，反馈过程看似非常不错，但在推动变化方面，360度反馈强调的惩罚性作用，效果显然要比鼓励或奖励性措施差。多维度的360度数据使员工在考核过程中是潜在的“惩罚”与“强迫”性改变，而不是“能力型”的主动性改变。

有些人力资源专家认为，这主要缘于企业使用360度考核时犯了一个非常重大的错误：追求管理时尚的企业没有考虑需要从这个工具中得到什么，没有评估这一工具的效果，也没有人质疑“在绩效评估时使用个人发展工具的目的是什么？”这个问题就采用该工具，使本来简单的问题由于缺乏明确的目标而变得更为复杂。而在使用360度反馈时，一般企业都不会同意在反馈过程中匿名，这对重关系的国内企业管理人员是一个莫大的心理障碍，更增加了反馈过程中的不确定性。

美国的二位资深HR研究专家Toegel和Conger曾针对上述问题，创造性地提出了二个不同版本的360度评估：一个是专业发展的，另一个是针对绩效评估的。专业发展的评估更多依赖定性反馈，而绩效评估则依赖定量反馈。在绩效层面，过程与方法都与可测量的绩效产出如质量、数量与成本相关联。而且，评估者要简要说明相关的维度如高离职率、公司业绩下滑等对员工个人绩效的影响，接受人及其上司则需要讨论这些因素可能会在未来对自己的绩效造成什么样的影响。但这一观点显然未能在国内企业的HR管理中得到重视。“一般来说，多数HR经理推动的360度反馈，都是融合了专业发展与绩效评估二个因素的。”李虹说，“在我们的脑子里，已经形成了一个思维定势：绩效考核的终极目的是发展，而发展是以现实的业绩表现为基础。”这意味着，要避免她所面临的困境，只能是在现有的基础上做出改进。之所以出现反馈信息失真，归根到底还是与考核过程的一些操作不当有关。“绩效信息失真是考核过程中最频繁出现的问题，完全更换一个考核思维或工具固然不错，但从成本角度出发，挖掘360度反馈的潜力更为可行。”她说，“我的经验是，以开阔的思维来做360度反馈，而不能死死停留在这个工具层面上，就工具使用而运用工具，一定要跳出工具这个窠臼。”也就是说，HR需要反思自己在运用360度考核过程中的方式，是否有违下述几个原则：

1.以明确而透明的标准为基础提供反馈

相信不少HR人员都有过类似的感受：一些难以量化的考核标准往往最容易失真，而数字化的等级比例往往也只是记下了员工绩效中缺乏意义的信息，尤其是存在强制排位的情况下更为严重。对那些与员工专业发展关系重大的指标如“沟通能力”或“诚实性”等管理素质，实现量化过于困难。然而，根据联邦快递的做法，这些标准还是可以量化的。联邦快递收集管理人员的上司、直接下属和同级同事的绩效反馈是通过各个不同的方式来进行的，上司的反馈来自传统的年度绩效评估过程，直接下属的反馈是来自雇员对他们的管理人员的领导能力的调查，同事的反馈则来自“内部客户”的调查。所有的数据都会被汇总整理，最后与薪酬紧密挂钩。由于多数同事并不一直都对其他同事提供最为坦率的评价，这种部分存在的非真实反馈同样带来的是让人颇感痛苦的问题：从员工的绩效考核结果来看，一直都在发展，完成情况非常不错，但与企业的运营结果却不是同步的！很明显，在绩效反馈与实际绩效之间是分离的。投资颇大的绩效考核却得到这样的结果显然让人无法满意。为了解决这个问题，人力资源部首先从改变传统的同事反馈的内容开始着手，特别是不再对难以量化的标准让评估人进行排级，同级管理人员会根据他们对内部客户服务满意度的满足情况来对他人进行评估。例如，如果我认为一个分公司（内部客户）雇用了2 000名新员工，所用的招聘成本是每人4 000美元，离职率低于20%，就很明显可以看出是否完成了预定目标。根据这一新方法，优秀的绩效只有一个标准：管理人员兑现了他对内部客户的承诺。这一简单化的方式使组织在提供消极性反馈时，能够避免目前的评估系统中难以避免的个人动机和拘束行为而不敢说真话的现象。

2.定制化工具

360绩效考核在具体的应用过程中，企业可以根据自己的实际情况来定制相关的工具来帮助企业推行360绩效考核。这是一项很关键的原则。比如，上海某公司没有将一定程度的绩效标准强加给管理人员，而是让内部客户协同制定服务标准，而这个标准还是可以量化的。同事评估他人的绩效时，则是基于他们一起确定的这个标准，而标准是根据他们的能力为基础制定的。比如，深圳某公司鼓励员工接受来自组织外部的反馈，如客户、企业的合作伙伴、供应商和其他外部顾客。该公司人力资源总监认为，在今天的商业环境下，组织外部的反馈比起内部反馈，甚至还要更为有效，对组织的成功可能也更为有用。来自外部客户的反馈不停地提醒企业外部的“理解”是重要的。这样，企业表现得就更像是一个团队内的合作者。“我们不只鼓励外部反馈，也运用外部反馈，适度提高了外部反馈所占的比例，将员工的关注点引到外部反馈中去，降低了内部客户的一些不确定性。”他说。再比如，另一家公司则将个人的360度反馈结果结合到团队结果中。这种方式保护了匿名者，但仍然使一个团队或部门的协作情况清楚明白地表现出来。例如，一个团队的成员“感觉到他们所在的团队授权足够吗？是否有足够的信任？通过获得所在团队一系列跨度的特性，个别的团队成员就可以有一个清楚的认识：团队成员是在拖团队的后腿还是在推动团队前进?”

3.不要降低定性反馈的作用

在绩效考核中，管理人员对定性反馈的喜欢程度明显要高于定量反馈。但我们都知道，一旦定量的成分增加了，反馈的效果明显更为有效。这又使管理人员陷入了一个误区：定性反馈意义并不大！从而过于强调量化反馈的数量与作用，而在实际考核过程中忽视了定性反馈的结合使用。事实上，单纯的定量反馈并不能在书面评价中体现微妙的差别，在360度考核中过量使用定量考核显然是不妥的，书面评价的重点应放在员工个人的专业发展上，偏重定性的反馈。评估人员通过定性反馈，解释说明每一个数字化的评估来由，同时，将一些更为宽泛的定性化的问题以调查的形式完成。这对提高员工对专业发展的认识无疑是非常重要的。

4.明确工具的目标与结构

很多管理人员都发现，在沟通360度的目标与应用时，一个明确的、可预测的结构可以提升其有效性。例如，每个接受360度反馈的人首先都会得到来自评估人员对目标的解释：帮助发现员工需要改善的地方，而不是决定薪酬。年底，管理人员将目标设定在十二个月内，然后，在下一年度，员工在每个季度末都获得了来自上司需要改善地方的指导。对工具的明确无疑对被评估人、评估人都有着非常重要的心理影响。只要让员工明白：结果是用于提高员工的发展，而不是决定员工的薪酬、晋升与职业方向时，员工在填写消极性反馈时就会少了很多顾虑。

5.构建信任与直率型文化

根据HR经理的经验，成功运用360度考核必须以信任与直率为基础。实际上，信任与直率的企业文化一直都是绩效考核的重要基础。例如，在福特欧洲公司，一个360度反馈的获得者可以提名他的评估人。为了防止被评估人员根据个人偏好试图在事前做好准备，其上司必须评估和同意所有任命。此外，福特公司要求对每一个接受反馈考核的人都有一个非常宽广的评估：1~2个管理人员、3~6个同事、3~8个直接下属。最后，评估人员可以决定是否对被评估人员匿名。一般只有20%的人选择在评估报告上签名，很多评估者与被评估者，甚至会彼此讨论评估过程。这样的评估过程，可以想象其结果的真实程度。

在掌握了以上原则之后，相信类似于案例中的这样状况会大大减少！

资料来源 佚名. 360度考核案例［EB/OL］.［2021-10-15］. https://wenku.baidu.com/view/c9575a1d48fe04a1b0717fd5360cba1aa9118c5c.html.

第10章/团队绩效评价方法

学习目标

通过本章的学习，了解团队绩效的相关问题和高绩效团队的特征；理解进行团队绩效考核的要点；了解团队绩效考核的流程；掌握常用的团队绩效考核方法及其具体应用。

10.1 团队与团队绩效

10.1.1 团队的概念及类型

1）团队的概念

团队作为当今社会组织应对生存环境的变化而构建的一种灵活组织结构，由于其天然的多种优越性自其诞生起（阿尔钦和德姆塞茨提出）就备受欢迎，成为20世纪90年代管理学领域中的热门话题。

阿尔钦和德姆塞茨在1972年的经典文章《生产、信息成本和经济组织》中并没有对团队概念进行详细的界定，只是提到企业的实质是一个团队生产，团队的生产关系是各种要素所有者之间的协作关系，他们是作为一个群体出现在生产过程中的。团队生产是指：（1）生产要投入多种资源；（2）产品或产值不是每种投入要素的代数和；（3）生产中使用的资源并非都归某一个人所有。而在这样的团队生产中，必须要解决两个问题：首先是计量每种投入的生产力；其次是精确计算其报酬，使之符合投入的生产力。由于最终产品是每个成员共同努力的结果，每个成员的个人贡献不可能精确地进行观测和计量，即不可能按照每个人的实际贡献来支付报酬。另外，在生产过程中，单个成员的活动和努力程度会影响到团队中其他人的生产力。

虽然，阿尔钦和德姆塞茨并没有针对团队进行详细认真的阐述，但从其论述中仍然可以获得对团队含义的初步界定，即团队是一种协作关系，团队合作的最终产出取决于成员之间的协调和努力，而不是单个成员产出的简单加总；团队组建过程中必须考虑团队成本与团队回报的关系；而其中提到的关键一点是对每个成员贡献量测定的难度，而这也是当前理论界在进行团队绩效考核过程中遇到的难题。

随着信息时代的到来，组织生存环境的复杂性和不确定性大大增加。团队以其灵活多变、适应性强、快速解决问题等特性，受到理论界和企业界的极大关注，团队理论也得到长足的发展[①]。国内外学者也对团队的概念进行了不同的界定，其中比较有代表性的界定有：

美国著名管理学家斯蒂芬·罗宾斯认为，团队是指一种为了实现某一目标而由相互协作的个体所组成的正式群体。这一定义突出了团队与群体的不同，所有的团队都是群体，但只有正式群体才能是团队。他对团队的理解主要是团队的协作效应。麦肯锡顾问卡曾巴赫则从团队的任务角度提出团队的含义："团队就是由少数有互补技能、愿意为了共同的目的、业绩目标而相互承担责任的人们组成的群体。"其对团队的理解则是侧重于团队的构成要素。

按我国学者的观点，团队的定义目前主要有两种：（1）王重鸣认为，团队是由组织中的正式关系而使各成员联合起来形成的，在行为上有彼此影响的交互作用，在心理上能充分意识到其他成员的存在，并有相互激励的作用，团队成员认可自己归属于该团队，外部人员也视这些个体为该团队的成员，这些人具有相互补充的技能，从而达到共同的目的和组织绩效目标。（2）徐芳则认为，团队就是由两个或两个以上的人组成，通过彼此协调各自的活动来最终实现共同的目标。

综合以上定义，可以对团队的概念作如下界定：团队是由两人或两人以上、相互依赖、承诺共同规则、具有共同愿景、技能互补、愿意为共同的目标而努力的成员组成的群体，通过成员之间相互的沟通、信任、合作和承担责任，产生群体的协作效应，从而获得比个体成员绩效总和大得多的团队绩效。

2）团队的基本类型

按照不同的划分标准，可以从不同的角度对团队的类型进行划分。

根据团队存在的目的可以将其分为：问题解决型团队、自我管理型团队和多功能型团队[②]。问题解决型团队是为了围绕某一问题的解决而组成的团队。在这一类团队中，成员就如何改进工作程序和工作方法互相交换看法或提供建议。但是，团队几乎没有权力根据这些建议单方面采取行动。与问题解决型团队不同，自我管理型团队不仅注意问题的解决，而且执行问题的解决方案，并对工作结果承担全部责任。通常，在这类团队中，成员的责任范围包括控制工作节奏、决定工作任务的分配。彻底的自我管理型团队甚至可以挑选自己的成员，并且让成员之间相互进行绩效评估。因此，主管人员的重要性下降甚至可以被取消。多功能型团队（也可以称为跨部门团队）由来自同一等级、不同工作领域的员工组成，其聚集到一起的目的是完成某项任务。这类团队可以使组织内（甚至组织之间）不同领域的员工之间交换信息，激发出新的观点，解决面临的问题，协调复杂的项目。

根据对不同组织文化的适应性，团队可以分为：工作团队、项目团队、并行团

① 翟维丽. 团队绩效考核的思考［J］. 商场现代化，2006（2）.
② 罗宾斯. 组织行为学［M］. 孙健敏，等译. 北京：中国人民大学出版社，2016.

队以及伙伴团队[①]。工作团队是精力集中于如何完成工作方面的团队，常见于流程型的组织中，其通常由经过交叉培训或者跨职能的团队成员来负责完成一整套固定的活动，并且通常是全日制地、连续性地从事这些活动。项目团队常见于时间型的组织中，这类团队是全日制的，但却是暂时性的，团队成员只是因为项目的存在才聚集到一起，一旦项目结束则团队解散，团队成员或者是进入新的团队继续工作，或者是进入到其他组织中。并行团队通常为职能型组织所使用。尽管这种团队也是围绕任务建立起来的，但却是非全日制的，并且与正式的工作活动并行，这类团队也可能是跨职能的或者是跨部门交叉的。伙伴团队对于网络型组织、合资企业或战略联盟而言是至关重要的。与项目团队相同，在单一项目进行期间，团队成员是全日制从事工作的。但与前者不同的是，伙伴团队的成员通常既包括内部人，也包括外部人——供应商、承包商或者是引进具有专业经验或不同寻常的技能而雇用的其他人。这种团队的工作有时可能是相互合作完成的，也有可能是靠单个人来完成的。

按照工作流程，即贯穿于各部门或各成员之间、将增值服务或产品提供给客户的一系列步骤，可以把团队划分为：汇集型团队、连续型团队、互动型团队和聚焦型团队[②]。在汇集型团队中，每一个成员都对整体任务的完成贡献力量，从而达成团队目标。为了完成任务，需要将团队长远的合作和沟通降低至最小限度。从本质上讲，每个个体的绩效取决于个体的努力，而不是直接依赖于其他成员的绩效。团队绩效是个体绩效的一个简单集合，每个个体工作努力的总和决定了该团队的绩效。在连续型团队，工作以一个连续的定向的模式从一个阶段流向下一个阶段，因此，团队绩效不是个体绩效的简单相加，而是更多地依赖团队成员之间的相互作用，如果有一个成员未能圆满地完成工作，则接下来的工作就会受到阻碍。互动型团队成员之间的依赖性更强，其角色也更加难以区分。因此，团队绩效呈现出一种复杂的合作形式，此类型团队的任务建立在彼此间的非定向流动基础之上，同时也引入反馈或者双向流动的特征。即在此类型团队中，工作在团队成员之间来回流动，信息传递更加富于动态流动性。在聚焦型团队中，团队成员在一起亲密地合作，共同诊断并解决问题，以此方式完成工作任务，如手术室中的外科团队。此类型团队中成员的相互依赖性极高，因此，要求成员必须步调一致，进行充分的沟通与密切的合作。此外，成员相互之间的情景意识和感知也很重要，故而需要进行有关的训练，强化共享的心智模式或通过交叉培训的方式，使成员们相互学习他人的任务角色。

除此以外，也有学者根据成员的构成以及任务复杂程度可将团队区分为工作团队、项目团队和虚拟团队[③]。其中，虚拟团队是为了适应组织工作性质日益复杂化、动态化和全球化而产生的自我管理的知识型团队。虚拟团队常常是面向某一具

① 刘昕．薪酬管理［M］．北京：中国人民大学出版社，2002.
② 徐芳．团队绩效测评技术与实践［M］．北京：中国人民大学出版社，2003.
③ 翟维丽．团队绩效考核的思考［J］．商场现代化，2006（2）.

体的项目，其成员分布于不同地点，并且可能来自不同的组织，其利用远程通信技术和信息技术结合的方式来共同工作以完成任务或目标。虚拟团队具有以下典型特征：以项目为中心；成员具有互相依赖的任务；有共同的目标与责任；共同对团队结果负责；成员通常是跨地域和（或）跨组织分布的；成员更多的是分散工作而不是同处一地；团队沟通主要依靠技术而不是面对面交流；团队共同解决问题和做决策；团队成员通常少于20人[①]。

10.1.2　团队绩效及相关问题

1）团队绩效

根据对“绩效”这一概念的不同角度的界定，可以将团队绩效定义为：团队为达到其目标而采取的各种行为及其结果，这主要包括以下3个方面的内容：(1) 团队的工作成果。包括工作的数量、质量、速度、成本、顾客满意度等方面。譬如，研发团队的工作成果可以通过里程碑、按时完成数、功能点完成数、技术评审合格率等来衡量。(2) 团队对其成员的影响，即团队成员的工作成果。(3) 团队未来工作能力的改进。如研发团队创新能力和学习能力的提高等。

团队绩效具有以下特点：(1) 多因性。团队绩效受多方面因素的影响，组织外部环境、组织及团队本身的各方面因素，都会直接或间接地影响其最终绩效。(2) 多维性。团队运行过程中的人际互动，如协调、沟通等，在很大程度上对其绩效产生影响。因此，团队绩效不仅仅是团队最后的工作结果，还包括团队的运行状态以及创新等能力。(3) 动态性。团队的绩效不是一成不变的。由于团队面临的任务是独特的、创新的，团队的运行过程充满着不确定性，需要不断修正调整团队绩效计划，因此，对其绩效进行考核的内容和范围也常常处于动态的变化过程中。

专栏10-1　　团队绩效曲线

Ajon R. Kataenbach 和 Douglas K. Smith 在《团队的智慧》一书中，提出了“团队绩效曲线”模型（如图10-1所示）。

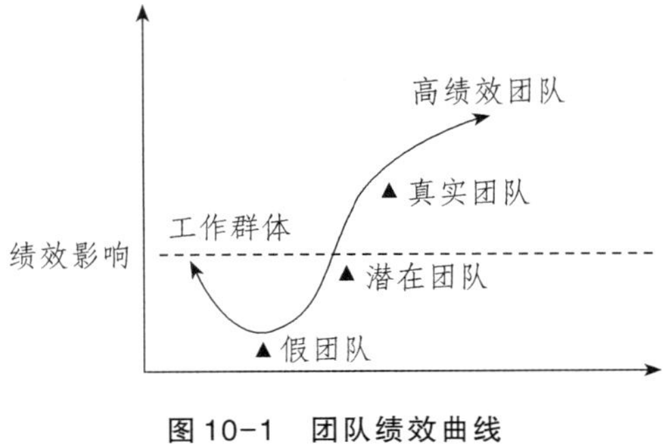

图10-1　团队绩效曲线

①工作群体：它没有特殊的发展与扩大其绩效的需要。它侧重于个人的作用和

---

① 王茶．虚拟团队绩效影响的因素及对策分析［J］．商场现代化，2007（3）．

责任，关注个人业绩，个人之间存在竞争，虽然也交流意见和看法，但不必对其他人的成果承担责任。

②假团体：从工作群体转变为真实团队的过程中会有成为假团队的危险。假团队是团队成员自称他们具有成为团队的潜力，但并不真正试图协调他们的工作或形成共同的责任，只是按个人方式行事，假团队比工作群体的效率要低。

③潜在团队：它是介于工作群体与真实团队之间的一种状态。团队成员由于对共同的目标缺乏了解，也由于强调个人工作责任的实践难以形成真正的协调运作，但在正确的领导与管理下，它能够真正进行行为改善，成为真正的团队。

④真实团队：真实团队是少数成员为了实现某一目标而相互协作组成的群体。它是由不同背景、不同技能及不同知识层次的人员组成的，这些人一起工作能够取得比按个人的方式或按工作群体的方式而大得多的成就。

⑤高绩效团队：高绩效团队是对团队潜力的高度认识，其成员具有极高的责任感，不仅对整个团队的成功负责，而且对成员间的个人成长和发展负责，能够产生非常高的绩效成果，经常能够达到组织原以为不可能达到的目标。

资料来源　谢福全，李艳平. 团队绩效及其评估设计探讨［J］. 现代管理科学，2005（5）.

2）个体绩效、团队绩效与组织绩效

个体绩效、团队绩效和组织绩效之间密切相关。个体的绩效是由个体的素质及其职业化行为决定的，团队的绩效则是由团队核心素质以及团队合作的程度决定，如果组织能够通过共享价值观和共同愿景将个体绩效、团队绩效和组织绩效紧密结合在一起，就能确保组织战略目标的实现。因此，团队绩效首先应该基于组织绩效，即应在组织绩效的基础上确定团队绩效，在团队绩效的基础上再确定团队成员的具体绩效。图 10-2 的绩效矩阵描述了个体绩效、团队绩效和组织绩效之间的这一关系[①]。

3）高绩效团队的特征

美国著名管理学家斯蒂芬·P.罗宾斯认为，一个高绩效的团队具有以下 8 个基本特征：

（1）明确的目标。团队成员清楚地了解所要达到的目标，以及目标所包含的重大现实意义，并且这种目标的重要性还激励着团队成员把个人目标升华到团队目标中去。

（2）相关的技能。团队成员具备实现工作目标所必需的技能和能够良好合作的个性品质。后者尤其重要，有精湛技术能力的员工并不一定就有处理团队内部关系的高超技巧，高效团队的成员则往往兼而有之。

（3）相互间信任。每个人对团队内其他人的品行和能力都确信无疑。

（4）共同的承诺。这是团队成员对完成目标的奉献精神；成员愿为团队目标做出承诺，清楚地知道企业希望他们做什么工作以及怎样共同工作完成任务。

---

① 王茶. 虚拟团队绩效影响的因素及对策分析［J］. 商场现代化，2007（3）.

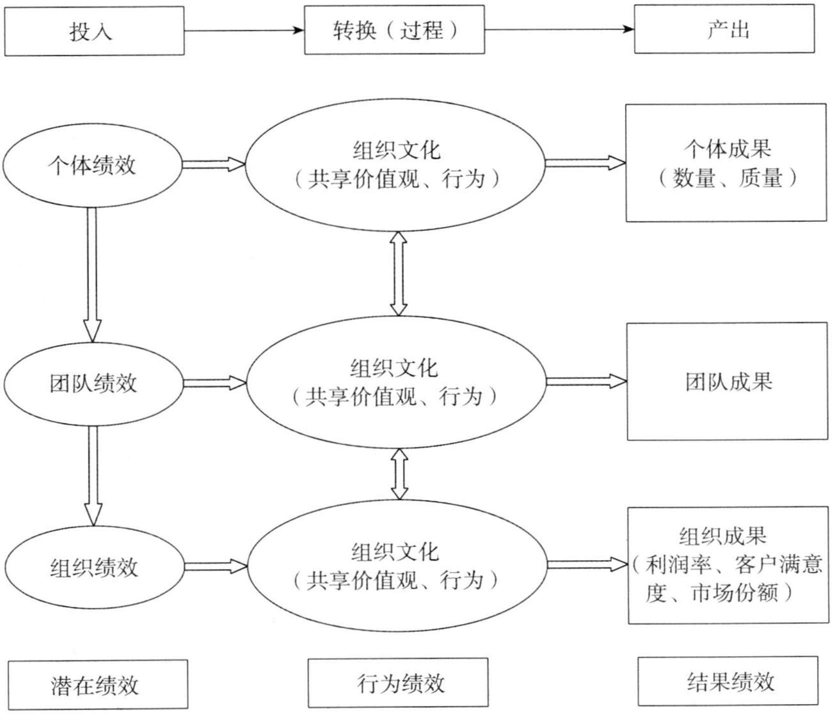

图 10-2　个体绩效、团队绩效与组织绩效之间的关系

（5）良好的沟通。团队成员通过畅通的渠道交流信息，包括各种言语和非言语信息。此外，管理层和团队成员之间的信息反馈也是良好沟通的重要特征。它有助于管理者指导团队成员的行动，消除误解。

（6）谈判的技能。高效的团队内部成员间角色是经常发生变化的，这要求团队成员具有优秀的谈判技能。

（7）合适的领导者。优秀的领导者可以让团队跟随自己共同渡过最艰难的时期，因为他们能为团队指明前途所在。他们向成员阐明变革的可能性，鼓舞团队成员的自信心，帮助他们更充分地了解自己的潜力。优秀的领导者不一定非得指示或控制，高效团队的领导往往起到的是教练或后盾的作用，他们对团队提供指导和支持，而不是试图去控制下属。

（8）内部与外部的支持。它既包括内部合理的基础结构，也包括外部给予必要的资源条件。

10.2　团队绩效考核的流程与方法

10.2.1　团队绩效考核的要点

由于团队的特殊性，对其绩效的考核有别于个体绩效考核。因此，在进行考核之前需要明确以下几个方面的要点①：

1）绩效考核的客体

进行团队的绩效考核时，首先需要明确的问题是：考核的客体是团队成员，还是整个团队。考评整个团队的绩效会给团队成员传达这样一个信息：必须认识到团队里的问题且共同开发团队的能力。这样可以提高团队成员的自豪感和认同感等。但如果仅仅测评整个团队的结果或行为和能力，由于个体的努力没有得到认同，则很有可能造成社会懒散（social floating）现象的出现，即个体由于参与团队工作而使其在团队中的工作效率比自己单独工作时的效率大大降低。这也就是通常所说的“吃大锅饭”思想的危害。如果仅仅对团队成员的个体绩效进行考核，虽然可以在一定程度上抵制社会懒散效应，但个体层面的绩效考核很容易忽视优秀团队的互动和协同效应。

因此，在确定团队对绩效评价的客体时，需要平衡个人绩效与团队整体绩效之间的关系，在实现团队内部相对公平性的同时，较为客观和全面地反映团队的整体绩效。

2）绩效考核信息的来源

绩效考核所使用信息的真实性及其渠道来源的合理性会影响评价结果的客观性，所处理信息的数量也直接关系到绩效考核的成本。因此，进行团队绩效考核时，还需要明确：考核的信息应该从哪里来，是以单一渠道的信息来源为主还是以多渠道的信息来源为主，以及是否对所有类型的团队进行绩效考核时都要使用相同的信息渠道，等等。

3）考核的具体内容

需要明确考核的是结果、行为还是能力。绩效考核大致经历了基于结果、基于行为以及基于能力的考核发展过程。基于结果的绩效考核在组织的目标非常清晰的情况下是最为有效的。而基于行为的绩效考核则主要是通过观察个体在完成某项工作过程中的相关角色行为来完成。最后一种是基于胜任力的绩效考核体系，是评估个体所拥有的完成某项工作所需具备的知识和能力。

不论是哪种导向的绩效考核都强调特定工作的具体要求。随着团队工作和员工参与以及TQM等的引进，员工在工作中的角色也不断地有所拓展。例如，任务绩效（即关注服务的质量、数量等）、周边绩效（作为一个优秀的组织公民，组织过程的不断改进、职业生涯中的个人自我发展以及持续学习等）以及团队工作绩效（在问题解决和冲突处理过程中的相互配合、公开沟通、目标设定以及绩效评估中团队成员之间的合作等）都是近年来较受关注的内容。员工的任务绩效主要对组织的核心技术过程有贡献；周边绩效和团队绩效则对任务绩效发生所处的组织的、社会的以及心理的背景有贡献。

所以，仅仅评估员工的任务绩效，即结果，是不够的，要使整个绩效考核具有战略性，还应该注重对行为和能力等的考核，并且要注意所考核的结果、行为和能

---

① 刘帮成，唐宁玉．对团队绩效考核的战略性思考［J］．上海管理科学，2003（3）．

力等与组织战略和发展方向一致。

4）考核的操作过程

这一问题包括：谁参与考核以及如何进行具体考核。考核过程中谁参与考核以及如何考核的问题将直接影响员工对绩效考核的公平感。因此，对于团队绩效的考核，合理确定其考核主体是一项重要的工作，除了根据工作结果的输出方向来选择考核主体以外，员工的参与也同样重要。尽管有研究发现，只有被考核者的绩效优秀时，自我考核的优势才能显现出来，但是员工对考核过程的参与仍然是必要的，尤其是在对考核结果进行调整过程中，更应该鼓励被考核者参与。除此以外，合理的团队绩效考核程序也有利于绩效考核结果公平性的提高。

专栏10-2　测评团队绩效

众所周知，当企业不得不面对瞬息万变的市场时，传统的管理分级模式将让位于更柔性的管理模式。其中，一个重要的变化就是，团队协作将成为趋势。换句话说，如果市场本身强烈要求企业有一个以团队协作为基础的工作环境，企业必将做出这样的选择，因为“优胜劣汰、适者生存”。

美国加利福尼亚州萨拉托加学院（Saratoga Institute，SI）的团队绩效研究小组，采用专业技术，就团队设计、绩效测评和薪酬等问题对61家美国公司进行了调研。

调查结果显示，大家对很多问题都持有不同观点。比如，超过半数的企业认为，除去团队合作带来的损失，企业仍然可以获得正的回报，实现预期目标。换句话说，接近半数的企业认为团队合作不能帮助它们实现预期目标。这就意味着，在提高团队合作绩效方面，我们仍有很多工作可以做。企业在内部各团队成立的初期，就应该建立团队绩效测评系统。企业中的所有团队，都必须有清晰的、可以准确测评的目标。这个目标必须具有一定的挑战性，可以测量，并且应传达给团队的每一个成员。这个目标应该支持企业战略、价值和文化，并对企业产出有所贡献。

“对企业产出有所贡献”这个说法稍微有点模棱两可。正如我们所知，很多项目的启动通常都仅仅是由于它们可能会带来远期的回报。显然，每一次具体行动都有明确的目标，将会更有竞争优势。令人欣慰的是，多数企业正在关注这个问题。不过我们仍然不能盲目乐观。毕竟，建立团队绩效测评体系是一个长期的工作。

确定适用的“基本定律”

在参与调查的企业中，有2/3的企业使用了可测量的团队绩效测评体系，而有13%的企业仅仅使用个人绩效测评工具，21%的企业根本不测评团队绩效。

研究表明，一些工业企业正在趋向于使用可测量的团队绩效测评体系。比如，制造企业的绩效测评体系通常是以制造、生产、质量或者过程为导向的，目的通常是提出改进建议、降低成本和规模扩张等。但是，即便这样，仍然存在很多问题：怎样将我们的改进目标与竞争优势联系起来？答案就是，应该将改进的目标与质量、服务或者产量等竞争优势直接联系起来。这个问题现在必须引起公司的高度重视，因为，改进过程本身并不会直接产生竞争优势。很多公司也会使用定性指标测评团队绩效。这些指标体现了团队特性：直接评价团队行为。然而，定性指标大多时候是难以衡量的，更不容忽视的是，我们很难将行为指标和企业产出直接联系起来。比如，协作、参与程度等定性指标，往往是凭借主观判断给分，随意性较大，很难保证它们与企业产出正相关。过多地关注行为指标是一个诱人的“陷阱”，20世纪80年代早期“品质圈”的失败就源于此，事实一次又一次残酷地向我们证实：过多地关注行为指标只是一种虚张声势的做法。

令人欣慰的是，80%的公司认为，它们的团队绩效测评方法是可以帮助其完成预期目标的。但是，研究分析也表明：这在很大程度上归功于企业有一套清晰的、以价值为导向的测评体系和目标，或者是在团队合作结束的前期阶段有一套完整的测评体系，而不仅仅是由于行为指标本身。

资料来源 昕晴．测评团队绩效［J］．人力资源，2006（13）．

10.2.2 团队绩效考核的流程

团队绩效考核的主要流程包括考核前的准备，确定团队绩效考核维度，界定成员个人绩效考核维度，分配测评维度的权重，确定考核要素，分解绩效考核指标，绩效数据的收集，实施绩效考核等环节（如图10-3所示）①。

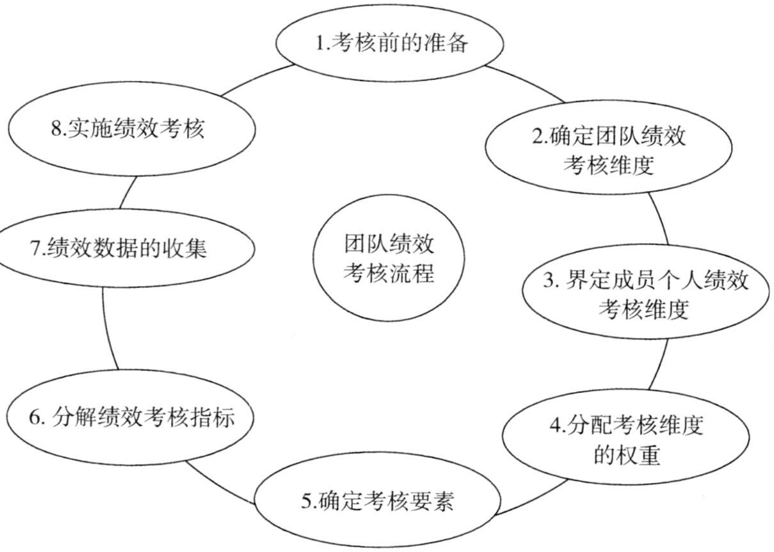

图10-3 团队绩效考核的流程

1）考核前的准备

在进行团队绩效考核之前，需要完成一系列的准备工作，从而为团队绩效目标和团队绩效考核指标的确定奠定基础。这些准备工作具体包括：

（1）确定团队绩效目标制定的依据，这些依据通常是企业经营战略和顾客需要。

（2）分析组织绩效目标和关键业绩指标，组织的绩效目标和关键业绩指标需要

① 徐芳．团队绩效测评技术与实践［M］．北京：中国人民大学出版社，2003；肖余春．团队行为学［M］．杭州：浙江大学出版社，2006．

以一定的方式分解为团队和团队成员的目标和评价指标。

（3）团队对组织绩效评价指标进行分析，组织绩效评价指标也对团队绩效考核指标的确定有指导作用。

2）确定团队绩效考核维度

团队绩效考核维度的确定直接决定了团队绩效考核的指标构成。通常可以利用客户关系图、组织绩效目标、业绩金字塔以及工作流程图确定团队绩效评价的维度。

（1）利用客户关系图确定团队绩效考核的维度。团队的客户包括组织外部的顾客，也包括组织内部的同事。客户关系图能够较为清晰地描述团队所面对的客户以及其为客户提供的产品和服务（如图10-4所示）。当团队存在的目的主要是满足客户需求、提高客户满意度时，使用这种方法最为有效。

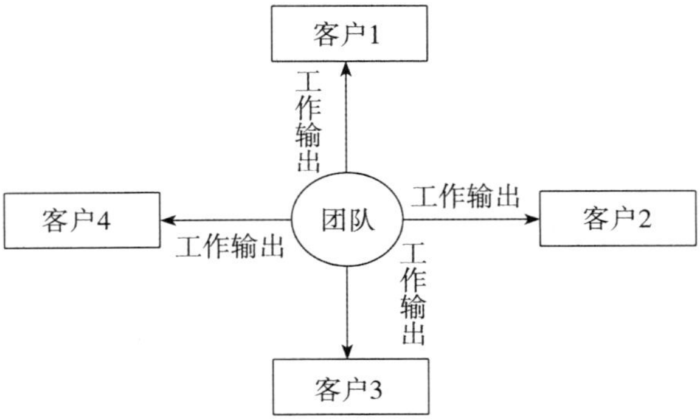

图10-4　客户关系图

（2）利用组织绩效目标确定团队绩效考核的维度。组织绩效目标是指依据组织的战略与经营计划确定的任务和努力方向。当团队存在的目的主要是帮助组织改进绩效目标时，利用组织绩效目标确定团队绩效测评维度最为有效（如图10-5所示）。

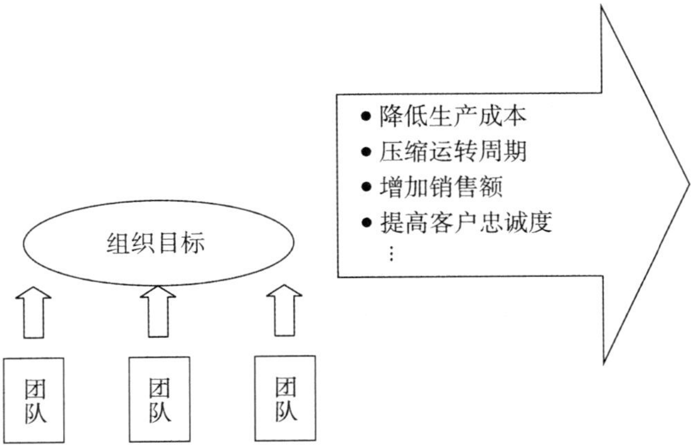

图10-5　支持组织目标实现的团队

（3）利用业绩金字塔确定团队绩效考核的维度。业绩金字塔的出发点是要明确业绩的层次，界定在组织所有的绩效成果中，由团队所负责创建的部分（如图10-6

所示）。当团队的绩效目标是组织整体绩效目标中的一个组成部分时，使用该方法确定其绩效考核的维度较为有效。

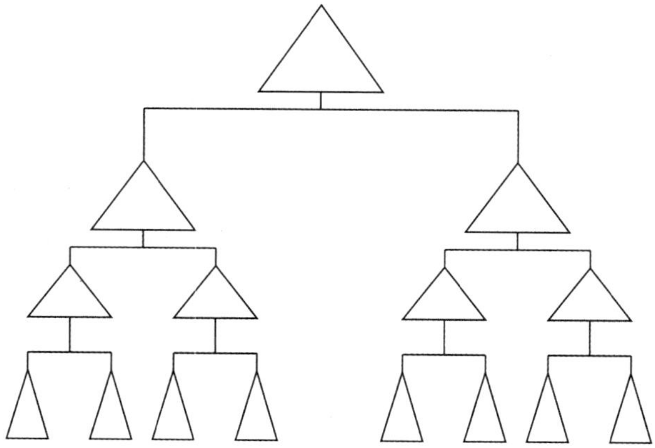

图 10-6　业绩金字塔

（4）利用工作流程图确定团队绩效考核的维度。工作流程是为了将有价值的产品或服务提供给客户（包括组织内部客户和组织外部客户）的、贯穿交叉于各工序之间的一系列步骤。工作流程图则是描述工作流程的示意图（如图 10-7 所示）。图中的方框表示在工作流程中发生活动的各个步骤，箭头则表示各道工序之间的“交接”。当团队的工作具有清楚明确的工作流程时，使用该方法最有效。

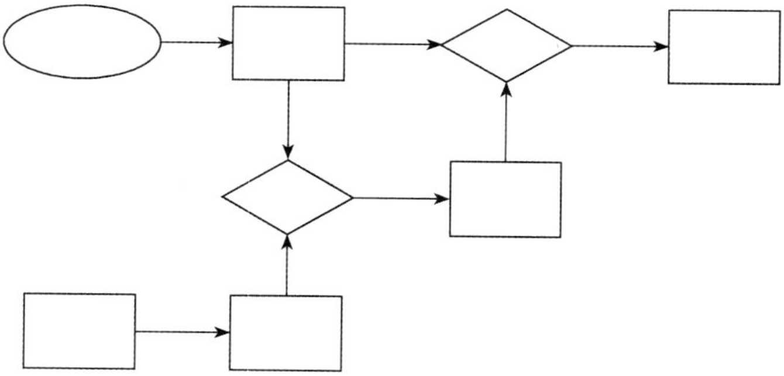

图 10-7　工作流程图

3）界定个人绩效考核维度

在进行团队绩效考核时，界定团队成员的个人绩效考核维度可以确保员工的努力对于组织而言是有效的，从而使员工对团队的贡献得到认可，还可以为团队成员的绩效改进提供依据、指明方向。

团队成员个人绩效考核维度的确定可以通过角色—业绩矩阵来实现。角色—业绩矩阵是用来确定团队成员为了确保团队目标的实现所必需做出的业绩的表格，它同时也明确了各团队成员在为团队做出贡献时所扮演的角色（见表 10-1）。在这一表格中，各项团队绩效维度列于横轴，各个团队成员则列于纵轴，团队成员为支持团队业绩而必需创造的个人业绩列于表格中的各个方格，这些业绩即构成了团队成员个人绩效合约的主要内容。

表10-1 团队成员的角色-业绩矩阵

团队绩效维度 团队成员	团队绩效维度1	团队绩效维度2	团队绩效维度3	团队绩效维度4
团队成员A	个人绩效			个人绩效
团队成员B		个人绩效		
团队成员C			个人绩效	
团队成员D	个人绩效			个人绩效

专栏10-3 不同类型团队的绩效考核侧重点

不同类型的团队需要不同的测评方法与测评要点，在设计团队业绩测评指标时需要予以考虑的一个重要因素便是所测评团队的类型。临时专攻难题的团队很可能考虑要测评诸如他们所开发的解决方案的有效性；而固定的工作团队不仅要测评业绩成果，也要测评工作过程。如果工作团队仅仅测评业绩成果，但该团队没有达到绩效目标，则很难知道导致绩效目标没有实现的原因，测评工作过程会使团队明白改进工作的切入点在哪里。为完成某一任务而组合到一起的项目团队需要采用与固定工作团队不同的方法来测评绩效，而且评估跨职能团队比评估固定工作团队要难得多。具体而言，4类常见团队的绩效评价侧重点如下：

项目团队：项目团队是基于完成某项专门任务而组建的。大多数高科技企业都使用项目团队来开发新产品或提供新服务。在考察项目团队的整体绩效时，首先应考虑组织的战略目标或者团队所属级别的分目标，确定团队本身可以影响和控制的目标有哪些，然后结合团队本身的任务目标来确定测评维度。比如新产品的完成时间、生产成本、新产品运行的稳定性等。如果组织的战略目标是要做到技术领先，则对项目团队的绩效进行测评时，应反映出技术的先进性和时效性。

跨职能团队：跨职能团队本身也有具体的目标，但是团队成员来自企业各个不同的部门。因此在对团队绩效测评时更多地关注其行为绩效，重点考察团队活动的有效性。例如团队的沟通情况、团队整个工作进程的周期、团队成员角色与个人岗位角色的协调情况等。

自我管理的团队：这是一种高绩效的团队组织方式。每个成员都有很高的技能和知识能力结构的互补性，而决策也更多地由团队本身来做出。因此在考评自我管理团队的绩效时，除了考察客户满意度等维度外，更应考虑员工队伍的建设。

虚拟团队：这类团队是通过电脑和网络来连接的，团队成员并不经常在一起。因此，对于整个团队绩效的考评侧重于结果的衡量，同时要考虑成员沟通的有效性、信息分享程度等。

资料来源 徐芳．团队绩效测评技术与实践［M］．北京：中国人民大学出版社，2003；张春霞．KPI与团队绩效测评［J］．上海商业，2005（4）．

4）分配考核维度的权重

考核维度的权重对于团队绩效考核具有重要意义。首先，它有助于明确团队各项业绩的相对重要程度，突出重点目标。其次，它能帮助团队更好地分配和管理时间，确保重要的考核维度得到应有的重视。最后，权重有助于团队成员对团队和个人的工作重点进行排序。

通常，权重的确定可以通过两个步骤完成：（1）决定以何种比例将100%的权重分配给团队业绩和个人业绩。（2）将分配给团队的权重在团队业绩维度范围内进行分配，将分配给个人的权重在个人业绩维度范围内进行分配。需要注意的是，权重的分配应该根据各项业绩对组织的重要性而并非所花费的时间来确定，并且，权重分配完成后应确保能反映团队对各项测评维度相对重要性的看法。

5）确定考核要素

在明确了团队及其成员的绩效考核维度之后，需要决定每个维度的考核要素。考核要素是用于评定在达成每一项业绩方面做得有多好的衡量标准，通常分为一般性考核要素和具体性考核要素（见表10-2）。前者是指通常情况下每项业绩的重要因素是什么，包括数量、质量、成本和时效性4个方面。后者则主要描述每项业绩中需要进一步跟踪的部分，确定达到数量、质量、成本和时效性标准的途径，有定性化和定量化两种表述方式；其中，定量化的表述方式使用数字来考核业绩，主要明确需要进行跟踪的指标，定性化的考核要素使用文字来考核业绩，主要明确将由谁来判断绩效和需要评价的因素。

表10-2　**一般性考核要素与具体性考核要素示例**

一般性考核要素	具体性定量化的考核要素	具体性定性化的考核要素
数量	•占高级开发项目预算的百分比 •每小时打包的箱数 •接受培训并通过资格认证的操作工比例	•经理对于整个业务流程工作的评定 •考核小组对完成本周工作量的评定
质量	•合理投诉的百分比 •受训学员最后测试的平均分数	•用户对软件程序的评定 •效率 •实用性 •稳定性 •适应性
成本	•预算变动的百分比 •业务流程改进所创造的价值（元）	•经理对于以下情况的评定 ——方案的价值 ——方案的成本
时效性	•运转周期缩短的天数 •及时收到有价值建议的次数 •在服务时间内按时或提前完成项目的百分比	•用户对于计算机系统变动前后运转周期缩短的感觉 •以双方同意的最后期限为依据

6）分解绩效考核指标

在确定了各个绩效考核要素之后，需要将各要素分解为具体的团队绩效考核指标，通常包括定量化指标和描述性指标两大类。定量化指标主要考虑"希望生产的数量是多少""为了帮助组织达到目标，必须达到何种绩效水平"等问题，而描述性指标则主要考虑诸如"对于每一要素，何种判断依据表明顾客认为达到了预期的目标"之类的问题。

7）绩效数据的收集

绩效数据的收集是团队绩效考核的重要环节。它可以作为团队绩效考核的事实依据，有助于诊断团队成员的绩效并为绩效改进明确方向。团队绩效数据的来源主要是各类报表和以数据收集为目的的实地调查。

需要注意的是，绩效数据的收集应遵循适时的原则。因为适时收集信息可以减少时间成本，并且及时的信息反馈便于寻找问题的成因和解决方案，增加团队改进自身绩效的机会。此外，主要由团队成员负责信息的收集能够取得较好的效果。但是，当出现以下情况时，应当由团队之外的人员来收集相关的绩效数据：（1）数据的收集会导致工作流程的中断或占用过多的时间；（2）只有团队之外的成员才能确认工作的完成；（3）考核的尺度需要团队成员以外的人员来掌握。

8）实施绩效考核

在实施团队绩效考核时，既要考核其整体绩效，也要考核成员的个体绩效；既要强调团队工作的过程，也要重视团队行为的结果，这样才能较为详细地描述、评价和诊断团队的绩效，从而制定具体措施来纠正偏差，改进团队成员以及团队的整体绩效（如图10-8所示）。

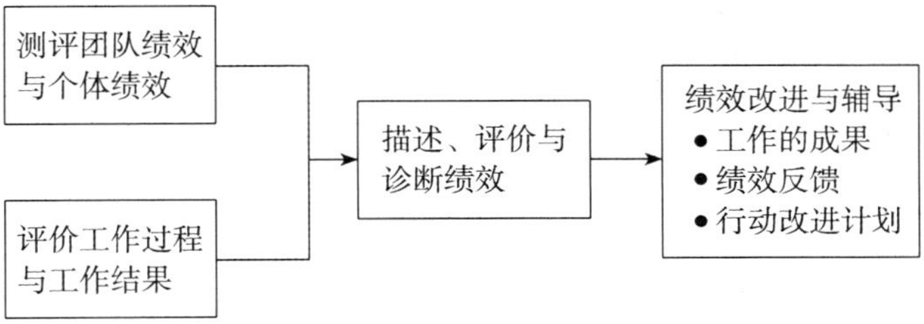

图10-8　团队绩效考核的实施

专栏10-4　　团队绩效考核设计和实施应遵循的原则

团队目标要与组织整体战略一致

企业为了实现远景目标必须制定经营战略，但许多企业的团队并不了解本组织的战略目标，团队目标并没有与企业战略整合协同。因此团队不应当孤立地设计自己的测评体系，必须在理解了企业发展战略的基础上来制定与公司的战略相一致的测评体系。

让团队成员充分理解和认同测评系统

每个团队成员都必须做到充分了解本团队的测评体系，甚至能做到对他人讲起来清清楚楚，能够娓娓道来。只有理解并认同该体系，才不致错过许多改进行为和绩效的机会。

团队测评以提高团队的工作绩效为目的

团队绩效测评的主要目的是确保问题得以解决，并且帮助团队提高业绩，而不单单追求管理者评价的分数。因此，在进行测评时，不一定要追求非常精确的测评结果，只要有助于问题的解决就可以了。

选取最重要的几个维度来测量

团队应采用关键的几个测评维度和指标。如果一个团队存在15个以上的测评指标，则有必要重新检查一下是否每个指标都很重要。考核信息要尽可能简化，不要在收集数据上花费过多的时间。很多团队在会议上花费大量的时间讨论测评体系的结构，而不是讨论应该做些什么。

在设计绩效测评体系时应充分考虑顾客的意见

在设计测评体系的过程中，要将顾客（包括内部顾客和外部顾客）作为必不可少的要素来对待，最理想的状况是请顾客参与一同来设计。在开发测评指标时，要听取顾客的意见和建议，让顾客描述一下理想的工作标准应该是什么样的。

资料来源　徐芳．团队绩效测评技术与实践［M］．北京：中国人民大学出版社，2003.

10.2.3　团队绩效考核常用方法

严格说来，所有的绩效评价方法都可以应用于团队绩效的评价，只是由于不同类型的团队的存在目的、运作方式及成员组成都有很大不同，因此，在评价其绩效时，侧重点亦有很大差异，这种差异必然会影响具体评价方法的选择和应用。即使是同一种方法，应用于不同企业的不同团队的绩效评价，也会存在差异，所以也可以说，每一个团队的绩效评价方法都应该是量身定做的。在众多绩效评价方法中，常用于团队绩效评价的方法如下：

1）多维绩效考核方法

在团队绩效考核过程中，团队成员之间的相互评价是弱化搭便车行为所带来的消极影响的途径之一，这同时意味着评价手段从一维、二维绩效评价向多维绩效评价转变。多维评价方法可以从那些能直接观察员工行为表现的多方信息源中收集绩效行为信息。这些信息来源包括同事、下属、上级、顾客、供应商和其他职能部门的员工，并且信息数量会随着信息源的不同而变化。

多维绩效评价的主要目的是通过传播组织的合作价值观，拓宽员工的视野，让他们明白还有许多内在和外在的顾客需要得到满足；同时，也向员工传递一个事实：信息输入会随着信息来源的背景不同而发生变化。因此，员工工作应该定位于朝着顾客多元化和评价者角色转变。多维绩效评价方法的优点可以概括为以下几点：(1) 提供多渠道的绩效信息。收集员工在不同变化环境下的绩效信息，有利于组织为员工提出建设性的绩效改进机会；同时，多渠道信息来源也有利于组织在工作结果测量中，从不同角度更广、更深地了解员工的行为方式。(2) 强化团队建设。多渠道绩效信息要求员工聚焦于团队，帮助共同承担团队目标、顾客服务或相关重要职责的其他队友获得成功。那些从其他人处接收信息的员工，有可能为他们提供对绩效评价有实质意义的信息。（3）拓宽学习机会。一个学习型组织为员工成长提供了机会，同时也要求以一种恰当的方式把不同的信息传递给员工。随着晋升机会的减少，对技能和知识融会贯通的文化将赋予员工更大的灵活性和多技能化空间，以更有效地实现团队合作。不同绩效信息的输入，为员工应如何做和如何获得成长机会提供了一个“信息宽带”。知识和技能学习的多维性，必然要求多维度的绩效评价。（4）有助于员工接受变革。在变革时期，组织要求员工拓宽自己的视野，包括一些重要的沟通，不能仅局限于跟主管联系，而应从更广泛的评价者中获得反馈，这将有助于提高员工的灵活性。向协作关系模式的转变，必然要求不同信息源参与到员工绩效评价的过程当中。（5）有助于把绩效与顾客为中心的理念和行为联系起来。现代组织都在实施以顾客为中心的行动，包括顾客价值、顾客享有的权利、节约成本、产品或服务质量、反应速度和结构重组等。这些行动的目的都是力争推动团队的形成及其目标的实现。多维绩效评价是一个直接把绩效与员工行为连接在一起的方法。因为，团队和顾客都处于服务行动的中心，因此，获得顾客和团队成员的多元绩效信息是成功的关键。

但是，由于其自身的特点，多维绩效评价有可能增加绩效考核的复杂性。因此，运用此类方法考核团队绩效时，须注意以下几个方面：（1）准确地测量和反馈。绩效评价的目的是员工成长和技能提高。多维绩效评价方法所依赖的客观反馈可能受到不同渠道信息的干扰，包括评价者的背景、数据处理方法和评价过程中的偏见错误、趋势错误等。这些干扰可能削弱多元信息的价值，因此应该给予足够的关注。（2）评价者准备。提供有用的绩效信息需要一定的知识和培训。判断信息来源是否恰当有3个标准：首先是评价人应该了解员工的工作目标；其次是评价人有足够的机会观察员工的工作及行为；最后是评价人应该能够判断员工的绩效是否令人满意。因此，要对评价者进行一定的培训，让其知道如何正确地使用评价工具。（3）员工准备。从不同渠道接收绩效信息，要求员工做好各方面的准备。他们必须学会从不同顾客中而不是仅仅从上司那里接收信息。员工也需要准备在绩效评价中扮演评价者的角色。大部分员工从没评价过其他人的绩效，这就需要组织帮助员工获得相关绩效评价的培训和实践机会。（4）组织准备。那些不经常为员工绩效提供真实、有建设意义反馈的组织，可能发现自己很难接受不同评价者的绩效评价。这阶段的准备包括：事前确定评价目的、评价者选择、评价范围及确定评价时间表；事中的宣传以及评价信息收集的过程控制；事后的信息处理和沟通反馈；最后还包括一个充足的预算支持。建立多维绩效评价是耗时的，也是困难的，完成这一过程需要时间上的承诺和整个组织的支持。（5）反馈的持续性。员工的成长和提高，要求有持之以恒的信念和一个连续的反馈过程。从不同评价者中获得一致的信息可能是个挑战，因为每个评价者可能从不同角度评价员工绩效，因而会形成不同的评价。也正因为如此，需要评价者有足够的机会观察员工的行为和结果变化，这是一个长期的过程。

专栏10-5　　员工绩效考核指标设计与团队绩效管理

体现员工绩效考核指标设计与团队绩效管理相关性的标志，主要是这两项绩效管理的主题应当一致。它可以从两个角度来思考：

第一，动态主题：企业层面的管理重心

依循企业的发展趋势，我们要站在企业全局的立场，根据企业的发展、行业的特点、市场的现状等因素的变化情况，不断地提炼当前管理工作的重心，以及与之相对应的绩效管理的主题，并不断在设计员工绩效考核指标时，把它作为主题来体现。

例如：有的单位，预算是财务管理的主体运作方式，那它的绩效管理必然也是以预算为中心的。给定这个任务，同时确定了可以花费在这个任务上的额度。比如，研究项目的课题经费、工程项目的工程款等。工作开始以后，通过考核指标考察：钱花得合理不合理、任务完成没完成，等等。

例如：以制造为核心能力的工业企业常常以质量为中心实施绩效管理，尤其是在制造工厂，“ISO 9000认证体系”的关节点，是最常见的绩效考核重点。结合这个主题设计员工绩效考核指标，是顶头上司们的明智选择。

第二，静态主题：职能系统层面的责任分布

设计员工绩效考核指标，分解和统摄实体绩效考核指标是惯常的做法。做这种分解，我们要有从全局出发的意识。比如考虑各个岗位的成本责任，首先研究如下方面：研发、制造、营销、管理等职能模块中，哪个职能系统的成本责任最大？大家的直接反应往往集中在制造系统，认为制造系统的成本责任最大，其实这是误区。成本责任最大的职能系统常常是研发环节，如果设计的是高成本产品，即便再如何节约，成本也降不到哪儿去。相反如果设计的是低成本产品，只要执行就能实现合理成本。其次，营销中的投入也是成本，不注意控制，成本的浪费也是惊人的。尤其是管理成本，往往另账处理。

以全局性分析成本责任权重分布为依据定出来的成本指标，才是有意义的成本绩效考核指标。以此类推，利润绩效考核指标、营业额绩效考核指标、客户满意度绩效考核指标等，都要慎重地在总体统筹思考的基础上确认，才可能是准确的、公平的。

第三，权变主题：事态重要性层面的随机决定

前面主要是在说“常规性考核”。实际上，绩效管理除了需要对这些规律性极强的日常状态进行考察外，员工在实现绩效的过程中，还会出现种种特殊情况：非常明显的利润高增长时段；意料之外的重大事故；一个业绩鲜明的工作团队，等等。这些非常规的绩效表现，都会直接影响到员工个人的绩效。对此，我们应该有专案性的针对性考核：高利润实现的经验是什么？有没有客观因素？哪些个人努力起到了关键性作用？发生事故的原因是什么？避免此类事件发生的措施何在？这种专案性考核是必须予以重视的考核——因而也就出现了需要关注的新绩效管理主题。

跟常规性绩效管理的考核相对应，还有一种叫“抽查性绩效考核”的措施。常规性绩效考核是以正常统计数据为依据，按规定必然实施的考核。但是，有些绩效考核指标，相对来说不太重要，但如果完全不管又存在风险，就可以采取抽查的办法。担心被抽到就需要事先做好准备，这样考核目的就达到了。

需要提醒的是：任何主题都不可能是永远不变的，所以作为企业，一要不断确认当前绩效管理的主题，以抓住主要矛盾，以促进工作开展；二要不断调整绩效管理的主题，以适应不断变化的市场形势与企业发展进程。

资料来源　佚名．员工绩效考核指标设计与团队绩效管理［EB/OL］．［2021-10-15］．https：//www.docin.com/p-1583442148.html.

2）关键绩效指标法（KPI）①

关键绩效指标（key performance indicators，KPI），指那些足以反映考核对象的本质特征和行为的指标，是指企业宏观战略目标决策经过层层分解产生的可操作性的战术目标，是宏观战略决策执行效果的检测指针。它通过目标层层分解的方法使得各级目标（包括团队目标和个人目标）不会偏离组织战略目标。作为当前绩效考核的一种实用工具，KPI可以更好地衡量团队绩效以及团队中个体的贡献，起到很好的价值评价和行为导向的作用。

基于KPI的团队绩效考核的思路是，依据企业的战略目标和客户的需求来确定团队的目标，据此确定团队整体绩效和团队个体绩效的考核维度，并分配不同的权重，然后进行各个维度下的KPI解析，根据SMART原则确定每个维度下的KPI以及考核的标准。

在运用KPI考核团队绩效时，需要明确一点：创建KPI并不是考核工作的全部，更为重要的是如何将KPI很好地运用，使其能真正反映团队的绩效，促进团队的绩效管理，使团队能切实帮助实现组织的战略目标。具体需要注意以下几点：（1）团队KPI不是一成不变的。团队KPI是对组织战略目标分解后取得的，它是企业内部分级目标的体现。当企业阶段性目标和工作重点发生变化时，KPI也要相应地做出调整，以此保证不偏离上一级目标。（2）团队成员个体KPI应反映个体对团队的贡献，团队成员的个体KPI并不一定是从团队KPI下直接分解而得，有时它更多地是根据角色要求结合团队目标来设定，但是它一定要能够反映出个体对团队的贡献，从而更好地促进团队建设，提高团队绩效。（3）团队KPI要有助于绩效改进。绩效考核仅仅是绩效管理的一个环节。对于团队来说，通过合理有效的绩效考核，获得团队和个体的认同固然重要，但更希望能够借此促进团队绩效的改进。通过KPI，团队及其成员可以清楚地知道组织希望他们做什么，怎么做，要做到何种程度。以此来约束自己的行为，并对不符合标准的地方加以改进。（4）KPI指标的确定需要沟通。在为团队成员确定KPI时，团队领导者和成员之间需要良好的沟通，明确KPI的具体含义和要求。让员工积极参与KPI的建立，使KPI达到可控的

---

① 韩雪．基于KPI的团队绩效考核研究［J］．北方经济，2007（2）．

目标，并且更为实际有效，同时也能提高员工的积极性。

KPI的有关内容详见本书第11章。

3）平衡计分卡（BSC）[①]

平衡计分卡是从财务、内部业务、客户以及创新学习四个维度对企业、部门、团队以及个人进行全方位的考核，与传统的绩效评价体系相比较，具有综合性和战略性的优势。

将平衡计分卡应用到团队以及团队中个人的绩效评定中具有以下优点：（1）有利于将组织和团队的战略目标转化成团队中个体的绩效指标和行动；（2）有利于团队成员对团队的目标和战略的沟通和理解，增强团队凝聚力；（3）有利于团队和成员个体的学习成长及核心能力的培养；（4）有利于较为公平地对个人绩效进行评定，提高员工的归属感，有助于合作意识的培养。因此，平衡计分卡可以促使个人绩效的最大发挥，实现个人目标与团队和组织目标的一致，最大限度地减少“搭便车”现象的发生。

由于团队类型的不同，在利用平衡计分卡对团队进行绩效考核时侧重点也应有所不同，因而四个因素在整个平衡计分卡中所占的比重也有所不同。如研发团队主要负责新产品的开发和设计，一般研发周期较长，在对研发团队进行具体考核时，其现金流量可能会出现负数，并且在开发设计期间，其投资回报率也很低。因此在研发团队的平衡计分卡设计中，财务指标所占比重就不应太高，考核侧重点可以考察研发团队已开发出的新产品的销售额及其销售增长情况；内部业务可以侧重考核同竞争对手相比的业务领先情况；客户方面的比重设置应较低，不应作为考核的重点，与客户沟通等问题可以同其他团队合作解决；由于创新学习能力对研发来说非常重要，因此要利用平衡计分卡来激励团队不断采用新技术，团队成员不断学习创新，因此其比重应较高。生产作业团队对其考核的重点应该是财务和内部业务流程两个方面，同客户的沟通与其他类型的团队相比，相对较少，因此客户不应作为生产作业团队的考核重点。管理团队和营销团队对各方面的要求都较高，其考核比重分配应较为平均，管理团队可略偏重创新学习和财务两方面，因为管理团队的管理水平最终体现为企业利润的增加。营销团队应以客户和财务为考核重点。然而，需要注意的一点是，由于团队工作方式具有灵活性的特点，增加了绩效测评的难度和不确定性，因此在实际的操作过程中，要根据实际情况制定指标体系并不断地反馈修改，使其尽可能地满足团队绩效考核的要求。

平衡计分卡的有关内容详见本书第12章。

除了以上介绍的几种常用方法之外，层次分析法（AHP）、网络分析法（ANP）等定量方法在团队绩效考核中也有不同程度的应用。

专栏10-6　　如何做好跨部门团队的绩效考核？

当代的企业组织中，随着公司内组织形式逐渐向团队形式过渡，许多公司不断

---

① 郭娟，梁梁．平衡计分卡在不同类型团队绩效评定中的应用［J］．管理科学，2004（8）．

地调整团队的结构和功能，促使团队向开放型、灵活化和虚拟型发展，团队不仅仅限于某种单独的功能，团队与团队之间的协作加强，吸收不同功能部门的人员加入某种专业团队的情况越来越多，但是在实际的运行当中，很难科学系统地评价出这一新型跨部门团队组织中各个部门的实际业绩。如果不科学细致地评价出这些参与部门的实际业绩，可能阻碍这一新型团队组织模式的工作进展。由此就引出了人力资源管理当中的跨部门团队绩效考核。

传统的绩效考核，一般都是严格按照部门考核的，针对不断出现的跨部门团队有时候显得无能为力，如何做好跨部门团队的考核，如何制订一些切实可行的解决方案，成为企业管理的一个新课题。

一、让用户听到“同一个声音”

一些跨国公司由于先接触到跨部门团队绩效考核的问题，也就先找到了一些解决办法。比如在IBM每一位员工都会由来自不同矢量方向的“老板”评估他的业绩，IBM不会出现“一言堂”的现象。IBM采取的组织架构保证了用户听到的是“同一个声音”，因为这个项目只由一个人或者一个部门牵头负责，这个人成为该项目的负责人。项目负责人要为该项目确定需要什么样的帮助、需要哪些部门和哪个区域的人员来配合。在项目负责人的主导协调下，这些相关部门的人员集结成一个团队，为这个项目协同工作，迅速持久地进行支持。在IBM，组织结构是“三维矩阵式”的，产品线为X轴，行业与职能部门为Y轴，按地域市场划分是Z轴。多维矩阵结构保证了各个部门之间的相对独立和协调，每一个处于交叉点中的员工都受到产品、区域、行业及职能四个不同方向上的影响，每一个人的工作都和其他人有相互作用。

二、团队要加强与人力资源部门的合作

对于绩效评估，项目经理要参与全过程，先要与人力资源部门一起确定评估标准，设计评估系统评分标准的准确性与公平性对评估的成败影响很大。如果出现严重偏差，可直接导致员工辞职和损害团队目标的实现。其次，要注意操作过程的“正确性”。最后，及时恰当地把绩效评估结果反馈给员工，帮助员工分析其优缺点以及存在问题的原因，帮助员工改进工作绩效。人力资源部门要为直线经理提供培训，还要监督和评价评估系统，保证它们恰当地运用和实施。

三、做好标准化工作

在进行跨部门团队绩效考评时，涉及的部门和人员较多，要做到对每个人一视同仁、客观公正，必须做好标准化工作。具体包括考评目标标准化、考评程序标准化、组织标准化、方法和手段标准化。

考评目标对于跨部门团队来说，主要包括目标实现程度、目标实现进展、目标的难度、实施手段和工作态度等具体的指标。目标要尽可能定量化。跨部门团队的工作过程有前后联系和逻辑顺序，对预定目标的进度要求很高。对目标进度评价所采用的是均衡性指标，有助于增强组织内部各部门、各环节之间的协调，并且使整个组织的目标体系保持相对稳定。

对于性质相同的部门采用统一的评价方法。采用定量方法时，应在统一的指标体系前提下，采用标准的计算方法和计算公式，从而使考评结果具有可比性。不同性质部门、岗位的工作量如何换算，也需要事先制定统一的标准，并在企业内部得到全体员工的认可。

考评手段的标准化，要求业绩目标卡片和评价卡统一印制，由执行人和评价人按统一要求填写，这项工作也可为绩效评价工作提供统一的依据。

资料来源 佚名. 如何做好跨部门团队的绩效考核［EB/OL］.［2021-10-15］. http://www.glzzj.com/3921.html.

10.3 团队绩效考核方法的应用

10.3.1 团队绩效考核方法应用示例一：知识型团队的绩效考核[①]

知识型团队是由两个或两个以上的知识型员工组成，以利用和整合知识为基础，为达到共同的目标而协同工作的团体。它具有如下特点：（1）在知识型员工团队中，每一个成员往往都具备某一方面的专业知识和专项技能，也就是通常所说的“专家”。正是由于组织成员知识的专有性，才使得团队的构建成为必需。同时，由于知识型团队中各成员的知识并不完全归属于同一领域，所以他们的产出缺乏一定的可比性，传统的那种对员工的产出结果进行比较的绩效考核方法显然无法在知识型员工身上实施。（2）成员知识的互补性。知识型团队构建的目的之一就是希望能有效整合各知识型员工所掌握的知识和技能，这客观上就要求团队成员所拥有的知识具有一定的互补性，各项知识和技能相互依赖、相互支持，在整个知识型团队中形成一个完整的知识结构系统。这样才有可能发挥出团队的整体协同效应，取得团队的整体产出大于成员各自产出之和，即通常说的1+1>2的合力效果。（3）团队成员的创造性。知识型员工工作本身就是利用所掌握的知识和信息进行创造性的工作，他们的产出往往在成果上和时间上都具有不确定性。同时，知识型员工一般都敢于接受新思想、富于创新精神。在知识型员工团队中，通过合理的疏导与管理，促进成员之间的沟通与交流，往往能够激发新的思想，产生新的创意，从而不断改进和完善工作方式，高效圆满地完成团队任务，对组织未来的发展有着积极而深远的意义。（4）团队成员的自发性。团队中的知识型员工大多受过良好的教育，具有较强的成就需求。他们希望在工作中通过有效发挥自己所掌握的知识、技能和信息，取得瞩目的成就，进而获得组织的认同，使自己的价值得到体现。知识型员工在工作中具有较强的自主能动性和自发性。

鉴于知识型团队成员的以上特点，某些单一的考评方法在知识型团队绩效考评过程中所发挥的作用会受到一定的限制。因此，可以考虑以平衡计分卡的思想来进行知识型团队的绩效考核。

---

① 易炜. 知识型团队的绩效考核［J］. 当代经济，2006（9）.

在知识型团队的绩效考核中，仅仅考虑结果型指标（传统的指标就是财务指标）是远远不够的，所以，需要对整个团队系统进行指标的划分，其中包括过程指标和结果指标。根据以上的分析，可以具体分为3项整体指标。

（1）结果型指标。结果型指标是指知识型团队的有效产出，这也是所有的绩效考核体系中重点考虑的指标。但是，知识工作者并不生产本身具有效用的产品。他们生产的是知识、创意和信息。这样的产品本身并无用途，只有通过另一位知识工作者，把他的产品当作投入，并转化为另一种产出，才具有实际意义。也就是说，知识型团队的产出有赖于整个知识链上各个环节的有效相互驱动。结果型指标最常见的是财务指标。

（2）过程型指标。知识型团队在运作过程中会不断有新的知识、创意和信息的产生，这些知识和创意在整个运作过程中起到不可或缺的作用，甚至对整个组织产生深远的影响，但是这些无形的东西往往无法直接从结果指标中反映出来，故而对知识型团队进行考核时要重点考虑过程指标。过程指标应根据团队具体的任务来确定。

（3）风险型指标。在传统的绩效考核中，往往都侧重于考核那些希望得到的结果，这和一些传统的考核理念有关，传统考核观认为，我们考核什么就得到什么。而实际工作中，组织同样希望杜绝许多行为的发生，所以在进行知识型团队考核时应该加上风险型指标，如在团队运作中最应该杜绝的搭便车行为。周遭的经营环境可以纳入风险型指标。风险型指标权重有正负之分，根据具体指标情况来定。

根据以上分析可以制定知识型团队绩效考核表，其中，具体指标应根据团队所在组织的文化和具体任务来定。以下以考核咨询团队为例简单说明绩效分数的算法，其中各个指标都应有其具体的定义和评价方法，建议采用利益相关者打分的方式。首先分配给个人绩效的权重为A%，团队绩效为B%。个人绩效选取分配任务完成率（结果型指标a%），参与讨论的次数（过程型指标b%），破坏团队行为的等级（风险型指标c%），团队绩效指标选取咨询报告的质量（结果型指标d%），团队知识共享程度（过程型指标e%），资料获取难度（风险型指标f%）。其中，括号中的百分数为分配的权重。其中个人绩效风险型指标权重取负值，而团队绩效风险型指标权重取正值。绩效得分算法如下（α、β、γ、δ、η、θ分别为以上各指标的得分）：

$$总分=(\alpha\times a\%+\beta\times b\%+\gamma\times c\%)\times A\%+(\delta\times d\%+\eta\times e\%+\theta\times f\%)\times B\%$$

式中，$A+B=100$，$a+b+c=100$，$d+e+f=100$。

对于那些组织所不希望出现的行为指标通常都在其权重前加上负号，有利于防止不良行为的出现，而资料获取难度之所以取正值，是为了鼓励知识型团队挑战高难度的任务。

10.3.2　团队绩效考核方法应用示例二：虚拟型学习团队的绩效考核[①]

虚拟型学习团队是由跨部门或跨组织边界、掌握核心知识或技能互补的成员构

① 罗永泰. 虚拟型学习团队绩效度量与评价［J］. 统计与决策，2006（12）.

成的，其核心竞争力通常是技术或产品的研究与开发。为了确保自己的优势，这一类团队通常要同时运用“资源外取”和“资源内聚”的策略。因此，对虚拟型学习团队的绩效进行考评需要充分地考虑这一特点。

1）绩效评价指标体系的建立

（1）虚拟型学习团队静态绩效评价指标体系的设定

对于虚拟型学习团队的绩效需要考虑过程评价和结果评价两个方面。虚拟型学习团队静态绩效评价指标体系可以从4个维度加以分析：即团队虚拟性（U_1）、团队学习性（U_2）、团队运营性（U_3）和团队成长性（U_4）指标（见表10-3）。

表10-3 **虚拟型学习团队静态绩效评价指标**

目标层	一级指标	二级指标	指标说明
虚拟型学习团队绩效水平	团队虚拟性（U_1）	团队成员能力与知识程度 U_{11}	S
		团队成员目标期望程度 U_{12}	S
		团队成员信任度与主动性 U_{13}	S
		团队能力匹配程度及任务强度 U_{14}	S
		团队人员规模程度 U_{15}	H
		团队资源配置及信息化程度 U_{16}	S
	团队学习性（U_2）	团队技术创新数量 U_{21}	H
		团队组织学习水平 U_{22}	S
		团队培训强度 U_{23}	H
		团队知识交流水平 U_{24}	S
		团队创新能力的增长 U_{25}	S
		团队学习远景与规划 U_{26}	S
	团队运营性（U_3）	团队内部信息交流的质量 U_{31}	S
		团队项目期内完成项目的数量和水平 U_{32}	H
		团队工作效率和时间路标实现程度 U_{33}	H
		团队竞争优势能力 U_{34}	S
	团队成长性（U_4）	团队R&D投入 U_{41}	H
		团队实现经济收入 U_{42}	H
		团队社会信誉及影响力 U_{43}	S
		团队成员满意度 U_{44}	S

注：H（hard）表示硬指标，需要通过收集相关数据、进行问卷调研等方式进行客观评价；S（soft）表示软指标，需要通过专家打分以及访谈等方式进行主观评价。

（2）虚拟型学习团队动态绩效评价指标体系的设定

外部环境的变化和个体因素的存在，使得虚拟型学习团队的发展，必然经历一个从成长到衰弱的过程。不论处在哪一个阶段，虚拟型学习团队都必须不断地评估自己的当期需求与未来需求（见表10-4）。从形成期过渡到执行期，团队的当期目标从存活转为正常运作，实现团队目标，然后再转为创新与发展；已经进入巅峰期的团队，则应注重团队的突破性创新，为了保持巅峰状态，团队必须拓展和优化自己的网络，建立新的学习机制。不同的虚拟团队成员处于生命周期的不同阶段，具有层次性，需不断识别和掌握新的市场机会，确立新的愿景和战略目标。虚拟和学习的联合驱动力的大小决定了团队发展的周期长短，因此虚拟型学习团队的动态评价还应该考虑不同生命周期中绩效评价指标的影响程度。

表10-4　**虚拟型学习团队动态绩效评价KPI指标**

T	生命周期	战略目标	KPI指标关注度			
			虚拟	学习	运作	成长
1	形成期	市场调研，机遇识别，确立战略愿景目标	强	弱	弱	弱
2	冲突期	团队成员融合，团队组织逐步完善	强	中	中	中
3	规范期	技术创新，资本投入，团队合作创新强化	中	强	强	中
4	执行期	完成项目任务，高新技术产品利润增长	中	强	强	强
5	终止期	提高效率，团队重组	弱	强	中	强

2）确定绩效评价指标权重集

（1）建立评价因素指标集。根据评价指标体系，虚拟型学习团队绩效评价的权重指标集为：

$U=(U_1, U_2, U_3, U_4)$

$U_1=(U_{11}, U_{12}, U_{13}, U_{14}, U_{15}, U_{16})$

$U_2=(U_{21}, U_{22}, U_{23}, U_{24}, U_{25}, U_{26})$

$U_3=(U_{31}, U_{32}, U_{33}, U_{34})$

$U_4=(U_{41}, U_{42}, U_{43}, U_{44})$

（2）确定评价因素指标权重。评价指标权重的确定有多种方法，以权值因子判断表法为例，对虚拟型学习团队绩效评价指标权重进行确定，具体步骤如下：

第一步，从团队内外挑选绩效评价专家及相关人员组成评价专家组。

第二步，制定评价指标因子判断表。

第三步，专家填写权值因子判断表。

第四步，对各位专家所填权值因子判断表进行统计分析并计算出结果。

3）虚拟型学习团队的综合绩效评价

虚拟型学习团队综合绩效评价是考虑团队静态绩效指标在不同周期中的分布状况，通过专家打分法确定静态指标在不同周期内的权重和分值，进而建立综合绩效评价体系（见表10-5）。

表10-5　**虚拟型学习团队综合绩效评价**

类别	评估指标	指标得分	指标权重	单项得分	动态权重	动态加权	综合评分
团队虚拟性（U_1）	U_{11}	a_{11}	W_{11}	$S_1\sum W_{1i}\cdot a_{1i}$	D_{1t}	$S_1\cdot D_{1t}$	$\sum S_i\cdot D_{jt}$
	U_{12}	a_{12}	W_{12}				
	U_{13}	a_{13}	W_{13}				
	U_{14}	a_{14}	W_{14}				
	U_{15}	a_{15}	W_{15}				
	U_{16}	a_{16}	W_{16}				
团队学习性（U_2）	U_{21}	a_{21}	W_{21}	$S_2\sum W_{2i}\cdot a_{2i}$	D_{2t}	$S_2\cdot D_{2t}$	
	U_{22}	a_{22}	W_{22}				
	U_{23}	a_{23}	W_{23}				
	U_{24}	a_{24}	W_{24}				
	U_{25}	a_{25}	W_{25}				
	U_{26}	a_{26}	W_{26}				
团队运营性（U_3）	U_{31}	a_{31}	W_{31}	$S_3\sum W_{3i}\cdot a_{3i}$	D_{3t}	$S_3\cdot D_{3t}$	
	U_{32}	a_{32}	W_{32}				
	U_{33}	a_{33}	W_{33}				
	U_{34}	a_{34}	W_{34}				
团队成长性（U_4）	U_{41}	a_{41}	W_{41}	$S_4\sum W_{4i}\cdot a_{4i}$	D_{4t}	$S_4\cdot D_{4t}$	
	U_{42}	a_{42}	W_{42}				
	U_{43}	a_{43}	W_{43}				
	U_{44}	a_{44}	W_{44}				

注：t表示虚拟型学习团队生命周期，t=1，2，…，5；U_1，U_2，U_3，U_4表示虚拟型学习团队4个一级评价指标。D_{jt}（j=1，2，3，4）表示专家通过打分，对于第j个指标在第t个周期赋予的权重。

10.3.3　团队绩效考核方法应用示例三：跨团队绩效考核①

A公司是国内一家IT企业，从事通信技术与产品的研究、开发、生产与销售。该公司雇用了20 000多名员工，为电信运营商提供通信领域的网络解决方案，是中国的主要电信供应商之一。

前几年，这家公司一直按照典型的矩阵化模式运作。以产品研发体系为例，按照产品、资源两条线，以产品部为单位，将各个资源部门的人员分配到不同的产品部中；大大小小的产品部中，存在着不同职能的人员。当原有的产品结束后，产品部解体，各职能人员又回到资源部门，并重新安排到新的产品部中（如图10-9所示）。

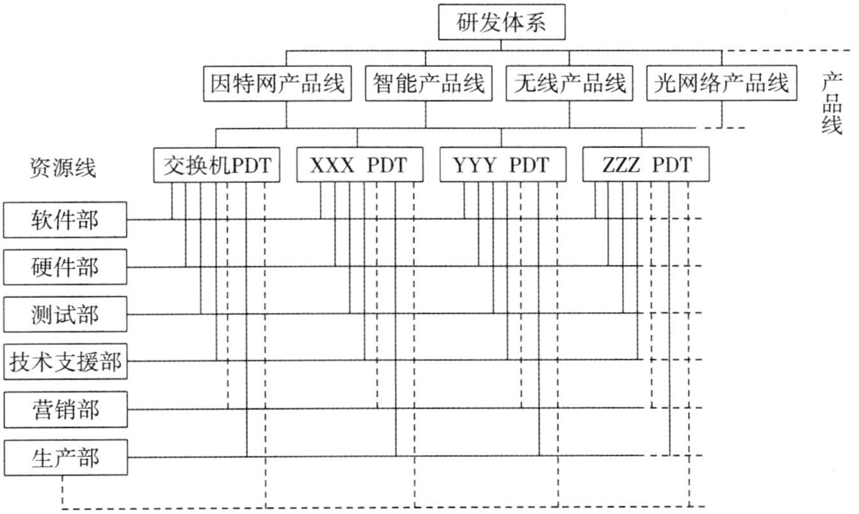

图10-9　A公司原矩阵型组织结构示意图

在上述矩阵式组织结构下，许多员工同时在多个产品部（即项目开发团队，以下简称项目组）中兼职，造成在绩效考核过程中，资源部门是否征求项目组意见、员工的最终评价结果与项目组评价关联程度如何，都很难监控；项目组人员分散于各个资源部门、各个层面，也难以对他们的考核过程进行跟踪、监控和统一管理。为此，该公司参考国外绩效考核流程，并结合实际情况，实行改革，制定出一套跨团队的绩效考核管理办法。

1）考评原则

（1）责任结果导向原则：引导员工用正确的方法做正确的事，不断追求工作效果。

（2）目标承诺原则：考核的初始阶段双方应对绩效目标达成共识，被考核者须对绩效目标进行承诺。目标制定和评价应体现依据职位分类分层的思想。

---

① 任湘云，王垒．跨团队的绩效考核：案例研究与启示［J］．中国人力资源开发，2004（9）．

（3）考评结合原则：考核期初始，功能部门应明确指定绩效评价者；评价时，须充分征求绩效评价者的意见与评价，并依此作为考核依据；绩效评价者应及时提供客观的反馈。

（4）客观性原则：以日常管理中的观察、记录为基础，注意定量与定性相结合，强调以数据和事实说话。

2）考评流程

整个流程系统使用Lotus Notes平台，用电子流的形式进行考评。这个系统会将上季度工作目标自动导入到本季度考评表中，自动创建考评表。员工只需在考评数据库中查找已经创建的考评表即可（如图 10-10所示）。

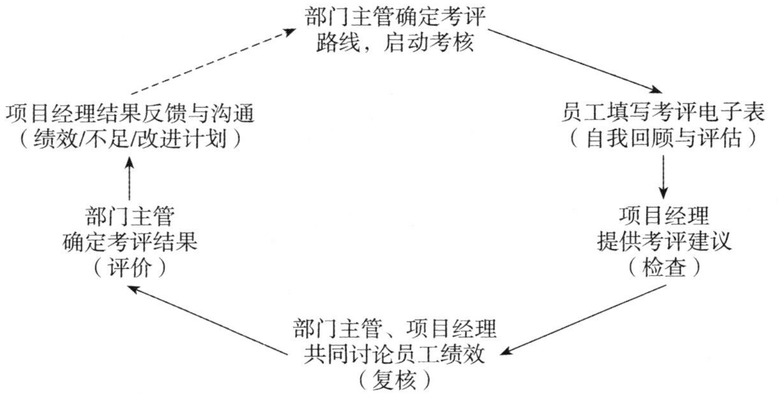

图10-10　绩效评价循环模型

绩效考核是按照以下流程来进行的：首先，人力资源部门启动考评。各个资源部门主管作为考评责任人，确定“考评路线”，指定各个员工的绩效评价参考人，一般为员工所在项目组的项目经理。其次，通知员工开始填写考评电子表。员工就自己本季度的工作目标完成情况、突出业绩、需改进的地方进行自述，并在与资源部门主管及项目经理初步沟通的基础上，填写下季度工作目标。填写完毕，员工提交，电子流自动分配给各绩效评价有关人员。然后，进入评价环节。这个环节分3个步骤进行：第一步，绩效评价参考人对照预期计划、目标或岗位职责要求，对任务完成的进度、质量及季度工作中的优点和改进点进行评价，并在项目组内按照比例控制原则给出考核等级。第二步，参考人评价完毕，电子流自动汇总到资源部门主管那里。资源部门主管召开由各项目经理参加的集体评议会，结合每个员工完成部门工作的状况，对其业绩、改进点进行最后的评价，对项目经理不一致的意见进行协调沟通，并按照比例控制原则对项目经理给出的考核等级进行调整，确定每个员工的最终绩效评价结果。根据集体评议结果，考评责任人填写电子流。第三步，各大部门的人力资源管理委员会审计各部门考评结果及比例。接下来，进行分层沟通和辅导。各考核责任人在结果确定后的5个工作日内与员工沟通、反馈绩效考核结果，同时根据各主管的意见确定员工下季度个人绩效目标。此过程分层次进行：

（1）各大部门负责人与各分部门主管沟通，结合分部门团队绩效，对考评结果、成绩和改进点进行沟通，制定下季度目标；（2）各部门主管与项目经理沟通，结合项目组的绩效，对考评结果、成绩和改进点进行沟通，制定下季度目标；（3）各项目经理与项目组成员沟通，结合上季度个人目标，对考评结果、成绩和改进点进行沟通，制定下季度目标。（4）与被评为D（需改进）的员工填写“绩效限期改进计划表”。最后，员工根据实际情况反馈考核结果满意度、沟通满意度。各大部门人力资源委员会与反馈问题的员工进行沟通及处理员工投诉。考核程度结束，完成闭环。具体考核方法见季度绩效考核表（见表10-6）。

表10-6　　A公司员工季度绩效考核表

<table>
<tr><td colspan="2">员工填写考评</td></tr>
<tr><td>被考评人：</td><td>考评时间：</td></tr>
<tr><td>职位类别：</td><td>职务：</td></tr>
<tr><td>被考评人所属部门：</td><td>被考评人所属项目组：</td></tr>
<tr><td colspan="2">1.上季度制定的该季度工作目标或职责；本季度修订目标（没有可不填）：</td></tr>
<tr><td colspan="2">2.该季度的工作业绩：</td></tr>
<tr><td colspan="2">3.工作需改进的地方：</td></tr>
<tr><td colspan="2">4.下季度的工作目标或工作职责：
结果目标承诺（员工承诺本人在考核期内所要达成的绩效结果目标，以支持部门、项目组总目标的实现）
执行承诺（为达成绩效目标，员工与考核者对完成目标的方法及执行措施达成共识，以确保结果目标的最终达成）
团队合作承诺（为保证团队整体绩效的达成，员工须就交流、参与、理解和相互支持等方面进行承诺）</td></tr>
<tr><td colspan="2">请指定考核责任者：　　　　签名：</td></tr>
<tr><td colspan="2">绩效评价者意见</td></tr>
<tr><td colspan="2">对照预期计划、目标或岗位职责，评价工作实际完成情况
1.对任务完成的进度、质量进行评价：</td></tr>
<tr><td colspan="2">2.季度工作中的优点及需改进点：</td></tr>
<tr><td colspan="2">签名：</td></tr>
<tr><td colspan="2">直接主管意见</td></tr>
<tr><td colspan="2">1.预期计划、目标或岗位职责，评价工作实际完成情况
（1）对任务完成的进度、质量进行评价：
（2）对季度工作中的优点及需改进点：</td></tr>
<tr><td colspan="2">2.对季度工作中取得的其他重大成绩进行评价</td></tr>
</table>

续表

下季度工作目标（该目标需由主管与员工沟通，共同制定） 1.结果目标承诺（员工承诺本人在考核期内所要达成的绩效结果目标，以支持部门、项目组总目标的实现） 2.执行承诺（为达成绩效目标，员工与考核者对完成目标的方法及执行措施达成共识，以确保结果目标的最终达成） 3.团队合作承诺（为保证团队整体绩效的达成，员工须就交流、参与、理解和相互支持等方面进行承诺） 4.其他
最后考核结果：□A　□B　□C　□D
签名：
员工意见反馈
请您对本季度评价结果进行反馈： □考评结果符合实际　□考评结果基本符合实际　□我认为考评结果与实际不符
主管是否与您共同制定了下季度目标：□是　□否
请对主管与您的沟通效果进行反馈：□好　□一般　□差　□未沟通
意见说明：
签名：

3）结果分布

按照部门经理、项目经理和高级工程师、工程师和助理工程师三个层次分层评价，每个层次考评结果分为A、B、C和D四个等级，比例为10%、40%、45%、5%，即A和B加起来的比例不超过50%，其中A的比例不超过10%。整个部门3个层次人员的A与B的比例加起来不能超过50%，其中A不超过10%。

4）结果应用

季度绩效考核结果与员工在公司的利益相挂钩，包括以下几个方面：（1）与年度绩效考核挂钩。季度考核结果在年度考核中占有很大比例，这符合一个简单的逻辑：一个平时工作绩效不好的员工，很难在全年度有出色的表现，而一个日常工作中业绩突出的员工，其全年的绩效也必然比较好。（2）与年终奖金和内部股票的发放挂钩。由于年终奖和内部股票是根据年度绩效考核结果来分配的，员工每个季度的考核结果间接地影响到其利益分配。（3）与技术任职资格和管理任职资格挂钩。要获得一定的任职资格等级，对考核结果有特定的要求，例如要求某级别技术等级的近4季度考核结果至少应为1B3C。对于已经获得任职资格的员工，在年末进行复核时，绩效考核也是一项重要的参考值，如绩效达不到要求，该员工的任职资格就会被降级。（4）为晋升、加薪、辞退等人力资源职能提供有力的证据。部门考虑员工的晋升、加薪时，绩效好的员工往往是重要的候选对象，甚至出国、培训等机会也会倾向绩效好的员工；部门会把各种机会作为对绩效好的员工的激励手段。对于工作长期达不到公司要求，连续两个季度考评结果为D的员工，公司会进行辞退，这种末位淘汰制度也促使员工在工作中时时存在危机意识，才能不断进步。

从以上观点可以看出，季度绩效考核结果在公司和部门内的运用是跟员工的利益密切相关的，同时也反映了员工只有努力做好本职工作，做出良好的业绩，才能有更多的机会和产生更多的利益，即完成员工利益与公司利益的一致性，"融小我于大我"。

该公司的绩效评价是定期考察和评价个人或小组工作业绩的一种正式制度。在上述绩效考核过程中，也存在着一些问题，主要包括：（1）对考核结果硬性比例分布使得员工有可能得不到恰当的评价。在项目组或部门的整体绩效水平较高时，由于各个等级结果有硬性比例，项目经理和部门主管不得不给一些表现良好的员工评为C，而不能都得到A和B的评价；当整体绩效水平较差时，却会使得与其他项目组相比只能获得C的员工，有机会获得不应有的较好评价。（2）评价宽松的倾向。由于各项目组的考评结果还要拿到集体评议会上进行综合平衡，项目经理会有"母鸡情绪"，倾向于给本项目组的员工尽量好的评价，使得评价结果的合理性受到影响。（3）考核指标不一致带来的偏差。各项目组的考核结果要在整个部门进行全员大排队，而事实上，员工从事的工作内容不同，是不能用一个标准来衡量的。（4）不利于员工的成长和发展。由于员工的表现好坏不一定能得到正确的评价，可能导致真正优秀的员工感到失望，而表现并不出色的员工则存在侥幸心理，或者采取"办公室政治"等非正当手段。

针对上述问题，该公司从以下一些方面对绩效考核流程进行了改进和调整：（1）对各团队的指标分布比例进行调整。根据项目组的团队绩效测评结果，灵活调整各项目组的考评结果比例，增加团队绩效好的项目组中A、B所占比例，减少团队绩效差的项目组中A、B所占比例，使员工真正得到恰当、公正的评价。此外，由于各项目组的结果比例是按其团队绩效来确定的，只要在项目组内比例分布符合要求，就不会再出现部门大排队时各项目组争指标的现象，因此，项目经理给出评价结果时的"宽松倾向"也得到了控制；同时也解决了部门大排队时不同项目组衡量标准不同的问题。（2）关键事件与绩效考核相结合。部门平时建立员工关键事件库，对重大业绩、奖励、表彰及批评记录在案，作为重要的参考依据，直接影响评价结果。同时，对于评价结果为A和D的员工，也必须给出客观的、有说服力的关键事件。在沟通时强调以"事实说话"，必须有使员工对评价结果信服的具体事例。（3）加强人力资源委员会的审计职能和对员工投诉的处理。在评价环节，各部门、项目组通过集体评议会决定员工的评价结果后，须先将结果汇报给各大部门的人力资源管理委员会审计，必要时进行局部调整。在沟通与辅导环节和结果反馈环节中，员工有权对不满意的评价结果向人力资源管理委员会投诉；对于在电子流反馈后对结果不满意或对沟通不满意的员工，人力资源管理委员会将进行审计和调查。通过以上措施，促使每位员工得到的评价结果更加公正、合理。

□ 个案分析

A公司虚拟团队的绩效考核

A公司成立于20世纪90年代初期，主要业务是生产、销售、安装防水卷材。公司市场部全面负责产品的销售和安装工作。销售安装团队及其成员具有以下特点：团队成员由销售人员与安装人员组成；团队成员构成比较复杂，有属于A公司的，有来自联销企业的，也有其他单位兼职的团队成员，没有固定的工作时间与工作地点，常常分散工作在不同的城市，主要通过电话、电子邮件、传真以及有限的见面机会交流销售信息，协调产品运输、安装以及进行对销售合同的审核。团队每个工程负责人员数量取决于工程量的大小与工程的难易及重要程度。A公司的销售安装团队构成了典型的虚拟团队。

根据对目前团队绩效管理存在的问题进行分析，A公司确定了以增加销售量、提高市场占有率、稳定安装质量为销售安装团队主要目标，并建立与公司目标、团队及团队成员特点相适应的绩效考核指标体系，以支持公司的整体市场目标。首先，依据平衡计分卡原理建立销售安装团队的KPI体系（见表10-7），团队的KPI标准是依据团队目标以及公司的内外环境等多个因素加以确定的。

表10-7　**A公司销售安装团队KPI体系**

KPI维度	权重	KPI	KPI权重	KPI标准
财务维度	0.30	年实际销售量	0.30	20万 m^2
		货款回收率	0.30	80%
		销售增长率	0.20	10%
		年实际销售额	0.20	800万元
客户维度	0.30	老客户年续约率	0.30	60%
		新客户签约率	0.30	20%
		客户满意度	0.25	有效回答客户咨询、及时解决客户问题、维持良好客户关系
		年投诉客户率	0.15	低于5%
内部流程维度	0.20	工程一次达标率	0.30	90%
		工程维修率	0.25	低于5%
		市场推广度	0.20	积极采用多种形式，宣传公司与产品
		计划工期完成率	0.15	80%
		材料利用率	0.10	70%
学习与成长维度	0.20	成员满意度	0.30	有效协调成员关系，管理、配合成员工作
		主要成员保留率	0.30	85%
		成员流动率	0.25	20%
		成员年轮训率	0.15	70%

其次，建立团队成员的KPI体系。团队成员的KPI体系是团队KPI体系的一部分或分解，因此，依据销售成员的工作任务、性质，从平衡计分卡的4个维度建立销售成员的KPI体系（见表10-8）。

表10-8 **团队销售成员KPI体系**

KPI维度	权重	KPI	KPI权重	KPI标准
财务维度	0.30	年实际销售量	0.30	1万 m^2
		货款回收率	0.30	80%
		销售增长率	0.20	5%
		年实际销售额	0.20	40万元
客户维度	0.30	老客户年续约率	0.30	60%
		新客户签约率	0.30	20%
		客户满意度	0.20	有效回答客户咨询、及时解决客户问题、维持良好客户关系
		年客户投诉次数	0.20	低于3%
内部流程维度	0.20	工程一次达标率	0.30	80%
		市场推广度	0.20	积极参与团队活动，宣传公司与产品
		合同执行达标率	0.20	85%
		信息提供满意度	0.15	积极有效提供市场信息
		成员协作良好度	0.15	能够按照团队要求处理与团队成员关系
学习与成长维度	0.20	营销技能提升度	0.30	能够运用现代销售程序、手段开展工作
		综合能力度	0.30	具有一定的适应、分析、沟通能力
		营销范围提高度	0.20	每年至少在2个城市从事营销活动
		年轮训次数	0.20	2次

销售成员KPI标准主要依据相关历史数据，结合销售成员的工作任务、工作职责确定。团队安装成员并不需要对团队的财务指标承担直接责任。因此，依据其工作任务、性质，从工作质量、客户、施工过程、学习与成长4个维度建立了团队安装成员KPI体系，安装成员KPI标准主要依据各类安装标准、相关历史数据，以及安装成员的工作任务、工作职责确定。

资料来源 吴新文．虚拟团队绩效考核应用案例探析［J］．商业会计，2009（8）.

思考题：

1.虚拟团队绩效考核的要点是什么？

2.A公司虚拟团队的绩效考核有何特点？

□ 本章小结

团队是由两人或两人以上、相互依赖、承诺共同规则、具有共同愿景、技能互补、愿意为共同的目标而努力的成员组成的群体，通过成员之间的相互沟通、信任、合作和承担责任，产生群体的协作效应，从而获得比个体成员绩效总和大得多的团队绩效。按照存在的目的、对组织文化的适应性、工作流程、成员的构成以及任务复杂程度，可以将团队划分为不同的类型。

根据对“绩效”这一概念的不同角度的界定，团队绩效的定义也不相同。团队绩效具有多因性、多维性和动态性的特点。一个高绩效的团队通常具有以下基本特征：明确的目标、相关的技能、相互间信任、共同的承诺、良好的沟通、谈判的技能、合适的领导、内部与外部的支持。由于团队的特殊性，在进行绩效考核之前需要明确至少4个方面的要点：绩效考核的客体、绩效考核信息的来源、绩效考核的具体内容以及考核的操作过程。

团队绩效考核的主要流程包括考核前的准备、确定团队绩效考核维度、界定成员个人绩效考核维度、分配考核维度权重、确定考核要素、分解绩效考核指标、绩效数据的收集、实施绩效考核等环节。

对团队绩效的考核可以使用多种方法。常用的考核方法包括多维绩效考核方法、关键业绩指标法、平衡计分卡等。除此以外，诸如层次分析法、网络分析法等定量方法也有不同程度的运用。需要注意的是，在选择具体方法时，要考虑不同方法的适用性及不同类型团队的具体特征。

□ 关键概念

团队　团队绩效　高绩效团队　多维绩效考核方法

□ 课堂讨论

1.如何平衡个人绩效、团队绩效和组织绩效的关系？

2.团队绩效曲线说明了什么？

3.知识型团队、虚拟型团队、学习型团队和跨团队的绩效考核各自的特点是什么？侧重点各是什么？

□ 复习思考题

1.高绩效团队的特征是什么？

2.在进行团队绩效考核之前需要明确的要点有哪几个方面？

3.团队绩效考核的流程包括哪些步骤？

4.团队绩效考核的常用方法有哪些？具体到不同类型的团队中该如何运用？

5.多维绩效考核方法有何种优点？运用于团队绩效考核时须注意哪些问题？

6.关键业绩指标运用于团队绩效考核时需要注意哪些问题？

7.运用平衡计分卡考核不同类型团队的绩效，其侧重点有何不同？

□ 自测题

1.根据团队存在的目的可以将其分为（　　）、（　　）和（　　）。

2.根据对不同组织文化的适应性，团队可以分为（　　）、（　　）、（　　）以及（　　）。

3.按照工作流程，即贯穿于各部门或各成员之间、将增值服务或产品提供给客户的一系列步骤，可以把团队划分为（　　）、（　　）、（　　）和（　　）。

4.团队绩效具有（　　）、（　　）和（　　）。

5.当团队存在的目的主要是（　　）时，使用客户关系图确定考核维度最为有效。

6.当团队存在的目的是（　　）时，利用组织绩效目标确定团队绩效测评维度最为有效。

7.在实施团队绩效考核时，既要（　　），也要（　　）；既要（　　），也要（　　），这样才能较为详细地描述、评价和诊断团队的绩效，从而制定具体措施来纠正偏差，改进团队成员绩效以及团队的整体绩效。

□ 补充阅读材料

材料一　　技术团队如何进行绩效考核？阿里、腾讯、华为这样做

当技术团队只有十几人的时候，每个月谁做了什么，大家都心知肚明，论功行赏不会有太大问题。随着团队的不断壮大，主管可能连下属的名字都叫不上来，更别说他每个月的产出了，势必会出现“分赃不均”的问题，这时候就需要引入绩效考核机制。

绩效考核制度应该考察哪些方面呢？分析阿里、腾讯、华为等公司，它们的绩效考核体系，都是从“价值观”和“KPI”两个维度进行考核，“价值观”关注的是过程，员工在工作中体现出来的精神层面的状态，如合作精神、自我驱动力、主人翁精神、追求卓越等；“KPI”体现的是执行的结果，团队必须无条件地对结果负责，从过程和结果两方面结合起来进行考察，更接近员工对企业的真实贡献。

下面我们从实施绩效考核方案的三个步骤来进行讲解。

第一步，绩效考核制度框架设计，从考核周期、打分公式、绩效等级、人员占比等方面进行框架的搭建。

考核周期，一般来说有季度考核、半年考核两种，月度考核的话成本相对比较高，很少有公司采取月度考核，以季度考核为例，通常在该季度最后一个月的

20—25日进行考核，值得注意的是，季度绩效考核，是在下季度第一个月里一次性体现上季度3个月的绩效。

考核分数的计算公式为：

考核分数=KPI考核分数+季度加分-季度减分。

式中，KPI考核分数分成文化得分、KPI得分、团队建设得分，下面会详细介绍每一项得分是如何设计的。

绩效等级，是建立绩效等级的档位，以及每个档位人员占比、绩效工资发放比例。如图10-11所示，我们设计了5个档位的绩效等级，假设一个员工薪资组成是：80%基本工资+20%绩效工资，那么B档员工，人数占比70%，领取全部20%的绩效工资，即B档员工当季度绩效工资不加也不减，全额发放。S档是优秀员工，人数占比5%，绩效工资发放比例是30%，D档是后进员工，人数占比5%，绩效工资发放比例是10%。

考核结果	D	C	B	A	S
人员占比	5%	10%	70%	10%	5%
绩效工资发放	10%	15%	20%	25%	30%

图10-11　绩效等级

第二步，KPI组成和权重设计，我们秉承文化和KPI并重的原则，进行权重设计。

如图10-12所示，KPI分数由业务KPI、项目KPI组成，占比50%；文化分占比50%，其中需要大家注意的是团队领导还有10%的团队建设分。

角色	KPI组成及权重			
Team Leader	核心业务KPI（30%）	项目KPI（20%）	团队建设(10%)	文化(40%)
Team Member（产品设计，开发、测试）	业务KPI（30%）	项目KPI（20%）		文化(50%)

图10-12　KPI组成和权重设计

核心业务KPI和项目KPI如何定义？图10-13是搜索开发小组的KPI定义例子，其中核心KPI必须能够代表这个开发团队主要的业务指标，最多不超过3项；项目KPI指的是工作完成情况和质量情况。

KPI分类	考核内容	考核权重	年度目标	考核来源	Q2考核指标
业务KPI (30%)	搜索到详情页转化率	10.00%	60.00%	BI	**45.00%**
	搜索添加购物车转化率	10.00%	20.00%	BI	**14.00%**
	可用性	10.00%	99.99%	运维	**99.99%**
项目KPI (20%)	项目按时完成率	10%	95%	QA	**88%**
	线上线下缺陷比	10%	1%	QA	**1%**

图10-13　核心业务KPI和项目KPI

价值观分如何定义和考核？根据各公司的企业文化不同，考核的内容也不尽相同，下面以一个互联网门户公司为例（见表10–9），分成合作精神、主人翁精神、创业精神、追求极致4个方面，每一项目占比12.5%，合起来占比50%。在实际打分中按员工实际表现进行打分，一般可采取员工自评、主管评分、平级评分的类似360度考核方式，加权平均后得出最后的价值观分。

表10–9　　　　　　　　　　　　**价值观评分表**

KPI分类	考核内容	考核权重	考核标准				
			S（权重×120）	A（权重×110）	B（权重×100）	C（权重×90）	D（权重×80）
文化（50%）	合作精神	12.5%	1.具备1~2的行业前瞻性 2.整合行业资源形成壁垒 3.推动合作方案并达成目标	1.提出超出行业常规的方法 2.推动该方法的实施	1.以顾客为中心思考问题 2.有成效地解决顾客体验问题	1.参与探讨顾客体验问题 2.能够完成体验改进工作	以顾客问题为出发点，按要求解决
	主人翁精神	12.5%	1.强烈的使命感和热情 2.勇于创新并积极推动对公司成长	1.主动发现新方法来提高业绩及效率 2.勇于承担风险，不计个人得失，带动团队的创造	1.主动发现、挖掘新机会 2.承担风险，不计较个人得失，不以升职加薪为条件	1.用行动支持和参与创新想法 2.提出建设性的意见，与他人合作	乐于接受新的工作
	创业精神	12.5%	1.积极正面地影响团队 2.改善团队士气和氛围	1.善于和不同类型的同事合作 2."对事不对人"	1.主动分享业务知识和经验 2.主动给予同事必要的帮助	1.决策前，积极发表建设性意见 2.决策后，完全执行	1.积极融入团队 2.乐于接受同事的帮助
	追求极致	12.5%	创造变化，并带来绩效突破性地提高	在工作中有前瞻意识	对变化产生的困难和挫折能自我调整	面对变化，理性对待	适应公司的正常变化

另外，还应该给予部门主管、项目经理一定的加减分权，给一些表现突出或欠佳的员工进行分数的最后调整，这在实际考核中是个有益补充，但不建议这部分占比太高，否则就变成主观分了。

第三步，实施计划，在搭建完绩效考核体系后，就可以展开绩效考核试点工作了。

通常需要进行1～2次的试打分，让员工熟悉整个考核方法，在试运行期间只打分，不影响实际的绩效。管理人员也可以通过试运行的情况，来看看这个考核体系的问题，是不是真实反映了员工的业绩。

绩效考核开始实施的时候，会遇到来自员工和管理层的抵触，这是很自然的反映，所以在实施的过程中，最好有一名经验丰富的人力资源部同事帮助，有条件的话可以聘请外部培训公司来进行培训指导，帮助管理者做“绩效面谈”技能的培训、考核制度的讲解等。通常需要经过多轮的宣讲才能得到大家的认可。

资料来源 老K（微信公众号：技术领导力）. 技术团队如何进行绩效考核？阿里、腾讯、华为这样做［EB/OL］.［2021-10-15］. https://blog.csdn.net/yellowzf3/article/details/100082529.

材料二　　组织和团队绩效改进的途径

在国内，倘若仅关注“岗位和个人的绩效改进”，往往会显得“目光短视化”和“行为短期化”，而从追求组织长期健康、持续、稳定发展的角度来说，更应该聚焦的是“组织和团队的绩效改进”。相较于前者，“组织和团队的绩效改进”更加贴近战略转型下的组织设计，正所谓“铁打的营盘流水的兵”，提升“兵”的能力固然重要，但打造“营盘”的整体能力却是重中之重（见如下案例）。

某服装出口企业经过数十年的成长，从当初数百万元做到如今3亿元左右的销售额，一直保持着较高速的发展。但最近几年，该企业似乎进入了业务发展的瓶颈期，无论团队如何势力，也看不到任何增长的迹象。公司董事长非常着急，要求人力资源部门加强对业务部门的培训。于是，培训部门迅速开展调研，并制订了相关培训计划——从“商务礼仪”到“顾问式销售技巧”，从“沟通技巧”到“谈判宝典”。然而，在实施这一系列课程培训后，业绩依然没有变化。业务部门纷纷反映培训效果不大，还占用了大家的工作时间；培训部门对此则无比郁闷，但又束手无策。

案例中，培训部门虽然围绕“个人能力”做了几乎需要做的全部工作，但没有起到预期效果，这是因为随着业务发展的阶段变化，驱动业务的关键职能也发生了变化。换言之，如果不能在“驱动职能”上进行精准改进，再多努力也只是“南辕北辙”，自然难以达成目标。对此，我们提出了“业务发展四阶段”模型（如图10-14所示），即用“客户对业务的熟悉度”和“业务发展的潜力度”两个维度，把业务发展分为四个阶段。其中，萌芽期，表示新增市场小、客户不成熟；起步期，指新增市场大、客户不成熟；发展期，代表新增市场大、客户成熟；成熟期，则是新增市场小、客户成熟。需注意的是，在业务发展的过程中，驱动职能要随着业务发展的不同阶段进行相应调整（如图10-15所示）。针对上述案例，基于这一模型，可以通过六个步骤展开分析并形成解决方案。

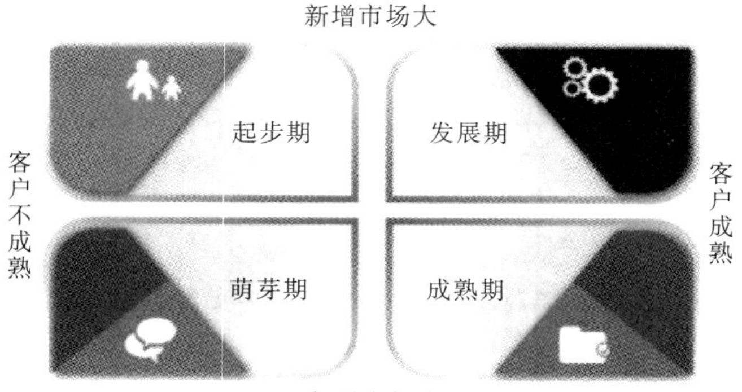

图10-14　“业务发展四阶段”模型

业务阶段	驱动职能	配合职能	转型重点
萌芽期	创意或概念	开发和质量	新产品
起步期	销售	生产和供应链	新客户
发展期	运营	服务和市场	新风险
成熟期	技术	战略营销和生态圈	新模式

图10-15 业务驱动关系

两大维度 分析业务发展阶段

首先，我们可以通过“客户是否熟悉”和“潜力大小”这两个维度，初步分析业务的发展阶段。其中，客户的熟悉度需根据“新客户”和“老客户”的比例来判断。在图10-14中“新客户”占比越高，越偏重“业务发展四阶段”模型的左边象限；“老客户”占比越高，则越偏重右边象限。

在案例里，企业当前的新老客户比例严重失调，合作15年左右的老客户占到90%以上，并且，随着行业发展，业务整体的需求已然开始下滑，即从过去的“增量经营模式”逐步走向“存量经营模式”，进入了典型的成熟期。

明确驱动关系 把握核心

正如上文所述，业务发展的不同阶段，其驱动业务发展的核心职能也不一样。具体表现为，在萌芽期，主要靠“任务”驱动；进入起步期，则是“销售”驱动；到了发展期，转变成“服务”驱动；最终成熟期，依赖“技术”驱动。

该案例中，业务发展到成熟期后，驱动关系实际上已从开始时的“销售”转为“技术”，即老客户在下新的大单时，会看重销售部门的服务还是设计部门开发出的畅销款式？答案不言而喻，当然是设计部门能否带来更好的产品。而在业绩增长困难之际，公司董事长曾与销售部门多次沟通，希望他们能够同设计部门搞好关系。但是，销售部门一直不太理解董事长的意图，他们固执地认为，公司有今天这样的状态，主要还是“销售部门的功劳”，因此，觉得自己是业务发展的龙头，设计部门只需配合工作即可。显然，这是没有意识到业务驱动关系发生了改变。

制定策略 从“组织层”开始

确定业务驱动关系后，可通过3W模型——工作场所（Workplace）、工作（Work）、员工（Worker），制定相应改进策略。这里的工作场所主要是“组织层”因素，包括公司品牌、产品、政策等方面。针对文中案例，该董事长对此需做出以下改变：

一是将设计部门提升为“设计院”，董事长亲自担任院长，以此向内部员工和外部客户宣布：我们将全面转型成“设计驱动型”组织。

二是将设计院的办公室搬到董事长的隔壁，从而改善办公环境和设备，并要求大量的工作会议直接放到该办公室举行，形成“人人懂设计、事事抓设计”的工作氛围。

三是调整公司制度，凡是设计院开发出的“爆款”所形成的销量收入，必须按比例奖励给设计团队。

小组模式　瞄准“工作层”

通常，“工作层”所表达的是团队层面因素，包括工作流程、标准、工具等。对此，人力资源部门应着手开展组织设计与优化。

首先，将公司的销售部门分为“新客户开发”和“老客户服务”两个团队。前者继续采用“高额提成”的模式；后者则采用“老业务低提成+增量业务高奖金”的模式，从而鼓励团队不断开发新客户和提高老客户销售份额。

其次，在新老业务团队中，均采取“设计+销售”的两人小组模式，即接触客户时，两人小组将结对实施，由设计人员在项目的前端直接面对客户，避免过去因销售人员的“不专业”而造成客户需求与设计成果之间不匹配的现象。然后，围绕老客户“未来需求”的识别，由设计部门提前确定好商品的风格和调性，开发出系列的商品组合，并形成基于“商品特点”的销售服务话术，再由销售或服务岗位负责执行，以此推动销售部门从“关系型销售”转变成“技术型销售”。

最后，设计部门在设计、开发新产品前，需要进行大量的客户访谈，从过去“事后订货会”改变为“事先共创会”的模式，推动客户及销售提前参与到商品的设计、测试和选货的行为中，将“订货会”逐步调整为“发布会”。

紧扣职能　转变优化“员工层”

员工方面是指岗位层面的要素，包括人员的数量、能力、意愿等。随着销售部门工作重点的改变，其职能、职责和任务也会随之发生较大的变化。过去，销售团队充当“推销业务”的角色，主要职能是开发新业务，基本职责是获取商机、接触客户、推动认可、签单回款等，以此形成“销售驱动”的关键任务；现在，销售团队开始扮演“项目管理”的角色，主要职能变为运营老客户，基本职责转化成获取新需求、设计新方案、运营新商品、促进高份额等，带来了“技术驱动”的任务。

基于此，我们对这一层进行的改进策略，应是设计新阶段的岗位标准、评估员工能力、调整新的绩效评价和薪酬系统、制定变革后的业务流程和标准、按照新的流程和标准培养员工能力等。从这里可以看出，事实上，员工培训只是众多组织改进策略中的一种。

设计评估标准　形成“咬合点”

管理的核心是“管理标准”，如果有标准，则大家共同遵循；如果暂时没有，管理者必须先设计好标准。案例中，销售部门一般会考核“销售额”“利润额”“费用额”，而设计部门则会考核“新设计方案数”“设计师的人数”“设计成本控制”，两者之间并没有形成“相互咬合”的指标，导致两个部门的人员每天都在忙活，可是彼此缺乏相互配合与支持，更多地采用了“任务导向”的模式，造成“有苦劳，无功劳”的现象。

经过调整，以“商品运营”为核心，销售部门需配合设计部门开展工作，重新规划“商品数”“商品类”，评估商品的有效性，砍掉无价值和低价值的品类。据此，将设计部门的关键指标改成“合格商品数”“商品库存额”；销售部的关键指标则是“商品均潜在客户数”“商品均成交转化率”“商品均成交额”。这样，两个部门可通过“合格商品”为载体形成“咬合点”，共同对企业销售额负责。

如果企业始终关注“岗位和个人的绩效改进”，却忽视“组织和团队的绩效改进”，即使采取大量的原因分析、策略设计和计划推进，公司的业务恐怕也很难实现快速突破。从这个角度来说，培训作为绩效提升手段提供了“症状解”，可以缓解某些组织的业绩症状；个人绩效改进产生了“模式解”，可以短期改善某些岗位的业绩情况，但无法从根本上解决瓶颈问题；组织绩效改进将会带来“根本解”，因为生产关系决定生产力，当“组织关系”成为业绩的重要障碍后，再怎么于“能力”上发力，也很难取得预期效果。

资料来源　丁晖，顾立民．深入组织发展根因　改进组织绩效［J］．培训，2020（1）．

第11章/组织绩效评价方法之一：关键绩效指标

学习目标

通过本章的学习，应该理解关键绩效指标（KPI）的含义及特点；了解运用关键绩效指标的意义及优缺点；了解设计关键绩效指标的原则和方法；理解实施关键绩效指标考核的流程以及应注意的问题；掌握关键绩效指标的具体应用。

11.1 关键绩效指标概述

11.1.1 关键绩效指标的含义

关键绩效指标（key performance indicators，KPI）是通过对组织内部某一流程的输入端、输出端的关键参数进行设置、取样、计算、分析，衡量流程绩效的一种目标式量化管理指标，是一种把企业的战略目标分解为可运作的远景目标的工具，是企业绩效管理的基础。关键绩效指标体系是关键绩效指标的集合，不过，这样的集合不是简单的堆积和相加，而是基于一定目标层次之上的合理选择，企业的关键绩效指标与部门的关键绩效指标，以及个人的关键绩效指标相互联系，从而构成了整个企业的关键绩效指标体系。

KPI是企业宏观战略目标决策经过层层分解产生的可操作性的战术目标，是宏观战略决策执行效果的监测指针，KPI是衡量企业战略实施效果的关键指标，其目的是建立一种机制，将企业战略转化为内部过程和活动，以不断增强企业的核心竞争力和持续地取得高效益，使考核体系不仅成为激励约束手段，更成为战略实施工具。KPI考核可以使各级主管明确各级部门的主要责任，并以此为基础，明确各部门人员的业绩衡量指标。

KPI考核体系的出发点是将指标作为牵引所期望的行为和结果的内在动力，成为激励产生所期望业绩的风向标，其注重把企业战略有效地转化成为企业的内部管理过程，尽量采用财务指标和其他能有效量化的指标来反映最终结果，并通过指标转化成企业成员的具体行动。KPI体系不仅能够成为企业员工行为的约束机制，同时能够发挥战略导向的牵引作用。战略导向的KPI体系在评价、监督员工行为的同时，强调战略在绩效管理过程中的核心作用。

KPI是管理学理论中的关键结果领域理论和目标管理理论相结合的产物，其理论基础是二八原理，即一个企业在价值创造过程中，每个部门和每一位员工的80%的工作任务是由20%的关键行为完成的，抓住20%的关键，就抓住了主体。二八原理为绩效考核指明了方向，即考核工作的主要精力要放在关键的结果和关键的过程上，绩效考核应围绕关键绩效指标展开。

KPI来自企业的战略，是支撑企业战略目标的关键绩效因素。这也正是关键绩效指标与一般绩效指标的主要区别所在。KPI体系与一般绩效指标体系的区别可以从假设前提、考核的目的、指标的产生、指标的来源、指标的构成及作用、收入分配体系与战略的关系这5个方面进行比较[①]（见表11-1）。

表11-1 KPI体系与一般绩效指标体系的区别

比较项目	KPI体系	一般绩效指标体系
假设前提	假定人们会采取一切必要的行动以达到事先确定的目标	假定人们不会采取行动实现目标；假定人们不清楚应采取什么行动以达到目标；假定制定和实施战略与一般员工无关
考核的目的	以战略为中心，指标体系的设计都是为战略服务的	以控制为中心，指标体系的设计与运用来源于控制的意图，也是为更有效地控制个人的行为服务的
指标的产生	在组织内部自上而下地对战略目标进行层层分解产生	通常是自上而下根据个人以往的绩效和目标产生
指标的来源	来源于组织的战略目标与竞争的需要	来源于特定的程序，以及对过去的行为和绩效的修正
指标的构成及作用	通过财务指标和非财务指标相结合，体现关注短期利益和长期发展的原则；指标本身不仅传达了产生的结果，而且传达了产生结果的过程	以财务指标为主，非财务指标为辅，注重对过去绩效的评价，并且指导绩效改进的出发点是过去绩效存在的问题，绩效改进行动与战略需要脱钩
收入分配体系与战略的关系	与关键绩效指标的值、权重相匹配，有助于推进战略的实施	与组织战略的相关程度不高，但与个人绩效的好坏直接相关

关键绩效指标KPI是对组织运作过程中关键成功要素的提炼和归纳。具体而言，有以下几个特点：

（1）关键性，即所选择的指标是对公司价值、利润具有很大影响的关键指标。

（2）可操作性，即指标必须有明确的定义和计算方法，易于取得可靠和公正的初始数据，同时指标能有效进行量化和比较。

（3）敏感性，即指标能正确区分出绩效的优劣。

（4）系统性，关键绩效指标是一个系统，公司、部门、班组有各自独立的KPI，但是必须由公司远景、战略、整体效益展开，而且是层层分解、层层关联、

① 郑炜．企业KPI体系的设计与实施研究［D］．天津：天津财经大学，2007.

层层支持。在运用KPI进行考核时，组织、经理和员工全部参与，经理和员工通过沟通的方式，将企业的战略、经理的职责、管理的方式和手段以及员工的绩效目标等管理的基本内容确定下来，在持续不断沟通的前提下，经理帮助员工清除工作过程中的障碍，提供必要的支持、指导和帮助，与员工一起共同完成绩效目标，从而实现组织的远景规划和战略目标。

（5）可控与可管理性，绩效考核指标的设计是基于公司的发展战略与流程，而非岗位的功能。

（6）价值牵引和导向性，下道工序是上道工序的客户，上道工序是为下道工序服务的，内部客户的绩效链最终体现在为外部客户的价值服务上。

专栏11-1 不恰当的关键绩效指标和恰当的关键绩效指标（见表11-2）

表11-2 **不恰当的关键绩效指标和恰当的关键绩效指标**

项目	不恰当的关键绩效指标	恰当的关键绩效指标
KPI的名称	增加销售	员工的周转率
定义	每月在销售量方面的变化测量范围，为所有地区的销售总额	剔除不论什么原因而辞职的员工总数，它包括因员工合同到期或者其他非正常原因离职的员工，所剩的员工量与年初员工总量之比，这里对于企业招的临时员工将不被列入计算
测量范围		人力资源管理信息系统应包含每个雇员的记录，并能够明确地给出每个员工到公司报到的时间和离职的日期；这些数据每月将会汇总一次，或者当被查询时能够及时提供所查询的数据报告及每份报告的曲线图表
目标	每月递增	员工的周转率每年下降5%
解析	存在的问题：销售量的增加是以销售额为绩效考核指标，还是以销售产品的量为绩效考核指标？如果以销售额为参考指标，那么是采用价目表价格还是以实际销售价格作为考核指标？换而言之，是应当将当月产生的销售额作为考核标准，还是将实际入账额作为考核标准？怎样保证每天的销售额计算的准确性？即使没有一个项目被忽略，或者也没有一个项目被双重计算	怎样去实施此项KPI指标：一旦企业确定了关键绩效指标，即可以使用关键绩效指标作为一种业绩管理工具，还可把它作为一种明细管理指标，可以做一些KPI指标卡片，在组织中实现人手一张，让员工时刻明确他们应当做什么，这样做会产生何种效果，使用这些管理指标卡片，能够有效地保证员工将一切精力集中于关键业绩卡片中的任务上，同时，也可以通过这种卡片使KPI人人熟知：可以随处张贴它，在职工食堂里，在每个办公室及会议室的墙上，在公司的局域网络上，甚至可以在企业的网站上为员工们明确展示详尽的KPI，展示每个KPI的内涵以及每个详细指标的实施过程，这样，可以使每个员工都明确自己的努力方向，这些都可以促使员工进一步达到各自相应的KPI目标

资料来源 潘马琳. 关键绩效指标（KPI）在现代企业管理中的重要作用［J］. 企业活力，2006（7）.

11.1.2　关键绩效指标的优势与局限[①]

1）关键绩效指标的优势

运用关键绩效指标的优势体现在以下几个方面：

（1）设立的原理简单明了。原理简单，员工容易理解，以KPI为核心的绩效管理实施起来容易被员工所接受。

（2）目标明确，抓住关键。明确、清楚的目标为员工确立了今后努力的方向。在实施KPI时，考评者抓住了解决问题的主要矛盾，提高了绩效考评的效率，员工将精力和时间投入到重要工作上，可以尽快地提高工作绩效和职业能力。

（3）高度的参与性。在KPI考核的实施中，下级不再是被动的执行者，而是成为主动的参与者，满足了员工自尊的需要，有利于激发员工的创新精神和积极性。

（4）自我控制。KPI考核的一个优点是使每一个员工能够控制自己的成就。自我控制意味着更强的激励：一种做得最好而不是敷衍了事的愿望。它把外部控制代之以更严格的、要求更高的、更有效的内部控制。

（5）鲜明的培养性。根据设置的目标对下级的完成情况进行总结、反馈、调整是KPI考核中的关键环节，在这一总结反馈的过程中，上级与下级共同探讨需要进行怎样的培训才能实现预期的目标。

2）关键绩效指标的局限

以KPI为基础的绩效管理的本质是找出本企业或本部门成功的关键领域（关键成功要素），再确定反映这一要素特性的关键指标，这些指标就是衡量企业、部门绩效的依据。例如，当战略目标定位于营销时，公司的许多政策都向销售前线倾斜，销售数量的考核在总考核指标中所占的比例较大；而当公司引入服务营销的观念后，顾客投诉率等硬指标便被格外看重。按照实施KPI的原则和步骤，在实施KPI的过程中，尤其是在对部门考核时，考评指标往往倾向于定位在部门绩效的结果上，这样容易导致职能部门强调自己专业的地位和贡献，从而使部门负责人的眼光偏离企业的目标，进而使部门的努力于企业战略而言变成一种离心的力量。

换而言之，各职能部门往往关注自己的职责，忽视部门之间的相互配合以及部门目标与组织战略的关系，所以可能出现部门目标与战略、部门与部门之间脱节的现象。

实例11-1　　部门目标与战略脱节

某大型空调厂家供应商的总经理自信对公司的成功战略理解清晰。该公司的成功战略是不断改进产品质量，并准时把产品交付空调生产厂家。如果这一战略成功实施，那么该供应商可以成为大多数空调厂家首选的合作伙伴，可以大幅度提高销售额及利润。

---

① 吕际荣. KPI的局限与对策［J］. 人才资源开发，2007（5）.

当然，优质的产品需要高质量的原材料，更准时的交货需要更有效的生产计划和效率。公司的采购经理已有15年的采购经验。他认为他最重要的职责是为公司节约资金，降低成本，所以他通常向价格低但不甚可靠的供应商采购不是最优质量的原材料，这种行为影响成品质量、致使交货期延误，结果可想而知。但采购经理并不担心，因为他相信自己的关键工作目标是购买最便宜的原材料。

实例11-2　　部门之间横向失衡

某家电公司的销售副总近来很不开心。他花了很大力气才说服了几个大客户和经销商从他公司大批量购买新型空调。这批订货必须在炎热天气到来之前抵达那些主要城市。但是新的生产线这几个月仍处于调试阶段，如果不能在5月15日前发货，这些客户就有权取消订单。如果真是这样，不仅公司的销售业绩会大幅度下降，而且新生产线的投资也会遭受很大损失。现在是4月中旬，他已被告知第一批新产品无法在交货期发货。

此时，该公司的生产销售副总却相当高兴，因为眼看今年已过了将近一半，他的三项生产指标（质量、生产成本和生产率）看上去完成得非常出色。新产品的生产达标是一个费时费力但效率很低的过程，会影响部门的绩效指标完成，因此他下令减少了本应配给新产品生产线的生产投入。销售不是他考虑的问题，其分内的工作只是保证产品质量、降低生产成本和完成生产任务，这也是他今年被考评的几个关键绩效指标。

财务兼行政副总的日子也很不错。他的关键绩效指标之一是缩短应收账款的周期，降低公司的财务费用。他采取的措施是缩短客户的付款期限，另外他还发出通知，对违反规定期限的客户取消任何放款条件。其实他也知道这种办法对销售不利，但销售不是他考虑的问题。他所要关心的是为公司尽快收回应收款，减少利息成本。

资料来源　吕际荣．KPI的局限与对策［J］．人才资源开发，2007（5）.

11.2　关键绩效指标体系的设计与实施

11.2.1　关键绩效指标的设计原则

1）战略导向原则

KPI是实现企业战略的指挥棒。企业的关键绩效指标应该来源于企业的战略，而且必须能够有效地支撑战略目标的实现。KPI必须对员工的工作行为产生正确的牵引作用，从而使员工能够为企业的成功做出贡献。当企业的战略发生转移时，KPI应该及时进行调整，以体现出战略转移之后对员工的新要求。

2）可操作性原则

KPI必须从技术上保证指标的可操作性，对每一指标都必须给予明确的定义，建立完善的信息收集渠道。同时，应当简单明了，容易被执行人所理解和接受。

KPI是否可以被衡量，有两个评判标准，首先是可以用数量表示，其次是可以用行为描述。两者只要符合其一，就可以衡量。不能用数量表示也无法用行为描述的指标，就没有可操作性，不可被衡量，应当舍弃；否则，管理者对下属进行评价，没有数量或者行为事件作为依据，就只能做主观臆测。

3）平衡性原则

涉及相关部门的配合和相互支持协助的目标，应由相关部门结合流程共同协调制定。

4）敏感性原则

KPI应该能够区分出不同评价对象绩效的不同程度和差别，能够区分出不同个体工作成果的好坏、绩效水平的高低。如果指标无法区分，每个个体的评价结果可能都一样，这样的指标就不能作为KPI。

5）精炼性原则

由于KPI是对实现战略目标的关键绩效因素进行衡量，所以KPI的数量不宜过多。设计KPI时应做到简洁、精炼，重点突出，避免KPI的过分细化和泛化。KPI指标不在于全面，而在于聚焦和有效。

6）可控性原则

设计KPI时，要注意员工应该对关键绩效指标的达成具有相当的控制力。设置的KPI应当是员工本人职责范围内可以控制的事项。企业管理者应充分考虑员工是否能够控制该项指标的结果，如果员工不能控制，则该项指标就不能作为关键绩效指标。

7）SMART原则

KPI必须是具体的（specific），即指绩效指标要切中特定的工作目标，不是笼统的，而是应该适度细化，并且随情境变化而发生变化。每项KPI指标内涵和外延都应界定清楚，避免产生歧义；KPI必须是可度量的（measurable），即绩效指标或者是数量化的，或者是行为化的，验证这些绩效指标的数据或信息是可以获得的；KPI必须是可以实现的（attainable），即所制定的目标难易适中，在付出努力的情况下可以实现；KPI必须是现实的（realistic），即目标结果可观察或证明，而并非假设的；KPI必须是有时限的（time-based），即在绩效指标中要使用一定的时间单位，设定完成这些绩效指标的期限。

11.2.2 实施关键绩效指标考核的流程

在以关键绩效指标为基础实施绩效考核时，需要遵循一定的流程。实施的过程起始于对企业战略目标的分解，结束于KPI考核的监控。严格说来，随着企业所处环境的改变，企业战略目标的相应调整，这一过程将循环往复，使KPI能够适应企业发展的要求，从而使整个考核体系得到不断完善。

1）分解企业战略目标，提取关键成功要素

实施KPI考核，首先需要对企业的战略目标进行分解，以明确各部门和个人在一定时期内应该完成的任务。企业的战略目标是对企业战略经营活动预期取得主要成果的期望值。战略目标是一种宏观目标，是对企业全局的一种总体设想，它的着眼点是整体而不是局部。它所提出的是企业总体发展的总要求和总任务。它规定了整体发展的根本方向，具有高度概括性。因此，企业必须首先对高度概括性的战略目标进行分解和细化，找到企业战略目标实现的关键点，确定支撑战略目标的关键成功要素。关键成功要素是企业为实现战略目标必须给予特别关注并且需要持续注意的一些方面，包括当前及未来影响企业运营活动的成功要素。

关键成功要素的提取可以使用以下几种方法：

（1）标杆基准法

标杆基准法是企业将自身的关键业绩行为与最强竞争企业或那些在行业中领先的、最有名望的企业关键业绩行为作为基准进行评价与比较，分析这些基准企业的绩效形成原因，在此基础上建立本企业可持续发展的关键业绩标准及绩效改进的最优策略的程序与方法。

标杆基准法成功的关键在于寻找业界最佳业绩标准作为参照的基准数据（如客户满意度、劳动生产率、资金周转速度等）。确定最优绩效标准后，企业需以最优业绩标准为牵引，确定企业成功的关键领域，通过各部门及员工持续不断的学习与绩效改进，缩小与最优基准之间的差距。

（2）成功关键分析法

成功关键要点分析，就是要寻找一个企业成功的关键要点是什么，并对企业成功的关键要点进行重点监控。基本思想是通过分析企业获得成功或取得市场领先地位的关键因素，提炼出导致成功的关键业绩模块（又称KPI维）；再把业绩模块层层分解为关键要素。

（3）策略目标分解法

首先要确定企业战略；其次要分析企业的业务重点，业务重点是为了实现企业的战略目标必须重点关注的领域，这些业务重点就是企业的关键绩效领域。战略目标确定以后，要通过业务价值分析，对战略方案和计划进行评估，并按照它们对企业价值创造的贡献大小进行排序，分别建立企业的价值体系，并以此找出企业中数目有限的关键战略价值驱动因素，进而确定关键的岗位和部门。

企业的战略目标可以分解为每个子公司、分公司和职能部门的经营目标，然后细分到每个员工的岗位目标。如果每个员工的目标能保质保量甚至超额完成，则整个企业的目标就能很好地被完成。明确所辖部门和个人在一定时期内应该完成的任务，主要是界定某个个体或团队应该做什么，最终的工作结果，即工作产出是什么。工作产出是设定关键绩效指标的基础。工作产出可以是一种有形的产品，也可以是某种作为结果的状态。

通常，以客户为导向来设定工作产出是一种比较适宜的方法。从客户的需求出发，凡是被评估者工作产出输出的对象，无论其处于组织外部还是组织内部都属于客户。需要强调的是组织内部客户的概念，即把组织内部不同部门或个人之间工作产出的相互输入输出也界定为客户关系。在设定工作产出时，需要问以下一系列问题：被评估对象面对的组织内外客户分别有哪些？他分别要向这些客户提供什么？组织内外客户所需要得到的产品或服务是什么样的？这些工作产出在被评估对象的工作中各自所占的比重如何等等。

专栏11-2　　确定关键成功要素的工具——鱼骨图法

问题的特性总是受到一些因素的影响，通过头脑风暴法找出这些因素，并将它们与特性值一起，按相互关联性整理而成的层次分明、条理清楚，并标出重要因素的图形就叫特性要因图。因其形状如鱼骨，所以又叫鱼骨图，它是一种透过现象看本质的分析方法。

鱼骨图通常有3种类型：整理问题型鱼骨图，即各要素与特性值间不存在原因关系，而是结构构成关系；原因型鱼骨图，即鱼头在右，特性值通常以“为什么……”来写；对策型鱼骨图，鱼头在左，特性值通常以“如何提高/改善……”来写。原因型鱼骨图是提取成功关键因素的重要辅助工具。

例如，某企业的战略目标是成为目标市场上的领先企业。企业高层领导者采用头脑风暴法和鱼骨分析法进行研究，从而确定企业的7个成功关键点即关键成功要素，如图11-1所示：

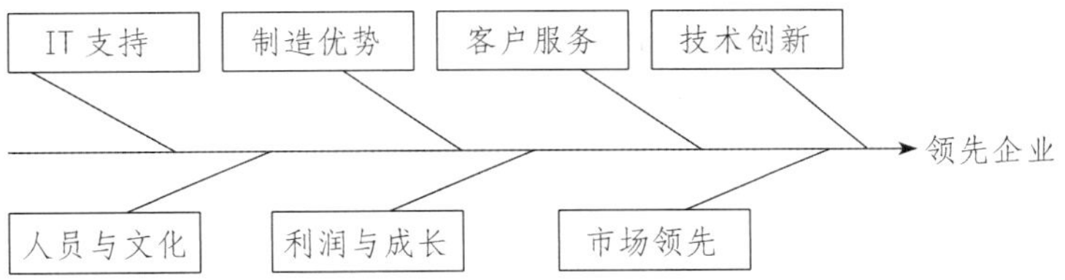

图11-1　利用鱼骨图确定关键成功要素

资料来源　郑炜．企业KPI体系的设计与实施研究［D］．天津：天津财经大学，2007.

2）以关键成功要素为基础，设定KPI考核指标

在明确了企业的战略目标并提取关键成功要素之后，即可据之设计KPI指标体系。通常，一个企业的KPI体系包括3个层次：

（1）企业级KPI

在明确了保证企业战略目标实现的关键成功要素之后，企业的高层领导者可以在此基础上对关键成功要素进行进一步的细化，从而确定企业的关键绩效要素，在此基础上进一步寻找可以支撑这些关键绩效要素的关键性指标，并对这些关键性指标进行提炼，就可以得到企业级KPI。

实例11-3　　企业关键绩效要素[①]（见表11-3）

表11-3　　**企业关键绩效要素**

企业关键成功要素	企业关键绩效要素		
1.技术创新	1.1核心技术	1.2战略一致性	1.3新品开发

① 郑炜．企业KPI体系的设计与实施研究［D］．天津：天津财经大学，2007.

续表

企业关键成功要素	企业关键绩效要素		
2.市场领先	2.1 市场份额	2.2 销售网络有效性	2.3 品牌建设
3.利润与成长	3.1 短期资产	3.2 长期资产	3.3 利润
4.客户服务	4.1 响应	4.2 及时性	4.3 服务质量
5.制造优势	5.1 质量	5.2 成本	5.3 交货
6.人员与文化	6.1 员工素质	6.2HR 系统有效性	6.3 文化建设
7.IT 支持	7.1 集成性	7.2 信息提供及时性	7.3 内部客户满意度

（2）部门级 KPI

在确定了企业级 KPI 之后，需要以此为基础设计部门级的 KPI。

首先，要建立企业级 KPI 和各主要业务流程的关系，找出流程的关键控制点。流程是任何企业运作的基础，一个企业所拥有的全部业务都是通过相应的业务流程来驱动的，企业的价值创造也是在各业务流程中完成的，企业战略目标的实现与否，在很大程度上取决于各主要业务流程的运行效率和质量。在设计出企业级 KPI 之后，企业管理者要在企业级 KPI 和各主要业务流程之间建立联系，确定支撑各个企业级 KPI 的流程，明确主要业务流程的工作方向，并在此基础上确定各流程的关键控制点。确认各主要业务流程与各职能部门的联系。

其次，在企业各流程关键控制点确定之后，应根据参与各主要业务流程的职能部门的职责确定各部门在流程关键控制点上应该承担的任务重点，建立流程和各职能部门之间的关联，从而在更微观的部门层面建立流程、职能与指标之间的关联。

实例 11-4　　业务流程与职能部门的联系（见表 11-4）

表 11-4　**业务流程与职能部门的联系**

流程	各职能部门在流程中所承担的任务				
新产品开发	市场部	销售部	财务部	研究部	开发部
产品概念选择	市场论证	销售数据收集	—	可行性研究	技术力量评估
	—	—	—	—	—
产品概念测试	—	市场测试	—	—	技术测试
	—	—	—	—	—
产品建议开发	—	—	费用预算	组织预算	—
	—	—	—	—	—

经过上述两个环节之后，就可以在建立起来的主要业务流程和各职能部门联系的基础上，根据各部门承担的任务重点设计部门级 KPI。

实例 11-5　　部门级KPI（见表11-5）

表11-5　　部门级KPI

绩效变量维度	测量主体	测量对象	测量结果	指标
时间	效率管理部	新产品开发	上市时间	新产品上市时间
成本	投资部门	生产过程	成本降低	生产成本率
质量	顾客管理部	产品与服务	满足程度	客户满意率
数量	能力管理部	销售过程	收入总额	销售收入

（3）岗位级KPI

各职能部门的KPI确定之后，需要据此设计员工的岗位级KPI。员工岗位级KPI设计的主要方法是：根据员工岗位说明书上列明的岗位职责以及相应岗位的工作产出特点确定各岗位对部门级KPI所贡献的绩效要素，然后在此基础上设计各岗位的KPI，从而最终建立连接企业级KPI、部门级KPI和岗位级KPI的链条，将企业高度概括的战略目标细化、传递至具体的工作岗位。

实例 11-6　　岗位级KPI（见表11-6）

表11-6　　岗位级KPI

流程：新产品开发流程		市场部部门职责		部门内岗位职责			
				岗位一		岗位二	
流程步骤	方向	产出	指标	产出	指标	产出	指标
发现客户问题	发现商业机会	市场分析与客户调研	市场占有率	市场研究成果	市场占有率	制定市场策略	市场占有率
			销售预测准确率		销售预测准确率		销售预测准确率
确认客户需求		制定市场策略	市场开拓投入降低率	客户研究成果	客户接受成功率提高率	指导市场运作	销售预期毛利率增长率
			公司市场领先周期		领先对手提前期		销售收入月度增长幅度

3）审核关键绩效指标

对关键绩效指标的审核主要是为了确认所建立的关键绩效指标体系是否能够较为全面和客观地反映被考核对象的工作绩效以及是否适合于绩效考核的具体操作。

审核关键绩效指标主要可以从以下几个方面进行：（1）工作产出是否为最终产品？（2）关键绩效指标是否是可以证明和测量的？（3）多个评价者对同一个绩效指标进行评价，结果是否能取得一致？（4）这些指标的总和是否可以解释被评价者80%以上的工作目标？（5）是否从客户的角度来界定关键绩效指标？（6）跟踪和监控这些关键绩效指标是否可以操作？（7）是否留下超越标准的空间？

4）KPI考核的实施与监控

在构建了KPI体系之后，要想真正发挥其作用，还必须建立规范的KPI体系实施流程。在企业KPI体系的实施过程中，起决定作用的是员工岗位级KPI，其实施情况将从根本上决定部门级KPI、企业级KPI的实施效果。

具体而言，KPI体系的实施主要包括：KPI计划的明确与分析、KPI跟进与监控、KPI评价以及针对KPI的反馈4个环节，其中的每个环节都需要主管与员工进行持续有效的沟通，每个环节的成败都与沟通密切相关。应该明确的一点是，KPI体系的实施绝不仅仅是员工的责任，各级管理者特别是员工的直接主管必须意识到自己肩负的责任。为了更好地推进KPI体系的实施，有必要为主管人员提供相应的绩效管理尤其是绩效沟通方面的培训，确保主管具有相应的技能，使绩效沟通更有效率。

此外，KPI考核的实施过程中也可能会遇到意想不到的问题，或者发现KPI的设置存在不合理之处。这时就需要对原有的指标和标准进行一定的调整和控制，以保证考核的科学有效。

11.2.3 应用关键绩效指标进行考核应注意的问题

在运用关键绩效指标体系进行考核时，需要明确两点：首先，KPI的实施需要一定的支持体系，只有具备了相对完善的支持体系，KPI的效用才能得以很好的发挥。其次，由于KPI体系的设计并非一项简单的工作，因此可能出现对设计原则理解的偏差及指标设计不当等问题，对这些问题的妥善解决也是确保关键绩效指标考核得以顺利实施的重要条件。

1）运用关键绩效考核指标的支持体系

关键绩效考核指标确定以后，这些指标能否运用于绩效考核，进而绩效考核能否产生预期的效果，还取决于企业是否建立一套完善的支持体系。

（1）企业要有明确而清晰战略目标。企业的战略目标是KPI体系建立的起点和基础。没有明确而清晰的战略目标，KPI体系的建立就没有依据，KPI考核也就失去了意义。

（2）以绩效为导向的企业文化。KPI考核是典型的结果管理手段，会产生激烈的竞争，所以要求员工能够正确面对差距，敢于竞争，敢于创新和突破，不断实现自我、超越自我。因此，要求企业通过企业文化来形成追求优异绩效的核心价值观，通过企业文化来约束员工的行为，建立绩效导向的组织氛围，同时通过企业文化化解绩效考核过程中的矛盾与冲突，使员工接受KPI考核，受益于KPI考核。

（3）各级管理者承担起绩效管理的任务。不能把绩效管理仅仅看成是人力资源部的工作，各级管理者应该也必须承担绩效考核的责任，由管理者来分解与制定关键绩效指标，而人力资源部在这一过程中则提供专业咨询与服务的功能。

（4）保证绩效沟通的制度化。在关键绩效指标的分解与制定过程中，制度化的沟通是重要的一环，因为关键绩效指标与其说是自上而下下达的，倒不如说是自下而上承诺的，只有如此才能保证关键绩效指标为员工所认可，成为其努力的方向。

（5）针对绩效考核的激励与约束体系。激励体系主要表现在绩效考核结果与价值分配挂钩。实践表明，两者挂钩的程度越紧，绩效考核的效果越明显。约束体系主要包括员工的绩效考核投诉机制，考核结果的比例控制，上级审核和主管负责的二级考核体制等。

2）KPI设计的常见问题①

（1）对设计原则的误解所产生的问题

① 对具体原则（specific）理解偏差带来的指标过分细化问题。具体原则的本意是指绩效考核要切中特定的工作指标，不能笼统。但是，不少设计者对此的理解是，指标不能笼统就应尽量细化。然而，过分细化的指标可能导致指标不能成为影响企业价值创造的关键驱动因素的体现。例如，某化工原料制造企业在其原来的KPI考核系统中，对办公室平日负责办公用品发放的文员也设定了一个考核指标：办公用品发放态度。相关人员对这一指标的解释是：为了取得员工的理解以便操作，对每个员工的工作都设定了指标，并对每个指标都进行了细化，力求达到具体可行。而实际上，这个“办公用品发放态度”指标尽管可以用来衡量文员的工作效果，但其对企业的价值创造并非是关键的。因此，将该指标纳入KPI体系是不合适的。

② 对可度量原则（measurable）理解偏差带来的关键指标遗漏问题。可度量原则是指绩效指标是数量化或者行为化的，验证这些绩效指标的数据或信息是可以获得的。可度量原则是KPI设计时应注重的一个重要原则，因为考核的可行性往往与这个原则的遵循有最直接关系。然而，可度量并不是单纯地指可量化，可度量原则并不要求所有的KPI指标都必须是量化指标。但是，在KPI系统实际设计中，一些设计者却过分追求量化，尽力使所有的指标都可以量化。这种过分追求指标量化程度的行为往往会使一些不可量化的关键指标被遗漏在KPI系统之外。

③ 对可实现原则（attainable）理解偏差带来的指标“中庸”问题。可实现原则是指绩效指标在付出努力的情况下可以实现，要避免设立过高或过低的目标。由于过高的目标可能导致员工和企业无论怎样努力都无法完成，这样，指标就形同虚设，没有任何意义，而过低的目标设置又起不到激励作用。因此，KPI体系的设计者为避免目标设置的两极化，往往都趋于“中庸”，即选择均值作为标准。但是，并非所有“中庸”的目标都是合适的。指标的选择需要与行业的成长性、

① 熊英子，刘爽．KPI设计误区分析及解决思路［J］．中国劳动，2004（10）．

企业的成长性及产品的生命周期结合起来考虑。例如，某软件公司是一个成长型企业，2021年的销售收入是800万元，在制定2022年的KPI体系时，对于“销售收入”这一指标的确定，最初是定在1 980万元，咨询公司介入KPI体系设计后，指出这一目标定得太高，很难实现，会丧失激励作用。之后，该企业又通过市场调查，重新估算了2022年的销售收入，认为应在900万元至1 300万元之间，并准备将两者的平均数1 100万元作为KPI考核指标。咨询公司在综合各方面因素，尤其是分析了公司的成长性后提出1 100万元这个看似“中庸”的目标对一个处在成长阶段的公司来说尽管高于上一年的销售收入，但与通过积极努力可以实现的1 300万元相比，激励程度仍显不足。咨询公司建议选择1 300万元作为KPI指标。该指标是在企业现有实力下，员工们经过努力，而且是巨大的努力可以实现的。

④ 对现实性原则（realistic）回避而带来的考核偏离目标的问题。现实性原则指的是绩效指标是可以证明和观察的。由于考核需要费用，而企业本身却是利益驱动性的，很多企业内部KPI体系的设计者为了迎合企业希望尽量降低成本的想法，对于企业内部一些考核成本较高的关键绩效指标，采取了舍弃的做法，以便减少考核难度，降低考核成本。其理由，或者说借口，往往是“依据现实性这一原则”。实际上，在很多情况下，因这个借口而被舍弃的指标对企业战略的达成往往起到关键作用，甚至因这类指标被舍弃得过多会导致KPI与公司战略目标脱离。因此，不能仅仅因为考核成本的问题而影响KPI的正确选择。

⑤ 对时限原则（time-bound）理解偏差带来的考核周期过短问题。时限原则是指注重完成绩效指标的特定期限，指标的完成不能遥遥无期。企业内部设计KPI系统时，有时会出现这种周期过短问题，有的KPI设计者认为，为了及时了解员工状况及工作动态，考核的周期越短越好。在实践中，不同的指标应该有不同的考核周期，有些指标是可以在短期内看到效果的，对于这类指标，可以设置较短的考核周期。而有些指标则需要长时间才可以看到效果，对于这类指标，就需要设置较长的考核周期。

（2）指标数量过多或过少

有的设计者认为，KPI指标越多越好，越详细越好，这样有助于全面考核。但也有的设计者认为，KPI指标少一些才能突出工作重点。KPI是关键绩效指标，并不是所有指标都可以成为KPI，只有那些对公司战略目标的实现起推动作用的要素，才可以成为公司的KPI。一般说来，KPI指标数控制在6个左右为宜，因为过多的指标无法突出关键所在，也会增加考核的难度，而过少的指标则会使每个指标的权重过大，使员工过分专注于一两个关键指标，而忽略其他应办事宜。

（3）指标不可量化

此处与之前述的可度量原则误区并不矛盾。可度量原则误区部分所强调的，是不可过分地追求指标的全面量化程度，而此处强调的则是：在定量和定性指标都可以使用的情况下，应尽量使用定量指标。定性指标并非不可使用，但非量化的考核指标在实际操作中可能会增加评价者的主观因素。所以，KPI体系中的定性指标要具有可操作性，并且要辅助设计可供实际测量的软指标量表。

（4）指标信息来源不明确或来源成本过高

有些KPI指标符合了可量化、可操作性的标准之后，依然无法达到考核的效果，其主要原因是指标信息来源不明确或信息来源成本过高。相比之下，信息来源成本过高的情况更为突出，例如，“市场占有率”这一指标，从表面上看，该指标完全可以量化，并且在现实生活中，很多销售人员的KPI中都有这项。仔细分析起来，该指标的确定需要较多的外部支持，最主要的就是进行市场调查，需要调查市场的大小、产品销售额。于大企业而言，做到这一点并非难事，但是对于绝大多数的企业而言，调查工作需要依赖外部的调查机构。这有可能大大提高其考核的成本。所以，在具体实践中，有的企业对于调查过程会偷工减料，致使考核无法达到预期目的，使考核流于形式。

11.3 关键绩效指标的应用

11.3.1 关键绩效指标应用示例一：以KPI创建高绩效销售团队[①]

高效的销售队伍通常是以结果为导向的，其工作成果使用客观的、可以度量的绩效指标来鉴定、识别。所以，对销售部门及其个体进行科学、全面的绩效考核，对于创建一支高效的销售队伍有着重要的意义。绩效考核的KPI方法因其本身的特点，非常适合对销售人员进行考评。

KPI的运用具体到销售人员的绩效考核工作中主要体现在定量化的销售/回款指标、销售发展指标、销售效率指标和行为化的沟通技能、渠道管理、客户关系管理、客户满意度等。通过对这两类指标的KPI进行确定，用以引导员工行为、鉴定绩效、进行反馈和奖励，可以达到开发和激励销售人员的目的。

销售部门的KPI体系是连接销售人员绩效、销售部门绩效和企业目标的桥梁，能够引导销售部门及其成员与组织期望保持高度统一，真正有效地激励销售人员做出对组织有贡献的行为，比如努力开拓新市场、创新的消费群体细分、优质快速的销售服务及全面的客户关系管理等。

通过目标的一致化，KPI指引公司高层、销售部门和销售人员共同确定销售策略，设定销售渠道和分销方案，深度挖掘销售资源和客户资源，从而实现公司销售业绩的最优化。

1）确定KPI的两种方法

KPI首先源于工作职责，是对其中少数关键职责的确认和描述；其次源于组织或部门总目标，体现出该工作职位的人对总目标的贡献份额；最后源于业务流程的最终目标，反映出该工作职位的人对流程终点的支持或服务价值。确定KPI

① 喻立新. 用KPI引领销售团队［J］. 公司管理，2003（9）.

的基本思路正是基于职位和流程两方面的考虑。一般而言，KPI的确定思路有两种：

（1）“FAST”，组织功能分解法。“FAST”模式类似于目标管理体系，公司、部门、个人的目标和绩效表现由上而下层层分解，自下而上级级保障（如图11-2所示）。

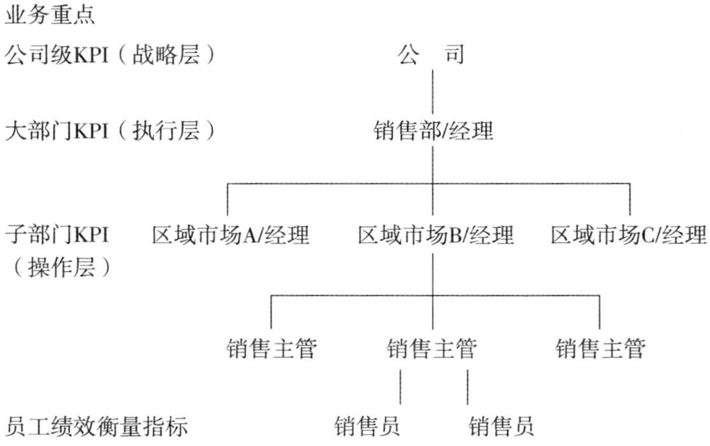

图11-2 FAST模式

（2）“PAST”，工作流程分解法。“PAST”则是对不同的流程、流程过程中的每一个环节，有专门的定量化和行为化的绩效指标制约（如图11-3所示）。

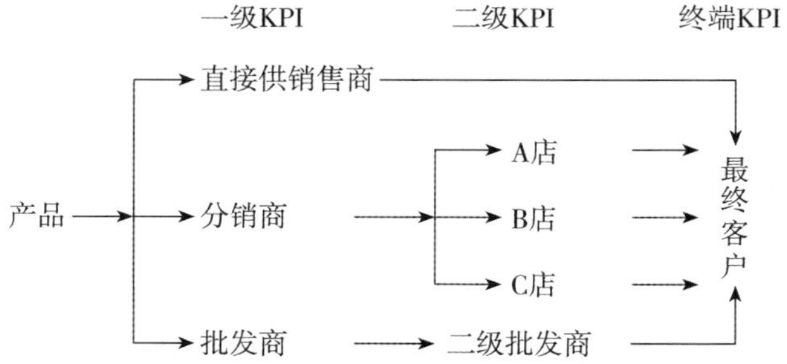

图11-3 PAST模式

不同企业有不同销售架构与销售模式，相应可以采取不同的KPI确定方法。对于采用传统批发覆盖模式和销售架构的公司而言，应用“FAST”法能最大程度实现KPI的激励、开发和控制功能；而对于采用可控分销和渠道管理的混合型销售架构的公司而言，“PAST”法更为合适。

2）应用“FAST”设置KPI指标

A公司是一个在国内享有盛誉的制造企业，致力于成为国内同类企业的领先者，并逐步向世界级企业进军。公司在市场方面的总战略是“市场领先”，具体KPI体系表现在市场份额、营销网络、市场形象、市场竞争力4个方面。公司针对发展战略确立的销售部门的KPI体系见表11-7：

表11-7　　A公司销售部门KPI

要素	目标	序号	主要KPI及其性质
市场份额	精确把握细分市场，洞察顾客多样化的产品需求，致力于市场渗透，赢得高速成长	1	市场和产品份额的增长程度/定量化
		2	引领产品革新运动/行为化
		3	产品组合在新市场的占有率/定量化
		4	产品组合在现有市场的占有率/定量化
		5	维持、延展产品生命周期能力/行为化
营销网络	建立一个高效的分销网络	1	销售费用降低率/定量化
		2	顾客增长率/定量化
		3	顾客保持率/定量化
		4	回应顾客请求的时间/定量化
		5	赢得竞争对手客户的数目/定量化
		6	新客户成长情况/定量化
		7	分销渠道管理/行为化
市场形象	在国内乃至全球范围内拓展公司的品牌知名度	1	品牌认知/定量化和行为化
		2	市场对公司品牌形象的期望与实际感受的品牌形象之间的差异程度/定量化和行为化

销售部门根据环境分析、竞争对手分析、本公司现状和发展预期分析、产品及其组合分析、区域分析、销售资源分析等的综合结果，对KPI进一步分解，在不同的区域确立不同的KPI标准。下面是某区域的KPI分解情况（见表11-8）：销售区域的KPI分解之后，再进行下一级的分解。这样层层分解、层层保障，实际上为各部门、各岗位和各个具体的销售人员设立了行动目标和评判标准。依据这些标准和个人的实际表现进行晋升、加薪、培训或其他精神方面的激励，能最大限度地调动销售人员的积极性，使他们为公司目标全力以赴。

表11-8　　A公司销售区域KPI

要素	目标类型	KPI指标（定量化或行为化）
市场开拓	市场覆盖	按地区或按消费者的市场细分情况，相关客户的覆盖率，新开客户数，销售增长率，产品组合和产品推广的速度和深度，多产品多客户群销售，组合销售
网络建设	分销渠道	帮助经销商和零售终端在销售公司产品的广度和深度，冲货程度控制及处理，价格体系稳定与合理程度
	财务费用	回款率，人均销售收入，人均销售成本，促销费用率，销售管理费用率
	信息平台	每月/周客户访问报告，联合促销报告，竞争对手情况报告，客户档案，市场信息反馈
	销售团队	销售团队的士气，满意度，流失率，客户拜访频率，拜访成功率
品牌建设	知名度	提升品牌活动（促销、广告、商场POP活动），提升服务水平和质量的活动
	忠诚度	客户关系管理，客户满意度，客户投诉率，客户产品增订或退订的原因分析和处理结果

11.3.2 关键绩效指标应用示例二：部门KPI体系[①]

B公司是我国某能源总公司下属的一家山西省内子公司，成立于20世纪90年代中期，主要经营洗煤和发电业务。企业在总公司的领导下，依靠自身的技术优势获得了快速发展。为了在行业内继续保持领先地位，B公司管理层于2004年开始着手建立一套现代人力资源管理制度，并且制定了一整套员工绩效考核制度，对员工进行定期绩效考核。但在实际绩效考核过程中，管理层发现在主管给员工打分时出现了问题。员工认为管理者打分不公平，而管理者则抱怨自己工作量过大，没有时间填写大量的表格。两年多过去了，公司新制定的绩效考核制度并没有给公司和员工带来预期的效果，绩效考核也没有发挥应有的作用。

1）现有考核体系的问题分析

B公司绩效考核之所以没有达到预期的效果，主要问题在于B公司部门层次的绩效考核指标设定不当（见表11-9）。具体问题如下：

表11-9 B公司各部门绩效考核指标

部门	考核指标			
	生产技术指标	费用指标	管理指标	日常管理及当月布置的重点工作完成情况
安全生产部	Y	Y	Y	
工程部	Y		Y	
磅房		Y		Y
办公室		Y	Y	
企业管理部		Y		Y
人力资源部		Y		Y
财务部		Y		Y
采购部	Y	Y		Y
库房		Y	Y	
销售部		Y		Y

注：“Y”表示该指标为相应部门的考核指标。

（1）不同部门之间的绩效指标缺乏差异性。从表11-9可以看出，B公司下设10个部门，其设置的考核指标主要集中在生产技术、管理、费用等3个方面，而且生产性部门和管理部门之间的指标差异性不大，并没有体现出其职能和工作内容上的差别，导致绩效考核结果缺乏针对性、客观性和准确性，违背了绩效考核的公

① 陈晓翠．基于KPI的企业部门绩效考核体系设计——以某能源公司为例［J］．中国人力资源开发，2007（2）．

平、公正原则。

（2）绩效指标的量化程度较低。B公司设定的绩效考核指标多是从定性的角度来评价，没有采用量化指标进行准确的衡量。定性指标虽然在一定程度上可以反映部门绩效水平，但必然会加大考核人员的主观成分，无法得到比较客观的评分。

（3）绩效考核结果使用不当。B公司的部门考核采用百分制，根据任务达标情况进行加减分，得分基本都是95~105分。显然，考核得分与实际贡献脱节，考核结果又仅与奖金挂钩，使得考核变成了对奖金的攀比，丧失了对员工的激励作用。

2）以KPI为核心的部门绩效考核体系再设计

根据B公司的业务特点，可以为各部门设计较为科学的绩效考核体系。

（1）部门的重新归类

在设定考核指标之前，首先根据部门的工作特点和内容对10个部门进行归类（见表11-10）。鉴于A公司现行的绩效考核体系中的指标设定，充分结合各部门类别的特点，选择了财务、管理、技术和市场4个维度的考核指标，并根据部门类别分别选择不同的关键绩效指标进行考核。

表11-10　**B公司重新分类后的部门体系**

部门类别	部门名称	车间名称
生产作业类	安全生产部	动力车间、炼焦车间、备煤车间
	工程部	
	磅房	
综合管理类	办公室	
	企业管理部	
	人力资源部	
财务类	财务部	
采购库存类	采购部	
	库房	
营销类	销售部	

（2）KPI指标的设计

在具体的KPI设计上，将B公司内部10个部门划分为5个类别，分别选择关键绩效指标。结合B公司现行的绩效考核体系指标设定，采用德尔菲法和头脑风暴法，最终确定了各类部门的关键绩效指标：

生产作业类部门。生产作业类部门是承担生产任务的部门，B公司生产作业类部门下设安全生产部、工程部和磅房。该类部门的业绩主要体现在任务完成和安全生产两个方面。A公司的主要产品包括精煤、大中小炭、中煤和煤泥，其生产任务的完成情况主要由产能和产品质量来衡量；由于该公司生产活动中存在危险性，因此安全生产也是需要考虑的重要因素。鉴于B公司处于一个竞争激烈的行业，生产成本控制也应是B公司衡量生产作业类部门业绩的一个关键要素。最后，产品质量的改进以及技术的先进性在很大程度上决定了企业的竞争优势，也是需要考虑的关键绩效指标（见表11-11）。

表11-11 生产作业类部门的KPI

指标维度	关键绩效指标	指标要素	安全生产部	工程部	磅房
财务指标	成本控制	生产预算经费使用率	Y	Y	Y
		设备使用率	Y	Y	Y
管理指标	生产质量	成品一次合格率	Y		
	安全事故	安全事故发生次数	Y		
		安全隐患发现次数	Y		
	生产能力	劳动生产率	Y	Y	Y
		产出/耗能	Y	Y	Y
		生产计划完成率	Y	Y	Y
技术指标	产品升级	产品质量升级速度	Y		
	核心技术地位	与竞争对手产品对比分析	Y	Y	
		设备维修平均时间	Y	Y	

注："Y"表示该指标为相应部门的考核指标。

营销类部门。营销类部门在B公司主要就是销售部，它承担着公司产品的销售任务和客户服务功能，其业绩主要体现为完成年度的销售目标程度和市场拓展能力。衡量销售目标的指标有销售量和销售额。同时，为了全面考核销售部的任务完成状况，也应对其开拓新市场和销售新产品的能力进行考核。对于销售利润方面最常用的指标就是利润额和利润率，但目前直接影响到企业利润长期增长的要素还有货款回收能力和费用的控制水平，因此回款额达标率和销售费用率也是销售部门的重要关键绩效指标。此外，销售部也是直接与客户进行沟通的部门，因此客户满意度和客户管理水平也是必要的KPI要素（见表11-12）。

表 11-12　　营销类部门的KPI

指标维度	关键绩效指标	指标要素	销售部
财务指标	市场销售	销售额	Y
	利润增长	毛利率	Y
	贷款回收	回款额达标率	Y
	费用控制	销售费用率	Y
管理指标	客户服务	客户满意度	Y
		每月客户投诉数量	Y
	客户管理	客户档案更新频率	Y
市场指标	销售目标	销售量	Y
	市场拓展	新产品销售量	Y

注："Y"表示该指标为相应部门的考核指标。

采购库存类部门。采购库存类部门的业绩主要体现在采购能力和库存的维护能力上。根据是否能及时完成采购任务并保证采购的焦煤等原材料和其他物资的质量能够达到生产运营的需要来评价其绩效。原材料成本和库存成本是构成企业成本的重要组成部分，因此采购成本和库存成本的控制也应是B公司衡量采购库存类部门业绩的一个关键要素（见表11-13）。

表 11-13　　采购库存类部门的KPI

指标维度	关键绩效指标	指标要素	采购部	库房
财务指标	成本控制	采购价格指数	Y	
		原材料库存周转率		Y
		采购成本/库存成本	Y	Y
管理指标	采购能力	采购达成率	Y	
		供货商交货一次合格率	Y	
	原材料损耗	每月原材料损耗量	Y	

注："Y"表示该指标为相应部门的考核指标。

综合管理类部门。综合管理类部门是整个公司运作的支持性体系，主要负责公司日常的运营管理工作。办公室主要负责起草公司的文字材料、安全保卫工作、控制部门费用、信息化建设和办公、生产用车辆的及时调度等工作。企业管理部则主要完成部门工作计划并管理基建工程等。人力资源部负责公司的人力资源招聘、选拔、录用、培训、考核以及薪酬管理等工作。这些工作都比较难以量化，但还是尽量使其以量化的形式表现出来（见表11-14）。

表11-14 综合管理类部门的KPI

指标维度	关键绩效指标	指标要素	办公室	企业管理部	人力资源部
财务指标	费用控制	管理费用	Y	Y	Y
		设备成本	Y	Y	
管理指标	文字材料完成情况	会议记录、计划完成率	Y	Y	Y
	设备管理	设备更新频率	Y	Y	
市场指标	客户满意	其他部门满意度	Y	Y	Y

注："Y"表示该指标为相应部门的考核指标。

财务类部门。财务部门主要负责起草日常的财务管理报告、公司财务管理工作报告、组织财务人员进行成本分析并考评以及控制部门费用等工作（见表11-15）。

表11-15 财务类部门的KPI

指标维度	关键绩效指标	指标要素	财务部
财务指标	应收账款	应收账款	Y
	成本控制	成本费用比率	Y
	资金回笼	资金回收率	Y
管理指标	计划执行情况	财务计划完成程度	Y
	财务管理制度执行情况	违背制度事件次数	Y
	报表准确性	差错率	Y
市场指标	客户满意度	其他部门满意度	Y

注："Y"表示该指标为相应部门的考核指标。

（3）指标权重的确定

在对各部门设定了关键绩效指标之后，采用德尔菲法来确定各类指标在每个部门类别中所占的比重。B公司各部门的管理指标、财务指标、市场指标和技术指标所占权重见表11-16。具体到每个部门的指标权重，也采用同样的方法加以确定。

表11-16 各类部门的KPI权重

考核指标维度	生产作业类	综合管理类	财务类	采购库存	营销类
财务指标	20%	30%	30%	40%	30%
管理指标	60%	60%	60%	60%	40%
市场指标		10%	10%		30%
技术指标	20%				

3）实施部门绩效考核的注意事项

在B公司部门绩效考核的实践操作中，还需要注意以下几个方面细节：

（1）事先进行工作分析，并制定完善的工作说明书。公司实施绩效考核必须建立在工作分析的基础上，工作分析是绩效考核的基础性工作。通过工作分析，可以明确每个部门甚至职位的职责、工作内容以及对员工的任职要求等，从而明确绩效考核的内容，即知道“要考核什么”。

（2）确保公司层的KPI体系已经建立。公司内部全面的KPI体系分为3个层面：公司层、部门层和岗位层。本部分探讨的部门KPI体系建立的前提是公司已经建立了一套完整的公司层KPI体系，在此之上根据公司KPI体系再结合部门特点确立各类部门的KPI体系。

（3）考核结果要与员工利益结合起来。在考核结束之后，要将绩效考核的结果与员工利益结合起来，即将绩效考核的结果应用到员工的薪酬调整和职位调整方面。最终目的是使绩效考核能够富有激励性，从而促进员工取得更高的绩效。

（4）注意建立绩效反馈和面谈制度。绩效考核结束之后，还必须由部门主管与被考核人员进行相关的绩效反馈和面谈，其目的在于明确员工过去工作中的不足、分析原因并共同寻找改进措施，实现员工和企业绩效的共同改善。

11.3.3　关键绩效指标应用示例三：以KPI为核心的企业绩效管理体系①

G公司是由日本3家世界500强企业和国内两家大型国有企业合作创办的中日合资企业，成立于20世纪90年代中期，生产销售勘探和开采石油用的石油钻杆。企业依靠自身的技术优势和创业者们的不懈努力，经过短短8年就获得了快速并且全面的发展，目前在国内石油钻杆市场上与另外3家国内企业基本形成了均分天下的局面。在企业创立之初，公司导入日本先进的生产管理系统建立健全了质量管理体系，从2003年开始公司又着手建立一系列的人力资源管理制度，依靠自身的力量制定了一套员工绩效考核制度，对员工进行半年一度的绩效考核，考核结果被作为分配奖金的依据。但是，在实际绩效考核过程中，管理者们发现由于公司给员工制定的考核指标和评分标准模糊，在给下属打分时十分困难；而员工则认为管理者打分不公正，纷纷质问上级和人力资源部门为何给自己较低的分数，加之考核需要填写大量的表格，员工满腹牢骚。几个考核期下来，管理者和下属都十分苦恼。管理者们为了不给自己制造太多的麻烦，就倾向于给下属相同的分数，这样一来，绩效考核便成为一种形式，失去了应有的作用。

1）G公司绩效考核中存在的问题

G公司的员工绩效考核制度是依照传统的人事考核（德、能、勤、绩式考核）的思路来设计的，没有体现现代人力资源管理的先进理念，该公司的员工绩效考核制度主要存在以下两个方面的问题：

---

①　方振邦，王国良．以KPI为核心的企业绩效管理体系设计［J］．中国人力资源开发，2005（1）．

（1）绩效管理环节中存在的问题

现代绩效管理理论认为，绩效管理活动是一个连续的过程，至少由4个环节构成：计划绩效、监控绩效、评价绩效和反馈绩效。

一个组织要想提升组织的绩效，提高绩效管理的有效性，实现绩效管理的战略目的、管理目的以及开发目的，就必须严格按照这4个步骤进行员工的绩效管理活动。不能将绩效考核等同于绩效管理，绩效考核只是绩效管理的一个组成部分。G公司制定并执行的绩效考核制度沿用了传统的人事考核（德、能、勤、绩式考核）的做法，即对员工只做绩效考核，而忽略了绩效管理的其他环节。由于计划绩效环节的缺失，员工对评价期内要达到的绩效目标和评价标准没有清楚的认识，导致工作没有方向性；监控绩效环节的缺失，导致员工在工作过程中得不到来自上级管理者必要的工作指导和有效激励，绩效考核也就变成了"秋后算账"；反馈绩效环节的缺失，导致员工不知"错在何处"，稀里糊涂地被扣了奖金，用员工们的话讲"花钱没买到教训"，员工的绩效水平难以得到有效的提高。

（2）绩效评价指标中存在的问题

第一，公司绩效目标、部门绩效目标和个人绩效目标之间没有形成层层分解、层层支撑的关系。绩效评价指标设计思路的错误，导致了评价指标体系设计不合理，出现了公司、部门和员工绩效相背离的"三层皮"现象。所谓"三层皮"，就是公司绩效目标、部门绩效目标和个人绩效目标之间相互脱节，没有形成层层分解、层层支撑的关系，即使员工以及部门绩效考核结果都好，也会出现公司绩效不佳的情况。例如，G公司去年年底员工的绩效考核结果有90%的员工获得了"优秀"，但公司下半年的绩效并没有提升。

第二，评价指标体系不健全。由于对绩效缺乏科学的认识，G公司错误地将绩效等同于业绩，缺乏个性化的态度及能力评价指标，导致绩效评价指标体系不健全。绩效应该是结果和行为的组合，在评价指标中应该有衡量行为的指标——态度和能力指标，这类指标有时会对员工的工作行为起到重要的牵引作用。比如，组织中的有些职位主要从事一些服务性的工作，这类职位很难用定量指标去衡量其工作绩效，有时甚至是"态度决定一切"的，在后勤服务人员的评价指标中设置诸如"服务意识"等指标，就会促使他们不断关注自己的服务态度和服务的及时性，有效地改善其服务的质量。

第三，评价指标过于抽象且标准设计不良。G公司员工绩效考核指标中大多数指标都是"工作完成""制度执行""思想进步"等抽象指标，并且评价标准十分模糊，大量使用了"极好、良好、比较好、基本可以、差"以及"几乎全部完成、大部分完成、基本完成、完成较差"等评价标准，用这些不好区分的定性指标来评价员工的绩效，一方面使管理者难以做出正确的判断，另一方面使管理者给相同表现的员工不同的绩效等级成为可能，导致员工常常质疑绩效考核的结果。

2）构建G公司以KPI为核心的绩效管理体系

针对G公司员工绩效考核制度中存在的上述问题，可以运用现代人力资源管理的理念重新设计一套完整的绩效管理制度。新的员工绩效管理制度在完善绩效管理循环的同时建立了以关键绩效指标（KPI）为核心的绩效评价指标体系。

（1）建立绩效管理循环

根据绩效管理的4个环节理论，首先为G公司建立了绩效管理工作流程，明确了每个环节的工作内容。如在计划绩效阶段，要求各级管理者和下属员工协商并确定在绩效期内要考核的绩效指标、绩效目标、评价等级标准以及各项指标所占的权重，并签订书面的绩效目标协议书（见表11-17）。根据目标设置理论的观点，通过这种目标设置过程可以有效地提高员工对目标的承诺度和目标达成度。在反馈绩效阶段，要求各级管理者和下属员工必须进行正式的绩效反馈面谈，从而共同寻找员工绩效不佳的原因，制订绩效改进计划等。

表11-17 **员工绩效目标协议书**

被评价者基本信息						
职位编号				职位名称	采购主管	
所属部门				员工姓名		
评价期限		年　月　日至　年　月　日				
评价指标						
评价维度		评价指标	绩效目标	评价等级标准		权重
工作业绩	财务指标	采购费用节约率	10%	节约率15%以上 节约率11%~14% 节约率9%~10% 节约率5%~8% 节约率5%及以下	90~100分 80~89分 70~79分 60~69分 50~59分	20
	经营指标	采购计划可行性	×	十分可行，无须修改 比较可行，非关键部分需改动 基本可行，关键部分需部分改动 可行性低，关键部分需大量改动 不可行，需进行大量改动	90~100分 80~89分 70~79分 60~69分 40~59分	10
		采购合同差错次数	×	无差错 1次差错 2次差错 3~4次差错 5次以上	90~100分 80~89分 70~79分 60~69分 40~59分	15
		报表编制及时性	×	在规定时间内完成并经常提前完成 在规定时间内完成 有1次没有完成且及时弥补 有2次没有完成且及时弥补 有2次以上没有及时完成或弥补	90~100分 80~89分 70~79分 60~69分 40~59分	10
	服务指标	无				
	管理指标	无				

续表

评价维度	评价指标	绩效目标	评价等级标准	权重
工作态度	责任感		参照能力态度指标库	5
	积极性		参照能力态度指标库	5
	服务意识		参照能力态度指标库	5
	自律性		参照能力态度指标库	10
工作能力	谈判能力		参照能力态度指标库	10
	执行能力		参照能力态度指标库	5
	计划能力		参照能力态度指标库	5
被评价者签字			直接上级签字	
人力资源部盖章			签字日期	

（2）建立以KPI为核心的绩效评价指标体系

针对G公司评价指标设计存在的问题，建立了包括工作业绩、态度、能力指标在内的完善的评价指标体系，其中态度和能力指标在职位说明书中有明确的界定，而工作业绩指标则导入了KPI的理念，建立了基于战略的KPI体系。KPI体系包括3个层面的指标：第1个层面是企业级的KPI，是通过基于战略的关键成功要素法分析得来的；第2个层面是部门级的KPI，是根据企业级KPI、部门职责、业务流程分解而来的；第3个层面是个人的KPI或PI，是根据部门KPI、岗位职责和业务流程演化而来的。这3个层面的指标共同构成企业关键绩效指标体系。通过KPI体系的建立，把公司的总战略和战略目标通过自上而下的层层分解落实为部门和员工个人的具体工作目标，将企业战略转化为内部过程和活动，从而确保战略目标的实现。通过KPI，可以落实企业战略目标和业务重点，传递企业的价值导向，有效激励员工，促进企业和员工绩效的改进与提升，KPI体系不仅成为企业员工的约束机制，同时发挥战略导向的牵引作用，通过提高员工个人绩效最终实现公司绩效的提高。

基于战略的KPI体系的建立共分以下4个步骤：

第1步：确定企业级KPI。

明确企业战略和战略目标。利用SWOT分析法对G公司所处的环境进行分析，发现其优势在于产品的差异化上，即现在市场定位在深井产品生产，国内同行竞争力较弱，有一定的产品优势，基本上处于卖方市场。而其劣势在于进口设备老化，需要经常停工检修，不能充分发挥设备能力而影响正常生产。同时，企业合资期还剩4年，未来发展有一定的不确定性。从宏观经济形势来看，国内石油消费量逐年增大，国内供求失衡。国家为了能源安全，将加大石油勘探和开采力度。一方面，原来大型油田会加大深井开采，挖掘开采潜力，对深井钻杆的需求会增加；另一方面，国家会加大对新疆、藏北等能源战略储备区的开采力度，由于这些地区地质结构和地形结构比较复杂，对深井钻杆的需求也会增加。总之，石油钻杆的市场潜力很大，机遇也比较好。但同时主要竞争对手正在迅速成长，存在潜在的威胁，战略或决策失误会失去已有的市场份额。根据分析，G公司目前整体上应该采取成长战略，通过不断开发新产品，实现产品的相关多元化，同时，要加快原材料和机器设备的国产化，发挥优势，克服劣势，实现行业的快速成长，成为同行业中的佼佼者。

确定关键绩效领域。G公司属典型的制造业企业，需关注的重点是生产和销售两个环节，企业经过8年的成长与发展，已经形成了一定的规模，有较高的产品知名度和市场地位，企业生命周期处于成长期向成熟期过渡的阶段，开发新产品、控制生产成本、提高市场份额、提高产品质量是其关键的绩效领域。

设计企业级关键绩效指标。在对G公司管理层进行多次访谈之后，利用鱼骨图的方法对企业的关键成功因素进行了分析，得到企业的关键绩效指标（如图11-4、图11-5、图11-6所示，并见表11-18）。首先，确定关键成功要素（KPI维度）。通过访谈和头脑风暴法，寻找并确定了G公司能够有效驱动战略目标的关键绩效范围（KPA）：市场领先、优秀制造、客户服务、技术支持、人力资源以及利润与成长。其次，确定关键绩效要素（KPI要素）。在确定了企业级的KPI后，对多数部门和员工来说，企业级的KPI还只是一个战略层次的目标，无法直接落实到其日常工作中，这就要求必须对企业级KPI进行细化，分解为部门的和个人的KPI，来指导其日常工作。只有这样才能确保部门和员工的工作与组织战略保持一致，避免发生战略稀释现象。

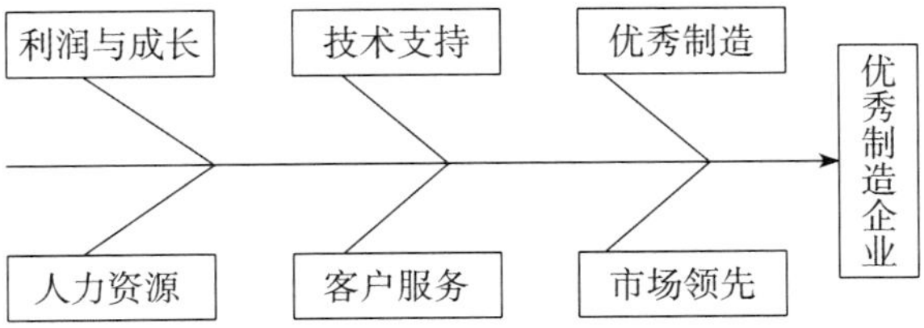

图11-4　企业KPI维度

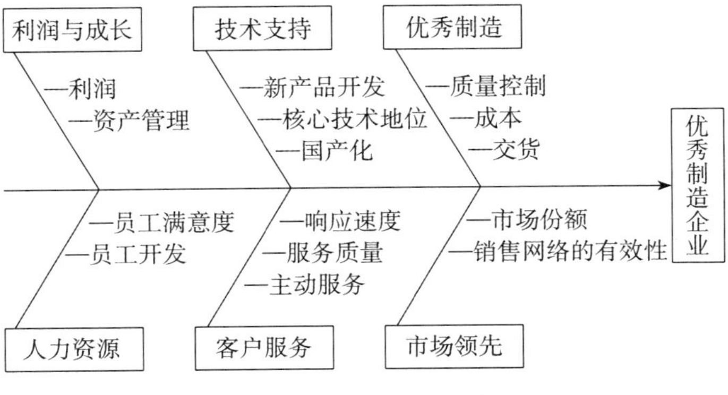

图11-5　企业KPI要素

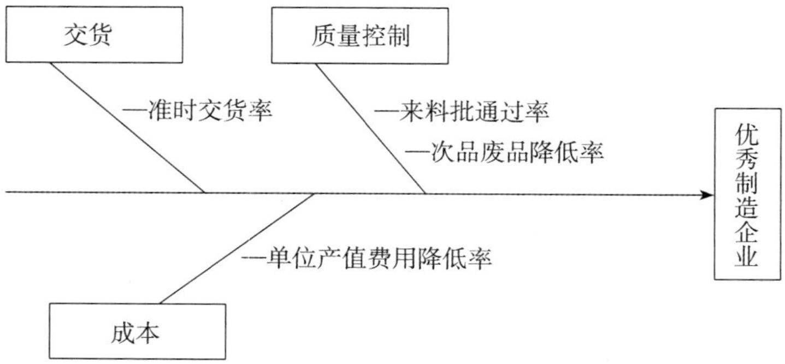

图 11-6　企业KPI分解

表 11-18

企业KPI

KPI维度	KPI要素	KPI
优秀制造	质量控制	来料批通过率
		次品废品降低率
	成本	单位产值费用降低率
	交货	准时交货率
市场领先	市场份额	目标市场占有率
		销售增长率
	销售网络有效性	销售计划完成率
		货款回收率
		业务拓展效率
技术支持	新产品开发	新产品开发计划完成率
		新产品立项数
	核心技术地位	设备维修平均时间
		与竞争对手产品对比分析
	国产化	国产化的费用节约率
		国产化率

续表

KPI维度	KPI要素	KPI
客户服务	响应速度	服务态度
		问题及时答复率
	主动服务	客户拜访计划完成率
		客户拜访效率
		产品售后调查及时性
	服务质量	质量问题处理及时性
		质量问题处理成效
利润与成长	资产管理	资产负债率
		应收账款周转率
		存货周转率
		净资产收益率
	利润	销售利润率
		成本费用利润率
		销售毛利率
人力资源	员工满意度	员工满意度综合指数
	员工开发	优秀员工流动性
		绩效改进计划完成率
		员工培训满意率

第2步：确定部门级KPI。

为了确保部门工作对组织目标的支撑，部门KPI的来源主要有两个：企业KPI和部门职责。把企业KPI分配或分解到相应部门是部门KPI的重要来源，只有这样才能通过实现部门的目标来支撑组织目标的实现。但有些部门，如办公室、财务部、人力资源部等，不能或很少能够直接承接企业KPI，这些部门的KPI更多地来自其部门职责。

企业KPI的分解。在获得企业级的KPI后，首先要确认这些指标是否能够直接被公司内相关部门承接，如果有些指标不能被直接承接或被一个部门单独承接，就必须对这些指标进行进一步的分解。通过分析可以看出，该企业KPI分为两类：一类是可以由一个部门来承接的KPI，如单位产值费用降低率、新产品立项数、国产化费用的节约率等，这些KPI可以根据部门职责直接分配到相关部门成为该部门的KPI；另一类是不能由一个部门来承接的KPI，如来料批通过率、次品废品率降低率等，这些KPI必须分解后才可以被分配到相应部门成为部门KPI。采用业务流程——组织结构矩阵法对其进行了进一步的分解（见表11-19、表11-20）。

表11-19 **来料通过率分解矩阵**

项目	技术品保部	采购部
技术品保部 （销售技术支持和供应商评价）	销售合同技术评审准确性 原材料采购方案 供方评价	
采购部 （采购和供应商评价）		采购合同差错率 供方评价（绑定指标）

表11-20 **次品废品率降低率分解矩阵**

项目	采购部	技术品保部	制造部
采购部 （原材料供应）	物资采购有效性		
技术品保部 （生产技术支持）		批量不合格品再发生率 生产工艺改进 生产中技术问题处理的有效性	
制造部 （精密制造）			提高自检合格率 生产中技术问题处理的有效性

通过这种方式可以将原来不能由部门直接承接的企业级KPI分解为部门能够承接的部门级KPI，从而引导各部门为企业目标的实现而努力，保证部门目标和企业战略的一致性。

部门职责。部门职责界定了该部门的所有工作，不可能也没有必要把所有的部门工作都细化为评价指标，同样可以采用关键成功因素法来确定部门KPI，其方法与企业KPI的建立方法基本相同，只是分析对象有所区别。

部门KPI举例。根据企业战略和部门职责，可以得到技术品保部的KPI（见表11-21）。

表 11-21 技术品保部KPI

技术品保部KPI	目标值
国产化的费用节约率	
新产品目标市场占有率	
产品和产品用物资检验的准确率	
新产品开发计划完成的及时性	
批量不合格品再发生率	
设备改造（大修）计划	
生产技术问题处理的及时性和有效性	
国产化方案	
供方评价	
客户拜访计划完成率	
质量问题处理的及时性	
质量问题处理成本	
问题及时答复率	
质量体系建设	
质量和技术培训满意率	
制度规程建设	

第3步：确定个人KPI或PI。

在企业级和部门级KPI确定之后，各部门的主管根据企业级KPI、部门KPI、岗位职责和业务流程，采用与分解企业级KPI相同的方法，将部门关键绩效指标进一步细分，分解出个人KPI或个人PI（基层某些具体岗位没有关键绩效指标），见表11-22。由此可以看出，某一员工的KPI是由企业、部门和岗位3个层面的KPI组成的，为了更清楚地加以说明，表11-23列出了技术品保部部长的KPI。

表 11-22 产品和生产用物资检验准确率分解矩阵

项目	生产工艺主管	品质管理主管	检验主管
生产工艺主管	外协件首件确认准确率		
品质管理主管		材料实验	
检验主管			工序产品抽检合格率

表11-23 技术品保部部长KPI

KPI			目标值
财务指标	企业KPI	国产化的费用节约率	
		质量问题处理成本	
	部门KPI	新产品目标市场占有率	
经营指标	企业KPI	新产品开发计划完成率	
		新产品立项数	
		国产化率	
	部门KPI	产品和生产用物资检验的及时性	
		产品和生产用物资检验的准确率	
		生产技术问题处理的及时性和有效性	
		制造指示书准确率	
		国产化方案	
		供方评价	
服务指标	企业KPI	客户拜访计划完成率	
		质量问题处理的及时性	
管理指标	企业KPI	绩效改进计划完成率	
		员工技术与质量培训满意率	
	部门KPI	制度规程的建设	
		质量管理体系建设	

第4步：员工绩效评价指标的选择。

G公司新的员工绩效管理制度规定，员工的绩效评价指标由工作业绩类指标(KPI或PI)、工作态度类指标和工作能力类指标组成，其中，态度类指标和能力类指标通过工作分析已经在职位说明书中给出，而工作业绩类指标还有选择哪些指标来进行评价和各个指标所占权重的问题。关键绩效指标法要求在指标选择时，每个职位的指标一般不要超过10项，而每项指标所占的权重一般要大于5%，但不要超过30%。

从KPI体系建立的过程可以看出，企业的每一个层面都有一系列的KPI。但是，在某一个评价周期内不可能也没有必要对所有的指标都进行评价，这就需要对评价指标进行选择。选择评价指标的基本原则如下：

指标的重要性。企业、部门和员工根据企业战略目标和年度工作计划，在不同的评价周期内会有不同的工作重点，因此，各个层面的评价指标的选择必须紧紧围绕工作重点来进行，这样才能保证企业战略目标和年度工作计划的实现。

指标之间的支撑作用。通过KPI分解过程可以看出，从企业KPI到部门KPI、员工KPI的过程实际上是一个层层分解的过程，因此，在选择较低层面的评价指标时，必须首先考虑其是否对上一级评价指标具有支撑作用，如果有，就应该考虑优先选择，并赋予较大的权重。

□ 个案分析

某物流企业的KPI制定原则与体系

关键绩效指标是通过对组织内部流程的输入端、输出端的关键参数进行设置、取样、计算、分析，衡量流程绩效的一种目标式量化管理指标，是把企业的战略目标分解为可操作的工作目标的工具，是企业绩效管理的基础。KPI可以使部门主管明确部门的主要责任，并以此为基础，明确部门人员的绩效衡量指标。KPI同样可以用于项目的管理，用于衡量整体的运行状况。建立明确的切实可行的KPI体系，是做好绩效管理的关键。当企业完成了第三方物流的选择并签订合同之后，外包关系即告成立，企业与第三方物流的合作也就正式开始了。虽然在招标书的制定和合同的编制环节中已经对可能出现的风险进行了有针对性的防范，但是在实际的物流外包合作操作过程中，如果没有一种有效的方法来对物流外包活动的运行绩效进行科学、全面的分析和评价，企业仍然会失去对外包业务的控制。

某企业在制定KPI时，提出了以下几个要点：①以满足客户的需要为出发点来制定标杆；②不能只看到当前竞争者的优势，而应向整个行业，乃至跨行业的优秀供应链学习；③要从不同的角度看待KPI的制定。

该企业确定KPI指标系统采用的是SMART原则。SMART是五个英文单词首字母的缩写：S代表具体（specific），指绩效考核要切中特定的工作指标，不能笼统；M代表可度量（measurable），指绩效指标是数量化或者行为化的，验证这些绩效指标的数据或者信息是可以获得的；A代表可实现（attainable），指绩效指标在付出努力的情况下可以实现，避免设立过高或过低的目标；R代表实现性（realistic），指绩效指标是实实在在的，可以证明和观察；T代表有时限（time bound），注重完成绩效指标的特定期限。

该企业将物流外包活动中与第三方物流企业相关的KPl分为五大块：运输计划、运输过程、库存过程、客户服务、财务指标。各大部分下面又分几个小块，如图11-7所示。

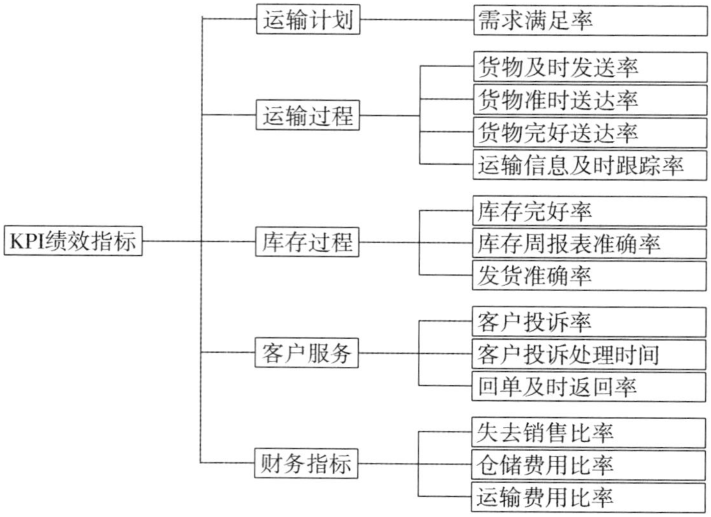

图11-7 关键绩效指标体系

一、运输计划

衡量运输计划的指标是需求满足率，它是指企业的物流需求（包括一些额外的物流需求）能够及时满足的比率，计算公式如下：

需求满足率=需求得到满足的次数/总的需求次数

二、运输过程

（一）货物及时发送率

货物及时发送率可用一定时期内第三方物流企业接到客户订单后，及时将货物发送出去的次数与总订单次数的百分比来表示。设时段T内，及时次数为N_i，总的订单次数为N_t，则及时发货率为：

$$P_i = N_i/N_t$$

（二）货物准时送达率

货物准时送达率可用一定时期内准时送到次数与总送货次数的百分比来表示，所谓准时送达，是指按照客户的要求在规定的时间内将客户订购的产品安全准确地送达客户手上。假设在时段T内，准时送达次数为N_d，总的订单次数为N_t，时送达率为：

$$P_d = N_d/N_t$$

（三）货物完好送达率

货物完好送达率可用一定时期内货物无损坏的送到次数与总送货次数的百分比来表示，所谓完好送达，是指按照客户的要求在规定的时间内将客户订购的产品无损坏地送达客户手上。假设在时段T，完好送达的次数为N_w，总的订单次数为N_t，则完好送达率为：

$$P_w = N_w/N_t$$

对这个指标的要求应该是很高的，应该达到100%。

（四）运输信息及时跟踪率

运输信息及时跟踪率是指每一笔货物运输出去以后，第三方物流企业向核心企业反馈运输信息的比率。在物流外包活动中，对信息的跟踪以及反馈是很重要的，核心企业将物流业务交给了第三方物流企业，它对供应链中物流信息的掌握很大程度上就是依靠第三方物流企业来提供了。这样，该企业对运输信息反馈与跟踪的要求就高了。假设在时段T内，跟踪运输信息的次数为N_n，总的订单次数为N_t，运输信息及时跟踪率为：

$$P_n = N_n/N_t$$

这个指标要求也比较高，应该是100%。

三、库存过程

（一）库存完好率

库存完好率是指某段时间内仓库货物保存完好的比率。在时段T内，完好库存为n，总库存数为N，则库存完好率计算公式为：

库存完好率=n/N×100%

对库存完好率，供应链核心企业要求是比较高的，一般为100%。

（二）库存周报表准确率

库存周报表的准确率也是供应链绩效的KPI之一。对这个指标的具体计算为：在一周内，库存报告的准确次数除以总的库存报告次数就是库存周报表准确率。

（三）发货准确率

发货准确率也是库存过程的一个重要指标，指仓管人员根据订单准确发货的百分比。具体计算为：

发货准确率=1-在T时间段内错误的发货次数/在T时间段内的发货总次数

四、客户服务

（一）客户投诉率

客户投诉率是指在T时间段内，没有收到货物的客户向核心企业投诉第三方物流企业的比率。这是体现供应链中客户服务的重要KPI，体现了第三方物流企业在物流外包活动中服务质量的好坏。该指标的具体计算为：

客户投诉率=客户投诉次数/总的送货次数

（二）客户投诉处理时间

客户投诉处理时间是指每一次客户投诉后，第三方物流企业所能做出的及时反应时间，以处理客户的投诉，并且保证以后此类问题不再出现。该投诉时间一般为2小时。可以根据行业情形适当调节。但如果客户重复投诉，则此权重应该加大。

（三）回单及时返回率

回单及时返回率是指在完成每笔业务后，运输单据返回供应链核心企业的比率。核心企业一般会每月收回一次运输单据以备查。

五、财务指标

（一）失去销售比率

该指标反映了供应链未满足既定需求的情况。如果是由于第三方企业的原因导致核心企业的某些销售业务无法进行，就损害了核心企业的利益。这里用失去销售比率来表示。该指标可用失去销售额占总销售额的百分比来表示。

（二）运输费用率

运输费用率是指在T时间段内核心企业支付的运输费用占所运输销售收入的比率。具体计算公式为：

运输费用率=运输费用/销售收入

（三）仓库费用率

仓库费用率是指在T时间段内核心企业支付的仓储费用占销售收入的比率。具体计算公式为：

仓库费用率=仓储费用/销售收入

资料来源 骆温平．第三方物流［M］．北京：高等教育出版社，2012：234.

思考题：

1.该企业制定关键绩效指标的原则是什么？为什么在制定KPI时需要确定一定的原则？

2.请分析该企业制定的关键绩效指标的指标体系。在执行的时候需要注意什么问题。

□ 本章小结

关键绩效指标（KPI）是通过对组织内部某一流程的输入端、输出端的关键参数进行设置、取样、计算、分析，衡量流程绩效的一种目标式量化管理指标，是一种把企业的战略目标分解为可运作的远景目标的工具，是企业绩效管理的基础。KPI是对组织运作过程中关键成功要素的提炼和归纳。具有关键性、可操作性、敏感性、系统性、可控与可管理性、价值牵引和导向性等特点。

运用关键绩效指标进行考核具有以下优势：设立的原理简单明了；目标明确，抓住关键；高度的参与性；自我控制以及鲜明的培养性。但是，在实践中，各职能部门往往关注自己的职责，忽视部门之间的相互配合以及部门目标与组织战略的关系，因此可能出现部门目标与战略、部门与部门之间脱节的现象。

设计关键绩效指标时应遵循以下原则：战略导向原则；可操作性原则；平衡性原则；敏感性原则；精炼性原则；可控性原则以及SMART原则。实施关键绩效指标考核的流程包括：分解企业战略目标，提取关键成功要素；设定KPI考核指标；审核关键绩效指标；KPI考核的实施与监控。

关键绩效考核指标确定以后，这些指标能否运用于绩效考核，进而绩效考核能否产生预期的效果，还取决于企业是否建立了一套完善的支持体系，具体包括：明确而清晰的战略目标；以绩效为导向的企业文化；各级管理者承担起绩效管理的任务；保证绩效沟通的制度化；针对绩效考核的激励与约束体系。KPI考核实施过程中的常见问题有：对设计原则的误解；指标数量过多或过少；指标不可量化；指标信息来源不明确或来源成本过高等等，需要针对具体情况加以解决。

□ 关键概念

关键绩效指标（KPI）　关键绩效指标体系　SMART原则　鱼骨图

□ 课堂讨论

1.什么是“合适的关键绩效指标”和“不合适的关键绩效指标”？
2.运用关键绩效指标体系进行考核的局限性是什么？如何解决？
3.如何避免或解决KPI考核中可能出现的问题？

□ 复习思考题

1.关键绩效指标（KPI）的特点是什么？
2.与一般指标体系相比，关键绩效指标体系有何不同？
3.运用关键绩效指标体系进行考核的优势体现在哪些方面？
4.设计关键绩效指标要遵循哪些原则？
5.实施关键绩效指标考核的流程是什么？
6.常用的关键绩效指标设计思路有哪些？
7.运用KPI进行考核需要何种支持？
8.实施关键绩效指标考核时的常见问题有哪些？

□ 自测题

1.KPI体系与一般绩效指标体系的区别具体体现在（　　）、（　　）、（　　）、（　　）、收入分配体系与战略的关系五个方面。

2.KPI设计的SMART原则指的是：KPI必须是（　　）、（　　）、（　　）、（　　）和（　　）。

3.KPI体系的设计原则不包括（　　）。

A.战略导向原则　B.可操作性原则
C.平衡性原则　D.敏感性原则
E.全面性原则

4.企业在实施KPI考核时，首要的步骤是进行（　　），而完成这一工作的常用方法有（　　）、（　　）和（　　）。

5.通常，企业的KPI体系由（　　）构成。

A.地区级KPI　B.企业级KPI
C.岗位KPI　D.部门级KPI

6.运用关键绩效考核指标的支持体系包括（　　）。

A.明确而清晰的战略目标　　B.以绩效为导向的企业文化

C.各级管理者承担起绩效管理的任务　　D.保证绩效沟通的制度化

E.针对绩效考核的激励与约束体系

□ 补充阅读材料

材料一　　　　让KPI“入乡随俗”

自从KPI（关键绩效指标）从西方引入以来，一时间受到了广大企业的追捧，然而真正能够在企业管理过程中将KPI绩效考核的功能和作用凸显出来的企业，却寥寥无几。尤其是《绩效主义毁了索尼》一文，更是将索尼的衰落归结为KPI考核制度本身的缺陷。如此唱衰之下，人们开始怀疑KPI绩效考核在企业管理中的作用和意义。然而，对于中国企业来说，更值得我们关注的并不是KPI的可行性，而是如何从中国基本国情出发、如何从本土市场特征出发，让KPI真正意义上的“入乡随俗”。

KPI成了管理问题的“替罪羊”

从某种意义上来说，KPI是一种通过制定员工考核制度来对员工论功行赏的目标式量化管理指标，最为根本的目的在于提升员工业绩、推动企业整体绩效水平的稳步提升。显然，这对于企业的发展是有一定积极意义的。那么，为什么KPI在实际应用过程中却表现出一系列的问题呢？

1.制定者和执行者的窘境

一个制度的好坏首先需要看它的制定者和执行者。在国内，制度的制定者往往是管理层，必然更多的照顾自身的利益，制度的公平性无法得到有效的保障，这就会导致所设定的KPI必然会侵害员工的合法权益。而从执行者角度来对这一问题进行分析，作为KPI的主要执行者——员工在动态薪酬（dynamic salary）制度之下，整体收入水平往往只是动态地减少，而不会动态地增加，虽然承受了更大的工作压力，但是所受到的激励措施没有任何真正意义上的改变，这种情况下KPI功能和作用的发挥也就无从谈起了。

2.管理条件和理论前提的混乱

基于一个错误前提下的结论是错的。企业管理理论必须基于某些假设才能够成立，而如何设立假设，则是一个明确管理思维的系统化过程，是企业管理过程中的重点和难点。如果假设或者前提都存在问题，那么显然不可能得出正确的答案。而在当前阶段我国市场经济新常态背景之下，KPI在实际应用过程中同样普遍存在前提、假设错误的情况。例如，在珠江有一家陶瓷企业，该企业的市场销售业绩稳定在5 000万元左右，是个家族式民营企业。亲戚参与管理，造成人浮于事的问题，企业内耗严重。为了推动企业更好的发展，企业决定实施KPI考核，希望以此为基础推动企业的二次发展。但是在实施这一制度之后却发现，KPI的实施非但没有降低企业经营成本，反而降低了企业的盈利能力。而这种情况的客观存在，最为根本的原因在于，这家企业只是简单地套用KPI考核，仅仅强调了考核，却没有对KPI绩效考核的管理条件以及理论前提给予应有的关注和重视，无论是具体的实施还是其考核内容，都没有体现出企业的实际情况。这样的KPI考核非但无法取得预期的效果，反而成为企业一系列管理问题的“替罪羊”。

3.KPI制度的管理脱节

KPI制度在国内的演变过程中，表现出更为明显的功利性质特征。而这一情况的客观存在，更多的是因为中国企业管理层在开展KPI绩效管理工作的过程中，更为强调结果而忽视过程。这种“中国式绩效管理”的天然缺陷，非但不能发挥KPI绩效考核的作用，反而使得KPI绩效考核和企业战略管理的脱节。而在这种思想的影响之下，由于员工无法在KPI绩效考核中感知到公司的发展战略，因此所能够关注的仅仅是KPI的数字，这显然违背了KPI的初衷。此外，除了管理层，其他管理系统纷纷将KPI制度视为“大敌”，拒绝支持和配合，KPI孤军深入，不能持久。再加上我国企业人力资源管理工作普遍存在一系列的问题，尤其是管理层和员工之间简单粗暴的管理、被管理关系，更是严重地限制了KPI绩效考核功能的发挥。

如何提高KPI在管理中的适应性

在2013年前后，中国企业管理圈普遍充斥着这样一种观点：随着企业内外部环境的不断更替，传统的KPI考核已经无法适应企业发展要求，KPI将被淘汰，OKR（Objectives and key results），即目标与关键成果法将会取代KPI而成为主导。然而，这种论点显然过于武断。我国著名企业管理学家秦杨勇在其论文中重点强调，OKR并不是对传统KPI的颠覆，而是一种非常典型的融合式的创新行为。对于企业的经营和发展来说，KPI仍然有着不容忽视的重要意义。例如，在我国国有企业的经营过程中，如果没有KPI的支持，那么官僚主义或者形式主义所带来的一系列负面影响将层出不穷，严重地危害中国特色社会主义市场经济和可持续发展。但是当前阶段国内企业所实施的KPI制度无法为企业的发展提供足够的支持也同样是不容置疑的客观事实，对其进行本土化改良势在必行。

（1）减少数字评量，增加质的衡量

随着KPI在中国企业中的大规模应用，用数字和结果衡量一切的思想甚嚣尘上。很多企业家都认为，量化的数字指标是评价员工行为的有效途径。然而，这种思想在实际的应用过程中并没有在真正意义上提升企业的管理水平，更没有为企业绩效水平的提升提供足够的帮助和支持。针对这一问题，我们或许要从国外的一些案例中找寻答案。目前来说，无论是美国的金融企业还是科技公司，都普遍经历了绩效考核改造工程，通过赋予质量更高的权重来改变传统的基于数字的评量方式。如高盛、摩根士丹利等金融企业，就通过形容词来取代原有的数字绩效考核方式，取得了阶段性的成果。在实际的考核过程中，美国很多公司都放弃了传统的数字绩效考核模式，而是用诸如“出色”“良好”“需要进步”等词汇来对员工的工作绩效加以反映，这不仅极大地提升了考核结果的反馈作用，同时对于企业综合绩效水平的进一步提升也同样起到了重要的推动作用。美国企业的做法虽然并不一定能够适应我国特殊市场经济制度下的公司管理客观要求，但是仍然是值得我们借鉴的。人性化的KPI绩效考核所具有的重要作用，值得我们给予应有的关注和重视。摩根斯丹利公司的KPI评等考绩表见表11-24。

表11-24 摩根士丹利公司的KPI评等考绩表

等级名称	分值范围	评分标准
出色	分值≥90	既定时间范围内，完成任务额的120%及以上，或者小组工作取得突破性进展
优秀	90>分值≥85	本月任务顺利达成，预期工作任务完美完成。并能够为后续工作的开展提供有效的数据支持
良好	85>分值≥70	本月任务顺利达成，预期工作任务基本完成。但是后续工作计划仍然处于尚未明确的状态
达标	70>分值≥60	本期工作在上级领导的支持下顺利达成，但是由于工作计划设定的不合理性，工作结果偏离目标
需要进步	60>分值	工作没有按时完成，延误了整体工作进度

根据Market Watch杂志所提供的统计数据，有超过七成的受访员工表示，其直属领导以形容词的方式评价自己的工作绩效，可有效地提升自身工作的积极性。而对于我国国内企业来说，虽然我们不可能在短时间内对KPI制度进行大规模的优化，但是在评价过程中更多地凸显工作“质”的一面，也同样是一种可行的优化途径，且对KPI绩效考评体系并不会产生根本性的影响。

（2）明确价值取向和职责

价值取向和职责的明确，始终是企业绩效管理工作中的重点和难点问题。然而，正是这个老生常谈的问题，却普遍而广泛地存在于我国企业的经营和管理之中。如果企业自身都没有明确的价值取向以及职责划分，那KPI作用的发挥就成了无源之水、无本之木。

一方面，我们必须进一步明确员工的工作职责，并以此为基础开展绩效评价工作；另一方面，明确的价值取向也同样是国内企业实施KPI绩效考核的根本所在，如果一家企业连基本的价值取向都不清晰、明朗的话，那么KPI绩效考核也就失去了最终的方向，所采取的考核活动必然由于最初目标的混乱而流于形式。与此同时，管理层作为KPI绩效考核的主要执行者，其职责的明确也尤为关键。因此，管理层的交叉监督是保障KPI绩效考核能够真正发挥预期作用的基础，值得我们给予应有的关注和重视。

除此之外，考核成本的问题也同样是我国企业的管理者所广泛关注的问题，但是只有必要的投入才能够获得相应的收益，因此企业必须舍得支付考核成本。从经济学角度对这一问题进行分析，那么则意味着管理所带来的效益要高于其投入，这样的管理行为才是有意义的。然而，更多的企业家往往会对投入大量的时间成本、劳动资源成本以及其他各项资源成本而感到困惑。实际上，KPI实施过程中所带来的短期效益下降并不意味着投入是没有价值的，大量国外案例都证明了KPI绩效考核对于企业长期盈利能力的提升所具有的重要积极意义。因此，国内企业的管理者们仍然需要对KPI给予更多的耐心。

（3）实行绩效责任连带制度

从目前我国企业管理的现状来说，绩效责任连带制度的应用还较为少见，这也是企业责任管理脱节问题突出的根本原因之一。

这里我们以A集团的绩效考核为例。A集团质监部门在2017年5月的一批次冰箱产品流水线检查中，由于质检人员工作的失误，导致一个批次106台质量不合格冰箱流入下一生产环节，对整体生产计划带来了严重的负面影响，直接导致成品率下降了0.2个百分点。根据A集团的规定，这是严重的生产失误行为。

然而，在当月绩效考核中，这名质检员的KPI考核结果为98.1分，基本上接近满分100分。针对这一结果，管理层要求重新审核KPI绩效考核结果。A集团人力资源部门通过对该质检员上下游绩效影响因子的排查，包括组长、分公司经理、公司经理以及总监在内的中层领导的逐层审查，根据实际情况调整了该质检员的绩效评分，并对连带关系的管理层人员的绩效数据也同样进行了调整，质检员的最终绩效数据为71.4分。而通过这次绩效考核事故的调整，A集团流水线管理工作的整体水平得到了极大的提升。

A集团的这个案例中，实际上就是绩效责任连带制度的有效应用，直接以上下游部门的绩效目标决定负责人的绩效任务，为整体绩效目标的贯彻和落实提供了强有力的支持。实际上，绩效责任连带制度在企业KPI考核中的有效应用，是强化企业综合管理水平、提升企业整体绩效的可行途径。而行政人事部门同样应积极主动地审核员工绩效数据，并将其和上游、下游环节的绩效进行仔细的对比，从而保证企业底层员工和中层管理人员、高层管理人员在绩效上的一致性，进而为绩效考核监督工作的顺利开展奠定坚实的基础。

KPI绩效考核制度对于任何企业来说都是非常有必要的，但是最为关键的问题在于，如何将KPI真正意义上的实现本土化处理、如何让KPI和企业的实际情况相结合。我们一方面不能将管理中所客观存在的所有问题都归结到KPI的应用上；另一方面也同样不能忽视明确的目标、价值取向以及可行的配套制度对于实施KPI制度的重要作用。我们只有从中国市场的特点出发，从企业的经营特征出发，去除KPI尖锐的“棱角”，才能够让这套经典的管理制度“入乡随俗”，取得预期的效果。

资料来源　孙鹏程．让KPI“入乡随俗”［J］．企业管理，2018（2）．

材料二　　目标完不成？是你的KPI定错了

为什么很多企业采纳的KPI最终被认为是无效的工具？究其原因，主要是大部分公司对绩效指标存在一定的认识误区。许多企业采纳的KPI（关键绩效指标）

事实上是一个无效的工具。通常，这些KPI只是将不同的评价指标随意组合到一起，没有什么专业水准，也无法提供有价值的信息。大部分公司围绕绩效指标存在一些认识误区，正是这些误区导致了KPI无法发挥效力。对于管理者来说，快速识别并避开这些误区是非常必要的。关键绩效指标应该是那些将企业日常活动与关键成功因素（CSF）相关联的评价指标。它们有助于使企业内部员工协调一致，按照预定的方向努力工作，这种协调力是管理的黄金定律。然而，一些错误定义的关键绩效指标会让企业付出昂贵的代价。例如：

· 一些评价指标过度强调管理人员薪酬，导致公司利益受损。

· 一些评价指标鼓励团队执行一些背离公司战略方向的工作任务。

· 一些耗时耗力的“评价与汇报”制度占用了员工和管理层的宝贵时间。

· 月薪6位数的新任咨询师制定出的报告或者平衡计分卡无法发挥作用。

下面，我们来讨论围绕绩效评价指标的认识误区。

误区1：大多数评价指标都会提升工作绩效

每一项评价指标都会产生负面影响，一些无心的行动往往会导致绩效的下降。实际上，在一个企业中，一半以上的评价指标都会鼓励一些无心的负面行为。为了保证评价指标能够切实有效地发挥作用，我们需要预测采纳该指标后可能产生的员工行为，并尽力使潜在的负面影响最小化。关键绩效指标像天上的月亮一样，也有阴暗面。因此，一个评价指标在真正实施之前，必须经过以下流程：

· 与相关员工进行讨论：“如果我们将这一项标准确立为评价指标，你会怎么做?”

· 在向公司全面推广实施该评价指标之前，先在小范围内进行试点。

· 如果该评价指标的阴暗面会对绩效造成严重的负面影响，则放弃使用该评价指标。

误区2：所有评价指标在任何公司、时间都有效

人们通常认为，所有的评价指标在任何公司、任何时间都是有效的。这是一个认识误区。实际上，企业需要一个积极的“背景环境”以便评价指标能够发挥其潜在作用。为了营造这个背景环境，我们确立了7个基石，以此保证营造一个良好的环境，从而使关键评价指标可以充分发挥作用。这7个基石分别是：

（1）企业同员工、工会和第三方建立合作关系。

（2）将权力转移至基层。

（3）仅评价和汇报关键事务。

（4）关键评价指标来源于关键成功因素。

（5）放弃那些无法交付成果的流程。

（6）任命一位企业内部的首席评价官。

（7）让全体企业员工理解主导性关键绩效指标的定义。

误区3：所有的绩效评价指标都是关键绩效指标

在全世界范围内，各地的企业都在使用关键绩效指标这个术语来指代所有的绩

效评价指标。没有人为关键绩效指标下一个正确的定义，而似乎大家也都不关心这个问题。因此，现实情况就是，许多企业将那些对企业发展至关重要的评价指标和那些有严重问题的评价指标混合在一起使用。让我们把这个词拆开来看，“关键”意味着该评价指标对企业来说至关重要，“绩效”意味着这个指标将有助于提高工作绩效。所以，关键绩效指标是有别于其他绩效评价指标的。

误区4：将关键绩效指标同薪酬挂钩会提高绩效

许多人认为，金钱是员工努力工作的主要驱动力，企业必须实施一些物质刺激措施才能保证员工的优良绩效。这其实是一个思维误区。事实上，公司对员工的认可、尊重和员工的自我价值实现是更重要的驱动力。各种类型的企业和机构都觉得，使关键绩效指标发挥作用的方式就是将关键绩效指标与员工个人的薪酬挂钩。但是，这种做法将关键绩效指标变成了一个“关键政治指标”——一些人为因素将会操纵这个指标，以提高获得高额奖金的可能性。

企业应该使用关键绩效指标来协调员工的行动，使之与企业的关键成功因素保持方向一致。关键绩效指标应该按照每周7天、每天24小时、每天或者每周的频率来报告各个团队的工作情况。这个指标十分重要，决不能被个人或团队操控，成为他们谋求高额奖金的工具。关键绩效指标对企业的发展至关重要，杰克·韦尔奇说过，关键绩效指标是“比赛的入场券”。

绩效奖金方案常常会产生许多问题。通常情况下，平衡计分卡仅建立在4个维度（创新与学习、业务流程、顾客、财务）的基础上，却忽视了环境、社区、员工满意度等重要因素。这些评价指标向员工传达的信息变成——只要努力找出操控这些数字的方法，你就能够获得“奖金”。这样的薪酬方案对企业造成的损害将在未来几年中陆续显现出来。

误区5：我们可以确立相关的年终目标

我们不可能在一年开始之前就知道好的工作绩效到底是怎样的状况。因此，认为公司可以提前确立相关的年度目标的想法也是一个思维误区。实际上，正如通用电气公司前首席执行官杰克·韦尔奇所言：“那样会约束积极的行动，遏制创造性思维流程，促成平庸，因而无法大幅度提升绩效。”各种各样的年度目标都注定以失败告终。

管理层经常需要花费数月的时间争论哪个是现实的目标，而可以肯定的是，最终确立的目标一定是有瑕疵的，或者太容易达到，或者太过严苛。我十分赞成杰里米·霍普著作中的观点。他和罗宾·弗雷泽在合著的书中，首次清晰地说明，固定的年度绩效合同注定会走向失败。企业最后往往向管理者支付了奖金，却失去了市场份额。换言之，销售量的提高没有跟上市场的增速。霍普和弗雷泽指出，只要定期向员工展示他们的工作与其他同事及市场中同行的对比情况，不提前确立年度目标没有任何问题。霍普的观点是，如果你不知道获得最多奖金需要努力到什么程度，那你就会尽最大能力努力工作。霍普和弗雷泽在著作中指出，年度预算流程注定以失败告终。如果在规划期间设立年度目标，通常距离年末还有很长一段时间。

由于当时无法确切预测当年的具体情况，因此也无法知道确定的年度目标是否合适。最后的结果是，企业向管理者支付了奖金，却失去了市场份额。换言之，销售量的提高没有跟上市场的增速。

误区 6：评价绩效容易，合适的评价指标显而易见

很多人都曾有过这样的经历：企业要求制定的评价指标没有什么指导意义。目前，无论是公有经济还是私营经济，大多数企业的管理者都没有接受过绩效评价指标领域的正规培训。许多管理人员接受的培训是金融学、人力资源和信息系统方面的基础知识。他们还可能有一些鼎力助手，而这些助手也是上面这三个领域的专家。而绩效评价指标是管理培训缺失的内容，无论是商务专业的课程，还是金融、人力资源和信息系统领域的专业人士获得的专业证书中都鲜有提及。

一直以来，绩效评价指标是被商务理论和实践忽视的一个环节。虽然一些管理学著作的作者曾指出绩效评价指标无法发挥效力的情况，但绩效评价指标并没有应用于商务实践。在每个公司从平庸走向杰出的过程中，都应该对绩效评价指标给予更多的重视。

绩效评价指标领域的专家迪恩·斯皮策首次提出，公司应该任命一个首席评价官。他需要负责设定所有评价指标，对该指标潜在“阴暗面”做出评估，放弃无效的评价指标，并领导实施所有的平衡计分卡项目。通常情况下，首席评价官直接向公司的首席执行官汇报工作。在公司与首席财政官或者人力资源部总经理享有同等地位，这些职位都要求其身兼数职，同时掌握多种技能。

误区 7：关键绩效指标既是财务指标又是非财务指标

我坚信，无论是在加拿大、美国、英国还是罗马尼亚，所有的关键绩效指标都是非财务指标。事实上，全世界没有一个关键绩效指标是财务指标。财务指标是对已经发生的活动进行的量化，我们为那个活动进行了简单的赋值。因此，每一个财务指标都反映一项活动。我将所有的财务指标都称为成果指标、概括性的指标。那些以美元、英镑或者日元为计算单位的财务指标，背后的驱动力都是一项活动。因此，财务指标不可能是关键绩效指标。当你将美元或者英镑的符号附加到一个评价指标上时，这表明你并没有进行深入的探索。前一个工作日获得的销售量其实是多项活动的综合成果，具体包括之前对现有客户和潜在客户的销售访问、广告营销、产品可靠性、与关键客户的联系频率，等等。我将所有以金钱形式表示的销售指标都归为成果指标的范畴。

管理者只有常常审视这 7 大误区，避免掉入认知上的陷阱，KPI 才有可能真正发挥其效力。

资料来源　帕门特．关键绩效指标：KPI的开发、实施和应用［D］．张丹，商国印，张风都，等译．3版．北京：机械工业出版社，2017.

第12章/组织绩效评价方法之二：平衡计分卡

学习目标

通过本章的学习，了解平衡计分卡的产生背景和发展历程，理解平衡计分卡的基本思想、优势与不足及在绩效管理中的作用，掌握平衡计分卡的运用前提，理解其具体应用。

12.1 平衡计分卡概述

12.1.1 平衡计分卡的产生和发展①

1）平衡计分卡产生的背景

20世纪以来，公司的绩效考评越来越受到企业高级管理层的重视，但在20世纪90年代以前，几乎全世界的企业都采用单一的财务考核体系对企业进行评价，各种财务性指标成为当时企业经营成功与否的唯一评判标准。

随着社会经济的发展，基于知识的全球化竞争环境日益形成，单一的财务考核系统在企业绩效考评实践中的弱点逐渐暴露出来：

（1）受多种因素的影响，单一的财务指标仅能衡量过去的经营活动结果，无法评估未来的绩效表现，容易误导企业未来的发展方向。

（2）把财务指标作为评价企业绩效的唯一指标容易使经营者过分注重短期财务结果，在某种程度上导致了企业经营者的急功近利，产生强烈的操纵报表数字的动机，因而不愿就企业长期策略目标进行资本投资，因其不利于短期盈余的表现。

（3）由于不重视如服务和品质等非财务指标的评估，致使企业竞争力下降，导致原本强劲的财务数字有可能逐渐恶化。

（4）单一的财务考核体系偏重对有形资产的考核和管理。而在信息时代，正是企业的无形资产和智力资产形成的现在和未来的生产能力成为企业在今天和明天的竞争环境中取得成功的关键因素。这导致单一的财务考核体系已难以适应信息时代快速变化的、不确定性和风险性日益增加的竞争环境。

（5）传统的单一财务考核体系强调片面的指标收集，难以推动整体绩效的

① 秦杨勇．平衡计分卡与绩效管理——中国企业战略制导［M］．北京：中国经济出版社，2005．

改善。

为了解决财务考核体系的上述问题，自20世纪90年代开始，西方学者和实务界对平衡财务和非财务指标的综合绩效考核方法展开了探索和研究。1990年，哈佛商学院的罗伯特·S.卡普兰教授和复兴全球战略集团（管理咨询公司）总裁大卫·P.诺顿（David P.Norton）在对十余家绩效管理处于领先地位的公司经验进行总结的基础上，开始向全世界推广平衡计分卡（balance scorecard）的方法。

2）平衡计分卡的发展历程

平衡计分卡自产生至今已经20余年，其间经历了萌芽、理论研究和应用推广三个阶段。这一发展历程同时也是这一理念从企业绩效评价方法发展为企业战略规划和实施的一种方法论和管理工具的具体过程。

（1）平衡计分卡的萌芽时期（1987—1989年）。最早尝试平衡计分卡实践的是ADI（Analog Device）公司。该公司是一家半导体公司，主要生产模拟、数字及数模混合信号处理装置，产品广泛应用于通信、计算机、工业自动化领域。同其他大多数公司一样，ADI每5年进行一次战略方案调整，在制订新战略方案的同时检讨原方案的执行情况，但是，如同管理者们经常遇到的战略问题一样，“制订战略方案”被当作一项“任务”完成后，形成的文件便被束之高阁，并不能在公司的日常生产经营工作中得以执行。

1987年，ADI公司又开始了公司战略方案的调整。与以前不同的是，对于这次的战略方案的制订，公司决策层意识到战略不仅仅要注重制订过程的本身，还要更加注意实施。他们希望通过与公司员工的面对面交流与沟通，使他们充分理解并认同公司战略。同时公司高层还希望将战略落实到日常管理中以推动其执行。因此，这一次ADI公司的战略文件在形式上发生了重大的变化：他们摒弃了以往那种长达几十甚至几百页的战略文件，将全部的战略文档资料精简到几页纸的长度。在制定战略的过程中，ADI公司首先确定了公司的重要利益相关者为股东、员工、客户、供应商和社区，然后在公司的使命、价值观与愿景下，根据上述利益相关者的“利益”分别设定了战略目标并明晰了3个战略重点。为了确保战略目标，特别是各战略重点目标的实现，ADI推行了一个名为“质量提高”的子项目QIP（quality improvement process）。在该项目进行的同时，公司继续将战略目标实现的关键成功要素转化为年度经营绩效计划，由此衍生出了世界上第一张平衡计分卡的雏形（见表12-1）。

在ADI公司实施全面质量管理的过程中，为了推行作业成本法（ABC），特地邀请了一部分管理学者参与，哈佛商学院的教授卡普兰就是其中的一位。在帮助ADI公司推行ABC的过程中，卡普兰发现了ADI的平衡计分卡，并认识到它的重要价值。尽管卡普兰与诺顿在后期又做了学术上的深化，并把它推广到全球的企业中，但是ADI公司对平衡计分卡的贡献仍是不容忽视的。

表12-1　　ADI公司的第一张“平衡计分卡”

项目	财年2×××年		第一季度		第二季度		第三季度		第四季度	
	标杆	实际	标杆	实际	标杆	实际	标杆	实际	标杆	实际
财务指标										
资本收益率										
营业收入增长										
利润										
⋮										
客户服务										
及时交货										
供货时间										
次品率										
⋮										
内部										
生产周期										
流程错误率										
产能										
⋮										
新品开发										
新品导入										
新品订货量										
员工流动比率										
⋮										

（2）平衡计分卡的理论研究时期（1990—1993年）。这一时期，卡普兰与诺顿开始了平衡计分卡的理论研究。

平衡计分卡的研究课题首先是从公司绩效考核开始的。1990年，美国的复兴全球战略集团专门设立了一个为期一年的新的公司绩效考核模式开发项目，集团的执行总裁诺顿任项目经理，卡普兰担任学术顾问。参加此次项目开发的还有通用电气、杜邦、惠普等12家著名的公司。项目小组重点对ADI公司的计分卡进行了深入研究并将其在公司绩效考核方面进行扩展和深化，同时把研究成果命名为“平衡计分卡”。该小组的最终研究报告详细地阐述了平衡计分卡对公司绩效考核的重大贡献，并建立了平衡计分卡的四个考核维度：财务、顾客、内部运营与学习发展。

1992年年初，卡普兰和诺顿将关于平衡计分卡的研究结果发表在《哈佛商业评论》上，题为：《平衡计分卡——驱动绩效指标》。在论文中，卡普兰和诺顿详细阐述了1990年参加最初研究项目采用平衡计分卡进行公司绩效考核所获得的益处。该论文发表后，卡普兰和诺顿很快就受到了几家公司的邀请，平衡计分卡开始得到企业界的关注。

平衡计分卡理论研究的第二个重要里程碑是：1993年卡普兰和诺顿将其延伸到企业的战略管理之中。在最初的企业平衡计分卡实践中，卡普兰和诺顿发现，平衡计分卡能够传递公司的战略。他们认为，平衡计分卡不仅仅是公司绩效考核的工具，更为重要的是，它还是一个公司战略管理的工具。卡普兰和诺顿为此在《哈佛商业评论》发表了第二篇关于平衡计分卡的重要论文：《在实践中运用平衡计分卡》。在这篇文章中，他们明确指出企业应当根据战略实施的关键成功要素来选择绩效考核指标。

（3）平衡计分卡的推广应用时期（1994年至今）。1993年，卡普兰和诺顿将平衡计分卡延伸到企业的战略管理系统之后，平衡计分卡开始得到全球企业界的广泛接受与认同，越来越多的企业在平衡计分卡的实践项目中受益，同时，平衡计分卡还延伸到了非营利性的组织机构中。

以美国为例，有关统计数字显示，到1997年，美国财富500强企业已有60%左右实施了绩效管理，而在银行、保险公司等所谓财务服务行业，这一比例则更高，这与美国企业在20世纪90年代整体的优秀表现不能说毫无关系。而在政府方面，BSC于20世纪90年代初被提出，到了1993年美国政府就通过了《政府绩效与结果法案》（The Government Performance and Result Act）。今天，美国联邦政府的几乎所有部门、各兵种及大部分州政府都已建立和实施了绩效管理，目前的重心已转入在城市及县一级的政府推行绩效管理。

平衡计分卡在美国乃至全球的企业实践中得到认同标志着平衡计分卡已经进入了推广与应用的时代。同时，在这一推广与应用的过程中，其理论体系也得到不断地丰富和完善。1996年，卡普兰和诺顿在《哈佛商业评论》上发表了第三篇关于平衡计分卡的论文：《把平衡计分卡作为战略管理体系的基石》，他们一方面重申了平衡计分卡作为战略管理工具对于企业战略实践的重要性，另一方面从管理大师彼得·德鲁克的目标管理理论中吸取精髓，在论文中解释了平衡计分卡作为战略与绩效管理工具的框架，该框架包括设定目标、编制行动计划、分配预算资金、绩效的指导与反馈及连接薪酬激励机制等内容。同年，他们还出版了第一本关于平衡计分卡的专著——《平衡计分卡》，该著作更加详尽地阐述了平衡计分卡的上述两个方面。

2001年，随着平衡计分卡在全球的风靡，卡普兰和诺顿在总结众多企业实践成功经验的基础上，出版了他们的第二部关于平衡计分卡的专著——《战略中心组织》。在该著作中，卡普兰和诺顿指出，企业可以通过平衡计分卡，依据公司的战略来建立企业内部的组织管理模式，要让企业的核心流程聚焦于企业的战略实践。该著作的出版标志着平衡计分卡开始成为组织管理的重要工具。

12.1.2 平衡计分卡的基本思想

卡普兰和诺顿把平衡计分卡比喻为飞机座舱中的标度盘和指示器。为了操纵和驾驶飞机，驾驶员需要掌握关于飞机的众多方面的详细信息，诸如燃料、飞行速度、高度、方向、目的地，以及其他能说明当前和未来环境的指标。只依赖一种仪器，可能是致命的。同样道理，管理一个组织的复杂性，要求组织能同时从几个方面来考虑绩效。

平衡计分卡使管理者能够从以下四个重要方面来观察企业（如图12-1所示），它为四个基本问题提供了答案，即：

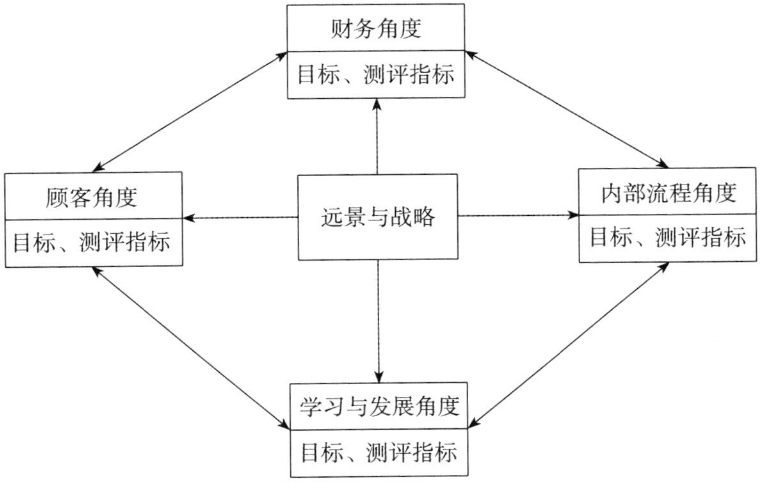

图12-1 平衡计分卡的基本框架

（1）客户角度（顾客如何看我们）。在客户至上的时代，如何向客户提供所需要的产品和服务，从而满足其需要，提高企业竞争力，是企业能否获得可持续性发展的关键。客户角度正是从质量、性能、服务等方面评价企业的业绩。这一方面的评价指标通常包括客户维持率、送货准时率、客户满意度、产品退货率等。

（2）内部流程角度（我们必须擅长什么）。这一角度所重视的是对客户满意程度和实现组织财务目标影响最大的那些企业内部过程。平衡计分卡从满足投资者和客户需要的角度出发，基于价值链对内部流程进行分析，提出四种绩效属性：质量导向的考核、基于时间的考核、柔性导向考核和成本指标考核。此外，平衡计分卡把革新过程引入到内部流程之中，要求企业创造全新的产品和服务，以满足现有和未来目标客户的需求。这些流程能够创造未来企业的价值，推动未来企业的财务绩效。这一方面的评价指标通常包括：新产品推出能力、设计能力、技术水平、制造效率等。

（3）学习与发展角度（我们能否继续提高并创造价值）。从长远角度来看，企业唯有不断学习与创新，才能实现长远的发展。而组织的学习和成长有三个主要的来源：人才、系统和组织程序。平衡计分卡揭示了人才、系统和程序的现有能力和实现突破性绩效所必需的能力之间的差距，从而为企业采取改进措施指明方向。这一方面的评价指标通常包括：员工流动比率、员工满意度、平均培训费用等。

（4）财务角度（我们怎样满足企业的所有者）。企业经营的直接目的和结果是为股东创造价值。尽管由于企业战略的不同，长期或短期对于利润的要求会有所差异，但毫无疑问，从长远角度来看，利润始终是企业所追求的最终目标。平衡计分卡的财务绩效衡量方面能够显示企业的战略及其实施和执行是否正在为最终经营结果的改善做出贡献。典型的财务评价指标有资产负债率、流动比率、速动比率、应收账款周转率等。

因此，平衡计分卡是一个以公司战略为基础、以因果分析为手段，从股东、客户、内部经营过程、学习和成长等几方面层层展开的战略管理系统。尽管平衡计分卡从四个相对独立的角度系统地对企业的经营绩效进行评价，但是从这四个角度出发设计的各项评价指标之间并非毫无关系，而是在逻辑上紧密相承，具有一定的因果关系。实际上，因果链布满了平衡计分卡的各个方面①。比如，某公司希望提高财务方面资本回报率的水平，这一目标的实现有赖于客户青睐度的提高，即需要客户重复购买以及增加客户每次的购买量。因此，需要研究如何才能使客户更加青睐公司的产品。客户偏好分析结果可能会显示，客户重视按时交货。这样，按时交货将被记入平衡计分卡的客户方面。此时，需要明确怎样的内部过程才能提高按时交货率，这需要依赖于缩短经营周期和提高内部过程的质量，于是，这两个方面将被记入平衡计分卡的内部过程方面，而公司要提高内部过程的质量以及缩短周期，就需要培训雇员，提高他们的能力，于是这个目标可以记在学习和成长方面。这样，一条因果关系链就贯穿了平衡计分卡的所有四个方面（如图12-2所示）。

---

① 杨臻黛. 业绩衡量系统的一次革新——平衡计分卡［J］. 外国经济与管理，1999（9）.

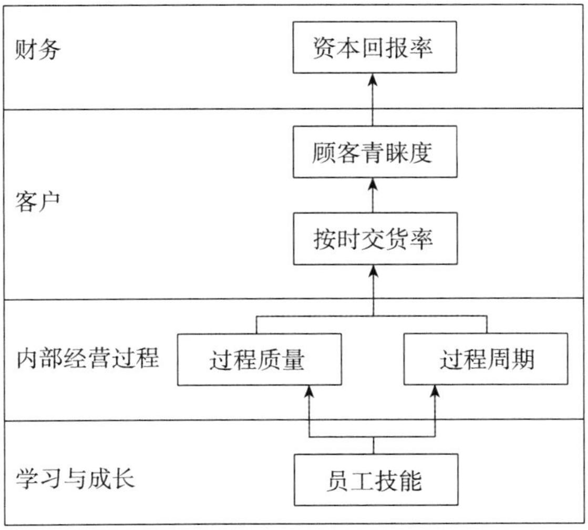

图12-2　某企业平衡计分卡因果链示意图

在实践中，平衡计分卡的表现形式有多种，但无论其属于企业的哪一个层次、哪一个级别，平衡计分卡都应所包含以下基本要素：

（1）角度或维度。角度或维度是观察组织和分析战略的视点或镜头，每个维度都包含战略目标、绩效指标、目标值、行动方案和任务几部分。平衡计分卡体系可以使用不同维度来组织公司的目标，大大改进公司的战略管理架构。

（2）目标。目标是由公司战略分解出来的关键战略目标。每个战略目标都包括一个或多个绩效目标。

（3）指标与指标值。前者是衡量公司战略目标实现结果的定量或定性的尺度。后者是对期望达到的绩效目标的具体定量要求。

（4）行动计划。行动计划是由一系列相关的任务或行动组成的，目的是达到每个指标的期望目标值。

（5）任务。任务是执行战略行动方案过程中的特定行为。

12.2　平衡计分卡的特点

12.2.1　平衡计分卡的“平衡”

平衡计分卡的典型特征主要体现在其关注或强调以下几个“平衡”：

（1）财务与非财务的平衡。平衡计分卡通过财务、顾客、内部业务、成长与学习等四个方面来实施战略管理，从而弥补了传统的绩效评价系统以财务指标为主的缺陷。财务指标所衡量的是相对直观、短期的业绩，而非财务指标是对能使企业获得未来增长潜力的、长远的业绩进行衡量。平衡计分卡中的目标和评估指标来源于企业战略，它把企业的使命和战略转化为有形的目标和衡量指标，能够综合地反映企业总的业绩，并与企业的主要目标直接联系，做到了财务指标和非财务指标的有机结合。

（2）结果与动因的平衡。传统的绩效评价系统由于各指标之间并不存在相关关系或因果关系，因此，测评结果并不能指出结果之所以好或坏的可能原因，企业也不能对账面数字形成的差异准确地追究责任，这使得绩效评价系统的作用受到了很大的限制。平衡计分卡将结果指标及其驱动因素联系起来，这种因果关系为组织的行动提供了一个良好的反馈机制，组织可以通过因果分析确定造成结果的原因，从而有针对性地制订行动方案。

（3）长期与短期的平衡。平衡计分卡是从企业的战略开始，也就是从企业的长期目标开始，逐步分解到企业的短期目标。在关注企业长期发展的同时，平衡计分卡也关注了企业近期目标的完成，使企业的战略规划和年度计划很好地结合起来，克服了企业的战略规划可操作性差的缺点。

（4）外部与内部的平衡。在平衡计分卡的四个维度中，股东与客户为外部群体，员工和内部业务流程是内部群体。相应地，在指标设置上，平衡计分卡既包括外部评价指标，又包括内部评价目标。比如，客户满意度指标是通过对客户的调查而得到的，反映了外部人员对企业的评价，是外部评价指标；而合格品率、雇员培训次数、雇员满意度等指标则是企业内部对企业的评价，是内部评价指标。所以，平衡计分卡体现了在有效实施战略的过程中平衡内外部群体间矛盾的重要性，从而通过相应的指标设置，实现外部与内部的平衡。

（5）客观与主观的平衡。在平衡计分卡中既包括客观评价指标，又包括主观评价指标，如利润、投资报酬率、合格品率、雇员培训次数等指标均是依据数据计算出来的，是一种客观指标；而客户满意度、雇员满意度等指标则是主观判断的结果，是一种主观指标。这在一定程度上体现了主观与客观的平衡。

（6）有形资产与无形资产的平衡。平衡计分卡不但关注企业的有形资产，同时关注为企业带来超额利润的无形资产。这种无形资产包括企业的品牌、人力资源、企业的信息系统和企业的组织优势等。

（7）领先指标与滞后指标之间的平衡。财务、客户、内部流程、学习与成长这四个方面包含了领先指标和滞后指标。财务指标就是一个滞后指标，它只能反映公司上一年度发生的情况，不能告诉企业如何改善业绩。平衡计分卡对于领先指标（客户、内部流程、学习与成长）的关注，使企业更关注于过程，而不仅仅是事后的结果，从而达到了领先指标和滞后指标之间的平衡。

12.2.2 平衡计分卡在绩效管理中的作用

1）平衡计分卡可以连接企业战略与绩效管理系统

迈克尔·波特在其著作《竞争战略》一书中曾指出战略显现化的重要意义：“在一个产业中，参与竞争的每一个公司都有其显式的或隐式的竞争战略。这一战略可能在计划过程中以显式提出，或者可能通过公司各职能部门的活动以隐式演进。如果听任各部门自行其是，则它们不可避免地将依从于其业务性质和负责人兴趣的驱使而各自为政。然而，这些部门各自为政的集合却极少是公司的最佳战略。”[①] 平衡计分卡的实施可以促进公司实现战略的显式化管理。首先，平衡计分卡从企业的战略目标和对目标市场的价值定位出发，这就促使企业在对自身的使命、价值观和愿景进行检讨的基础上设定明确的战略目标。其次，在明晰了企业的战略目标后，平衡计分卡将通过目标逐层分解，转化为绩效指标并落实到企业的每一个部门和每一个员工，实现与企业绩效管理各个环节的紧密连接。再次，为了确保计划、指标和战略目标的实现，平衡计分卡会促使企业将行动计划与指标联系起来并配置资源。同时，平衡计分卡也是进行绩效指导与反馈的重要工具，企业可以运用其对各层面的绩效计划实施情况进行监控、保持沟通，以确保企业整体业绩目标的达到，促进战略目标的实现。此外，平衡计分卡与薪酬等人力资源政策的有效结合可以实现合理的绩效回报，从而激励公司全体员工，提高其实现绩效目标的积极性与主动性。

由此可见，平衡计分卡实际上为企业的绩效管理提供了一个战略框架。

2）平衡计分卡可以促进组织学习

“明晰战略—定义目标—制定指标—讨论目标之间的战略性关联”这一过程本身就是一个管理者学习的过程。企业的高级管理层团队通过重点讨论公司战略及对战略的想法，可以加深其对战略的理解，并强化对战略的认识。平衡计分卡还可以通过设定战略的假设并收集相关绩效信息来深化组织的学习，企业的高级管理层能够学到哪些方法和行为可以促进企业战略目标的实现，哪些则不能。不仅如此，企业中的中层经理和员工也能够从中得到同样的学习。一旦这种共同学习得以实现，企业的内部流程和员工的行为就能得到更好的协调，绩效就有可能提高，并且员工会在一起探讨其在工作中积累的经验，进而形成一种持久的公司文化。

3）平衡计分卡可以考核绩效并沟通考核结果

平衡计分卡的基本方法是对目标和目标值进行衡量，在实施过程中还包括指定汇报业绩结果的数据提供者及数据来源，以及能够保证平衡计分卡成功实施的、方便操作的软件系统。这种软件系统可以使如公司战略、绩效目标、实际绩效及如何改进等信息在整个组织中得到共享，从而实现企业的绩效考核并促进绩效信息的沟通。

4）平衡计分卡可以协调组织内部关系

几乎所有的企业都存在不同程度纵向（上下级）和横向（部门之间）分歧现象。平衡计分卡为这种分歧或“摩擦”的协调和减少提供了多种方法。比如，通过在不同部门间建立相互关联、相互支持的目标，改进业务流程、加强跨部门的信息或材料流等方式来消除部门间的隔阂，减少部门间的摩擦；通过链接公司、部门、个人三个层面的目标，为实现目标和达到绩效目标提供激励等方式来减少上下级之

---

① 秦杨勇. 平衡计分卡与绩效管理——中国企业战略制导［M］. 北京，中国经济出版社，2005.

间的摩擦。

实例12-1　　可口可乐（瑞典）饮料公司的平衡计分卡

可口可乐（瑞典）饮料公司（以下简称CCBS）以前在瑞典的业务是通过许可协议由瑞典最具优势的啤酒公司普里普斯（Pripps）公司代理的。该许可协议在1996年到期中止后，可口可乐公司已经在瑞典市场上建立了新的生产与分销渠道。1997年春季，新公司承担了销售责任，并从1998年年初开始全面负责生产任务。

CCBS正在其不断发展的公司中推广平衡计分卡的概念。若干年来，可口可乐公司的其他子公司已经在做这项工作了，但是，总公司并没有要求所有的子公司都用这种方式来进行报告和管理控制。

CCBS采纳了卡普兰和诺顿（Kaplan & Norton）的建议，从财务层面、客户和消费者层面、内部经营流程层面以及组织学习与成长四个方面来测量其战略行动。作为推广平衡计分卡概念的第一步，CCBS的高层管理人员开了3天会议，把公司的综合业务计划作为讨论的基础。在此期间，每一位管理人员都要履行下面的步骤：

- 定义远景
- 设定长期目标（大致的时间范围：3年）
- 描述当前的形势
- 描述将要采取的战略计划
- 为不同的体系和测量程序定义参数

由于CCBS刚刚成立，公司处于发展时期，管理层决定形成一种文化和一种连续的体系，在此范围内所有主要的参数都要进行测量。在不同的水平上，将把关注的焦点放在与战略行动有关的关键测量上。在构造公司的平衡计分卡时，高层管理人员已经设法强调保持各方面平衡的重要性。为了达到该目的，CCBS使用的是一种循序渐进的过程。

第一步，阐明与战略计划相关的财务措施，然后以这些措施为基础，设定财务目标并且确定为实现这些目标而应当采取的适当行动。

第二步，在客户和消费者方面也重复该过程，在此阶段，初步的问题是："如果我们打算完成我们的财务目标，我们的客户必须怎样看待我们？"

第三步，CCBS明确了向客户和消费者转移价值所必需的内部过程。然后CCBS的管理层问自己的问题是：自己是否具备足够的创新精神、自己是否愿意为了让公司以一种合适的方式发展而变革。经过这些过程，CCBS能够确保各个方面达到平衡，并且所有的参数和行动都会导致向同一个方向的变化。但是，CCBS认为在各方达到完全平衡之前有必要把不同的步骤再重复几次。

CCBS已经把平衡计分卡的概念分解到个人层面上了。在CCBS，很重要的一点就是，只依靠那些个人能够影响到的计量因素来评估个人业绩。这样做的目的是，通过测量与他的具体职责相关联的一系列确定目标来考察他的业绩。根据员工在几个指标上的得分而建立奖金制度，公司就能控制或者聚焦于各种战略计划上。

在CCBS强调的既不是商业计划，也不是预算安排，而且也不把平衡计分卡看成是一成不变的；相反，对所有问题的考虑都是动态的，并且每年都要不断地进行检查和修正。按照CCBS的说法，在推广平衡计分卡概念过程中最大的挑战是，既要寻找各层面的不同测量方法之间的适当平衡，又要确保能够获得所有将该概念推广下去所需要的信息系统。此外，要获得成功，重要的一点是，每个人都要确保及时提交所有的信息。信息的提交也要考虑在业绩表现里。

资料来源　雷盟. 平衡计分卡应用案例［J］. 人才瞭望，2004（3）.

思考题：CCBS实施平衡计分卡的要点是什么？

12.2.3　平衡计分卡的不足

美国著名的人力资源专家韦恩·卡肖指出：“多少年来，人事管理专家一直在煞费苦心地寻找一种‘完美无缺’的绩效评估方法，似乎这样的方法是万灵丹，它能医好组织的绩效系统所患的种种顽疾，不幸的是这样的方法并不存在……”[①] 尽管平衡计分卡在绩效管理和战略管理乃至企业的管理控制中所发挥的作用得到普遍认可，但其仍存在着一定的不足：

（1）平衡计分卡对使用者的要求较高，使其适用范围受局限。平衡计分卡的实施对企业管理的各个层面有较高的要求。比如，要求企业具有明确的组织战略，企业的高层管理者要具备分解和沟通战略的能力和意愿，中高层管理者应具备指标创新的能力和意愿等。

（2）实施平衡计分卡的工作量极大，需要消耗大量的时间和精力。企业在实施平衡计分卡的过程中，除了对于战略要有深刻理解以外，还需要消耗大量精力和时间把它分解到部门、团队甚至个人。更为重要的是，在完成战略目标的分解之后，还需要确定恰当的指标与之对应，而所有目标最终落实的结果可能是包含多达15~20项指标的指标体系，这一指标数量会导致大量的数据和信息收集工作。

（3）部分指标难以量化，从而可能导致具体操作中的困难。平衡计分卡四个维度所包含的指标中，部分指标难以量化，如客户指标中的客户满意程度和客户保持程度，员工的学习与发展指标等。因此，这类指标在制订绩效计划、确定评价标准时，需要花费较多的时间进行研究和协调，以获得相关人员的认同，在此过程中，可能会导致具体操作方面的问题。

（4）权重分配问题会增加应用平衡计分卡的复杂性。无论是运用平衡计分卡进行绩效管理、战略管理或管理控制，都要综合考虑其所包含的四个层面的因素，这就不可避免地涉及权重分配的问题，并且，不但要在不同层面之间分配权重，而且要在同一层面的不同指标之间分配权重。不同的层面及同一层面的不同指标分配的权重不同，将可能会导致不同的评价结果。这必然增加实施平衡计分卡的复杂性。

---

① 马玉超，徐雪霞. 平衡计分卡的利弊分析与应用研究［J］. 沈阳师范大学学报（社会科学版），2004（3）.

12.3 平衡计分卡的实施流程

运用平衡计分卡进行企业的绩效管理通常可以遵循“前期准备→构建计分卡→设计运作系统→反馈和修正”的流程（如图12-3所示）。

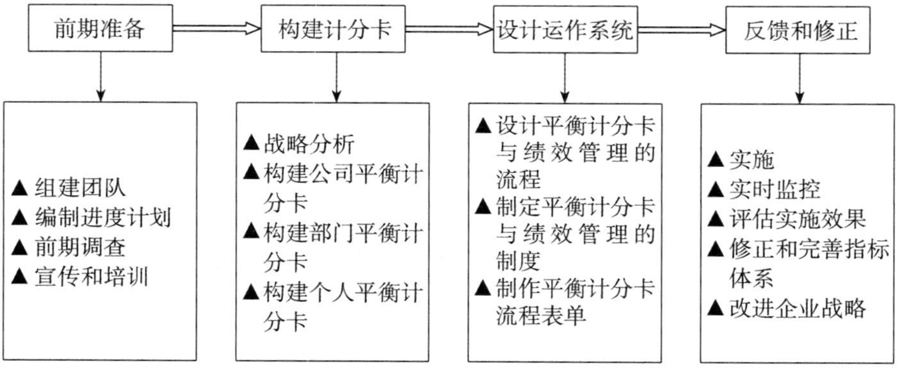

图12-3 平衡计分卡实施流程

12.3.1 前期准备

在实施平衡计分卡之前，企业通常需要做一定的准备工作，这些准备工作包括：组建负责平衡计分卡项目实施的团队，编制平衡计分卡实施进度计划，进行前期调查，组织宣传和培训。

1）组建团队

在平衡计分卡实施以前，需要组建一个专门的团队来负责平衡计分卡系统建设的日常运作、监控和维护等工作，并且这个团队要具有强大的推动力来保证平衡计分卡项目的顺利实施。因此，在团队成员中通常需要包括公司的高层管理者。在规模较大的公司中，可以组建两个团队：一个是由企业高级管理层组成的“高层促进委员会”，该团队的主要职责是分析和制定公司战略，审批公司和部门的平衡计分卡目标。成立“高层促进委员会”的目的是确保平衡计分卡项目的成功实施。另一个团队是由来自人力资源部、IT部门和其他主要部门代表组成的“项目实施小组”，该团队负责协调实施工作，跟踪项目进展。

2）编制进度计划

在项目团队组建之后，即可着手编制平衡计分卡实施的具体计划。这一计划通常是以后各个步骤的实施计划，因此应制订得较为详细。为了能够对每一步骤的实施提供指导，该计划应该明确各项活动的完成时间、产出成果及具体负责人。

3）前期调查

前期调查是为了了解公司绩效管理的现状。对公司现状的有关信息掌握得越充分，就越能够采取有针对性的措施。此外，了解员工对即将实施的平衡计分卡的看法也是有必要的。因此，可以通过诸如访谈和问卷等常规方法来进行一次大规模的前期调查，为实施平衡计分卡的后续步骤奠定良好的基础。

4）宣传和培训

平衡计分卡的实施是全员参与的过程，因此，赢得企业全体员工的支持和理解是至关重要的。为此，项目团队需要做好相关宣传工作和有关人员的培训与学习，使员工最大限度地理解实施平衡计分卡和绩效管理的意义并接受它。

12.3.2　构建平衡计分卡

完成了前期准备工作，即可着手构建企业各层次的平衡计分卡。平衡计分卡的构建应当从明晰企业的使命、价值观、愿景以及战略重点与目标开始，所以首要工作是进行公司的战略研讨。

1）战略研讨

在这一环节，项目小组将与企业高级管理层组织战略研讨会议并绘制“战略规划图”（如图12-4所示）。战略研讨会议使企业的使命、价值观、远景、战略目标，以及战略实现的关键流程与指标等得以清晰化，这是构建企业平衡计分卡的重要依据。同时，“战略规划图”也能够使员工清楚企业的战略目标和使命。

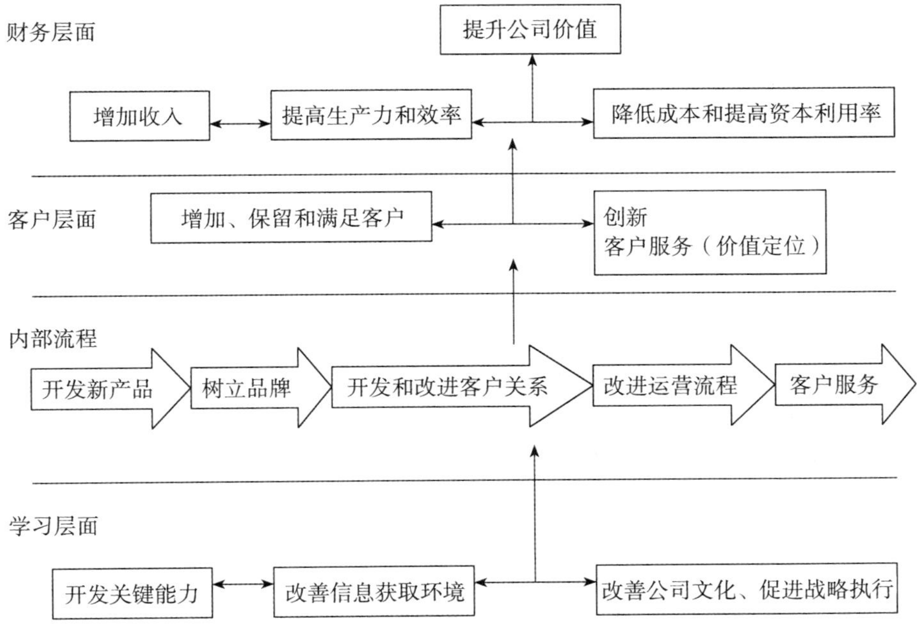

图12-4　平衡计分卡的战略规划图

战略规划图主要从以下几个方面进行绘制：①明确战略追求的财务成果，根据企业的现有财务成果和将要达到的财务成果，绘制实现财务目标的措施。②明确客户价值和目标客户，制定出相应的措施，保持现有客户，积极拓展市场，提高市场占有率，发展潜在客户。③整合内部流程。通过对现有内部流程进行分析和整合，克服原有内部流程中所存在的弊端和不足，并根据客户的价值要求和潜在需求，制定出行之有效的措施，以实现客户价值主张的满足。④学习与成长。根据企业今后发展的战略需求和人力资源的潜在不足，及时绘制出培训计划和具体的操作程序，确保企业后续发展的人力资源需求和企业创新需求①。

2）构建各层次平衡计分卡②

战略目标的转化及流程指标在公司层面可以称为公司KPI指标体系。在公司KPI指标体系中实际上有两种类型的指标：一是考核指标；二是分解指标。前者是考核整个公司经营绩效水平的重要指标，其直接责任人为公司的总经理；而后者则是分解到副总、总监及部门层面甚至员工层面的指标。

公司的考核指标应当尽量选择“战略规划图”中那些滞后/结果性的KPI指标。在公司考核KPI指标转化出来后，还需要对其进行检视，以剔除那些由于数据获取成本较高等原因而不能衡量的指标。在指标确定后，企业还要根据公司经营预算等计划确认指标值，随后组织各个职能领域的负责人（分管副总及部门经理）收集公司经营计划，并将这些计划与预算资金的分配结合起来，最终选择部分计划落实到公司层面的平衡计分卡上。当这些工作全部完成后，就可以得到一个完整的公司层面的平衡计分卡。

在完成公司层面平衡计分卡的构建工作后，即可组织相关人员进行部门平衡计分卡的构建。这项工作的前提是检查原有组织架构设置是否存在问题并对其进行改进，同时对部门的职能进行描述。之后，可以对公司的KPI指标体系进行分解，分解时要注意根据各个部门的职能对所分解的指标进行修正、补充，并兼顾其与部门分管上级的指标关联度。在得到部门的KPI指标体系后，同样要根据部门策略的重点选择出考核指标与分解指标。如有必要，还可以绘制出“部门策略规划图”，它能比较直观地反映部门策略的重点。部门层面的平衡计分卡和各个部门的行动计划、部门经理的学习发展计划共同构成公司部门层面的经营绩效计划。

部门层面平衡计分卡与绩效计划的编制完成后，即可以开始构建员工个人层面的平衡计分卡。与部门平衡计分卡的编制相同，个人层次平衡计分卡的编制前提是职位梳理，明晰岗位的职责并建立任职资格体系。岗位职责是设定个人KPI指标的依据，而任职资格体系则是确定个人学习发展计划的重要前提条件。首先，将部门级KPI指标体系在部门内部各岗位之间进行分解，并结合岗位职责进行补充、修正，以选择考核指标并对所选指标进行检视和解释。其次，在获得岗位的KPI指标后，组织个人平衡计分卡的填写工作，并指导各级主管与员工编制学习与发展计划。员工个人平衡计分卡和学习与发展计划构成了员工个人绩效计划的主要内容。

12.3.3 设计运作系统

运作系统的设计实际上是对平衡计分卡与绩效管理整个过程的规范，其主要包

---

① 高建丽．绩效管理中平衡计分卡的设计流程［J］．科技与管理，2007（3）．
② 秦杨勇．平衡计分卡与绩效管理——中国企业战略制导［M］．北京：中国经济出版社，2005．

括以下三个方面的内容：

1）设计平衡计分卡与绩效管理的流程

平衡计分卡的运作本质上需要按照一定的流程来进行，这一流程是其日常运作的规范与标准。因此设计运作体系的第一步就是对公司平衡计分卡的流程进行设计，这也是运作系统设计最为核心的部分，而下面所提到的平衡计分卡制度和流程表单都可以视为此流程的支持性文件。

2）制定平衡计分卡与绩效管理的制度

平衡计分卡与绩效管理的制度（或称绩效管理制度）是平衡计分卡与绩效管理在公司日常运作的规范性文字描述，主要是对平衡计分卡及绩效管理的流程与方法进行描述。通常包括：明确平衡记分法与绩效管理的目的，确定平衡计分卡与绩效管理制度的使用范围，解释平衡计分卡与绩效管理制度的相关定义，确认平衡计分卡与绩效管理的基本原则，平衡计分卡与绩效管理组织机构的设置与职责界定，以及平衡计分卡与绩效管理实际运作规则描述。

3）制作平衡计分卡流程表单

在进行平衡计分卡流程设计后，还需要制作出流程表单，这些表单是公司在后期推进实施平衡计分卡时所需要用到的。在设计表单时，应先做出表单目录，目录中列出在平衡计分卡实施流程的每个环节上所要使用的全部表单以及每个表单所支持的流程（见表12-2）。如果没有这些流程表单，公司将无法按照平衡计分卡实施流程来实现有效的运作，也最终不能实现运作系统的有效规范。

表12-2　**平衡计分卡流程表单**

序号	表单编号	表单名称	流程名称			
			计划	指导与反馈	考核	回报
1	No.001	战略规划图	√			
2	No.002	绩效计划	√	√	√	√
3	No.003	指标解释表	√	√	√	
4	No.004	指标分解矩阵表	√			
5	No.005	绩效计划调整申请单		√		
6	No.006	绩效计划分析表		√		
7	No.007	KPI指标收集表		√		
8	No.008	KPI指标汇总表		√		
9	No.009	KPI指标提供表		√	√	
10	No.010	述职报告			√	
11	No.011	述职评价表		√		
12	No.012	考核申诉单			√	

12.3.4 实施、反馈和修正

此阶段为组织平衡计分卡的具体实施。在平衡计分卡实施的过程中，需要进行实时监控，不断反馈其实施状况，及时分析其对于企业战略实现的促进力度，进而评估平衡计分卡的实施效果。根据反馈信息、发现的问题和员工的意见对平衡计分卡中所涉及的指标体系进行修正和完善，并改进企业战略。

平衡计分卡为企业高层管理者轻松地跟踪和分析公司绩效创建了良好的基础架构，如果再辅以平衡计分卡软件的支持，则这个过程会更具有执行力。大部分公司每年更新一次平衡计分卡，但随着商业环境的变化和对平衡计分卡学习的深入，公司会根据每月的跟踪调查调整一些目标、指标和目标值。平衡计分卡实施的一个基本要点是：根据环境变化及时做出调整，以确保战略的成功执行①。

实例12-2　　罗克沃特公司的平衡计分卡实施程序

每个企业都是独具特色的。因此，在建立平衡计分卡时，也应该走自己的路。比如，在苹果公司和AMD公司，是由一位对最高管理层的战略思想极为熟悉的高级财务经理或业务发展经理，在不进行广泛审议的情况下，构想出初始的平衡计分卡。而在罗克沃特公司，高级管理层还需要共同确定公司的战略，至于推动战略成功并对此加以测评的那些关键的执行手段，就更非一人之功。

像罗克沃特这样的公司，可以采用一个系统的发展计划来构建平衡计分卡，同时鼓励高级经理和中级经理们对其加以支持。下面是一个典型项目的简况：

（1）准备。企业应首先明确界定适于建立顶级平衡计分卡的经营单位。一般来说，有自己的顾客、销售渠道、生产设施和财务绩效测评指标的经营单位，适于建立平衡计分卡。

（2）面谈：首轮。经营单位的多名高级经理（通常是6~12位）收到关于平衡计分卡的背景材料，以及描述公司的远景、使命和战略的内部文件。

平衡计分卡的推进者（或者是外部的顾问，或者是公司中组织这一行动的经理）与每位高级经理进行大约90分钟的面谈，以掌握他们对公司战略目标的了解情况，并得到对平衡计分卡的实验性提议。推进者还可与一些大股东会谈，了解他们对经营单位财务绩效的期望。还可与一些重要客户会谈，了解他们对最好的供货商的表现有何期望。

（3）经理讨论会：首轮。最高管理层与推进者一起设计平衡计分卡。在这一过程中，小组讨论中提出的对使命和战略的各种说法，最终应达成一致。然后，由小组回答这一问题："如果我成功地完成了我的使命和战略，对股东而言，对顾客而言，对内部业务程序而言，对我创新、发展和提高的能力而言，我的绩效会有何不同？"

可以播放与股东和顾客代表会谈的录像带，以便使讨论者可从他人的角度考虑

① 毕意文，孙永玲．平衡计分卡中国战略实践［M］．北京：机械工业出版社，2003．

问题。在确定了关键的成功因素后，由小组制定初步的平衡计分测评法，其中应包括对战略目标的绩效测评指标。由于角度不同，小组提出的测评指标常常会多于四个。此时，不一定非要将选择范围缩小，但可进行民意测验，以弄清提出的某些测评指标是否被小组认为应处于次要地位。

（4）面谈：第二轮。推进者对经理工作时得出的结果进行考察、巩固和证明，并就这一暂定的平衡计分法与每位高级经理举行会谈。推进者还可就在实施平衡计分卡时可能遇到的问题征求意见。

（5）经理讨论会：第二轮。高级管理层和其直接下属，以及为数众多的中层经理，再一次集中，对企业的远景、战略陈述和暂定的平衡计分法进行讨论。参加者分组展开工作。讨论所提出的测评指标，把正在施行的种种变革方案与测评指标联系起来，并开始构思实施计划。在结束时，参与者要为所提出的测评指标一一设定弹性目标，包括拟订改进进度。

（6）经理讨论会：第三轮。高级经理人员举行聚会。就前两次讨论会所制定的远景、目标和测评方法达成最终的一致意见，为平衡计分法中的每一指标确定弹性目标，并确认实现这些目标的初步行动方案。团队必须商定一项实施方案，包括向雇员宣传平衡计分卡、把平衡计分卡结合到管理哲学中，以及开发信息系统，以支持平衡计分卡。

（7）实施。由一个新组建的团队为平衡计分卡设计出实施计划，包括在测评指标与数据库和信息系统之间建立联系、在整个组织内宣传平衡计分卡以及鼓励和加速为分散经营的各单位开发出二级指标。这一过程的结果是构造出全新的执行信息系统，它能把最高级经营单位的测评指标向下贯彻，与各车间和各现场具体的经营指标联系起来。

（8）定期考察。每季或每月应准备一份关于平衡计分卡测评指标的信息蓝皮书，以供最高管理层进行考察，并与分散经营的各分部和部门进行讨论。在每年的战略规划、目标设定和资源分配程序中，都应包括重新检查平衡计分测评法指标。

资料来源　卡普兰，诺顿．平衡计分战略实践［M］．上海博意门咨询公司，译．北京：中国人民大学出版社，哈佛商学院出版社，2009.

12.4　平衡计分卡的应用

12.4.1　平衡计分卡的应用条件

虽然平衡计分卡已被证明是一种先进的管理理念，但正如其他管理技术一样，它也有其具体的适用条件，或者说，要确保平衡计分卡的成功实施，应具备以下要素：

1）明确的组织战略

这是由平衡计分卡的本质特征所决定的。平衡计分卡的实质是将企业的战略规划落实为具体的经营行为，并对战略的实施加以实时控制，从整个公司的平衡计分卡到部门的平衡计分卡，再到员工的平衡计分卡，都是对公司战略的逐层分解，这就要求企业具有明确的战略规划，以及相应的组织机构、程序、流程和人员保证等。

2）组织高级管理层的承诺和支持

组织高级管理层的承诺和支持是成功实施平衡计分卡的必要条件。变革绩效管理系统必然会最先涉及企业管理者们的利益，而平衡计分卡的实施将使企业的绩效考核更加透明，这对于善用改变财务数据来操纵业绩的管理者们可能形成威胁，从而可能会阻止或拖延对现有绩效系统的变革。因此，高层管理者对平衡计分卡的认识以及对其实施的态度极为重要，并且，在确定实施平衡计分卡的企业，高级管理层必须参与战略的制定并推动战略在基层的贯彻。也就是说，企业高级管理层必须重视平衡计分卡的实施，并且在其制定、实施过程中发挥主导作用。此外，通过沟通使中层管理者和员工了解高级管理层的这种重视和支持，也将大大提高其积极性。

3）全员参与和充分沟通

平衡计分卡的建立是基于高层管理者制定的战略，而其运用则是平衡计分卡分解、转换、实施的过程，因此，其有效实施有赖于每一位员工的贡献，只有每个岗位上的员工都了解企业战略的实施，明确组织战略目标、部门目标与个人目标之间的关系，并且都具有专业胜任能力，才能够实现组织绩效目标，而要实现这种企业全体员工的积极参与，就需要有良好的协商和沟通环境。唯有如此，平衡计分卡的各个指标、各个层面之间的关系才能落实到实际中，平衡计分卡才能有助于实现最终的长期战略目标。

4）指标创新能力和意愿

企业要制定符合战略发展要求的衡量指标，并使衡量指标与平衡计分卡的目标建立因果关系，要求企业各级管理人员具备一定的创新能力，而战略实施的过程同时也是衡量指标的反馈和修正的过程，这也需要一定的创新能力来完成指标的改进。因此，如果没有指标创新的能力和意愿，就有可能逐渐失去平衡计分卡的实施动力。

5）健全的企业管理体制

平衡计分卡的产生和成功运用建立在两大基础上：一是西方国家长期以来严格、规范、科学的企业管理实践；二是管理理论的不断创新和发展。平衡计分卡深受现代管理思想和理论的影响，集成了西方的现代管理理论成果。因此，其不是一种评价方法的简单改变，而是整个企业管理水平的提高，因而健全的企业管理体制能够增大其顺利实施的可能性。所以，拟实施平衡计分卡的企业应首先加强基础管理，同时循序渐进地引进平衡计分卡。比如，管理基础较差的企业可以首先加强预算管理，预算管理尽管侧重财务方面，但终归比单纯的财务指标评价前进了一步；管理基础较好的企业也可以逐渐引进非财务指标，扩大评价的范围和增加评价的手段。

6）完善的信息系统

在实施平衡计分卡的过程中，必然会涉及企业财务和非财务方面的数据，而且每个绩效考评指标大多是在大量基础数据的统计基础之上得到的。因此，需要现代化的信息系统来满足平衡计分卡对数据处理速度和信息集成的需要。没有完善的信息系统，基础数据来源困难，再完美的框架也无法发挥其效用。

实例12-3　　一个失败的平衡计分卡应用案例

史先生是某大型国有企业的人力资源总监，他在国外培训的时候接触到了平衡计分卡，并被这一新型管理工具深深地吸引，认为它能给公司带来全新的局面。回国后，史先生在公司里力主实施平衡计分卡，他的想法得到公司高级管理层的认可。于是，公司于2001年开始实施平衡计分卡。经过几个月的辛苦工作，人力资源部全体员工深入二级单位和各部门调研、协商、沟通，制定了较为完整的4大考核指标体系——财务、客户、业务流程和学习创新。人力资源部还为此制作了大量表格下发到各单位，并对相关人员进行了培训。

但随后，麻烦便接踵而至。公司虽然建立了考核指标，但由于指标分解制定得不科学，无法建立行之有效的监控体系，而对于如何制定科学有效的考核指标，史先生也是一脸茫然。各部门与员工因此大为不满，抱怨与抵触情绪愈演愈烈。最终，一年都没到，公司的平衡计分卡业绩管理体系就不了了之了，各部门仍旧沿用过去的以财务指标为核心的考核体系开展工作。

资料来源　韦文．平衡计分卡平衡了什么［N］．中国质量报，2004-05-24.

思考题：该企业实施平衡计分卡失败的根本原因是什么？

12.4.2　平衡计分卡应用示例[①]

A公司是一家战略驱动的投资控股企业，采用母子公司治理结构，投资涉及IT、投资、地产等三大领域。作为一个典型的非相关多元化的投资人，A公司以行使定方向、选人才、配资源、监督考核的职能为手段，推动子公司成为所在行业的领先企业，最终为股东创造更大价值。A公司综合营业额为年419亿元人民币，利润总额14.81亿元人民币，总资产222亿元人民币。

A公司原来采用的是基于目标管理的绩效考核办法，对于部门，每季度考核其在当期期初设定的工作目标是否按所承诺的时间点和结果予以完成，对于员工个人，除了每季度考核其在当期期初设定的工作目标是否按所承诺的时间点和结果予以完成之外，还在能力和态度方面对员工进行评价，考核指标选取行为化指标。这种绩效考核办法存在以下问题：

（1）公司每年在制定工作目标和考核标准时，只是站在部门本位的角度，提出本部门能做到的以及当前必须要做的事项，而没有关注公司的战略和整体的经营绩

① 郭芳．关注结果与过程——基于平衡计分卡的绩效管理指标体系设计［J］．职业，2006（7）.

效。同时，公司各部门在提出其目标时也没有考虑公司的战略，仅仅局限于部门的工作内容。各部门、各职位的绩效目标不是从企业的战略逐层分解而得到的，绩效管理与战略实施相脱节，难以引导每位员工趋向企业的目标。作为战略实施的工具，绩效管理没有体现出它应有的价值。

（2）公司、部门、个人之间的绩效相对独立，在考核指标和评价标准上缺乏一致性，无法实现公司绩效、部门绩效和个人绩效的联动。

（3）对能力、态度的评价，有关考核要素和评价标准的文字描述比较简单和粗略，不易于考核者和被考核者操作。

针对以上问题，A公司确定了以下解决思路：首先，要建立起一个完整的绩效考核指标体系，将公司、部门和个人的绩效目标统一起来，形成自上而下、内在关联的指标系统，做到比较量化地评价职能部门的工作结果。其次，依据公司业务特点和对人才的要求，制定出包括知识、技能、态度在内的行为指标和相应的标准来评价员工的行为表现，以期对员工的日常工作行为起到牵引的作用。

为实现以上目标，A公司从以下几个方面对其绩效管理指标体系进行了重新设计：

（1）运用平衡计分卡（BSC）的核心思想，建立量化关键绩效指标（KPI）体系

①公司KPI（一级KPI）。

运用BSC综合和平衡的思想，以A公司的战略目标为核心，从财务、客户、内部运营过程、学习与发展四个方面提炼出推动企业战略目标实现的关键成功因素，每一个关键成功因素都选取不少于一个的KPI进行描述，这就使得关键成功因素落实在具体的可量化的指标上。这样，A公司的战略目标就被分解成为公司的KPI，即一级KPI（如图12-5所示）。

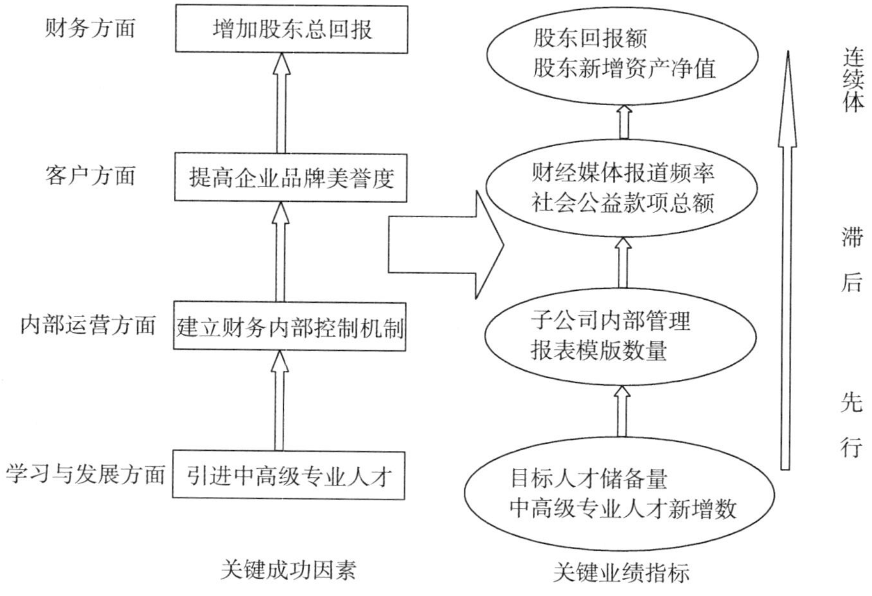

图12-5　A公司关键成功因素与关键绩效指标的对应

②部门KPI（二级KPI）。

部门KPI，也就是二级KPI来源于两部分：其一是公司KPI，各部门根据各自部门的职责定位直接落实公司的KPI；其二是根据各部门的职责定位在公司战略指导下确定部门的目标，然后在公司关键成功因素的指导下，遵循BSC原则，分别确定部门在财务方面、客户方面、内部运营方面、学习与发展方面的工作策略或目标。同时，由于基于BSC的分析不能涵盖一个部门自身的组织建设、工作改进等内容，因此部门还要通过SWOT分析进行自我剖析。将分析结果整合到上述工作策略或目标当中，从而使部门的KPI更加全面（如图12-6所示）。

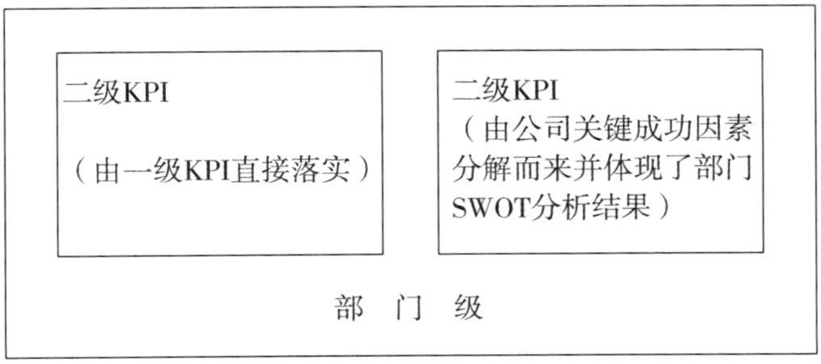

图12-6　A公司部门KPI的构成

（2）个人绩效指标的确定

这里的个人包括部门管理者和员工两个角色。在制定个人的绩效指标时，A公司既关注结果也关注过程中的行为表现，设计了结果性指标和行为性指标。由于部门管理者和员工处在不同的层次，他们所承担的责任范围也各不相同，所以将他们的结果性指标和行为性指标分配了不同的权重（见表12-3）。

表12-3　**个人绩效指标的权重分配**

绩效考核对象	绩效指标	
	结果性指标	行为性指标
部门管理者	50%	50%
员工	30%	70%

①结果性指标的确定。

部门管理者作为部门的负责人，主要工作就是领导和带领团队成员达成既定的部门目标，所以他的结果性指标就是其所管理部门的KPI。

考核员工的结果性指标即为某个岗位的KPI，是依据本岗位应承担的职责对部门级KPI（二级KPI）进行分解而得出的。通常，每个岗位职责下都包含多个工作模块，这样得出的指标数量较多，涵盖了公司和部门级KPI分解细化的指标、岗位日常工作指标、需要短期关注的指标以及需要改进的指标等。因此，必须将这些指标进行筛选，剔除重复的指标、本岗位无法控制的指标、管理成本过高或计算过于复杂或难以量化的指标，并依据对公司经营和财务收益影响力的大小将指标进行排序，最终选择5~10项指标作为岗位KPI。

②行为性指标的确定。

无论是部门管理者还是员工，他们是否按照公司所倡导和要求的价值观和行为方式开展工作，在很大程度上影响着公司战略目标的实现，所以，对他们的工作行为进行评价是绩效考核的重要组成部分（见表12-4）。行为性指标涵盖了知识、技能和态度等内容，是对个人的资质能力或素质（competency）的评价，它所描述的标准是衡量员工在工作过程中行为表现的一把标尺。

表12-4　　**行为性指标及描述示例**

行为性指标	行为表现
求实	1.个人的追求服从于公司的目标和战略，并在行动上保持一致 2.说到做到，取信于客户、上级、同事和下级 3.踏实做事，在工作中关注细节，精益求精 4.以虚心和开放的态度去听取别人的意见和批评
进取	1.在工作中以取得成果为要 2.有强烈的进取心，勇于承担风险和责任 3.在时间允许的情况下，主动承担额外的工作 4.关注成功的机会而不是困难，并努力将机会变为现实
学习	1.有学习的意愿 2.掌握学习方法并有效获取知识 3.将获取到的知识应用到实践中 4.善于总结，从成功和失败中获得经验和教训
问题解决与决策	1.在复杂的情况中发现问题所在 2.快速界定导致问题发生的根本原因 3.运用科学的思考工具分析问题 4.提供可行且优化的解决方案
创新	—
团队精神	—

A公司按照BSC的核心思想设计而成的绩效考核指标体系，有效地将组织战略目标与部门、个人的目标紧密相连，并从财务、客户、内部运营过程、学习与成长四个方面来综合地衡量企业业绩，从而有助于在追求财务目标的同时，更加关注内部管理流程，提升员工能力并获取满足企业未来发展需要的无形资产。结果性指标和行为性指标的划分落实了公司关注结果也关注过程的绩效管理思想，并引导部门管理者和员工以公司倡导的行为方式完成日常工作任务。

□ 个案分析

华润集团平衡计分卡应用

一、华润概况

华润（集团）有限公司是一家多元化控股企业集团，2003年归属国务院国有资产监督管理委员会直接管理，被列为国有重点骨干企业。华润集团下设7大战略业务单元、21家一级利润中心，有实体企业1 200多家。华润拥有多家上市公司。其中，华润创业、华润电力、华润置地是华润旗下“蓝筹三杰”。集团核心业务包括消费品（含零售、啤酒、食品、饮料）、电力、地产、医药、水泥、燃气、金融等。华润的多元化业务具有良好的产业基础和市场竞争优势，其中零售、啤酒、电力、地产、燃气、医药已建立行业领先地位。

二、经营管理理念

1.集团多元化，利润中心专业化

为合理配置资源，形成行业竞争力，华润确立了“集团多元化，利润中心专业化”的经营方针。集团在有限领域内建立起相关联的多元化业务，由此增强抗风险能力，确保整体业绩平稳增长；而旗下利润中心则以竞争战略为导向，开展专业化经营，努力打造具有强大竞争力和行业领导地位的专业化企业。

2.华润特色的6S管理体系

6S是6个“system”的简称，即业务战略体系、全面预算体系、管理报告体系、内部审计体系、业绩评价体系、经理人考核体系。6S体系是华润从自身特点出发探索的多元理念，只有该环节实现制造装配环节的技术突破与转型升级，才能真正推动整个制造业产品价值链的升级和价值提升。所以，OEM企业的转型需要价值链上所有相关环节的共同参与和支持。

（1）知识识别与获取。首先，OEM企业要明确自身定位，在此基础上，要分析与企业相关的外部环境，企业自身实际情况，以识别与获取有价值的知识。包括供应商、客户、竞争对手、合作伙伴、专门的知识机构及其相关的知识，企业现有与潜在的知识，员工的个人知识等。

（2）知识的整合与规划。根据所获取的有价值的知识，将企业外部环境知识、企业内部知识、员工个人知识，按照企业发展的需要进行整合，并对企业发展做好规划，包括企业组织结构的设计调整、工艺流程的改进、知识管理理念的树立、相应制度的安排、人员的选拔与配置、自动化办公基础设施的配置以及管理信息系统的建立和完善等。要实现企业显性知识与隐性知识的互相转化与合理利用，确保知识管理模式与企业发展战略相适应。

（3）知识的传递、应用与共享。要建立良好的信息传递渠道，使知识在“外部环境—OEM企业—企业员工”之间达到有效的传递，搭建合理的信息共享与交流平台，使知识价值得到最大限度的体现，实现“知识链”同“价值链”的融合，使OEM企业因知识链与价值链而受惠，OEM企业的升级反过来也促进了整个产业的升级与价值增值。

（4）知识创新。知识创新是企业知识管理的核心，具体包括技术创新、制度创新与管理创新等。OEM 企业要实现转型升级，必须在与产品有关的生产技术上寻求突破，提高产品质量。建立健全现代化企业制度，转变粗放型的以牺牲资源、环境为代价的粗放型生产方式，关注员工的成长，建立知识员工的培养、学习与知识激励体系等。树立现代企业管理理念，注重企业文化的建设，为员工营造良好的生产生活环境。以优质的产品、规范的制度、优秀的员工、良好的企业形象打造属于 OEM 自身的品牌形象。

资料来源　李娟娟．华润集团平衡计分卡应用研究［J］．合作经济与科技，2014（1）．

思考题：

1.结合案例，说明平衡计分卡是如何在华润集团实施的，给华润集团带来了哪些好处。

2.说明在实施平衡计分卡的过程中应该注意的问题有哪些。

□ 本章小结

平衡计分卡是一个以公司战略为基础、以因果分析为手段，从股东、客户、内部经营、学习和成长等几方面层层展开的战略管理系统。这一系统从客户角度、内部流程角度、财务角度以及学习与发展角度构建指标体系，评价企业的业绩，但是，从这四个角度出发设计的各项评价指标之间并非毫无关系，而是在逻辑上紧密相承，具有一定的因果关系。实际上，因果链布满了平衡计分卡的各个方面。在实践中，平衡计分卡的表现形式有多种，但无论其属于企业的哪一个层次、哪一个级别，平衡计分卡都应包含以下基本要素：角度或维度、目标、指标与指标值、行动计划、任务。

平衡计分卡的典型特征主要体现在其关注或强调以下几个“平衡”：财务与非财务的平衡；结果与动因的平衡；长期与短期的平衡；外部与内部的平衡；客观与主观的平衡；有形资产与无形资产的平衡。在企业的绩效管理中，平衡计分卡发挥着以下作用：连接企业战略与绩效管理系统；促进组织学习；平衡计分卡可以考核绩效并沟通考核结果，以及协调组织内部关系，但是，与其他所有的管理方法一样，平衡计分卡也存在一定的不足，这种不足具体表现在：对使用者的要求较高，使其适用范围受局限；实施平衡计分卡的工作量极大，需要消耗大量的时间和精力；部分指标难以量化，从而可能导致具体操作中的困难；权重分配问题会增加应用平衡计分卡的复杂性。

平衡计分卡的实施要遵循一定的流程。这一流程包括前期准备、构建计分卡、设计运作系统、反馈和修正等基本环节。

如其他管理技术一样，平衡计分卡也有其具体的适用条件：明确的组织战略；组织高级管理层的承诺和支持；全员参与和充分沟通；指标创新能力和意愿；健全的企业管理体制；完善的信息系统。

□ 关键概念

平衡计分卡 因果链 客户角度 财务角度 内部流程角度 学习与发展角度

□ 课堂讨论

1.如何正确看待平衡计分卡？
2.怎样才能确保平衡计分卡的成功实施？

□ 复习思考题

1.平衡计分卡是在何种背景下产生的？其经历了怎样的发展过程？
2.平衡计分卡的核心思想是什么？
3.平衡计分卡的基本要素有哪些？
4.平衡计分卡的优势和不足体现在哪些方面？
5.平衡计分卡在企业绩效管理中发挥什么样的作用？
6.平衡计分卡的实施应遵循什么样的流程？
7.实施平衡计分卡的企业应具备何种条件？

□ 自测题

1.平衡计分卡是以（　　）为起点的管理系统。
2.平衡计分卡从（　　）、（　　）、（　　）和（　　）角度构建指标体系。
3.平衡计分卡的基本要素包括（　　）。
A.角度或维度　　B.目标　　C.指标与指标值
D.行动计划　　E.任务
4.平衡计分卡强调哪几个方面的“平衡”？
5.成功实施平衡计分卡的要素是什么？

□ 补充阅读材料

平衡计分卡发明者自省失败运用六大类型

——与罗伯特·卡普兰教授对话

《哈佛商业评论》在庆祝自己80周年生日的时候，评选出了“过去80年来最具影响力的十大管理理念”，现任哈佛商学院领导力教授的罗伯特·卡普兰和其同事发明的平衡计分卡名列第二。

《21世纪》：你发明平衡计分卡的最初动因是什么？希望达到怎样的效果？平衡计分卡诞生已经有10年了，从你现在所了解的情况来看，它是否实现了当初的设想？

卡普兰：我们一直在寻找一种工具，它可以科学地衡量企业的无形资产在创造持续的经济价值方面所起的作用，我这里所指的无形资产包括客户关系、创新、质量、员工积极性和能力、数据库和信息系统等在内。我认为平衡计分卡就是这样的一种工具。

当然，没有一种工具是完美的。所幸的是，在过去的10年中，我们在如何使用平衡计分卡为企业带来有突破性的表现方面积累了非常多的经验。其中最重要的一点就是，我们发现，“战略地图”的巨大力量将战略目标和测量工具之间那些因果相关的因素都形象化、具体化。

《21世纪》：在《商业周刊》1 000强企业中，有55%的企业使用BSC，对这样的一个数字你是否满意？为什么45%的企业选择不使用BSC？

卡普兰：很高兴有这么多的企业在使用BSC，说实话，我希望所有的企业都采用BSC并使之真正促进企业绩效的提升，但是我们估计，即使是这55%宣称已经采用BSC的企业，至少有一半没有完全地发挥这个工具应有的潜力，大多数企业更多的是将其作为“点名册”或者是给员工发补偿金的参考依据，而不能发挥其执行战略和调整战略的价值。

对于那些不选择使用BSC的企业，我想大多数恐怕都存在着这样的问题，如拒绝变化的惰性，缺乏领导力或者沾沾自喜。

《21世纪》：那些使用了BSC却没有真正发挥其作用的企业，究竟是什么原因造成的呢？

卡普兰：问题不是出在工具上，而是出在实施和执行方面。在这10多年里，我们经过不断的调查和咨询发现，实施BSC出现失败，主要有以下几种情况：

一种情况是当企业进行重组时，如几个使用BSC的企业进行重组，但重组后的管理层对BSC没有兴趣，或者由于高层管理人员的变更，新的管理者将他自己习惯的管理工具带进企业而抛弃原有的BSC。我们发现，造成这些令人遗憾的结果往往是企业内部的原因而不是外部事件和环境的变化。

另外一种情况是企业的BSC实在是做得非常差，如评测标准的简单化，对某一个目标也许只有几个测评参数。这样造成的结果就是BSC并不能真正反映出所要达到的目标和促进目标达到的工具之间的平衡。

有意思的是，导致BSC应用失败或者没有达到应有效果的主要因素往往是由于企业内部流程的不科学造成的，而不是由于计分卡的设计不科学。流程的失败率要高得多，因为修改和完善设计不科学的计分卡远比改变企业流程并将平衡计分卡结合应用到企业管理系统中去要容易得多。

《21世纪》：在你和大卫·诺顿教授共同倡导BSC之后，相信你们也一直在做一些跟踪研究，对于BSC在实际使用的一些情况和问题，是否得到了总结和改进？

卡普兰：是的，我们一直在做这个工作。我们总结出了企业在运用BSC的时候不够成功的六种主要类型：

第一，高层管理人员对此缺乏认可。BSC是一个战略管理工具，上升到战略层面的话，就必须要求企业高层管理团队对此有充分的认可，而实际的矛盾却是中层管理人员已经意识到了BSC的重要性，但高级管理层对此关注度不高。这就像“母鸡和小鸡的早餐”一样，小鸡们已经嗷嗷待哺，但母鸡还是不慌不忙。

第二，成员参与度不够高。这是与第一种相反的情况。高层管理团队如CEO、CFO、CPO等对BSC期待很高且投入较多激情却没有逐层往下推进，这样，孤独的执行官们往往会造成两种误解：一是负责人力资源的人员会认为公司高级管理层接替了其职责内的工作，从而认为自己没有必要参与或很难参与进去；另一种是执行官们往往太过自信，认为光凭他们就可以设计完美的计分卡，的确，他们设计了完美的计分卡，但是又有什么用呢？

第三，仅仅在公司高级管理层推行。

第四，流程开发耗费时间太长，将BSC视为一次性的测评项目。出现这种情况主要是因为BSC的设计团队太追求完美，他们非得等到每个数据、每个标准都完美无缺了才愿意将其投入使用，他们希望一劳永逸。其实不是这样的，BSC需要在使用中才能得到不断完善，不断调整。

第五，将BSC视为一个系统工具而不是管理工具。这是最昂贵的错误！这种情况一般在雇用外脑（如咨询公司）的时候容易出现。结果是咨询公司提供了一大堆报告和一个成熟的系统，但公司在管理上并未得到应有的改进。

第六，对BSC的诠释仅仅限于补偿作用。

资料来源　段晓燕．平衡计分卡发明者自省失败运用六大类型——与罗伯特·卡普兰教授对话［N］．21世纪经济报道，2003-03-14.

电建海投公司的平衡计分卡实践

中国电建集团海外投资有限公司（以下简称“电建海投公司”）作为开展海外电力投资业务的央企，其全部业务都在境外，专业从事电力能源投资这一新兴业务，专业管理难度较大，项目点多面广，时限长，对风险防范要求高，这些都对人才队伍国际化经营的决策能力、专业能力和协调能力提出了挑战。为实现人力资源价值最大化、适应公司业务模式需要、实现公司发展战略目标，电建海投公司积极引入国外先进管理体系，并将该体系与企业现状紧密结合，构建了基于平衡计分卡方法的全员绩效管理体系。

• 明确绩效管理的理念和内涵

坚持“业绩论英雄”的绩效理念。企业开展考核是要通过考核持续改进绩效，按照“多能多劳、多劳多得、不劳不得” 的原则，优化人才队伍结构，完善薪酬结构体系，激发员工工作热情，培育企业文化，最终引领和推动企业业务持续、健康、 快速发展。在考核体系的构建上，电建海投公司以平衡计分卡为核心构建覆盖全员的考核体系（如图12-7所示），将多种考核紧密结合、互相补充形成有机整体，通过公正科学的价值评价和价值分配体系，使公司形成战略、目标高度一致的整体，从而有力促进公司发展。具体来说，一是根据中长期战略规划和集团公司设定的年度工作任务，采用平衡计分卡的管理工具开展机构考核，实现战略任务的层层分解、传递和落实。二是在平衡计分卡机构考核基础上，分级、分类开展个人考核，实现考核的全面覆盖。三是大力开展各类专项考核、党工团考核和各类奖先评优，将其作为绩效考核的重要补充。四是贯彻“业绩论英雄”的绩效理念，加大对考核结果的应用力度。

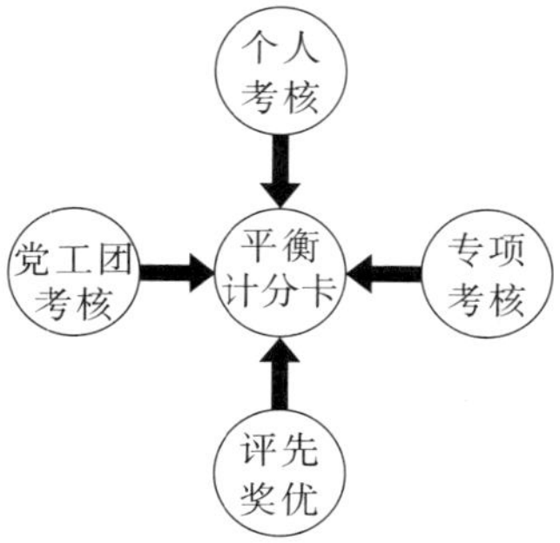

图 12-7　构建覆盖全员的绩效管理体系

·健全组织机构体系推进信息化管理

电建海投公司高度重视顶层设计，公司成立绩效考核与薪酬管理委员会（以下简称“绩委会”），统筹管理各项考核工作。绩委会下设办公室，办公室下设总部部门绩效考核组、项目公司绩效考核组、经济责任制考核小组和员工绩效考核与薪酬管理小组等四个工作小组，并由企业发展部、建设管理部、运营管理部、财务管理部和人力资源部分别负责具体考核工作，形成统一领导、分别组织、互相配合的工作格局，如图 12-8 所示。电建海投公司全面开展绩效管理系统开发，大力推进绩效管理信息化。公司结合 PRP 项目管理信息化系统的建设，扩展开发了绩效管理模块，实现了工作流程化、表单化和标准化；公司专门开发了总部员工绩效信息考核系统，并与现有的 HR 信息系统顺畅对接，提升了用户体验，提高了工作效率，加强了结果的展现和应用。

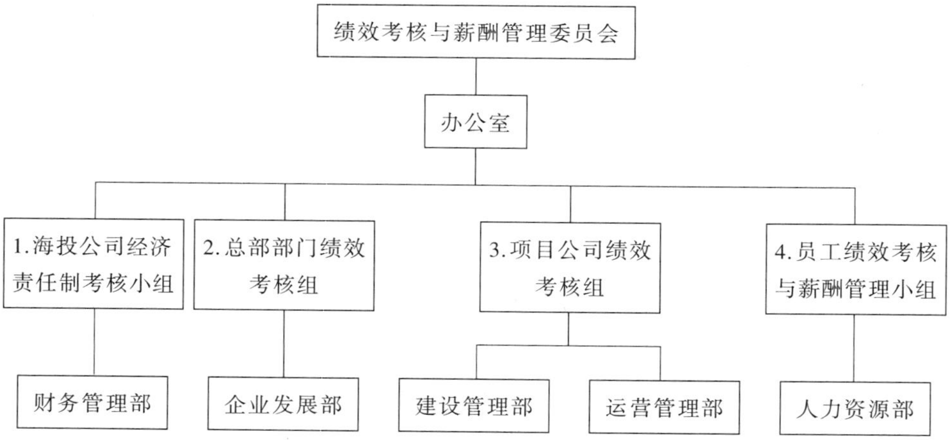

图 12-8　绩效考核与薪酬管理委员会

·构建覆盖全员的绩效管理体系

（1）机构考核，公司战略任务层层传递分解。电建海投公司根据各部门、各子公司的业务特点、发展阶段和战略定位等，制定差异化的机构考核体系，不断优化指标体系设计，实现公司战略目标的层层传递，任务、压力、责任层层分解落实。

一是公司根据中长期战略规划和集团业绩考核确定年度任务目标，并将年度任务目标通过平衡计分卡分解到各总部部门和各子公司。在绩委会的领导下，公司对总部部门的考核由发展部具体牵头组织开展；对子公司的考核根据项目所处阶段分别由建设管理部和运营管理部组织开展。二是公司对总部部门的考核以“突出重点、优化配置、提高效率、绩效导向、均衡发展”为目标，用定性与定量相结合的方法，按照经济财务、履职情况、部门管理和综合评价四个 维度，设计相互关联的一系列指标，将公司战略目标任务细化、分解为可操作的衡量指标和区间目标值。其中，定量评分由绩委会确定，定性评分则由绩委会组织召开部门述职会，在听取部门述职的基础上进行现场打分。定量、定性得分相加便是各部门最终考核得分。三是公司对子公司的考核根据多样化、导向性、全面性和公正性的原则，围绕经营业绩和管理评价两个维度，根据“突出重点、简化程序、统一设计、差异考核”的原则和不同的项目类型和阶段，设置不同的业绩考核指标，业绩考核指标经绩委会审定、董事长办公会审议通过后执行。

（2）个人考核，绩效管理体系分级分类、全面覆盖。绩效管理在绩委会的统一领导下，由人力资源部统筹协调，各部门、各子公司具体组织实施，按照领导干部和员工两个层级、总部和子公司两个类别，分级分类开展个人考核，实现个人考核的全面覆盖，如图12-9所示。一是按照统一的规则开展个人述职、确定考核等级和沟通反馈，方便员工轮岗，以及对考核结果的应用。其中，确定考核等级使用强制分布法，如图12-10所示。二是在考核评分的具体组织、评分人范围及权重和考核指标的确定上，体现分级、分类差异化原则。三是重点做好考核时间的协调。员工在总部部门间的调动、总部和昆明公司间的调动频繁。对于考核年度内在多个单位工作的员工，要严格按照岗位具体情况，梳理公司全员考核制度，拟订详细的考核计划并据此开展个人考核。

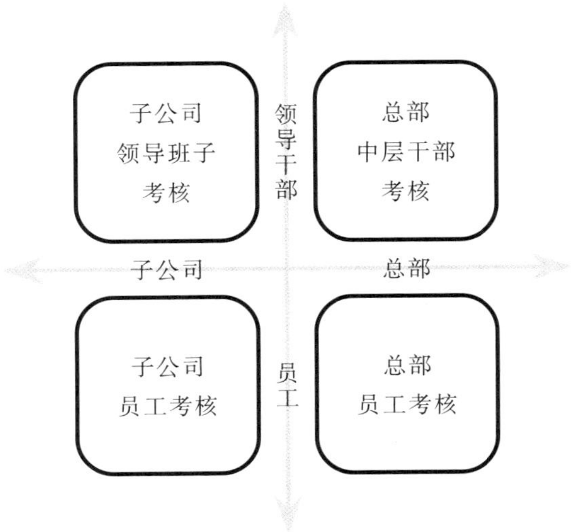

图12-9 绩效管理体系全覆盖

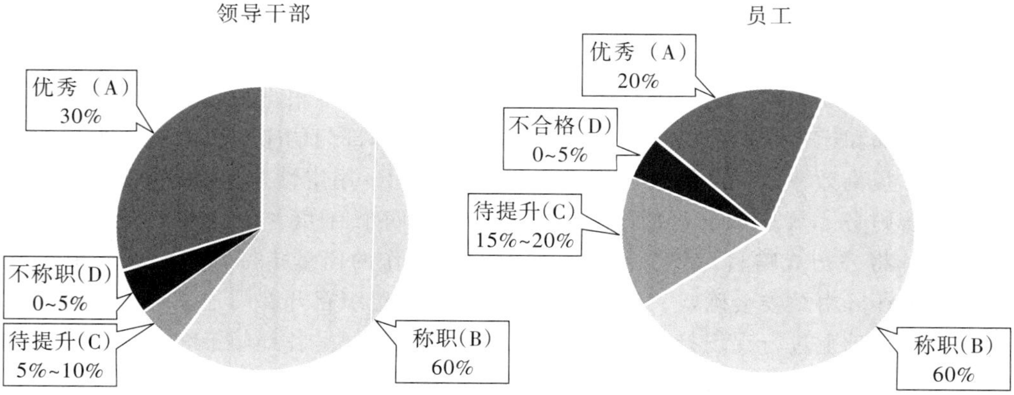

图12-10　考核等级强制分布

（3）专项考核是考核体系的重要补充。“奖励阶段性成果”是彼得·德鲁克的目标管理理论的重要内容。电建海投公司在年度业绩考核和个人考核的基础上，大力开展各类专项考核作为绩效管理体系的重要补充，并通过各类专项考核，实现对阶段性成果的奖励和反馈，有效激发全员活力，形成正能量。一是公司根据自身建设期和运营期的“五大要素”管理理念，分别对建设和运营项目设置中方人员节点奖、发电量电费回收率奖，并根据项目投资规律和管控要素设置专项考核目标，及时兑现奖励。二是公司对在生产、经营、管理、党建工作等各个方面做出重大贡献的部门和员工颁发特别贡献奖，这不仅极大激发了全员干事创业的工作热情，也成为公司薪酬体系的重要补充，在工资总额中的占比稳步提升。

（4）积极推进党工团考核，保障绩效目标的实现。电建海投公司通过党工团系统责任制考核和形式多样的表彰奖励，充分调动员工积极性、主动性和创造性，保障绩效目标的实现。公司党委、纪委分别设置了党建责任制考核和党风廉政建设与反腐败工作责任制考核，这不仅是党员评先评优的重要参考依据，还与子公司领导班子成员绩效薪金直接挂钩。

（5）全面开展评先奖优，激发员工的积极性和创造性。电建海投公司设置了数量丰富、形式多样的绩效奖项，除了党、纪、工、团系统外，还包括安全管理、质量管理、财务管理、信息化、培训等多个业务系统，奖励类别近40项。

·坚持“业绩论英雄”

电建海投公司坚持“业绩论英雄”的绩效理念，通过加强对考核结果的运用，将考核结果与薪酬分配、岗位晋升、职业发展和培训紧密挂钩，推动“人员能进能出，岗位能上能下，薪酬能增能减”三项制度落地。

（1）通过岗位晋升促进职业发展。公司每年度根据个人绩效考核结果组织岗位调整，考核结果与全员的岗位晋升和职业发展直接挂钩。具体来说：一是紧密结合岗位体系和职业发展通道，制定了明确的岗位调整规则，全员岗位每两年调整一次。二是特别设计了“破格提拔”制度，将其作为岗位调整规则的重要补充，为表现特别突出的、为公司做出特别贡献的、长期表现优秀的员工创造了加速成长的

“快车道”。三是高度重视岗位调整工作中的沟通。调岗方案初稿需与各部门、各子公司充分沟通，报公司主要领导审定后执行。公司对整个干部人才队伍的现状进行梳理盘点，并对人才成长通道进行优化，这对不断完善人岗匹配、优化干部人才队伍结构具有重要作用。

（2）奖金核算优化薪酬体系。全员绩效奖金与考核结果紧密挂钩，通过考核结果确定各单位的奖金基数，通过个人考核结果确定个人具体奖金数额。具体来讲：一是总部部门的奖金基数以公司党政主要领导的绩效奖金额为基础，根据岗位分配系数和部门考核结果，采用线性内插法确定。二是各子公司奖金基数按照差异化的原则，综合考虑各子公司国别、环境、规模、阶段和其他特性等因素，计算出各项目的绩效满分值。各子公司的奖金基数需根据其业绩考核结果对应的考核系数确定。三是在各单位奖金基数的基础上，结合全员岗位分配系数和个人考核结果，核算个人奖金额。

（3）专项谈话反馈形成闭环。电建海投公司按照总部中层干部、子公司领导班子、总部员工和子公司员工四个类别分别组织开展谈话，尤其是对考核结果较差的干部和员工，要由公司党委书记、董事长亲自谈话，帮助其找到工作中的亮点与不足，明确工作改进方向，共同讨论、制定改进措施。通过绩效考核、奖励优秀、鞭策后进，每位员工均能持续提升能力和改进绩效，形成解决绩效问题、提高绩效水平的闭环。

（4）根据考核结果开展评先奖优。在各类先进评选的过程中，考核结果是最重要的参考因素，评选为先进的单位和个人的各项考核结果均应处于领先水平；在岗位晋升等考核结果的应用中，除了参照考核结果，员工获得的各类奖项也是重要参考因素。

资料来源　王烁祎．基于平衡计分卡的海外投资企业绩效管理实践［J］．人力资源管理，2021（20）．

第13章/组织绩效评价方法之三：标杆管理

学习目标

通过本章的学习，应该理解标杆管理的含义、特点和类型；了解标杆管理的起源、发展和作用；掌握标杆管理的流程及其应用过程中应注意的问题。

13.1 标杆管理概述

13.1.1 标杆管理的含义和特点

标杆管理（benchmarking），也被译为定标比超、基准管理、定点超越、标杆瞄准、竞争基准、标杆制度等。标杆管理是一个通过衡量比较来提升企业竞争地位的过程，它强调的就是以卓越的公司作为学习的对象，通过持续改善来强化本身的竞争优势。所谓标杆，即benchmark，最早是指工匠或测量员在测量时作为参考点的标记，泰勒在他的科学管理实践中采用了这个词，其含义是衡量一项工作的效率标准，后来这个词渐渐衍生为基准或参考点。标杆管理的实质是模仿和创新，是一个有目的、有目标的学习过程。通过学习，企业重新思考和设计经营模式，借鉴先进的模式和理念，再进行本土化改造，创造出适合自己的全新最佳经营模式。

1）标杆管理的含义

坎普（1989）提出“标杆管理是组织寻求导致卓越绩效的行业最佳实践的过程。”该定义强调卓越的绩效，促使雇员将寻找最佳实践概念深植于脑海中，唯有最佳实践才能导致卓越绩效。坎普的定义为国际标杆管理中心所采用。

美国生产力与质量中心（APQC）对标杆管理的定义为：“标杆管理是一项有系统、持续性的评估过程，通过不断将组织流程与全球企业领导者相比较，以获得协助改善营运绩效的咨询。”该定义具体地体现了标杆管理的本质主题：向组织外部参照物学习的价值；使用结构化、正式的流程进行学习的重要性；持续地进行组织自身与一流实践的比较；驱使改善绩效行为信息的有用性。APQC的这一定义被超过100家的大型公司所采用。

Vaziri认为一个定义应该尽可能简单、清楚，它应能让使用它的人知道该做什么以及如何达到其目标。1992年，他据此原则给出如下定义：“标杆管理是将公司关于关键顾客要求与行业最优（直接竞争者）或一流实践（被确认在某一特定功能领域有卓越绩效的公司）持续比较的过程以决定需要改善的项目。”该定义强调标杆管理与内部顾客和外部顾客的满意相关。

综合以上定义，我们把标杆管理定义为“以在某一项指标或某一方面竞争力最强的企业（或产业或国家）或行业中的领先企业或组织内某个部门为标杆，将本企业（或产业或国家）的产品、服务、管理措施或相关实践的实际状况与这些标杆进行定量化评价和比较，分析这些标杆企业（或产业或国家）的竞争力之所以最强的原因，在此基础上制定、实施改进的策略和方法，并持续不断地反复进行的一种管理方法”。

标杆管理较好地体现了现代企业管理中追求竞争优势的本质特性，蕴含科学管理规律的深刻内涵，其特点主要体现在以下几个方面：

瞄准学习。标杆管理的基本思想就是要求企业打破自身束缚、拓宽视野，向业内外最优秀的企业学习，博采他人之长为己所用。

界定差距。标杆管理以追求卓越为最高境界，以业内外最优秀的业绩或实践为基准，为企业在管理实践中提供了可比较的参照系数，使企业始终向最新、最高目标看齐。

变革创新。标杆管理的实质是变革创新，是要站在巨人的肩膀上而比巨人更高。标杆管理要求企业以学习模仿为基础，进而通过变革创新实现超越。

最佳实践。标杆管理的关键是成为最佳实践。无论是学习模仿还是变革与创新，都要通过最佳实践来实现。

作为一种追求最佳的管理方法，标杆管理主要包括以下3个要素：标杆管理实施者，即发起和实施标杆管理的组织；标杆伙伴，也称标杆对象，即定为“标杆”被学习借鉴的组织，是任何乐于通过与标准管理实施者进行信息和资料交换而开展合作的内外部组织或单位；标杆管理项目，也称标杆管理内容，即存在的不足，通过标杆管理向他人学习借鉴以谋求提高的领域。

2）标杆管理的特点

标杆管理具有以下几个特点：

（1）标杆管理本质上是一种面向实践、面向过程的、以方法为主的管理方式，通过学习借鉴他人的成功经验，使自己组织的流程得以优化、系统得以不断完善和持续改进。它不是一句口号或意识形态领域的观点，而是去寻找和甄别最佳实践，“实践最佳实践”，使企业能够紧跟行业的步伐，快速地提高，并实现自身和对手的超越。

（2）它拥有最佳实践和度量标准两大利器，更加强调执行和量化，使目标更加明确、具体、可行。所谓最佳实践是指标杆对象在经营管理中所推行的优秀的措施和方法；而度量标准则是指能客观地反映经营管理绩效的一套指标体系以及与之相对应的作为标杆的一套基准数据。标杆管理就是通过一系列规范化程序寻找“榜样”，运用科学的指标体系看清“榜样”的面目、明确自己所处的位置，找出薄弱环节，使组织的各项策略有的放矢，在一定程度上避免了实施中的不确定性和盲目性。

（3）标杆管理博采众长为我所用，站在全行业甚至更广阔的全球视野上寻找基准，突破了组织性质的局限，强调“合作”和“双赢”。组织不仅要“两眼向内”，而且要“两眼向外”，开放的组织才更有活力。实施标杆管理能帮助组织积极地与外界进行交流，使组织更加务实、更加开放、更具活力。

（4）标杆管理适用广泛。首先，标杆管理可以应用于不同类型的组织以及组织的各个方面，开展不同性质的标杆管理。其次，标杆对象既可以在组织内或性质相同相近的组织中选择，也可以在不同领域的组织中选择，开展跨行业、跨领域的标杆管理。

专栏13-1　　标杆管理的适用性

H.詹姆斯·哈里顿（H.James Harrington）在《高绩效的标杆管理》一书中写道，与以往一个年度10%~20%的增长率相比，实施标杆管理会让企业在8个月内绩效提高20倍，使成本流通与周转时间以及次品率下降20%~80%。

根据安永公司和美国质量基金协会于1992年联合撰写的研究报告，企业可以根据其在市场竞争中所处的位置划分为“成功者”（处于国内甚至世界一流水平），“生存者”（处于平均水平）和“失败者”（处于困境中）。H.詹姆斯·哈里顿根据其数十年的经验积累分析认为，标杆管理的方法运用到那些被定义为“成功者”与“生存者”的企业和组织当中，效果非常明显，但将标杆管理的方法应用于那些界定为“失败者”的组织则基本上不适用，因为这类“失败者”的组织需要花费更大的力气关注企业基本的经营管理问题和一些更现实的生存问题。优秀的标杆管理实践经验和标杆管理方法是基于以一流的企业作为标杆目标，如果标杆目标企业与标杆实施企业之间的差距太大，将导致理论成果与实际应用的严重脱节，并出现与实施企业期望的结果背道而驰情况。

那么，“失败者”类型的企业是不是就不用考虑实施标杆管理了呢？事实上，标杆管理是为一切有准备的企业取得成功提供帮助的。但结合文献中提出的广义标杆管理思想，对处于“失败者”的企业，不应该在企业已经面临被淘汰出局的时候才选择标杆管理。它们首先需要经历一个解困阶段，然后再过渡到通常意义上的标杆管理。处于困境的企业，先分析衰退原因，然后通过收集相关的情报，特别是对那些成功脱离困境的企业进行比较分析，了解成功解困企业的实践，并积极采取相应的措施，为解困以及更进一步的标杆管理打下基础。总之，只要标杆的目标或对象确定正确，即使是“失败者”类型的企业，标杆管理也是适用的。

资料来源　邹明信. 企业标杆管理的应用探讨［J］. 价值工程，2005（6）.

13.1.2　标杆管理的起源和发展①

标杆管理的思想可以追溯到20世纪初泰勒所倡导的科学管理理论，当时泰勒提出要通过动作研究来确定工艺流程和设备操作、具体工作动作的最佳做法，并要求管理者通过制定定额以及管理制度来将这种最佳做法标准化、制度化，以使其成为

① 孔杰，程寨华. 标杆管理理论评述［J］. 东北财经大学学报，2004（2）.

进行科学管理的依据。相比“科学管理”仅仅停留在生产操作层面上而言，真正意义上的最早的标杆管理活动是在企业层次开始的，并且在企业层次，标杆管理基本上经历了一个循序渐进、不断深入和提高的发展过程，主要表现在以下几个阶段：

1）进行竞争产品的比较

大约从20世纪70年代初开始，长期处于世界领先地位的许多行业的美国企业的产品和市场受到了来自竞争对手的挑战，美国企业发现自己所生产的产品在功能、质量和使用方便性等方面确实不如日本企业的产品好，于是它们便开始了以瞄准竞争对手产品、拆解竞争对手产品为基本做法，以赶超竞争对手为主要目标的比较、复制和学习过程。应该说这一过程在日本和欧洲从20世纪60年代就已经开始了，因而，可以说，标杆管理的萌芽最早出现于日本，当时最普遍的应用之一是“员工轮换法”，即暂时借调人员到其他企业。通过轮换，不仅有助于员工学习所有的内部工作过程，而且可以使他们走出自己的企业，从其他企业带回来新的经验，以此帮助自己的企业进步。

2）进行工艺流程的标杆管理

大约从20世纪70年代中期开始，许多美国企业发现拆解竞争对手的产品也不能解决问题，关键的问题是在生产工艺流程方面和竞争对手差距太大，而这些方法的差距是无法通过产品的拆解所能弥补的，必须深入企业实际，进行深入细致的工艺流程分析和研究，才能掌握要领，追赶竞争对手。于是它们便将分析比较范围从产品本身扩大到工艺流程，进行工艺流程的标杆管理。施乐公司的实践成为这一阶段标杆管理的典范。1976年以后，一直保持着世界复印机市场实际垄断地位的施乐遇到了来自国内外，特别是日本竞争者的全方位挑战，如佳能、NEC等公司以施乐的成本销售产品仍能够获利，而产品开发周期、开发人员则分别比施乐短或少50%，导致施乐的市场份额从82%直线下降到35%。面对着竞争威胁，施乐公司最先发起向日本企业学习的运动，开展了广泛、深入的标杆管理。通过全方位的集中分析比较，施乐弄清了这些公司的运作机制，找出了与佳能等主要对手的差距，全面调整了经营战略战术，改进了业务流程，很快收到了成效，把失去的市场份额重新夺了回来。另外，在提高交付订货的工作水平和处理低值货品浪费大的问题上，同样应用标杆管理方法，以交付速度比施乐快3倍的比恩公司为标杆，并选择14个经营同类产品的公司逐一考察，找出了问题的症结并采取措施，使仓储成本下降10%，年节省低值品费用数千万美元。此后，随着施乐公司职员Robert Camp所撰写的《标杆管理：寻找取得产业内最优成绩的最佳做法》的出版，标杆管理方法很快传播应用到美国的各个行业，美国企业开始广泛通过实地考察，并与竞争对手建立合资企业，进行合作研究与开发等多种途径、多种方式展开对竞争对手工艺流程的研究和学习，并逐渐引起了其他国家大企业的重视。因此，这一阶段被人们认为是标杆管理概念、理论和方法的真正创始阶段。

3）标杆管理最佳企业管理实践

大约从20世纪80年代开始，经营者认识到不仅可以在同行业企业标杆管理中学习最佳做法，提高企业竞争力，而且可以从其他行业的标杆管理中也能学习到最佳管理实践和流程改造方面的做法。许多经营者发现，在生产工艺、技术、作业流程方面和企业管理方面，越来越多的最佳做法、最佳实践来自行业之外，从别的行业的最佳企业学习最佳做法成为这一阶段的主要趋势。

4）战略性标杆管理阶段

它是在确定、了解和掌握成功者（包括竞争对手）的战略做法的基础上，重新进行自己企业环境、战略和业绩评估与改造的一个系统过程。在这一阶段，真正竞争对手之间的差别，已从工艺流程、管理实践方面转移到企业布局、生产结构调整、外部供应链重组、核心能力塑造等战略性领域，进行战略性领域的标杆管理是企业进一步提高竞争力、赶超竞争对手的客观需要。通常在这一阶段，标杆管理的问题比较集中，但调查了解的范围比较广泛，如对上下游关系的调查、对企业研究与开发相关机构的调查等，目的在于进行战略思路、战略决策方面的标杆管理。

5）全球标杆管理阶段

在这一阶段，不仅寻找最佳企业、寻找最佳做法的范围已经扩展到全球范围内进行，成为发达国家企业进行标杆管理的主要趋势，而且标杆管理的应用范围也超越了企业层次，扩展到产业层次和政府（国家）层次上。进行全球范围内的标杆管理，所涉及的问题更加广泛，不仅包括企业工艺流程、生产技术方面的最佳做法，而且包括企业文化、企业所处环境、政府行政管理、教育制度和自然环境等影响企业战略定位、战略布局方面环境的评估和研究。在产业层次，通常对一个国家产业内企业的最佳做法进行测定，然后提出改进意见。进行产业层次的标杆管理，通常需要动用较多的人员（20人以上），花费4~6个月的时间，一般包括企业内工艺流程、企业外供应链、企业和政府的关系、产业发展政策和发展环境等决定产业竞争力的各个关键环节。在政府层次，标杆管理的内容包括教育制度、海关通关、科研制度、企业创立手续等。例如，美国政府于1993年组织对“欧洲、美国、日本的教育制度”、对“欧洲、日本和美国的职业培训制度”、对“企业的融资渠道”等进行了标杆管理，并在标杆管理之后修改了其教育、职业培训、银行等方面的法律，对美国20世纪90年代经济的持续增长做出了贡献。

需要着重指出的是，在标杆管理各个发展阶段，政府始终发挥着主要作用。例如，在美国真正使标杆管理工作大范围开展起来的一个重要推动力是1984年里根总统设立“美国国家质量奖”，欧洲于1992年设立“欧洲质量奖”，这两个奖项均需要对同业企业的产品质量进行“标杆管理”，决定出优劣。通常，企业层次的标杆管理工作主要由企业自己提出要求，委托咨询公司或研究机构进行，但政府的倡导、支持和奖励政策是推动力。另外，政府要负责相关制度、法律的修改，为企业提高竞争力创造环境条件。在产业层次，通常需要政府直接出资，组成研究小组，协调、配合产业界专家和企业界人士开展标杆管理工作，并在完成之后负责制定相应的政策。在政府责任领域，如税务、海关等，需要政府相关部门人员直接介入其中，进行寻找差距、寻找最佳做法的标杆管理工作，才能真正找到最佳做法，制订出有创新的实施方案。

专栏13-2　　标杆管理法应用情况调查

英国一次调查表明，英国有60%~85%的企业参与了标杆管理活动。参与标杆管理活动的企业，大约占欧洲企业总数的88%。2003年关于各种管理方法应用情况的一次国际调查表明，84%的美国企业参加了标杆管理活动。

俄罗斯曾对80名企业高层管理者进行调查，结果表明，18.7%的被调查者表示已经使用标杆管理法；22.6%的被访者表示准备采用此方法。

英国另一次对559家企业的调查表明，在尚未采用标杆管理方法的企业中，5%的企业是由于对此方法不了解；25%的企业受资源限制；29%是因为与其他企业无可比性；15%由于企业规模太小。尚有29%的企业认为此法不适合自己。新西兰和南非的情况与此类似。

不管怎样，100%的企业均认为它是一种建立竞争优势的有力工具。

资料来源　毕小青，刘怀清．标杆管理法应用情况调查［J］．世界标准化与质量管理，2005（11）．

13.1.3　标杆管理的类型

根据不同的标准可对标杆管理做不同的分类。

1）根据所选标杆的类型进行分类

根据所选标杆的类型，通常可将标杆管理分为4类：

（1）内部标杆管理

内部标杆管理，即以企业内部操作为基准的标杆管理。它是最简单且较易操作的标杆管理方式之一。通过辨识内部绩效标杆的标准，确立内部标杆管理的主要目标，可以做到企业内信息共享。由于不涉及商业秘密的泄露和其他利益冲突等问题，内部标杆管理容易取得标杆伙伴的配合，并且简单易行。另外，通过展开内部标杆管理，还可以促进内部沟通和培养学习气氛。但是，单独执行内部标杆管理的企业往往持有内向视野，容易产生封闭思维，不易找到最佳实践，很难实现创新性突破。因此在实践中，内部标杆管理应与外部标杆管理结合起来使用。

（2）竞争标杆管理

竞争标杆管理，即以竞争对象为基准的标杆管理。竞争标杆管理的目标是与有着相同市场的企业在产品、服务和工作流程等方面的绩效与实践进行比较，直接面对竞争者。由于同行业竞争者之间的产品结构和产业流程相似，面临的市场机会相当，竞争对手的作业方式会直接影响企业的目标市场，因此，竞争对手的信息对于企业进行策略分析及市场定位有很大的帮助，收集的资料具有高度相关性和可比性。但正因为标杆伙伴是直接竞争对手，信息具有高度商业敏感性，难以取得竞争对手的积极配合，不容易获得真正有用或是准确的资料，从而给这一类标杆管理的实施带来较大的困难。

（3）功能标杆管理

功能标杆管理是以行业领先者或某些企业的优秀职能操作为基准进行的标杆管理。这类标杆管理的合作者是不同行业但拥有相同或相似功能、流程的企业。其理论基础是任何行业均存在一些相同或相似的功能或流程，如物流、人力资源管理、营销手段等。跨行业选择标杆伙伴，双方没有直接的利害冲突，更加容易取得对方的配合；另外可以跳出具体行业的约束，开阔视野，随时掌握最新经营方式。但是实施此类标杆管理的投入较大，信息相关性较差，最佳实践需要较为复杂的调整转换过程，实施起来难度较大。

（4）通用标杆管理

通用标杆管理，即以最佳工作流程为基准进行的标杆管理。标杆是类似的工作流程，而不是某项业务与操作职能或实践。标杆合作者是不同行业具有不同功能、流程的组织，即看起来完全不同的组织。其理论基础是：即使完全不同的行业、功能、流程也会存在相同或相似的核心思想和共通之处。这类标杆管理可以跨不同类组织进行。从完全不同的组织学习和借鉴会最大限度地开阔视野、突破创新，从而使企业绩效实现跳跃性的增长，大大提高企业的竞争力，这是最具创造性的学习。但其信息相关性更差，企业需要更加复杂的学习、调整和转换过程才能在本企业成功实施学到的最佳实践，因此实施的难度更大，通常要求企业对整个工作流程和操作有很详细的了解。

实例 13-1　　　　　　美孚石油的异业对标

美孚石油公司曾是全球行业第一，但其管理者仍在加油站为顾客提供加油服务的过程中发现如下问题：①加油服务太慢，顾客等不及就流失到别的加油站。②服务态度差。③由于前两个原因而造成的——顾客除非不得已，否则不来美孚。

美孚试图从日常的工作方式中查找原因并解决问题，但非常困难——因为身陷“庐山”。管理层考虑到去对标，可美孚那时是行业第一，很难找到优于自身的同行企业来对标。但美孚的管理者对“卓越”永远不懈追求，他们把之前提到的现象提炼出三大“要素”：①加油服务慢——“速度”是要素一。②服务态度不好——“微笑”是要素二。③除非不得已，否则不来美孚——“忠诚度”是要素三。最终针对三要素成立三个研究小组，分别去找标杆。

“速度”小组找到了职业赛车队。在风靡美国的印第500汽车大赛上，他们观察到车队人员着装统一，佩戴无线电耳机，站位标准，动作也有标准化流程——几秒钟完成哪些动作。速度小组把这种标准化引入美孚加油站，同时开辟快速加油通道，使服务速度得到提升。

“微笑”小组选择了“全美最温馨酒店”——丽嘉卡尔顿酒店。经协商，小组成员去做酒店实习生。他们发现丽嘉酒店在个性化服务方面力图完美，客户数据库相当完善——他们存有几乎所有入住过该酒店客户的个人信息，竭尽所能关注服务细节。比如某客户爱吃甜点，他的这一喜好就会录入数据库，下次入住酒店就会提供甜点。这一点被美孚公司借鉴。小组成员还发现了令人不可思议的状况：酒店每个员工都有超强服务意识，对客户像亲友，微笑发自内心，服务主动而不考虑个人得失，比如顾客租不到车，就有员工会把自己的车租给顾客用。这种事数不胜数。员工们为何对顾客如此尽心呢？原来丽嘉酒店提倡尊重文化，时时处处为员工着想，公司有专用的员工应急机制来解员工之难，使员工没有后顾之忧。这样员工在这里工作就会很安心，怀着感恩之心去服务顾客。

"忠诚度"小组选择了"全美回头客大王"——家得宝建材超市。这里的顾客基本都是老主顾，熟悉到可以和营业员拉家常。他们发现一个顾客拿着片叶子在和一位非花卉售卖区的员工聊天，这位员工指导客户养花竟像花卉售卖区员工一样游刃有余。原来，家得宝的培训机制非常完善，公司每年都会出资让员工接受培训，当然，也规定每位员工受训回来后作为讲师和大家共享知识，因此每位员工都是多岗位专家，顾客无论在哪个售卖区都会得到超值且贴心的服务。

丽嘉和家得宝的员工在充分得到公司的尊重后，潜移默化中将"尊重"传递给顾客，其服务发自内心，自然让客户满意。

对标之后，美孚把这三项内容（工作标准化、尊重员工、培训机制）引入管理中，这一系列改造使得美孚第二年的销售额增加了10%。

资料来源　佚名．标杆管理案例［EB/OL］．［2021-10-15］．https：//www.renrendoc.com/paper/164091320.html.

思考题：

1.异业对标的要素是什么?。

2.标杆管理对于美孚的意义何在?

2）根据开展标杆管理的层次进行分类

根据企业开展标杆管理的层次可将其分为以下4类：

（1）产品标杆管理

产品标杆管理的重点是产品，它首先确定以竞争对手或相关企业的某种产品作为基准，然后进行分解、测绘、研究，找出自己所不具备的优点。通过这种对产品的反求工程，不仅可以对原产品进行仿制或在原有的基础上加以改进，还可以估算出竞争对手的成本。与自己的产品进行比较，可以估计出不同设计方案在现在和将来的优点和不足。产品标杆管理是一种采用最早、应用最广泛的标杆管理。1979年，美国施乐公司就在世界上率先成功地进行了产品标杆管理。

柯达公司的格里·安吉利认为，人们通常都把对产品的标杆管理视为初等生物学，即仅仅是解剖青蛙看看内脏，这是不正确的。产品标杆管理更像考古学，因为要通过文物的挖掘来确定它的文化价值。也就是说，工程师们在对竞争产品观察、拆装和研究之后，不仅应该指出产品的设计特点和装配工艺，还要能以此了解顾客对产品的新需求，以及竞争对手满足顾客要求的新方法。

（2）过程标杆管理

过程标杆管理是指通过对某一过程的比较，发现领先企业赖以取得优秀绩效的关键因素，诸如在某个领域内独特的运行过程、管理方法和诀窍等，通过学习模仿、改进融合使企业在该领域赶上或超过竞争对手的标杆管理。营销的标杆管理、生产管理的标杆管理、人力资源的标杆管理、仓储与运输的标杆管理等均属此类。企业重新设计流程并付诸实施需要一个过程，也是一件费时费力的事情，并且，由于企业文化、员工情绪等的影响，过程标杆管理的实施并非轻而易举完成的事情。因此，过程标杆管理比产品标杆管理更深入、更复杂。

（3）管理标杆管理

管理标杆管理是指通过对领先企业的管理系统、管理绩效进行对比衡量，发现它们成功的关键因素，进而学习赶超它们的标杆管理。这种标杆管理超越了过程或职能，扩展到了整个的管理工作，比如对全公司的奖酬制度进行标杆管理，它涉及如何成功地对不同层次、各个部门的员工进行奖酬的问题。

（4）战略标杆管理

从一般意义上说，战略标杆管理主要考察企业如何竞争。其比较的是本企业与基准企业的战略意图，分析确定成功的关键战略要素以及战略管理的成功经验，为企业高层管理者正确制定和实施战略提供服务。此类标杆管理的优点在于一开始就注意到要达到的“目的”，而过程标杆管理和管理标杆管理是先比较各种“手段”，然后再确定哪个能更好地达到某种目的。

13.1.4　标杆管理的作用

标杆管理可以为企业提供可行、可信的经营目标，能够提供企业超越自身的思路，企业可以通过实施标杆管理不断发现自身同目标企业的差距，并从中发现努力缩小差距的工具和手段。实施标杆管理的最终目的在于通过自身对卓越的不断追求，持续不断地加强对自身的改善，提高企业的经营绩效，增强企业的竞争优势和核心竞争力，其作用主要体现在以下几个方面：

1）标杆管理有助于企业的战略管理

通过实施标杆管理，企业可以明确本企业所处的地位，从而制定适合本企业的有效的中长期发展战略，并通过与竞争对手对比分析来制订战略实施计划，并选择相应的策略与措施。竞争者可能维持某种现状，通过标杆管理，企业有可能发现和应用适合本企业的新战略来超越竞争者。

2）标杆管理有助于建立学习型组织

学习型组织强调要跳出组织内部的狭隘圈子，主动到外界学习新事物，并且将新观念带进组织内来刺激组织的变革。这与标杆管理的理念不谋而合，标杆管理的核心在于创造性地学习最佳实践以提高组织的绩效。从深层次上讲，标杆管理能够带动组织从被动的、比较封闭的适应性学习向主动的、相对开放的创造性学习的转变。创造性学习既重视自己生产知识也重视向其他组织学习，把其他组织的经验和知识移植到本组织中来。标杆管理正是进行创造性学习的有利工具。通过实施标杆管理，组织能从与先进水平的差距中找到不足，在寻找差异的过程中培养组织扩展型的思维模式，引导组织的管理水平和技术水平呈螺旋式上升发展，激发组织的创新变革，向学习型组织迈进。从知识管理角度看，标杆管理要求组织敏锐地挖掘外部市场和组织自身的知识，特别是工作流程中的隐性知识，为组织提供了获取、应用外界知识的工具和手段，为管理和应用知识找到了目标。因此标杆管理能成为推动管理进步和组织进化的阶梯。

3）标杆管理有助于企业不断获得竞争优势，塑造核心竞争力

企业可以通过标杆管理为自己提供最佳实践，并经过消化、吸收，成功地应用到自己的组织内，这样就可以开发出一套卓有成效的做法和技术，从而有利于自己独特的核心竞争力的形成和提升，并且，要想获得竞争优势，必须进行策略规划，而策略规划的基础是根据充分的信息资讯做好竞争分析，弄清竞争形势。标杆管理本身即是一种资料收集的过程，不论是世界巨头还是竞争者的资料都是标杆管理数据库的重要组成部分。从这一角度来看，通过标杆管理，企业可以更明了自己所处的位置，更有利于策略规划的制定。

4）标杆管理有助于企业提高绩效并实现持续改进

标杆管理通过设定有明确含义的、可达到的目标来改进和提高企业的经营绩效，并且，有研究表明，标杆管理可以帮助企业节省30%~40%的开支，为企业建立一种动态测量各部门投入和产出现状及目标的方法，以达到持续改进薄弱环节的目的。

实例13-2　　美国空军对标求精——流程型对标提升战争效能

美军在第一次海湾战争中发现后勤成本太高，于是着手研究战争开支，进而发现基地建设维护费用和后勤人员开支严重超标。

美军尝试取消一些基地和后勤人员，却发现根本行不通。因为F-16执行袭击任务返回后要等很长时间才可以装弹加油再次起飞，但任务紧急不能等待，于是后勤只好扩张基地面积、增加基地及人员数量——“用规模来换速度”，规模大自然成本也大。为了压缩规模降低成本，美军找到了对节能减排很有一套的友军——以色列空军。通过对标发现：以军的坦克装甲部队加油都是流水线式的，有专门的加油团队、装弹团队和其他保障团队。而F-16则是一个团队负责一架飞机的装弹、加油等所有作业，整个流程45分钟才能搞定。

美军马上将作战飞机的保障流程进行再造，变为流水线作业，最终使每架飞机的后勤作业用时降至28分钟，从而使后勤基地、团队作业等规模缩小，节省了上百亿美金的战争成本。

资料来源　陈泓冰．标杆兴国：从对标到创标［M］．北京：现代出版社，2011.

思考题：美军对标成功的关键是什么？

13.2　标杆管理的流程

对于标杆管理的实施流程，不同的学者和企业有不同的观点。例如，施乐的10步骤模型、IBM的13步骤模型、罗伯特·C.坎普的5阶段论，以及国际标杆管理交流中心的4阶段论。综合以上的观点，可以得出标杆管理的核心流程（如图13-1所示）。

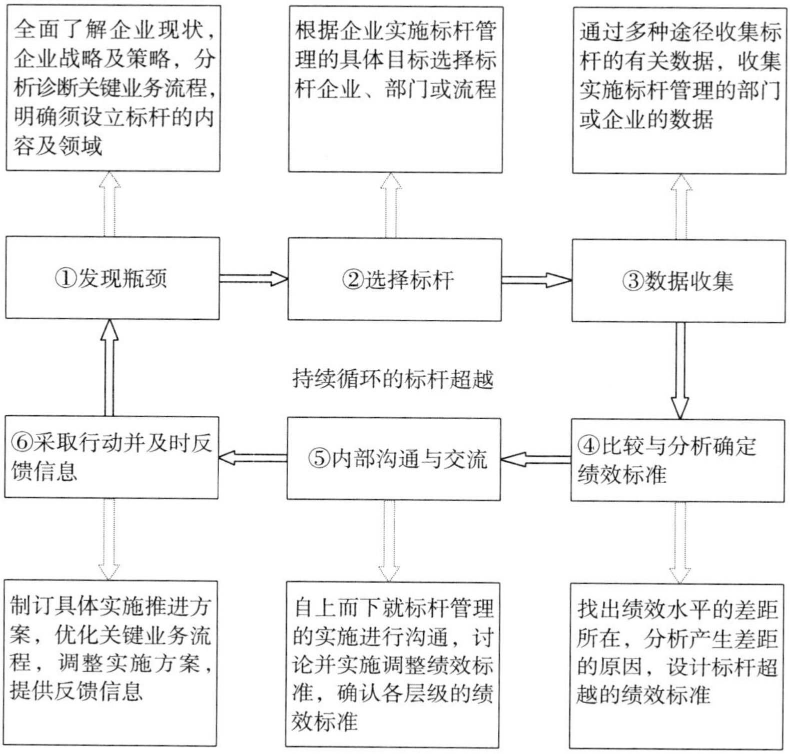

图 13-1　实施标杆管理的关键流程

专栏 13-3　　罗伯特·C.坎普的标杆管理五阶段

罗伯特·C.坎普（Robert C. Camp）是标杆管理最著名的倡导者和先驱人物之一，他在专著《标杆瞄准——寻找产生卓越业绩的行业最佳管理实践》中所提到的标杆管理理论得到了广泛的认可。坎普认为整个标杆管理活动可以划分为5个阶段，每个阶段一般可以有2~3个步骤，见表13-1。

表 13-1　　**罗伯特·C.坎普的标杆管理五阶段**

阶段	步骤
计划	□确认对哪个流程进行标杆管理 □确定用于做比较的公司 □决定收集资料的方法并收集资料
分析	□确定自己目前的做法与最好的做法之间的绩效差异 □拟定未来的绩效水准
整合	□就标杆管理过程中的发现进行交流并获得认可 □确立部门目标
行动	□制订行动计划 □实施明确的行动并检测进展情况
完成	□处于领先地位 □全面整合各种活动 □重新调校标杆

资料来源　冯婴. 标杆管理［M］. 北京：中国纺织出版社，2004.

13.2.1　发现瓶颈

在这一阶段，企业需要详细了解自身的关键业务流程与管理策略，从构成这些流程的关键节点切入，找出企业运营的瓶颈，从而确定企业需要确定标杆的内容与领域。

如前所述，标杆管理是一个将自身的情况和本组织内部的最佳部门、竞争对手或者行业内外的最佳组织进行比较，并向它们学习，吸收它们的成功经验和做法的过程。因此，标杆管理的前提是了解企业自身的情况，确定需要改进、能够改进的产品、流程、管理或者战略。因此，如果没有透彻地了解组织自身的情况，就无法明确标杆管理的方面。一般而言，要选择那些对企业利益至关重要的环节进行标杆管理。不同的企业由于其性质不同，其盈利的关键环节也有所不同，如影响制造行业企业的首要环节是产品质量，而影响服务行业企业的首要环节则是客户满意度等，所以，企业需要根据自己的实际情况选择标杆管理的内容。

13.2.2　选择标杆

在确定了标杆管理的内容之后，接下来的工作就是要选择标杆管理的“基准”企业。标杆管理的“基准”目标，即标杆管理的“标杆”是企业标杆管理想要模仿和超越的对象，它可以是本组织内部的最佳部门，也可以是竞争对手或者行业内外的最佳组织。在产品标杆管理中，“基准”目标多为竞争对手，在某些情况下，则为本行业的领袖企业。竞争对手的选择原则是：与本企业的产品处于同一细分市场，与本企业争夺相同的目标客户，产品的市场占有率与本企业相当，与本企业相比具有明显的竞争优势等。过程、管理、战略标杆管理的“基准”目标可以是竞争对手，也可以是企业及行业内外部的企业，如美孚石油在提高服务速度、实现微笑服务和提供安抚以提高顾客忠诚方面分别选择了潘斯克（Penske）公司、丽嘉卡尔顿酒店和“家庭仓库”公司作为标杆管理的“基准”目标。

选择基准化“标杆”有两个标准：第一，应具有卓越的业绩，尤其是在基准化的内容方面，即它们应是行业中具有最佳实践的企业；第二，标杆企业的被瞄准领域应与本企业需进行标杆超越的部门有相似的特点。

13.2.3　数据收集

这一阶段的主要任务是收集资料和数据，深入分析标杆企业的经营模式，从系统的角度剖析与归纳其竞争优势的来源，总结其成功的关键要领。此阶段所收集的资料和数据通常分为两类：一类是标杆企业的资料和数据，其中主要包括标杆企业的绩效数据以及最佳管理实践，即标杆企业达到优良绩效的方法、措施和诀窍；另一类资料数据与开展标杆瞄准活动的企业（或部门）有关，主要反映它们自己目前的绩效及管理现状。

具体而言，本阶段的工作主要包括数据收集和数据处理。

1）数据收集

数据收集是标杆管理的重要环节，是进行比较和分析的重要基础。收集数据之前，必须明确以下几个问题：首先，必须确定收集哪方面的信息以及所需信息的具体程度，从而在众多的数据中识别有用的信息。其次，必须确定信息源，这样才能快速、有效地收集到所需数据。通常信息来源至少有三个渠道，即企业内部的信息、公开披露的信息和企业外非公开信息。再次，要根据具体情况确定收集数据的途径。收集数据一般可通过实地调查、文献资料检索、网络检索等途径进行。数据收集到手之后，应该以合理的格式、易于处理的方式进行保存。

2）数据处理

收集数据的工作完成之后，需要进行数据处理。数据处理的具体工作包括对所收集数据的鉴别、分类、整理、计算、排序等，还包括利用收集到的数据对各项指标的计分工作。在需要整体计分的情况下，需要按照调查表中的计分原则，将数据转化成无权重状态下相应的分值。由于各指标对产品竞争力影响程度不同，所以还需要对各大类指标和各项子指标进行加权，以准确评判各指标分值对竞争力的影响。数据处理是下一阶段比较和分析的前期工作。

13.2.4　比较与分析

比较与分析是标杆管理的关键环节。本阶段的主要任务是将标杆企业的业绩与实践与本企业的业绩与实践进行比较和分析，从而找出绩效水平上的差距及在管理实践上的差异，借鉴其成功经验，确定适合本企业的能够赶上甚至超越标杆企业的关键业绩标准及其最佳实践。

只有通过对收集到的信息和情报进行全面深入的分析，才能真正认识“基准”目标的运作为什么比本企业更好，好到如何程度，现在或预期以后采用何种最优实践，企业应如何学习或创新才能达到或超过“基准”目标的水平。比较与分析的工作包括利用数据处理的结果确定标杆管理项目与“基准”目标绩效的差距，找出产生差距的原因以及“基准”目标取得最佳绩效的关键成功因素，识别本企业的优势及劣势从而预期标杆管理所要达到的目标水平。情报分析的方法有比较分析、SWOT分析和关键成功因素分析等等。

在分析差距和确定绩效标准时应考虑以下因素：①经营规模的差异以及规模经济成本的效率差异；②企业发展阶段的管理实践与业绩差异；③企业文化理念与管理模式的差异，如集分权，资源共享程度以及内控程度的特点；④产品特性及生产过程的差异；⑤经营环境与市场环境的差异。

13.2.5　内部沟通与交流

沟通与交流是标杆管理实施的重要内容，应该贯穿其始终。标杆管理的实施需要企业管理人员和基层员工的积极参与和配合。因此，应利用各种途径，将比较与分析的结果、拟订的方案、所要达到的目标前景告知企业内的各个管理层及有关员工，争取他们的理解和支持，根据建议修正和完善方案，以统一成员思想，减少计划实施的阻力，使他们在计划实施过程中保持目标一致、行动一致。

13.2.6　采取行动和信息反馈

本阶段的主要任务是，在详细分析内、外部资料的基础上，制订具体的行动方案，包括计划、安排、实施的方法和技术以及阶段性的成绩考核，并在组织内部达成共识，推动方案的有效实施。具体而言，企业需要根据其现阶段的具体情况，包括企业文化因素、资金因素、技术因素、人员因素等，结合比较分析的结果，形成可以操作的计划方案，有针对性地确定行动。计划内容应包括标杆管理所要达到的发展目标、具体的改进对策、详细的工作计划和具体的措施、计划实施的重点和难点、可能出现的困难和偏差、计划实施的检查和考核标准等。

在各项计划和方案的具体实施过程中，对每一个实施阶段都要进行监控和评价，并及时反馈评价信息。监控是为了保证实施按计划进行，并随时按照环境的变化，对计划进行必要的调整。而评价则是为了评价标杆管理实施的效果。如果无法取得满意的效果，就需要返回以上环节进行检查，找到原因并重新进行新的标杆管理项目；如果效果是理想的，即企业通过实施该标杆管理项目提高了竞争力，则应该通过评价该环节，从中总结经验，吸取教训，为今后标杆管理工作的顺利进行提供帮助。

此外，企业需要就针对环境的新变化或新的管理需求持续进行标杆管理活动，确保对“最佳实践”的跟踪，即再标杆，从而保持持续的竞争优势。

13.3　标杆管理的应用

13.3.1　标杆管理应用过程中应注意的问题

作为一种管理方法或技术，标杆管理虽然可以有效地提升企业（或产业或国家）的竞争力，但是仅仅依赖标杆管理未必就一定能够将竞争力的提高转化为竞争优势，有的企业甚至陷入了“标杆管理陷阱”之中。这意味着标杆管理同样存在一定的局限：

一是标杆管理容易导致企业竞争战略趋同。标杆管理鼓励企业相互学习和模仿，因此，在奉行标杆管理的行业中，可能所有的企业都企图通过采取诸如提供更广泛的产品或服务以吸引所有的顾客细分市场等类似行动来改进绩效，在竞争的某个关键方面超过竞争对手。模仿使得从整体上看企业运作效率的绝对水平大幅度提高，然而企业之间相对效率差距却日益缩小，从而造成在企业运作效率上升的同时，利润率却在下降的局面。

二是标杆管理陷阱。科技的迅速发展，使得产品的科技含量和企业所使用技术的复杂性日益提高，模仿障碍提高，从而对实施标杆管理的企业提出了严峻的挑战，如果标杆管理活动不能使企业跨越与领先企业之间的“技术鸿沟”，单纯为赶超先进而继续推行标杆管理，则会使企业陷入繁杂的“落后—标杆—又落后—再标杆”的“标杆管理陷阱”之中。例如，IBM、通用电气公司和柯达等公司在复印机刚刚问世时，曾标杆复印机领先者施乐公司，结果IBM和通用电气陷入了无休止的追赶游戏之中，无法自拔，最后不得不退出复印机市场①。

鉴于此种情况，在标杆管理的实施过程中，需要明确以下几个方面：

1）高层的支持是标杆管理成功实施的关键因素

成功的标杆管理行为必然需要获得整个管理层的支持，因为只有得到整个管理层的大力支持，才能调动企业的全部资源来全力实施标杆管理活动。而在整个管理层中，高层管理者的作用尤其不容忽视，因其对企业具有深远的影响，他们不仅可以为标杆管理提供充足的资金和进行充分分权，而且还能通过各种方式影响员工对标杆管理的态度。同时，高层管理者还能以其在企业中的影响在实施标杆管理的过程中推动形成一种不断学习的企业文化。

2）标杆管理的核心是模仿与创新并重

标杆管理法是一种有目标的学习过程。通过学习，企业要重新思考和设计经营模式，借鉴先进的模式和理念，再进行本土化改造，创造出适合自己的全新最佳经营模式，这实际上就是一个模仿和创新的过程。

一个企业真正能发展，除了表面的规则之外，还有很多潜在的、非正式的东西做基石，而这些非正式的东西是标杆企业在发展过程中积淀下来的，包括价值理念和行为规范等，这些就未必是成文的东西。企业在学习的时候，不能被标杆企业表面的繁荣所迷惑，不能仅停留在标杆企业的表层和形式上，一定要由表及里，要看到支撑标杆企业发展的更有价值的潜在东西。如果看不到这些，企业实施标杆瞄准，不仅学不到先进的东西，反而会给企业造成负面影响。

标杆管理是真正意义上的“拿来主义”，企业实施标杆管理必须抓住学习创新的关键环节，以适应企业自身特点并以促进企业战略目标的实现为原则，既有模仿，又有创新，才能真正发挥标杆管理的作用。片面理解标杆管理而惰于创新，不但与标杆管理的初衷背道而驰，而且也无法从根本上提高企业的核心竞争力。

3）不是所有的组织都能成为标杆管理的“参照物”，而只是一部分适合本企业的组织

确定本组织的“标杆”是标杆管理的难点和重点。在选择标杆时，需要对本企业的各个方面进行客观的分析，找出本企业与优势企业（组织）的差距。但是，不是所有的组织都能成为标杆，较为理想的标杆是与本企业（组织）在某一方面相同或相近的组织。因此，首先需要确认实施标杆管理的流程；其次是确定用于做比较

① 王明. 标杆管理改善企业经营绩效［J］. 科学时报，2003（12）.

的公司；最后才是分析、整合、行动等程序。

4）标杆管理不是一个口号、一个瞬时的活动，而是一个长期的实践过程

实施标杆管理需要树立一个观念，即不能期望立“杆”见影。对标杆管理策略的贯彻落实是一个需要长期努力的渐进过程，需要在员工交流与培训上进行大量投资。美孚在开展其“友好服务”时，并没有期望标杆管理的成效能在一夜间显示出来。从争取自高层领导到现场作业员工的各种支持，到向员工们说明“怎样”和“为什么这样”工作，并且花费几个月时间制定一整套有效工作流程，美孚的标杆管理形成一个连贯的过程。因此，标杆管理的实施不是一朝一夕就能完成的，而是一个长期的、坚持不懈的过程。

5）对标杆组织进行比较的最佳场所不是在总部，而是在第一线

在实施标杆管理时，容易犯一个错误，即在考察自己的标杆企业（组织）时，所比较的是该企业的总部。实际上，对标杆企业进行比较的最佳场所不是在其总部，而是在其生产服务的第一线。通过观察第一线员工如何解决日常工作中的问题以及如何满足顾客的需求，能够获得有效的工作流程、态度和行为等第一手资料。

6）鼓励员工积极参与标杆管理

标杆管理不仅是整个管理层的事情，而且更是全体员工的事情。管理层对于距离其较远的流程，特别是生产服务的第一线，不如员工了解得多，等到问题引起管理层的注意和重视时，往往已经造成了较大的负面影响。此时再进行标杆管理，不仅耗时太多，而且会增加解决问题的难度。而员工通常是最先发现企业各个流程所存在问题的人，如果能在问题发生的第一时间发现，并运用标杆管理解决，则可以为企业争取时间上的主动，有利于保持其竞争优势。因此，应该鼓励企业员工主动发起并参与标杆管理活动。

专栏13-4　构建标杆管理的管理平台

搞好标杆管理的基础性工作、全面构建管理平台，是标杆管理成功实施和取得成效的重要保证，其内容包括建立标杆管理的组织体系（如图13-2所示）、制定各项管理制度和推行标准化工作。

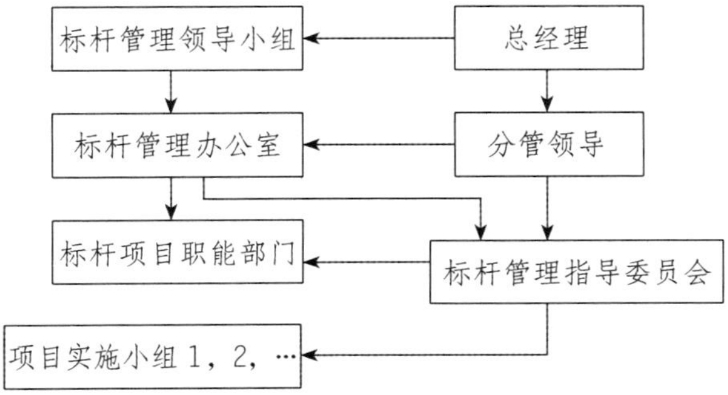

图13-2　标杆管理组织结构图

（1）标杆管理领导小组。领导小组一般由公司的高层管理人员组成，并由公司最高领导担任组长。领导小组的职责主要是确定公司发展战略，明确标杆方向和总体目标，负责审批标杆项目实施规划和目标计划，决策标杆管理工作涉及的重大事项。

标杆管理指导委员会。委员会由公司内部具有丰富经验的管理、技术专家组成，也可根据需要聘请部分外部专家。委员会主要负责开发标杆管理活动的实施流程，制定有关标准规范，担当公司标杆管理业务指导、检查、培训和咨询工作，评估标杆管理项目实施方案及实施效果等。

（2）标杆管理办公室。办公室由公司分管领导、负责标杆管理牵头部门负责人和相关工作人员组成。主要职责是贯彻落实公司标杆管理领导小组的决策，对本公司的标杆管理活动进行牵头、协调与沟通，帮助联系挑选内外部标杆合作单位，推动公司标杆管理数据库的维护和更新，制定公司有关标杆管理工作的管理制度办法等。

（3）标杆管理项目小组。该小组通常由各业务部门负责人和业务骨干组成。其主要任务是负责对某一具体的指标、业务流程或管理活动进行标杆瞄准，提出改进措施和方案，并实施整改。

建立标杆管理工作制度

标杆管理工作中需要建立的制度主要有：

标杆学习制度。规定与标杆单位进行学习交流的方式方法、时间与内容要求以及注意事项等。

对标分析制度。规定开展对标分析的类型、周期、内容和一般程序、组织与实施等。

信息收集、发布制度。规定信息收集的主要途径、内容，信息发布的主要形式、保密要求以及标杆比较数据库的建立与维护、数据更新等。

数据报送制度。在公司内部统一组织的标杆比较项目中，通过建立该项制度，明确数据报送的种类，逐级填报审核方式，对数据的准确性、及时性、唯一性等提出要求。

定期例会制度。规定例会的种类，明确会议主要内容以及会议召集人、主持人和出席对象等。

标杆项目评估制度。明确对标杆管理工作状况、管理机制、指标体系、业务流程、标杆项目改进效果等方面进行评估的主要内容与要求，评估的方式、原则等。

标杆项目实施考核办法。着重围绕标杆管理工作和标杆项目的目标，分解落实各级人员责任，制定考核细则，实行奖优罚劣。

推行标准化管理

推行标准化管理的必要性。实施标杆管理，往往涉及组织机构的变革，业务流程的重组，岗位的重新设置以及工作任务的重新分配与组合，有关部门职责、岗位规范、对职工业务管理技能的要求等也会随之改变。通过推行标准化工作，重新界定确立各项企业标准，使之与标杆管理项目实施要求相适应，才能确保标杆管理实现预期的效果。

企业标准建立与修订的主要内容和技术标准。首先收集与本企业技术业务活动相关的各种国家标准、行业标准、地方标准中的技术标准和企业自主制定的技术标准，进行分类整理；其次对实施标杆项目后企业所采用的新技术、新工艺进行识别，收集相关的技术标准或自行补充制定，对原技术标准进行更新调整，形成新的企业技术标准体系。

管理标准。按照实施标杆管理后企业管理模式的变化，重新设置职能部门、管理岗位，重新明确各个岗位的管理职能、管理内容与要求，进行汇总整理，形成新的管理标准体系和工作标准。对本企业执行技术标准、管理标准和操作作业人员工作岗位的职责、人员基本技能、工作内容、工作要求和方法、检查考核与监督以及有关记录表格等方面进行重新界定或补充制定，确保标杆管理实施后的技术标准和管理标准的有效实施，形成新的工作标准体系。

资料来源　王萍. 构建管理平台［J］. 中国电力企业管理（农电版），2007（4）.

13.3.2　标杆管理应用示例一：雅芳公司的标杆管理①

雅芳公司是一家生产美容化妆品和保健品的企业，该公司的产品主要采取直销方式进行销售，即公司选派个人作为公司产品的销售代表，由此组成一个全国性的直销网络，销售代表给自己负责的用户群提供产品或服务（包括邮寄目录等）。在全美国，有450 000多名雅芳的直销代表，为满足这些直销代表们对于产品和服务的需求，雅芳公司按地区在全美建立了5家客户服务中心，每个中心对该区域内的约100 000名直销代表负责。这类中心的主要任务是为该区域内的直销网络提供技术支持，负责处理在该范围内发生的争端，所以接受订单并不是服务中心的主要内容。雅芳客户服务中心主任佳利·金这样评述服务中心的作用："我们的客户服务中心是服务于我们的直销代表的。我们负责解决他们在生意上、财务上以及交付产品上的种种问题。"

由此可见，这里的客户服务中心是与最终消费者脱离的，它实际上是订单的集中地和产品的分发地，同时它也负责处理公司和直销代表间的各种问题，直销代表们则将他们自身的以及消费者的需求全都一股脑地推给客户服务中心解决。

雅芳公司开展内部标杆管理的中心目的是解决客户服务中心的效率和规范化问题。调查表明，有些服务只有在大的中心地区才有提供，有些服务则是通过电话进行的，销售服务中心希望销售代表把15个品种以上的订单进行书面汇集，而这个工作实际上本应该是公司其他部门的职责。直销代表们急需公司提供更多的支持，在过去的数年间，虽然服务在不断地升级，但是仍然跟不上直销代表们的要求，而且每个中心都有一套自己的服务方式，这种各自为政的不规范的服务方式是造成企

① 赵淑清. 雅芳的标杆管理［J］. 企业改革与管理，2001（7）.

业低效运作的根源。雅芳的管理者认为，作为一个全国性的销售网络，首先应该在整个销售范围内提供一套统一的服务体系，在该服务体系中，得州的销售代表与迈阿密的销售代表所获得的技术支持应该是一样的，对此，公司决定在开始着手实施改变措施前先彻底地研究自身。

以上问题综合起来都强调了这样一个事实，即雅芳公司的直销代表们迫切需要公司给予一种明确的服务支持，由于他们难以清楚地表达出他们对这类服务水平的认识，因此雅芳的管理者认为有必要在五大销售中心进行一次联合调查，这样会有助于明确销售代表们的需求和预期的基准。这项调查引发了公司第一轮分析回合：1990年元月，他们召集了3个地区的负责人召开了为期4天的会议，以便确定本年度公司在客户服务网络管理中要实现的目标。他们首先分析了人力资源的分配状况，接着便在全美范围内公开披露各地区的销售业绩和服务水平，使地区间可以做一个明确的比较，这样做不是为了挑起地区间的竞争，而是为了促进每个地区的发展。由于5大中心的实际情形总是不断变化的，因此很难一下子判断出哪个地区的行为是最优的，这样雅芳的管理者便需要建立一个逻辑上的“稻草人”模型，用以反映一系列服务的最佳行为方式，同时设计出一系列的衡量“最优”行为的标准，这种“稻草人”是对各个地区最优行为的总结，它超越了单个区域的局限性，使每一个地区都有一个开放的发展机会，没有一个地区会被忽视，也没有一个地区凌驾于其他地区之上。

“稻草人”是在各大地区负责人一致同意的基础上建立起来的，因而可以根据这个模型衡量每个分支机构，以此实行标杆管理活动。衡量比较的主要作用是用以确定每个机构在销售服务体系上的行为差距，同时发掘出那些使用先进服务手段的地区。每个地区负责人小组决定因循统一的效率衡量标准来检讨本部门的营销活动，其中包括各分支机构的数据资料、全部电话数目、平均使用时间、占线时间、无人接听时间、平均交谈时间、打往外地电话的数目等。

在进行行为回顾调查和销售服务需求分析时，雅芳管理者确定了服务差距，并制定出一系列可供选择的弥补差距的措施，这些措施包括：增加销售代表，在销售服务区域内提供一天24小时、一周7天的动态报道，为优秀的直销代表指派专门服务人员，在西班牙语地区增派双语代表。每一种改进措施都弥补了一些差距，而最重要的是让员工了解了从何做起以及为什么要这么做。这些目标措施为企业带来第一次变革。对任何企业来说，衡量机制都是一个有效的变革工具。在雅芳公司，通过衡量机制可以清晰地看到哪些地区、哪些方面需要改进，它清除了改革过程中那些不确定的方面，为每个管理者提供了服务标准化目标。

通过内部标杆管理活动，雅芳公司不仅实现了最初制定的销售服务支持体系标准化的目标，还发展了一系列改进现有信息技术和充分利用各分支机构资源的方法。同时，雅芳的管理者还发现在实行统一化的过程中，由于客观存在的消费者本身的地域限制，因此某些地区必须继续提供一些特殊的服务（比如双语服务等）。这种变革是在深入了解销售代表的预期需要的基础上进行的，进行这种内部基准化活动需要对目前的服务情形有一个深入的了解，确定一个为各分支机构认同的行为目标，以及更好地为销售代表和消费者服务的愿望。在雅芳公司的标杆管理进程中，对消费者需求的注重提高了雅芳公司整个销售网络的效率。

13.3.3　标杆管理应用示例二：万向集团的标杆管理①

1969年，万向集团创始人鲁冠球历尽艰辛，挂出了“宁围公社农机厂”的招牌，万向集团这条航船从此起锚远航。创办之初，万向拾遗补阙，生产犁刀、铁耙、万向节、失蜡铸钢等五花八门的产品。1979年实施标杆管理后，集中生产进口汽车万向节，20世纪80年代日创利润10万元。90年代初企业集团化，经营国际化，坚持“大集团战略，小核算体系，资本式经营，国际化运作”的战略方针，日创利润100万元。2001年开始突出万向制造核心理念，向拥有核心价值能力的现代化大公司发展，日创利润200万元。集团致力于汽车零部件产业，已拥有万向节、轴承、等速驱动轴、传动轴、制动器、减震器、滚动体、橡胶密封件8大系列及悬架、制动2大系统产品。万向企业成长目标是通过实施标杆管理“三接轨”，即接轨跨国公司运作、接轨先进技术、接轨国际主流市场的模式成为一家现代化公司。

1）以“四为”战略为导向

万向的“四为”战略是“为顾客创造价值、为股东创造利益、为员工创造前途、为社会创造繁荣”。万向把“四为”作为标杆管理战略理念，以战略理念为导向，然后从6个方面入手，步步为营，贯彻始终。

为了实现“四为”战略，万向把工作重点放在以下6个方面：

（1）构造团队。由于开展标杆管理是一个持续不断的过程，特别是在高级阶段，会涉及企业组织结构、企业文化等方面的变革，一个强有力的企业标杆管理团队是必需的。

（2）确立标杆管理的目标和准则。首先，标杆管理必须基于明确的目标，不能盲目地学习，即在实施过程中，一定要坚持系统优化的思想，要着眼于总体最优，而不是某个局部的优化，以获得协同效应。其次，要制定有效的实施准则，以便循序渐进，避免盲目性。

（3）分析流程，找出缺陷和突破口。认真诚恳地检查，找出企业自身业务流程中的缺陷，并确立突破口。

（4）对标。这一项工作比较烦琐，需要开发一套对标研究策略。其中包括：实地考察，搜集标杆数据；处理、加工标杆数据并进行分析；与企业自身同组数据进行比较，进一步确立企业自身应该改进的地方。必要时还需要借助外脑咨询和外部专门数据库。

（5）系统学习。从确立的突破口开始，有步骤地开展持续不断的系统化学习，这是实施标杆管理的关键所在。管理的精髓就在于创造一种环境，使组织中的人员

① 刘光明．万向集团的标杆管理［J］．企业管理，2004（7）．

能够自觉地进行学习和变革，在达到自身成功的同时，实现组织的目标。由于标杆管理往往涉及业务流程的重组，要求改变一些人的行为方式，甚至涉及个人的利益。因而，一方面要解除思想上的阻力，另一方面要创建一组最佳的实践和实现方法，以赶上并超过标杆对象。

（6）评价与提高。实施标杆管理是一个长期的渐进过程。在每一轮学习完成时，都需要重新检查和审视对标杆研究的假设和标杆管理的目标，以不断提升实施效果。

2）六个方面突破

产品是企业的生命，质量是产品的生命。一个企业丧失了质量声誉，就丧失了它存在的价值。尤其是汽车零部件产品，质量更直接关系到人的生命安全。万向一直以来以市场为导向，以科技为先导，以欧美日先进企业的“零缺陷”标准作为标杆，不断努力。万向在实施质量战略中把标杆管理作为主要手段，从6个方面进行突破：

（1）了解自己。诚实回答以下几个问题：我们重视什么（尤其是重视什么样的员工）？我们如何看待资讯分享？比较愿意分享哪些资讯？比较不愿意说出哪些信息？这样说来，我们是什么样的公司？我们有没有诱因开放更多的资讯？我们愿意开放更多的资讯吗？

（2）了解问题。自问：我们该做好哪几个方面才能成功？这几方面目前的成绩如何？沟通管理不良（譬如混淆的讯息、迟缓的资讯、遗失的资讯和参与感低落）是否影响某些攸关成功的部分？沟通系统中哪里出了差错，是沟通的来源还是内部？

（3）寻求解答。自问：我们可以采取哪些行动来消除错误？哪种或哪些措施对消除错误、提升企业绩效的影响最大？

（4）向他人学习。自问：组织的其他部门是否遭遇过类似的沟通问题，可以从它们身上学到什么？其他组织如何解决类似的问题，可以从它们身上学到什么？其他公司的做法中，能套用在组织上的最佳做法是什么？

（5）研究其他公司曾采取的行动。打电话询问它们、阅读相关的资料、亲自拜访它们，尽量以最快速节约的方式向它们学习。

（6）修正错误。将从其他公司所学到的东西切实实行，透过其他人的经验，使你的解决方式更加充实。

□ 个案分析

采油一厂标杆指标体系的建立与完善

在企业里，标杆是旗帜，指引企业前进的方向，决定旗帜指引方向的就是标杆指标。科学选择标杆指标是企业开展标杆管理工作的基础和前提，每一个想推行标杆管理的企业都必须认真研究，确保所选择的标杆指标能够促进企业绩效改善。中国石油化工股份有限公司河南油田分公司第一采油厂（以下简称“采油一厂”）在推行标杆管理时，非常重视标杆指标的研究开发工作，其建立的采油厂标杆管理体系经近几年的实践，证明是成功的。

（1）以提升企业整体绩效为中心选择标杆指标基，确保标杆指标代表企业先进的生产经营管理水平。标杆指标基决定企业标杆管理事业的重点，必须以提升企业整体绩效为中心来选择，否则，企业的标杆管理事业就会偏离正确的发展方向，走入歧途。采油一厂清醒地认识到，企业发展只有正确处理好产量、成本和安全之间的关系，才能实现持续、健康、又好又快地发展。

因此，采油一厂在选择企业标杆指标基时，始终坚持“产量、成本、安全”三位一体的经营理念，始终将标杆指标基牢牢地锁定在产量（任务）、成本和安全上，形成了安全标杆指标、产量标杆指标簇、成本标杆指标簇和核心工作质量标杆指标簇四类核心标杆指标，从而确保了企业标杆管理事业始终为提升企业绩效改善服务。

以采油系统为例说明采油一厂标杆指标设置：安全标杆指标基对应的标杆指标为连续安全生产天数；产量标杆指标基对应的产量标杆指标簇为人均产油量、连续无躺井天数、进罐率、泵效等四个产量类标杆指标；成本标杆指标基对应的成本标杆指标簇为百米提液用电单耗、百米采油用电单耗、油水井单井耗材、增压泵标耗等四个成本类标杆指标；核心工作质量标杆指标簇为分注井层段合格率、油井维护作业频次、抽油机平衡度合格率、油井平均检泵周期等四个质量类标杆指标。

（2）分系统、分层次优选标杆指标，提高标杆指标的可对比性。为了提高标杆指标的可对比性，采油一厂在横向上按核心业务将标杆指标体系细分为采油、集输、测试三个子标杆指标体系，纵向上分为厂、队、班站及岗位四级标杆指标，其中队、班站为核心标杆指标，定期统计发布。

在具体的标杆指标遴选上，按照可对比性、可测定性、规范性和经济性四个标准，从能够衡量企业绩效的指标中，选定30个标杆指标，建立采油一厂核心标杆管理指标体系，其中采油系统14项、集输系统10项、测试系统6项。

采油系统标杆指标为：人均产油量、连续安全生产天数、百米提液用电单耗、百米采油用电单耗、油井单井耗材、水井单井耗材、增压泵标耗、连续无躺井天数、分注井层段合格率、抽油机平衡度合格率、油井维护作业频次、油井平均检泵周期、进罐率、泵效等14项标杆指标。

集输系统标杆指标为：人均处理液量、年度连续安全生产天数、液量处理药剂单耗、污水处理单耗、注水用电单耗、掺水单耗、注水泵维护单耗、水质连续达标天数、水质达标率、原油脱水达标率等10项标杆指标。

测试系统标杆指标为：人均测试层数、连续安全生产天数、单层耗材、单层燃料消耗、测试车组测试符合率连续天数、试井车连续运转天数等6项标杆指标。

（3）规范标杆指标统计口径和数据来源，确保标杆指标的可靠性。为了提高标杆指标的可靠性，采油一厂对30个核心标杆指标的统计口径、计算方法、数据来源和确认部门进行了详细规定，并定期对其进行检查考核，从而确保每一个标杆指标信息都是真实可靠的。

例如：人均产油量（单位为吨每人）等于单位时间内累计完成核实产油量除以单位用工人数。核实产油量以计划系统统计报表为准，单位用工人数以劳资系统用工统计报表人数为准，含全民工、非全民工和劳务输入工，对于借调到其他单位工作，且时间超过60天以上的人员则不参与人数计算。本项指标由企管科审核确认。

（4）严格标杆审核确认程序，提高标杆的权威性。为了提高标杆的权威性，采油一厂在标杆的审核确认上，实行逐级审核确认原则。即矿级标杆在各基层队的标杆中产生，由矿级标杆管理部门确认，厂级标杆在矿级标杆中产生，由厂标杆管理办公室审核确认。

例如：采油队油井单井耗材8 176元／口，是四个油矿中最高的，经厂标杆管理办公室确认后，该值确定为采油队厂级标杆指标。

（5）建立企业标杆指标体系是一个先易后难，逐步完善的过程。

由于标杆管理指标体系对标杆指标的要求很高，因此企业标杆指标体系的建立过程并不仅仅是一个简单的指标选择过程，它还涉及指标的原始采集、报表统计与传输等一系列基础工作，如果这些基础工作做得不扎实、不规范，则可能影响标杆指标的可靠性。

在标杆指标体系的建设上，应当本着先核心后辅助、先基层后机关、先单位后岗位的顺序，按照先易后难的原则，成熟一个建立一个。如采油一厂在推行标杆管理初期，主要围绕企业核心业务建立起采油、集输、测试三个标杆指标体系，2009年完成了辅助队种指标体系建设工作，2010年才完成机关和岗位的标杆指标体系建设工作。因此，企业标杆指标体系是一个逐步完善的过程。

资料来源　李联五. 标杆管理的原理、流程与实践——石油企业管理改善行动指南［M］. 北京：石油工业出版社，2011.

思考题：

1.阐述采油一厂标杆管理体系建立的方法，有哪些经验值得学习和总结？

2.结合案例，判断采油一厂的标杆管理最终成功与否？在建立过程中需要注意哪些问题？

□ 本章小结

标杆管理（benchmarking），也被译为定标比超、基准管理、定点超越、标杆瞄准、竞争基准、标杆制度等。标杆管理是一个通过衡量比较来提升企业竞争地位的过程，它强调的就是以卓越的公司作为学习的对象，通过持续改善来强化本身的竞争优势。

标杆管理具有以下特点：其本质上是一种面向实践、面向过程的、以方法为主的管理方式；它拥有最佳实践和度量标准两大利器，更加强调执行和量化，使目标更加明确、具体、可行；标杆管理博采众长为我所用，站在全行业甚至更广阔的全球视野上寻找基准，突破了组织性质的局限，强调“合作”和“双赢”；标杆管理适用广泛。

标杆管理的思想可以追溯到20世纪初泰勒所倡导的科学管理理论，其发展主要经历了以下几个阶段：进行竞争产品的比较；进行工艺流程的标杆管理；标杆管理最佳企业管理实践；战略性标杆管理阶段；全球标杆管理阶段。

根据不同的标准可对标杆管理做不同的分类。根据所选标杆的类型，通常可将标杆管理分为4类：内部标杆管理、竞争标杆管理、功能标杆管理和通用标杆管理；根据开展标杆管理的层次进行分类可将其分为产品标杆管理、过程标杆管理、管理标杆管理和战略标杆管理。

在企业实践中，标杆管理发挥着以下作用：有助于企业的战略管理；有助于建立学习型组织；有助于企业不断获得竞争优势，塑造核心竞争力；有助于企业提高绩效并实现持续改进。

标杆管理的实施可遵循以下流程：发现瓶颈→选择标杆→数据收集→比较与分析→内部沟通与交流→采取行动和信息反馈。在具体实施过程中，需要注意以下几个方面的问题：高层的支持是标杆管理成功实施的关键因素；标杆管理的核心是模仿与创新并重；不是所有的组织都能成为标杆管理的“参照物”，而只是一部分适合本企业的组织；标杆管理不是一个口号、一个瞬时的活动，而是一个长期的实践过程；对标杆组织进行比较的最佳场所不是在总部，而是在第一线；应鼓励员工积极参与标杆管理。

□ 关键概念

标杆管理　标杆　内部标杆管理　竞争标杆管理　功能标杆管理　通用标杆管理　产品标杆管理　过程标杆管理　管理标杆管理　战略标杆管理

□ 课堂讨论

1.标杆管理的本质是什么？

2.在具体实施标杆管理的过程中，企业应如何选择标杆？

□ 复习思考题

1.什么是标杆管理？其含义体现在哪些方面？

2.标杆管理的特点有哪些？

3.标杆管理的发展经历了哪些阶段？

4.根据所选标杆的类型可将标杆管理分为哪几类？

5.根据企业开展标杆管理的层次可将其分为哪几类？

6.标杆管理的作用体现在哪些方面？

7.标杆管理的实施需要遵循何种流程？

8.在实施标杆管理的过程中需要注意哪些问题？

□ 自测题

1.标杆管理的含义主要体现在（　　）。

A.瞄准学习　　B.界定差距　　C.战略先导

D.变革创新　　E.最佳实践

2.根据所选标杆的类型，通常可以将标杆管理分为（　　）、（　　）、（　　）和（　　）。

3.根据开展标杆管理的层次可将其分为（　　）、（　　）、（　　）和（　　）。

4.在实施标杆管理的过程中，分析差距和确定绩效标准时应考虑的因素有（　　）。

A.经营规模的差异以及规模经济成本的效率差异

B.企业发展阶段的管理实践与业绩差异

C.企业文化理念与管理模式的差异

D.产品特性及生产过程的差异

E.经营环境与市场环境的差异

□ 补充阅读材料

材料一　标杆管理的常见误区及实施建议

对于希望实施标杆管理的企业来说，理解标杆管理是成功引入并实施的首要前提，否则，不考虑企业实际而盲目引入，就可能无法实现预期效果。

一、标杆管理的常见误区和关键点

（1）标杆管理并不适用于所有组织。安永公司的研究结果表明，标杆管理在那些被定义为“成功者”与“生存者”的企业中效果十分明显，而“失败者”类型的企业可能会在耗费了大量财力、人力之后，非但没有取得绩效的改善，反而陷入下一轮困境。因为这些企业更需关注的是经营管理问题。因此，企业在决定是否使用标杆管理这一工具时，首先应对自己在行业内外的地位有充分的了解，然后再据此做出决策。

（2）标杆管理并不适用于企业内的所有流程和服务。在使用标杆管理时应根据各部门的战略和职能做出具体判断。卡普兰指出，如果忽视了内部支持部门所提供的差异化产出，进行不加区别的成本或数字比较则毫无意义，因此，企业应将标杆管理运用于通用流程或服务。

（3）应谨慎选择有效的标杆。首先，从实现目标的可能性和难度上来看，企业应结合实际情况，选择与自身发展轨迹、内外部环境相近的公司作为标杆，切不可好高骛远。例如，中海油在2001年实施标杆管理时并没有选择埃克森、壳牌等世界顶尖石油公司作为标杆，而是选择了当时在世界石油公司中排名第14的挪威国家石油公司作为自己的标杆。其次，从标杆管理实施的效果上来看，标杆的选择应是“价值最大”的。实施标杆管理时，应将企业战略目标贯穿于选择标杆的全过程，注意考虑实现和超越自己所选择的标杆是否具有价值。另外，需要指出的是，标杆是动态的、变化的，企业应及时更新标杆，始终以近期的最佳实践为目标。本年度作为标杆的企业可能会在下一年度被其他企业赶超或由于经营管理上的失误而不再具有优势，因此，及时更新标杆十分必要。

（4）应强调绩效的持续改进。从长期看，企业应不断维护标杆管理数据库并实施持续的绩效改进计划，以此获得理想的长期绩效。标杆管理是一个永无止境的过程，因此，企业不能因为标杆管理在短期内取得了良好效果就停滞不前，否则将会很快落伍。

二、标杆管理的环境建设

（1）建立企业间互助互利的伙伴关系。在标杆管理的实施过程中，如果选择外部组织作为标杆，则需与外部标杆组织建立起互助互利、密切合作的伙伴关系，通过信息交换，了解标杆项目在合作企业中的具体运作情况，从而明确在自己的企业中该如何推动标杆项目的实施。建立这种合作伙伴关系的关键是互助互利，每一方既是信息的提供者，也是信息的接收者，双方通过互换信息，了解对方在内部流程等方面的优点，从而对自己企业的改进提供启发。另外需要注意的是，作为合作伙伴的企业应注意保密，对信息互换中获知的信息只限于在内部标杆管理的范围内使用。

（2）建设和维护标杆管理公用数据库。企业实施标杆管理后，对已建立的标杆管理数据库应不断进行更新和完善。除企业自用的数据库外，如果行业协会或科研机构能在更大范围内建立起一个公用的标杆管理数据库，将会大大推动企业标杆管理的实施工作。

我国在标杆管理公用数据库建设方面仍显不足，应加快标杆管理公用数据库和网络的建立和完善，促进标杆管理工作的展开。如某一行业的行业协会可以发起建立该行业的标杆管理数据库，行业内每个企业每年定期向行业协会报告自己在该年度的各项数据，数据库每年更新一次，而提供数据的企业可以免费使用数据库中的信息用于标杆管理。

（3）发挥政府在标杆管理推广中的作用。一方面，政府可以通过奖项设置等措施鼓励和倡导企业实施标杆管理。如1984年美国设立的“美国国家质量奖”及1992年欧洲设立的“欧洲质量奖”均要求对同业企业的产品质量进行“标杆管理”，决出优劣。另一方面，政府可以直接参与标杆管理工作。在产业层次，通常需要政府直接出资，组成研究小组，协调、配合产业界专家和企业界人士开展标杆管理工作并制定出相应的政策；在政府责任领域（如税务、海关等）则需政府相关部门直接介入其中，寻找差距和最佳实践并制订出创新的实施方案。借鉴国外的先进经验，我国也可进一步加大政府推广标杆管理的力度，通过宣传倡导、奖项设置等措施，或者通过政府直接参与的形式，进一步推动标杆管理的学习和实施工作。

资料来源　冯昊．标杆管理的常见误区及实施建议［J］．财务与会计（理财版），2010（5）．

材料二　　　　　从“跟跑者”到“领跑者”：海尔的“人单合一”

全世界探索了30多种物联网时代的管理模式，海尔的“人单合一”被公认是具有引领作用的。所以，我们希望“人单合一”能成为引领全球的标杆管理模式。

要成为标杆，首先要转变观念。企业只有两种选择：要么进化，要么僵化。进化就是与时代俱进，在时代潮流中变革自己；僵化就是作茧自缚。时代发展太快，不能总是用昨天的成功经验来指导今天的工作，这也是世界500强企业留在榜单上的时间越来越短的原因。

我们用战国时期非常有名的一个故事来诠释。赵国是当时的大国，中山国是小国，中山国经常侵扰赵国，赵国不胜其烦。后来赵国进行了改革，使国力达到鼎盛，彻底消灭了中山国。赵国的变革就是“胡服骑射”，即穿着少数民族的服装，用少数民族的战法来提高自己的战斗水平。这里涉及最主要的一点就是观念的变革。赵武灵王推进变革时阻力非常大，一个叫肥义的大臣非常支持他的变革。《史记·赵世家》中记载肥义用“愚者暗成事，智者睹未形”劝服了赵武灵王。意思就是对愚笨的人来说，这件事明显可以办，甚至已经办成了，但自己仍不知道；而对智者来说，这件事虽还没成功，但知道方向抓准了，就会行动起来，从而变得强大。本次演讲以西蒙斯·涅克的黄金圈理论为框架。黄金阁理论就是三个同心圆，中心是“为什么”。永远要从为什么开始，因为为什么就是方向，每个人、每个企业都要问这个问题——为什么要这么做？有了为什么，有了正确的方向之后，“怎么做”就是路径，最后是“做什么”，这是目标。目标达到之后，再无止境地循环往复。现在用这个理论来看三点——品牌、财务和模式。品牌、财务如果都做到了世界领先，模式也就是世界领先的。

一、品牌黄金圈理论

1.为什么要创生态品牌?

产品会被场景替代，行业将被生态覆盖，没有完美的产品，只有向完美迭代的场景。比如我们可以把作为产品的汽车做得很完美，但当汽车变成网器和网络连接起来后，它就永远不能完美，只能去追求完美。所以说产品会被场景替代，行业将被生态覆盖。

产品已经过时，当家庭变成智慧家庭，没有哪个单一的产品或行业能满足它的所有需要，此时会有很多行业、很多产品都为一个家庭服务。

美国学者罗伯特·戈登在《美国增长的起落》这本书里分析大量数据后得出一个结论：第三次工业革命全要素平均增长率只有第二次工业革命的1/3。因为第二次工业革命有很多新发明，像汽车、飞机、电子产品、医疗产品，等等，但第三次工业革命没有多少新发明，只有电商，而电商只能卖东西，卖的还是第二次工业革命发明的东西。所以说产品一定要变成网器，而且要通过互联在一起，给用户提供一个体验。

以烤鸭为例。烤鸭在家做不了，外卖也送不了。海尔把顶级的烤鸭师傅请来做烤鸭半成品，然后又把所有的电冰箱及厨电网器都连在一起，并针对烤箱设计专门的烤制程序。拿到半成品鸭胚后，采用专用的程序就能烤出正宗的北京烤鸭。海尔烤鸭场景增长很快，第一个月卖了2万只，相当于一个烤鸭店一年的销量，现在还在增长。这就是一个生态。剁椒鱼头、烤乳鸽等8大菜系里凡是以前在家做不了、外卖送不了的，现在都可以做。过去没有这些产品，但把电器变成网器后，就可以创造出新产品。

2.怎么创生态品牌？

只要找到路就不怕路远。海尔走出去之初，就是出口创牌，而不是出口创汇。当时中国很多企业走出去就是给国外的高端品牌做贴牌，但海尔决定一个贴牌也不做，而是做自己的品牌。

当时美国一家经销商到青岛来找我，他们调研了所有的中国冰箱，认为海尔的质量是最好的。他们提议说如果不用海尔的牌子，而是用他们的牌子，冰箱价格可以提高很多，销量也可以成倍增长。我却说如果那样做，可以得到一时的利益，但美国市场将永远也看不到中国的海尔品牌。

海尔从1989年开始批量出口产品，直至2015年，即经过了26年才实现出口产品的盈亏平衡。国际上有个定律，如果在母国之外创国际品牌，必须经过8年的赔付期。海尔在这个国家做品牌赔了8年，赚钱了又到另外一个国家，可能又赔8年，所以总共赔了26年。但2015年实现盈亏平衡之后，再到2020年，仅5年的时间，利润率就达到了4%，4%就是贴牌企业可以达到的最高利润。但不同的是，达到了这个利润水平之后，海尔可以继续上升到5%、6%……

另外，再看家电企业海外毛利率对比，海尔一开始毛利率远远低于其他厂家，但现在已超过他们。现在海尔品牌自进化到了生态品牌，生态收入的增长很快。品牌可分为三类：第一类是产品品牌，像奔驰、宝马等，靠质量溢价；第二类是平台品牌，就是消费互联网，像淘宝、亚马逊等，靠流量溢价；第三类是生态品牌，物联网时代必须做生态品牌，因为要靠体验溢价。传统品牌不管是平台还是产品，没有用户，只有顾客，交易完成了就结束了，不会再与用户进行交互。而经济学家指出21世纪企业的竞争力只有一个——终身用户。只卖产品不可能有终身用户。

3.目标：从跟跑者到领跑者

过去我们跟着人家跑，现在要在前面领跑。海尔的生态品牌引领体系中有三个品牌——卡萨帝、三翼鸟、卡奥斯。卡萨帝是高端品牌。卡萨帝来自意大利文，是两个词——“家”（Lacasa）和“艺术”（arte），合起来就是“家的艺术”。做高端品牌，不是聚焦产品，而是把产品做成一种艺术，这样它可以很快变成场景品牌和生态品牌。

三翼鸟是场景品牌。三翼鸟是混沌的自画像，是经过计算机上百万次迭代得出的一个图形。三翼鸟代表一种奇异吸引子。奇异吸引子可以把一个微小的变化演化成一个巨大的变化，比如蝴蝶效应。南美洲亚马孙雨林的蝴蝶扇了几下翅膀，两周后在美国德克萨斯州产生了一场飓风。海尔以此来比喻发现了一个很小的用户需求，最后变成所有用户的需求。如智慧家庭中的阳台，在上海，有用户希望阳台不只是洗晒衣服的地方。所以，海尔把阳台变成了洗护阳台，慢慢又推出了休闲阳台、娱乐阳台、喝茶阳台等，带动了场景销售的爆发式增长。原来海尔卖一个产品几千元，现在卖场景，三翼鸟体验店的场景平均客单价已达到21万元。

卡奥斯是生态品牌。卡奥斯（chaos）就是混沌，是古希腊元始之神，又被称作万物之卵。卡奥斯之前，所有的神都不存在，宙斯是卡奥斯之后的第三代神。卡奥斯会诞生很多超乎想象的新物种，用卡奥斯作为生态品牌名称，寓意着可以把很多生态方聚合起来，创造很多想象不到的新物种。现在，海尔的卡奥斯已覆盖了15个行业。截至2020年，海尔连续两年入选国际著名品牌机构评选的Brandz全球品牌价值百强榜单，这个榜单在2019年首次设立物联网生态品牌的品类，海尔是连续两年唯一被评为生态品牌的，也是首个入选的。很多国际大企业想成为生态品牌，但尚未入选。所以，中国企业应该有决心、有信心、有能力从跟跑者变成领跑者。

二、财务黄金圈理论

1.为什么要颠覆传统财务？

“股东第一”在物联网时代走入困境。“股东第一”是诺贝尔经济学奖获得者米尔顿·弗里德曼1970年提出来的。他指出，企业的目的就是赚钱，并向股东提供回报。全球企业被该理念统治50年。杜邦模型就是指导企业具体实践“股东第一”的工具。股东收益率就是“股东第一”，就是为股东服务，这其中并没有体现物联网时代需要的用户。

2.如何重建物联网时代的财务？

现在大家都知道要突破传统财务、颠覆“股东第一”，但没有找到方法。

由近200家美国顶级企业组成的美国商业圆桌会议在2019年发表的《公司宗旨宣言书》称，要放弃股东至上原则，为所有的利益相关者创造价值，但仍然不知道怎么做。

福布斯专栏作家史蒂夫·丹宁认为，他们虽然声明放弃“股东第一”，但仍然以企业为中心，并不知道正确的路在哪儿。而著名管理思想家罗杰·马丁则提出现在需要的不是企业第一、“股东第一”，而是以用户为中心、用户第一。这就需要物联网时代的新财务模型。

3.创物联网时代第四张表

海尔在全球率先提出了传统财务三张表之外的第四张表——共赢增值表。资产负债表、现金流量表和利润表是所有企业都有的传统三张表。但美国管理会计师协会的CEO杰弗里·汤姆森说，无论上市公司还是科创企业，都应该提供第四张表。传统的三张表无法提供企业全面的经营状况，因为这三张表还是以产品为中心、以企业为中心。而第四张表——共赢增值表能阐释更多的价值。这从共赢增值表的六大要素看得出来。

第一个要素是用户资源。传统企业报表中没有用户，只有产品和顾客。第二个要素是资源方。传统企业没有资源方，只有供应商。企业和供应商的关系是需方只管压价，谁的价低就要谁的。而“资源方”是一起共创用户体验的。第三个要素是生态平台价值总量。即这个平台是创造生态收入的，像卖烤鸭场景、阳台场景，获得的不是产品收入而是生态收入。第四个要素收入和第五个要素成本，都是在生态中产生的。第六个要素是边际收益。经济学有个颠扑不破的定律——边际收益递减：做产品，一开始一台能赚10元，后面就变成9元、8元、6元……，单台利润不断下降。只有扩大生产、扩大产量，利润总额才能上来，但扩大总有边界。而现在海尔生态中的边际收益是递增的，比如海尔做烤鸭场景、阳台场景，不只是获得卖电冰箱、洗衣机的收入，电冰箱、洗衣机变成生态价值的载体，得到的是生态收入、生态收益，从而可实现边际收益递增。

三、模式黄金圈理论

1.为什么要颠覆传统模式？

没有成功的企业，只有时代的企业。企业所谓的成功，只不过是有意无意踏准了时代的节拍，但企业不可能永远踏准时代节拍。

“人单合一”于2005年提出，过去一直在持续进化，我们从“砸科层制组织”开始，把所有的中层部门去掉。12 000名中层管理者，要么创业，要么离开，企业就变成了平台，没有领导，用户是领导，8万人变成了4 000多个小微，每个小微最好是10人以下。

但小微建成以后，会不会乱？我去哈佛商学院，他们的教授说这个模式很好，把所有的科层制“砸”掉了，变成4 000个小微，小微是自组织。但自组织有一个很难解决的矛盾——自主性与同一性的矛盾。小微都有自主性，但如何变得“同一”？原本职能部门的作用就是要让有矛盾的各个部门变得“同一”。所以海尔又进一步将小微变成了链群。链群就是生态链上的小微群，所有相关的小微自己组到一起，共创共享，创造更多的价值，就有更多分享，当然亏损自己承担，亏损达到一定程度就解散，所以链群不会和领导博弈。传统企业里下级和上级博弈，都想自己得到更多好处，而同级部门之间变成筒仓，大家像敌人。如果变成利益共同体，就可以解决这个问题。所以我希望将海尔的组织变成“水母式”组织。

水母已存在了6亿多年，比恐龙存在的时间还长。适者生存，水母的生存之道就是它没有大脑，没有神经中枢，靠的是触手。一只触手碰到猎物之后，不需要神经中枢下命令，其他的触手都会自动把这个猎物围起来，合力抓住。如果组织变成“水母式”的自组织，触点碰到用户需求后，不需要向上请示，不需要重新协调，其他人就能一拥而上。

2.如何实现“人单合一”？

美国全球最大的经济类资讯平台彭博社报道认为，从某种意义上说，“人单合一”已不是海尔的专属名词，而是物联网时代的管理革命。实现“人单合一”有三点：

一是物联网时代的战略工具——“人单合一”计分卡。现在全世界的“人单合一”研究中心都在用这个工具。纵轴体现的是链群合约，横轴是生态品牌。现在链群合约又进了一步，叫做“三自”，就是自涌现、自裂变、自进化。像阳台场景，它先涌现出洗护阳台，然后又裂变成很多场景，最后又在自进化。欧洲管理发展基金会（EFMD）主席认为，“人单合一”计分卡是物联网时代的战略管理工具，而且该基金会现在也设立了“人单合一”认证中心。过去我们要通过ISO等认证，现在全世界的企业要来通过“人单合一”认证。

二是全球“人单合一”研究中心网络。现在全球已有8家“人单合一”研究中心，其中一家在美国硅谷，因为硅谷学者认为“人单合一”模式比硅谷模式更好。这8个研究中心海尔没有出资，也没有派人，都是当地的学者和企业家自发成立的。现在已有74个国家72 000多家企业成为注册会员，而且还在继续发展。

三是在全球复制案例。首先是在海尔并购的海外企业中进行复制。海尔先后并购了日本三洋、美国通用电气家电，还有新西兰国宝级品牌斐雪派克，欧洲著名家电企业——意大利的Candy。关于并购，国际上有一个七七定律，即跨国并购的失败率为70%，而失败的原因70%归咎于文化。虽然海尔没有派一个人去被并购企业，用的还是他们原来的团队，但这些并购都成功了。因为不管什么样的文化，都接受“人单合一”。“人单合一”的核心就是人的价值最大化，给人以尊严。无论美国的个人主义也好，日本的集体主义也罢，都接受，我们称之为“沙拉式文化”融合。沙拉有各种各样不同的蔬菜，就相当于各种各样不同文化的企业，但是“沙拉酱”是统一的，“人单合一”就好比“沙拉酱”。像美国GEA，经过一年多时间才慢慢接受“人单合一”，但是接受以后，让他们在新冠疫情期间实现了收入、利润的两位数增长。

欧盟正在推进云计划GAIA-X，现在邀请海尔加入其中，海尔成为唯一受邀参加的欧盟外企业。之所以邀请海尔，是因为他们在满足个性化需求方面有短板。像德国引以为傲的两个工业4.0样板——大众辉腾、电动车e.Go都破产了，原因就是他们擅长线性思维，可以把一件事情做得很精细，但个性化需求是非线性思维，所以他们希望海尔加入。现在，他们在欧盟建立了9个用户个性化需求中心，第10个就设在中国，由海尔承办。

3.成为全球新的引领标杆

詹姆斯·穆尔是商业生态理论创始人，他在1993年就提出了商业生态理论的概念，到目前，他认为海尔是做得最好的。他认为海尔是组织和生态系统创新的领导者，别人做的是技术层面，而海尔的生态是以用户为中心。

海尔在标准上也实现了引领。在模式标准上，主导引领了ISO、IEEE、IEC三大国际标准组织的标准；在生态标准上，主导了IEEE的国际标准；而在智慧家庭标准上，ISO、IEEE、IEC、OFO等四个国际组织的标准制定，海尔都是主导者。

除此之外，关键是观念要成为全球引领的标杆。《金融时报》2020年对海尔的报道指出，“人单合一”创立15年来不断迭代，但人的价值第一从未改变。

康德说，人是目的，不是工具，但过去的模式却把人当成工具。过去传统模式围绕的不是“人”，而是产品。

马克思在《青年在选择职业时的考虑》这篇文章中指出，能给人以尊严的是在自己的领域内独立地进行创造。人的价值最大化就是让每个人都有尊严，要做到这一点，就要给他们一个独立创造的领域，而“人单合一”就是让每个人都可以独立创造。在《资本论》第三卷里，马克思说工人也有自己的合作企业，甚至工人都可以作为联合体成为他们自己的“资本家”。海尔现在也是自己建立链群、自己投资，这是员工自己的企业，员工是自己的“资本家”，在自己的企业体现和创造自己的价值。

要实现这一点，最重要的是领导者放权。现在，每年有一万多家企业来海尔学习，他们提出的一个共同问题就是怎样实行“人单合一”。我告诉他们，首先就是能不能放三权——决策权、用人权、薪酬权。大家认为管理者就靠这三权管控企业，失去了就无法控制。不要老想着控制，只要给员工以空间，每个人都会很好地发展。每个人都很聪明，为什么不让他们自己发展？

中国心学大家王阳明和他的弟子有一段对话很有意思。弟子问：“上智下愚，如何不可移？”这句源自《论语》中“唯上智下愚不移”，也就是说有智慧的精英团体与愚笨的老百姓是很难改变的。但王阳明认为改变不是不可以，而是不愿意。企业也是一样，有人认为管理人员都很聪明，员工愚笨。这不对。像海尔的血联网、疫苗网都是普通员工创立的。海尔不是搞医疗的，但现在不仅进入了医疗领域，而且上市科创板之后，PE值最高时达140倍。苏格拉底说“每个人身上都有太阳，只是要让它发光”。

2018年11月，我专门驱车两个多小时从希腊雅典到德尔菲神庙遗址，目的是看“认识你自己”这个神谕，这其实是一个千年命题。有时候有些事情做不好，是因为我们没有认清自己是谁。我是谁？我从哪里来？我到哪里去？是三个永远要思考的命题。

苏格拉底的朋友曾到德尔菲神庙求神谕。神谕说现在世界上最聪明的人、最有智慧的人就是苏格拉底。苏格拉底听闻后，找了当时希腊很多有名的智者来验证，发现这些智者很多方面一窍不通，但他们不懂装懂。苏格拉底就说，我是最有智慧的，但不是因为我什么都懂，我和他们最大的不同是他们不懂装懂，而我知道自己不懂，要去努力学习，所以我自知自己无知。

在时代的发展当中，我们都应该“自知自己无知”。黑格尔在《小逻辑》中有一句名言——熟知并非真知。每个人都有成熟的经验，有成功的过去，但今天的“真知”需要我们去探索。正如今天我们在这里共同探索如何成为世界物联网的引领者。

资料来源　张瑞敏．引领物联网时代的标杆管理模式［J］．企业管理，2021（5）．

主要参考文献

［1］罗宾斯．组织行为学［M］．孙建敏，李原，黄小勇，译．北京：中国人民大学出版社，2012.

［2］德斯勒．人力资源管理［M］．刘昕，译．北京：中国人民大学出版社，2017.

［3］德鲁克，等．公司绩效测评［M］．胡晓姣，译．北京：中国人民大学出版社，哈佛商学院出版社，1999.

［4］史若玲．工商企业人力资源管理［M］．大连：东北财经大学出版社，2000.

［5］宝利嘉．如何评估和考核员工绩效［M］．北京：中国经济出版社，2001.

［6］谌新民，武志鸿．绩效考评方法［M］．广州：广东经济出版社，2002.

［7］诺伊，霍伦贝克，格哈特，等．人力资源管理——赢得竞争优势［M］．刘昕，译．北京：中国人民大学出版社，2002.

［8］莱瑟姆，韦克斯利．绩效考评——致力于提高企事业组织的综合能力［M］．萧鸣政，等译．北京：中国人民大学出版社，2002.

［9］刘昕．薪酬管理［M］．北京：中国人民大学出版社，2002.

［10］郑晓明．现代企业人力资源管理导论［M］．北京：机械工业出版社，2002.

［11］张建国．绩效体系设计——战略导向设计方法［M］．北京：北京工业大学出版社，2003.

［12］徐芳．团队绩效测评技术与实践［M］．北京：中国人民大学出版社，2003.

［13］毕意文，孙永玲．平衡计分卡中国战略实践［M］．北京：机械工业出版社，2003.

［14］冯曌．标杆管理［M］．北京：中国纺织出版社，2004.

［15］梅洛．战略人力资源管理［M］．吴雯芳，译．北京：中国财政经济出版社，2004.

［16］方振邦．战略与战略性绩效管理［M］．北京：经济科学出版社，2005.

［17］武欣．绩效管理实务手册［M］．北京：机械工业出版社，2005.

［18］皇甫刚．绩效考核与管理案例［M］．北京：电子工业出版社，2005.

［19］林忠，金延平．人力资源管理［M］．大连：东北财经大学出版社，2006.

［20］卡肖. 人力资源管理［M］. 王重鸣，译. 北京：机械工业出版社，2006.

［21］肖余春. 团队行为学［M］. 杭州：浙江大学出版社，2006.

［22］付亚和，许玉林. 绩效管理［M］. 上海：复旦大学出版社，2006.

［23］徐斌. 绩效管理流程与实务［M］. 北京：人民邮电出版社，2006.

［24］朴愚，顾卫俊. 绩效管理体系的设计与实施［M］. 北京：电子工业出版社，2006.

［25］盘和林. 哈佛绩效管理决策分析及经典案例［M］. 北京：人民出版社，2006.

［26］惠特莫尔. 绩效辅导——成就人员、绩效和目标的方法［M］. 孙璐璐，廉晓红，等译. 北京：中国人民大学出版社，2006.

［27］杨臻黛. 业绩衡量系统的一次革新——平衡计分卡［J］. 外国经济与管理，1999（9）.

［28］董小梅. 360度考核的五个关键原则［J］. 人才资源开发，2001（1）.

［29］赵淑清. 雅芳的标杆管理［J］. 企业改革与管理，2001（7）。

［30］方振邦. 运用360度绩效反馈计划改善绩效［J］. 中国人力资源开发，2001（12）.

［31］刘帮成，唐宁玉. 对团队绩效考核的战略性思考［J］. 上海管理科学，2003（3）.

［32］刘芙蓉. 神州数码营销人员的KPI考核［J］. 企业管理，2003（6）.

［33］喻立新. 用KPI引领销售团队［J］. 公司管理，2003（9）.

［34］王明. 标杆管理改善企业经营绩效［N］. 科学时报，2003-12-15.

［35］马玉超，徐雪霞. 平衡计分卡的利弊分析与应用研究［J］. 沈阳师范大学学报（社会科学版），2004（3）.

［36］刘光明. 万向集团的标杆管理［J］. 企业管理，2004（7）.

［37］郭娟，梁梁. 平衡计分卡在不同类型团队绩效评定中的应用［J］. 管理科学，2004（8）.

［38］熊英子，刘爽. KPI设计误区分析及解决思路［J］. 中国劳动，2004（10）.

［39］田芳. 标杆管理及其在绩效评估中的应用［D］. 大连：大连海事大学，2004.

［40］易开刚. KPI考核：内涵、流程及对策探究［J］. 技术经济，2005（1）.

［41］方振邦，王国良. 以KPI为核心的企业绩效管理体系设计［J］. 中国人力资源开发，2005（1）.

［42］张春霞. KPI与团队绩效测评［J］. 上海商业，2005（4）.

［43］王立国，陈坤. 标杆管理：组织提高绩效的利器［J］. 技术经济与管理研究，2005（4）.

[44] 许华. 关于实施标杆管理的几点思考 [J]. 商场现代化（学术版），2005（5）.

[45] 杨义清. 多维度绩效评价与团队绩效改进 [J]. 企业改革与管理，2005（9）.

[46] 任声策. 美孚的标杆管理 [N]. 中国质量报，2005-11-21.

[47] 翟维丽. 团队绩效考核的思考 [J]. 商场现代化，2006（2）.

[48] 陈国琴，钱颖. 平衡计分卡实施失败原因及对策 [J]. 科技信息，2006（2）.

[49] 施良星. 标杆管理的内容及其应用 [J]. 现代情报，2006（3）.

[50] 邓波. 360度考核：游走在肯定与质疑之间 [N]. 民营经济报，2006-05-08（A22）.

[51] 曹仰锋. 360度考核：挑动群众斗群众 [J]. 人力资本，2006（6）.

[52] 雷洪钧. 关键绩效指标（KPI）设计思想及实例 [J]. 客车技术与研究，2006（6）.

[53] 潘马琳. 关键绩效指标（KPI）在现代企业管理中的重要作用 [J]. 企业活力，2006（7）.

[54] 莫水凤，等. 关键绩效指标（KPI）体系分析 [N]. 浙江工人日报，2006-07-07（04）.

[55] 华琦. 平衡计分卡在企业绩效管理中的应用 [J]. 统计与决策，2006（12）.

[56] 彭云. 平衡计分卡在我国企业绩效评价中的应用 [J]. 投资与理财，2007（1）.

[57] 王萍. 认识标杆管理 [J]. 中国电力企业管理（农电版），2007（1）.

[58] 韩雪. 基于KPI的团队绩效考核研究 [J]. 北方经济，2007（2）.

[59] 郑炜. 企业KPI体系的设计与实施研究 [D]. 天津：天津财经大学，2007.

[60] 陈晓翠. 基于KPI的企业部门绩效考核体系设计——以某能源公司为例 [J]. 中国人力资源开发，2007（2）.

[61] 郑雳. 实施标杆管理的几点思考 [J]. 管理与财富，2007（3）.

[62] 高建丽. 绩效管理中平衡计分卡的设计流程 [J]. 科技与管理，2007（3）.

[63] 王萍. 构建管理平台 [J]. 中国电力企业管理（农电版），2007（4）.

[64] 吕际荣. KPI的局限与对策 [J]. 人才资源开发，2007（5）.

[65] 冯昊. 团队绩效研究 [J]. 山西高等学校社会科学学报，2007（5）.

[66] 顾英伟，李娟. 关键绩效指标（KPI）体系研究 [J]. 现代管理科学，2007（6）.

[67] 赵英华. 人力资源管理过程中KPI考核方法的运用 [J]. 法制与经济

（上半月），2007（7）.

［68］高婕. 标杆管理理论［J］. 现代商业，2007（16）.

［69］秦杨勇. 平衡计分卡与绩效管理——中国企业战略制导［M］. 北京：中国经济出版社，2005.

网络资源

[1] 中人网 www.chinahrd.net。
[2] 中国人力资源开发网 www.HRDChina.org。
[3] 博锐管理在线 www.boraid.com。
[4] 赛迪网 www.ccidnet.com。
[5] 新浪网财经频道 http：//finance.sina.com.cn。